2018年中國大陸地區投資環境與產業發展調查

高質量發展
迎商機

最新2.0
TEEMA
報告出爐

BWE
商周編輯顧問

台灣區電機電子工業同業公會　著

台灣區電機電子工業同業公會
「2018中國大陸地區投資環境與產業發展調查」
執行委員會暨審查委員會成員

理　事　長	◆郭台強
大陸經貿委員會 主　任　委　員	◆許介立
研　究　顧　問	◆許士軍
計　畫　主　持　人	◆呂鴻德
執　行　委　員	◆王健全、毛恩洸、呂榮海、李永然 林錦章、林建甫、林祖嘉、林淑怡 林以專、高　長、高孔廉、張致遠 張寶誠、陳廣中、陳作忠、陳宏欽 陳德昇、陳文義、詹文男、蔡逢春 鄭富雄、賴文平、蘇孟宗 （依姓氏筆劃排序）
研　究　人　員	◆周子妍、周俊佑、陳于琪、陳牧風 楊璞煜、劉柏辰、謝佑得
研　究　助　理	◆林妤濃

預應高質量發展・布局新經濟產業

　　2017年12月20日，中國大陸召開中央經濟工作會議定調：「中國大陸經濟已邁入新時代，基本特徵就是經濟由高速增長階段轉向高質量發展階段」，回顧中國大陸經濟發展，歷經2003-2007年雙位數高速成長、2008-2011年保八時代、2012-2015年保七時代，再到2016-2017年的保六時代，可發現中國大陸經濟成長逐步減速，未來個位數成長已成新常態，預示著中國大陸必須以「消費升級」、「創新驅動」、「文化價值回歸」為主軸的高質量發展模式轉變，台商應正視此一中國大陸經濟重大變革，最重要的就是心智模式（mindset）的轉變，跳脫傳統思維框架，秉持與時俱進的經營心態、精準掌握換軌時機、適時調整布局策略。

　　為掌握中國大陸經濟脈動、城市環境變遷與經營風險消長，電電公會於2000年起每年均進行《中國大陸地區投資環境與風險調查》，至2017年為止共出版18本報告，除建構「城市競爭力」、「投資環境力」、「投資風險度」、「台商推薦度」之「兩力兩度」模型以評估中國大陸城市競爭力排行外，亦扣合當年度重大政策與時事脈動設定年度研究主題，諸如：2015年的「兩岸平台展商機」、2016年的「十三五規劃躍商機」、2017年的「國際變局啟商機」，並秉持「用愛心，說誠實話」之原則，對兩岸政府提出諍言，得到兩岸政府的肯定與回覆。

　　2018年隨著中國大陸提出「高質量發展」政策，本會亦將原來《中國大陸地區投資環境與風險調查》調整為《中國大陸地區投資環境與產業發展調查》，除延續多年來的研究成果，將相關統計資料作一完整的分析比較之外，並增加產業發展調查找出各城市最適合布局產業，讓讀者對大陸各地區與各城市間的發展趨勢有一個更深入的認識。換言之，2018《中國大陸投資環境與產業發展調查》為《TEEMA調查報告》2.0開啟新篇章。

　　2018《TEEMA調查報告》年度研究主題為「高質量發展迎商機」，針對政策內涵進行剖析外，特揭櫫台商預應中國大陸高質量發展新時代五大最適布局產業，即：（1）互聯網產業；（2）醫療保健產業；（3）人工智慧產業；（4）節能環保產業；（5）智慧機械產業，盼為台商尋找新成長動力。管理大師Peter Drucker 曾言：「處在劇烈變動的時代，我們無法駕馭變革，只能設法走在變革之前」。所謂「沿著舊地圖，永遠找不到新大陸。」如何掌握新一波政策紅利、如何改變既有商業模式、如何培養前瞻經營思維，已成為台商當前不容忽視的重要課題。

　　值此《TEEMA調查報告》2.0版的首發，援筆為序，感謝時代浪潮推著我們不斷前行，感恩研究團隊與公會同仁群策群力，為台商不斷尋找新經濟時代最適布局產業，至盼《TEEMA調查報告》2.0能為台商在中國大陸的布局開啟新時代・新征程・新契機！

台灣區電機電子工業同業公會理事長　郭台銘

常存鮮活思維‧掌握時代脈動

　　1986年5月26日道瓊工業指數成立，GE即成為創始的12檔成份股之一，從1907年起更雄踞指數成分至今已111年，然2018年6月26日GE被剔除在道瓊工業指數30檔成分股之外，引發全球經營者的時代省思，百年企業為何抵擋不住時代變革的滔天巨浪呢？所謂「我擊敗了所有的競爭對手，但最後我輸給了這個時代」；「沒有成功的企業，只有時代的企業」；「沒有夕陽的產業，只有夕陽的思維」；「沒有淡季的市場，只有淡季的思想」，顯示企業若無法跟上環境快速變遷，未來恐將被時代浪潮所淹沒。

　　近年來，全球進入動盪（Volatile）、無常（Uncertain）、複雜（Comple）、模糊（Ambiguous）的VUCA時代，企業應隨時保持新鮮、活躍、引領、創新的新思維，才能駕馭VUCA的變革，台商征戰中國大陸三十一載，從過去的代工生產（OEM）到代工設計（ODM），再到自創品牌（OBM）的發展之徑。2018《TEEMA調查報告》深入探究台商在中國大陸經營實況，深感有些台商沉溺於過去的成功經驗，舒服到忘了轉型升級，更有甚者，固守在自己認為最好賺錢的地方，而安逸到忘了創新顛覆，因此預應「動盪、無常、複雜、模糊」的VUCA新時代，台商最佳的策略舉措就是「轉型、升級、創新、顛覆」。

　　新時代是奮鬥者的時代，面對新時代，台商不僅要「秉初心、掌趨勢、求創變」，更要「巧智拚、謀轉型、趕超越」，發揮拚搏進取、前瞻開拓精神，調整經營思維、提升競爭優勢、布局潛力市場，與時俱進、乘勢而為，為企業開拓新機、再攀高峰、再創輝煌。

　　本人自2016年開始擔任電電公會大陸經貿委員會主任委員一職，多次參與《TEEMA調查報告》審議，深感《TEEMA調查報告》對台商布局中國大陸的重要參考價值，尤其每年年度研究主題深度扣合時代脈動，剖析政策發展趨勢、探究經營環境變遷、預應企業布局動向，提出中國大陸新時代之下台商布局的新產業與新契機，冀望台商能掌握新浪潮，創造新未來。

台灣區電機電子工業同業公會主任委員　　許介立

掌握中國大陸高速向高質量轉型新契機

　　2017年是台商布局中國大陸30周年；2018年是中國大陸改革開放40周年，台商作為中國大陸經濟改革的第一波參與者，成為沿海城市經濟騰飛的重要推手，對中國大陸改革開放的貢獻更是有目共睹。

　　中國大陸總書記習近平於2017年中央經濟工作會議指出：「中國大陸經濟正發生深刻變化，由『高速增長』階段轉向『高質量發展』階段，必須堅持推動經濟發展質量變革、效率變革、動力變革」，此一發展　契機促成中國大陸由「中國速度」轉型「中國品質」；由「製造大國」轉升「製造強國」；由「中國製造」轉變「中國智造」；由「要素驅動」轉向「創新驅動」，而這些重大轉變使得新技術、新業態、新產品不斷湧現。

　　過去兩岸的合作方式，主要是台商利用大陸低廉的勞動力、土地及資源優勢進行生產並外銷，但隨著大陸經濟的快速發展，大陸不僅擁有本土的供應鏈，也成為東亞、乃至全球的重要消費市場。此外，自大陸將「中國製造2025」作為製造業發展的主軸後，對兩岸產業合作更是帶來極大影響，勢須由過去的「要素結合」，創新轉型為「互補共贏」。

　　台商作為兩岸經貿交流與產業合作的最前線，除可利用兩岸產業各自優勢，結合台灣技術與經驗，從中尋求突破及立足點，以大陸為基礎向外輻射，搶占大陸的內需市場並擴散至全球外。台商更應進一步儘速掌握上述大陸新一波產業發展動能，結合「互聯網＋」推動產業轉型升級，在物聯網、智慧城市、生物醫療、綠能環保等領域進行合作，積極融入中國大陸的供應鏈與產業鏈，藉由資源整合、優勢互補，再造企業成長新動能，共創兩岸雙贏局面。

　　電電公會長期關注中國大陸經貿環境發展，每年出版《中國大陸地區投資環境與產業發展調查》，除提供詳實資訊作為台商參考借鑒，更對兩岸政府提出政策建言，真誠反應台商心聲，極具參考價值，為台商布局中國大陸助益良多。而2018年《中國大陸地區投資環境與產業發展調查》乃是電電公會針對中國大陸投資環境與產業發展所出版發行的第十九本研究報告，希望本報告的研究成果繼續發揮影響力，提供台商運籌帷幄之參考，有助於台商轉型升級再覓新藍海！

中華民國全國工業總會理事長　王文淵

融入全球經濟新格局，開闢企業發展新藍海

　　全球政經環境瞬息萬變，傳統由美歐主導的國際架構已逐漸被崛起的中國所打破。歐盟向來被視為區域經濟整合的典範，然而歐債風暴引發分裂主義，導致英國脫歐，打亂歐洲一體化進程。相反的，中國大陸以「東協10+1」為參與區域經濟整合的基礎，逐步發展成為「區域全面經濟夥伴關係協定」（RCEP）的主導力量，並藉由推動「一帶一路」倡議，積極參與各國基礎建設，其國際政經影響力大幅提升。有鑑於中國大陸在全球政經新格局崛起的現實，如何正確認識與掌握大陸當前的經貿政策及未來發展趨勢，將是台商全球布局及政府規劃對外經貿策略的重要課題。

　　中國大陸改革開放已經40年，台商在大陸投資的挑戰與機遇也因大陸內部情勢發展與兩岸關係變化有所更迭。在挑戰方面，隨著大陸經濟增長模式的改變，追求「美麗中國、綠色中國」永續發展的新價值取代過去「唯發展論」的政策思維，台商投資產業與佈局策略也須與時俱進。其次，習近平總書記在中共十九大會議宣示進入全面建成小康社會決勝期，其中多項金融風險控制措施與環保整治法規的訂定執行，成為大陸投資新考驗。在機遇方面，包括2015年推動的「中國製造2025」、今年2月提出的對台31項措施、數位經濟與新零售所帶動的新商業模式，以及其他新創產業發展，都將帶來新的商機，也是台商投資布局的新契機。

　　台灣區電機電子工業同業公會每年出版的《中國大陸地區投資環境與風險調查》深受海內外台商及兩岸產官學研人士關注及讚許，其創建的「兩力兩度」評估模式對於台商布局中國大陸，具有高度參考價值，貢獻良多，令人敬佩。今年書名調整並新增政策解讀、趨勢觀察、市場發現、企業建言等內容，不僅有助於各界掌握大陸經貿脈動，更增添前瞻產業發展趨勢的積極意義，相信定能協助企業融入全球經濟新格局，開闢事業發展新藍海。

中華民國工商協進會理事長　　林伯豐

面對巨變，「迎商機」應有的新態度與新思維

　　這似乎是一個矛盾的現象。根據本《2018中國大陸地區投資環境與產業發展調查》所發現的趨勢，就台商方面來說，一方面台商增加對大陸布局意願下滑，對未來在大陸經營預期呈悲觀態勢；但是另一方面，這十幾年來，大陸本身在世界上和平崛起，經濟成長已成為世界僅次於美國的第二大經濟體，而且朝高質量，創新型國家邁進，應該是商機無限。

　　為什麼會出現這種矛盾現象呢？簡單說來，似乎有兩種可能，一方面是台商發現在大陸地區以外，世界上還有更具吸引力的藍海，因此選擇他往，調降在中國大陸的投資和經營的力道；另一方面則是，台商發現本身在轉變中的大陸市場無法適應，以至於失去競爭力，因而投資意願下滑。

　　就這兩個原因而言，客觀而論，以大陸市場在今日世界上的規模和改變速度，已成為世界上主要具有經濟企圖心的業者所極力爭取和進入的機會所在。尤其以台商所擁有的先天優勢和累積的早進經驗，撇開政治原因以外，不應該是主動退卻和放棄的場域。

　　真正原因，恐怕在於台商無法適應大陸市場所出現的巨大而迅速的改變，例如全面數位化的發展，環保標準之嚴格，優惠待遇之喪失和稅務徵管之加強，營運成本之高漲，尤其當地企業之崛起等等，使得台商面臨這些衝擊和挑戰，一時不知如何因應，以至於萌生退意。有關這些情況，在本報告中均有較詳盡之報導與分析，在此不贅。

　　但是如果認識企業存在之精神與價值，即在於面對環境巨變之際，有能力迅速調整本身的思維和做法，發掘和捕捉新的「商機」。本來這種想法和做法也恰好是TEEMA報告自2000年以來所持觀點，並反映在各年報告的標題中，如「領商機」、「興商機」、「謀商機」……等，以至於本年度的「迎商機」，都環繞在「商機」這一觀念上。

　　如果呼應這種一貫精神，環境「改變」，就會帶來「商機」；面對「巨變」更可帶來「巨商機」。問題在於，企業能否捕捉此種商機轉變為本身價值，不是依循往日的那套想法和做法，例如降成本、講關係之類，而應有不同的典範，思維和創新的經營模式。

　　其實在世界上有關國際經營理論上，在這方面，學者早已歸納出某些成功的經驗，在此不過加以重複說明。

　　首先，在經營理念上，必須放棄ethnocentric（母國）思維，以geocentric（全球）格局以看待市場和本身角色。其次，納入網路系統，建立跨業際和地區的連接模式。今日沒有一家企業能夠單打獨鬥，得以生存；也沒有一家企業能夠一統天下，唯我獨尊。第三，應以「共利」觀點，謀求和當地社會、市場、經營夥伴與顧客建立互利協作關係，發展所謂「生態關係」取代往昔的達爾文式的「零和遊戲」關係，這是網絡世界的新經營法則。第四，恐怕是最為關鍵的，就是以「需求導向」取代「供給導向」的經營哲學。在網路世界中，真正的價值創造乃以需求為核心，然後設法尋求「解決方案」，這一趨勢已被稱為是「解方革命」（Solution Revolution）。否則，在供給導向的理念下，劃地為牢，自我設限，將無法整合各方合作夥伴，找到真正的答案。

　　將這些理念應用到今日台商身上，也許有「陳義過高」或「遠水救不了近火」之感，但它們確是今日企業救亡圖存之努力之道。尤其以目前世界局勢變化幅度之大，所謂「數位經濟」來勢洶猛，幾乎顛覆許多往日習以為常的思維和行為模式。如果一心期待昔時榮景可以重來，還是憑藉努力就可克服難關，恐怕都將成為空幻的泡影而已。

逢甲大學人言講座教授
計畫研究顧問

戊戌變革‧TEEMA2.0

　　2018年按中華民族干支紀年正逢戊戌，回顧歷史經驗，戊戌年總是大變動、大改革的一年，1058年王安石變法、1838年林則徐廣東禁菸、1898年戊戌變法，均是在戊戌年發生，而在五運六氣中，戊戌屬於「火運太過」年份，亦意味著破繭而出、破舊立新、突破變革。2018誠如所有國際研究機構所言，充滿著變化、不安、動盪的國際經貿新情勢，國際貨幣基金（IMF）表示「2018年將是激烈變革的一年」；經濟學人（*The Economist*）指出「2018年是神經緊繃的一年」；紐約時報（*The New York Times*）亦表示「2018年將是混亂不安的一年」。2018年4月18日，中美貿易戰正式揭開序幕，使得所謂「挑戰的老二，面對既佔的老大，必有一戰的修昔底德陷阱（Thucydides's Trap）」論述，更加甚囂塵上，然新風險塑造新格局，新格局孕育新變革，企業應順應「新形勢、新常態、新時代」，謀劃「新策略、新變革、新作為」。

　　古希臘哲學家赫拉克利特（Heraclitus）曾言：「世界唯一確定的事就是不確定；唯一不變的事就是改變」；而《管理百年》作者斯圖爾特（Stuart）亦指出：「管理沒有最終的答案，只有永恆的追問」。全球正處於混亂與變化加速的時代，要趕上變化的關鍵在於引領變革、持續思考、靈活反應，2018年正值中國大陸改革開放四十年，亦是台商布局中國大陸第三十一年，思索新的第二曲線、進行換軌策略、掌握中國大陸「新經濟」、「數位化」、「獨角獸」、「核高基」的發展新趨勢，將成為未來台商基業長青、永續發展的致勝關鍵。

　　《科學革命的結構》作者孔恩（Kuhn）於1962年提出典範轉移（paradigm shift）一詞，典範轉移意味著隨競爭環境變化，企業經營成功關鍵因素亦隨之變化，面對新典範，企業唯有不斷掌握新產業脈動，才能掌握未來。綜觀中國大陸布局典範，區域經濟發展從「珠三角」、「長三角」到「西三角」；招商政策轉移從「招商引資」到「招賢引智」；產業結構變遷從「梯度轉移」到「騰籠換鳥」；而今中國大陸提出經濟發展由「高速增長」向「高質量發展」轉變，台商應掌握此典範轉移的布局契機，調整經營思維，研擬轉型策略。

　　值此《TEEMA調查報告》第19次付梓之際，深感國際經貿與中國大陸環境變化速度進入了「激速」與「瞬時」的新時代，因此提出《TEEMA調查報告》2.0的關鍵價值新主張，將原來的《中國大陸地區投資環境與風險調查調查》調整為《中國大陸地區投資環境與產業發展調查》，以探尋未來產業的角度，為台商尋找未來最適布局產業及最適產業發展路徑，冀望《TEEMA調查報告》2.0不斷掌握時代脈動，為台商提供最即時、最預應的典範趨勢，創造時代的新價值。

計畫主持人　呂鴻德

2018年中國大陸地區
投資環境與產業發展調查
| 目錄 |

第 **1** 篇 ｜ 電電調查報告 ｜ 新轉移

第 **2** 篇 ｜ 全球經貿環境 ｜ 新洞察

第 **3** 篇 ｜ 台灣經貿發展 ｜ 新格局

CONTENTS

電電調查報告
新轉移

第 1 章　中國大陸高質量發展四典範移轉

第1章

中國大陸高質量發展
四典範移轉

美國品質管理大師 Joseph Juran 曾說：「20 世紀為生產力的世紀，21 世紀是質的世紀，質量是和平搶占市場最佳的武器。」一語道出追求「低成本、高生產率」已成明日黃花，製造「高品質、高附加價值」產品才是當前趨勢。2017 年 10 月 18 日，中國大陸國家領導人習近平於十九大報告指出：「中國大陸經濟已從高速增長階段轉往高質量發展階段，因此建造現代化經濟體制為跨越關口之迫切需求及國家發展之戰略目標。」顯示中國大陸正面臨轉換發展方向、改善經濟結構、轉移成長動力的關鍵時期。中國大陸國發會國際合作中心主任曹文煉（2017）表示：「中國大陸在當前階段，要達成更高質量、高效率、高公平性、高可持續性之發展，並更關注創新驅動、民生改善、生態建設等社會領域之進展。」此外，中國大陸國務院發展研究中心（2017）提出：「中國大陸若要轉向高質量發展應堅持一個方針：質量第一、效率優先；堅持一條主線：深化供給側結構性改革；推動三大變革：質量、效率、動力。」綜上所述，中國大陸更加注重如何使中國大陸產業進行高質量發展，透過效率、生態、動力等方面的變革，提升於產業全球價值鏈中之地位、附加價值與競爭優勢。同時在中國大陸製造業多年高速發展下，「量變產生質變」之情形日益增高，神州飛天促成「中國高度」、蛟龍潛海達成「中國深度」、高鐵奔騰形成「中國廣度」，種種跡象顯示中國大陸已逐漸蛻變成為世界工業製造體制完善國家。

然在中國大陸積極推動高質量發展戰略的情形下，中國大陸經商環境開始產生全面變革，同時中國大陸將代工製造業由沿海移至內陸，將與前進中國大陸布局之台商息息相關。有鑒於此，2018《TEEMA 調查報告》特針對中國大陸高質量發展之四大典範轉移進行探討，分別為：（1）從「中國速度」轉向「中國質量」；（2）從「製造經濟」轉向「數位經濟」；（3）從「中國製造」轉向「中國創造」；（4）從「製造大國」轉向「製造強國」。所謂「沒有成功的企業，

只有時代的企業」，期望透過讓台商提早知曉中國大陸之變化，及早由「成本導向」轉變為「品質導向」之思維模式，在這個擁有危機與轉機的時代，抓準企業定位並布局未來發展戰略，同時針對科技新趨勢進行轉型升級，才能在競爭日漸激烈的中國大陸市場搶占一席之地。

典範移轉一：【從「中國速度」轉向「中國質量」】

孔子曾言：「欲速，則不達；見小利，則大事不成。」中國大陸在近年經濟不斷追求「中國速度」的情形下，儘管經濟成長率連續多年增加迅速，同時從個人所得的提升、軍隊實力的進化至高鐵網的建設令各國刮目相看，同時互聯網、電子商務及大數據等產生跳躍式成長。然在過度追求速率的過程中，產生許多不良之外部效應，當中包括內在需求不振、國家債務過多、環境品質低落、房地產泡沫化、貧富差距日增、產品品質不佳及智慧財產觀念單薄等問題，使中國大陸發展潛藏諸多風險。然在中國大陸總體經濟結構改變、消費者行為加速升級的情形下，中國大陸逐漸由過去僅注重「高速增長」轉往「高質量發展」的階段。2017 年 12 月 6 日，中國大陸領導人習近平指出：「中國大陸達成高質量進程，是維持整體社會與經濟健康，亦是減緩社會族群矛盾並全面創建社會主義現代化國家之必備要素。」其亦表示：「高質量發展為中國大陸當前與今後一段期間之明確進展思路，並為擬定經濟政策、執行宏觀調控之根基，因此必須深刻認識、全面領會、真正落實。」顯示推廣「中國質量」已成為中國大陸重要發展戰略，並為其往已開發國家轉型之關鍵轉振點。如何深植質量第一之強烈意識，用盡最大力度全面提升質量，並訂定品質維護之相關行動成為中國大陸當前首要目標。

「質量」一詞在中國大陸十九大報告中被多次提及，且當中不斷強調中國大陸由過往以透過物質資源消耗實現之粗放型高速成長為重之「中國速度」轉變為主藉技術進步、改進管理及提高人力資本實現之「中國質量」。2018 年 3 月 5 日，中國大陸國務院總理李克強於全國人民代表大會發布《中國 2018 政府工作報告》中展現出對於「高質量」之高度關注。並於宣布 2018 年工作三大重點時，將「大力推動高質量發展」列為第一要點，足見中國大陸政府對於高質量發展之重視。2017 年 12 月 21 日，中國大陸國務院發展研究中心提及五項讓中國大陸創造「中國質量」之客觀條件，分別為：（1）經濟結構之重大變化開啟高質量發展空間；（2）消費結構加速升級提供強勁動力；（3）創新思維蓬勃提供有力支持；（4）企業逐漸適應中高速成長創造微觀基礎；（5）深化改革並減少體制弊端開拓更寬廣之前景。一語道出中國大陸已具備達成「中國質量」的

時代背景，然唯有在政府、民間與企業等的互助合作之下，透過整體社會思維之再造，才能夠將中國大陸由「金玉其外，敗絮其內」之形象，朝「首尾周密，表裡一體」發展。正如管理巨擘 Peter Druker 所言：「做對的事情，比把事情做對更重要。」經濟成長率、都市化程度、重工業發展等之發展效率固然重要，然穩紮穩打的透過合宜的政策、環境法規之制定、房價之調控、產品品質控管等創造整體社會效能之躍升，才是中國大陸開啟質量新時代之不二法門。

典範移轉二：【從「製造經濟」轉向「數位經濟」】

未來學大師 Alvin Toffler 早於 20 世紀即於《第三次浪潮》（the third wave）一書中表示：「人類歷史發展的第一波浪潮為發展農業、建立封建制度；第二波浪潮為產業革命、建立資本主義制度，而第三波浪潮則為生產取決於知識與資訊之數位革命。」而行銷大師 Philip Kotler 於 2017 年發表《行銷 4.0》（Marketing 4.0：Moving from Traditional to Digital）亦指出：「全球已經邁入數位經濟時代，未來行銷將成為虛實整合之全通路體驗。」可知數位經濟將成為未來主流發展模式，對全世界帶來重大影響。中國大陸過往長期依賴「製造經濟」，將製造業作為經濟發展之主軸，成為立國之本、興國之器、強國之基，並成為全球製造業規模最大之國家。然面臨越南、印度等勞工低廉之新興國家崛起，以及中國大陸由於經濟發展而不斷上漲之工資，轉型升級勢在必行。因此中國大陸開始朝向以跨世代、跨國、跨虛實、跨行業等趨勢改變，並透過人工智慧及物聯網（IoT）等新興技術，開始將產業發展重心轉變為以知識為根基，再藉由網路進行擴散之「數位經濟」。根據麥肯錫（McKinsey & Company）（2017）發布《中國數位經濟如何引領全球新趨勢》報告提及：「中國大陸擁有全世界最大之電子商務市場，占全球電商總交易額 40％以上，已變成塑造全球數位化時代之關鍵核心。」顯示在阿里巴巴、京東等電商龍頭的崛起之下，為數位經濟締造良好發展基礎。

2017 年 12 月 9 日，中國大陸領導人習近平於國家大數據戰略會議中指出：「大數據進步日新月異，中國大陸應加快完成數位基礎建設，推動數據的資源整合與開放共享，提高數據安全性，並加速建造數位中國。」顯示 2018 年將是「數位中國元年」。2018 年 4 月 22 日，中國大陸舉辦首屆數位中國峰會，中國大陸國家互聯網信息辦公室（2018）表示：「建設數位中國，是增進現代化進展之必備需求。透過此次峰會，幫助資訊化發展更加滿足人民需要，並降低發展不平衡、不充分之問題，讓人民共享互聯網帶來之好處。」此外，騰訊創辦人馬化騰

（2018）於「數位中國的機遇與探索」為題之演講中提及：「數位中國可以用一縱一橫一新來概括：一縱，由互聯網＋至數位化經濟，透過互聯網基數來改造傳統產業；一橫，將數位化服務融入民生服務；一新，數位中國的建設靠的是創新，而創新是透過人才。」綜上所述，中國大陸正在全方位的探索如何將數位經濟拓展至全國各地，並真正融入中國大陸的體制當中。

誠如英國廣播公司（BBC）（2017）所提：「當今中國大陸已不是跟隨者，而是成為全球電商及用戶體驗之領先者。」中國大陸擁有數量龐大之網民和智慧型手機使用戶，因此與全球互聯網各領域密切相連，同時不論在虛擬實境（VR）、無人駕駛車、3D 列印、無人機及人工智能等方面均花費許多心力，使中國大陸數位經濟發展迅速。根據中國信息通信研究院（2017）顯示：「2016 年中國大陸數位經濟增速達到 16.6％，分別是美國（6.8％）、日本（5.5％）的 2.4 倍及 3.0 倍。」可發現中國大陸在數位經濟做出許多努力，將日漸成為中國大陸經濟成長之關鍵驅動力。正所謂「現在你不活在未來，未來你必然要活在過去」，中國大陸積極布局未來產業，並企圖將中國大陸由「製造經濟」轉向「數位經濟」，構築中國大陸往後的前進目標，以資訊化孕育新動能，藉新動能創造新發展，拓展經濟發展的新空間，打造中國大陸的全新格局。

典範移轉三：【從「中國製造」轉向「中國創造」】

2018 年 1 月 21 日，《華盛頓郵報》（*The Washington Post*）刊登一則以《中國向科技超級大國的驚人轉型》（*China's breathtaking transformation into a scientific superpower*）為題文章稱：「中國大陸已變為科技超級大國，科技為經濟蓬勃社會與軍事大國之知識根基，而中國大陸渴望成為此二領域之全球領先者。」一語道出中國大陸正由往昔「低成本、低附加價值、製造代工、抄襲大國」的國家產業形象，轉往「差異化、高附加價值、高科技產業、創新大國」的未來發展定位。「中國製造」一詞最早來自於 1998 年亞洲金融風暴後，在日本、泰國及南韓等亞洲國家受到嚴重衝擊的情形下，中國大陸憑藉其逐漸的改革開放，既有之工業基礎與當時低成本的勞動力，將勞動密集型產業變為其出口優勢。然隨著中國大陸經濟實力不斷的進步，許多問題日漸浮現，由於以加工製造業為基礎，缺乏自身的核心技術、淪陷於價格戰且產品品質低落，因此在當時「中國製造」（Made in China）幾乎與廉價、品質差等負面詞彙畫上等號。然近年中國大陸開始朝創新驅動、品牌打造及加強智慧財產權保護開始著手，力圖發展成為創新大國。根據瑞士投資銀行（UBS）（2017）發佈《亞洲的創新潮是否正在構

建出新的世界秩序？》（*Tiger Sparks：Is Asia's innovation boom creating a new world order ?*）報告指出：「中國大陸及韓國等國家正於創新之路追趕歐美等世界列強，同時中國大陸正從中國製造轉往中國創造，將於未來十年演變成全球重點創新國家。」彰顯出中國大陸在「大眾創新，萬眾創業」的整體社會氛圍，以及政府相關發展戰略的支持下所達成的蛻變。

在中國大陸學習並引進全球先進科技情形下，其在全世界創新國家之地位明顯提升。根據世界知識產權組織（WIPO）（2017）發布《2017年全球創新指數》（*Global Innovation Index；GII*）顯示：「中國大陸創新排名位居第22位，較2016年提升三位，同時為首位突圍全球創新指數前25強之中等收入經濟體。」此外，西方科技主流媒體快公司（Fast Company）（2017）公布《2017年全球創新企業50強》（*The Most Innovative Companies of 2017*）提及：「中國大陸無論是在軟硬體和資通訊領域，其創新程度已塑造中國模式之根基，同時相較2016年僅有華為一家公司入榜，2017年中國大陸高達六家企業入榜。」由此可知，中國大陸在政府、企業及民間之相互支持下，其創新能力突飛猛進，並透過鎖定全球前瞻科技、加強基礎研究、致力於原創發明，使其朝高附加價值國家的道路穩定的邁進。「創新為民族進步之靈魂，是國家興旺發達之不竭動力」，中國大陸要如何透過創建新的政策體制、創造新的市場氛圍、創立新的市場環境、創變新的商業模式，真正建立崇尚創新、樂意創新、喜愛創新之產業文化，使中國大陸形成正向循環的自主創新生態系統，使「中國標準」成為「世界標準」，為其未來發展的必經之路。

典範移轉四：【從「製造大國」轉向「製造強國」】

「唯有在交往具備全球特性，並以大工業為根基之時；唯有在一切民族皆捲入競爭之時，才能保存住已創造出來之生產力。」是社會主義之父馬克思所說之至理名言，儘管中國大陸歷經幾代之努力不懈，構築完整之工業體系，同時製造業之生產規模和生產能力不斷攀升，因此被稱為「世界工廠」，然與歐美、日本等已開發國家相比，於精密製造及大型高端設備製造方面國際競爭力仍低落，因此將中國大陸由「製造大國」向「製造強國」轉變勢在必行。2015年5月，中國大陸國務院公布《中國製造2025》規劃，當中提出「三步走」戰略，在2025年前邁入製造強國行列；到2035年製造業整體達到世界製造列強中等水準；到2050年鞏固製造業大國地位，且綜合實力晉升世界製造強國前端，期望透過整體製造模式之根本變革，重建全新價值鏈地位，並奠定新時代強國之競

爭能力。2017 年 11 月 27 日，世界經濟論壇（WEF）和科爾尼（A.T. Kearney）聯合發布之《未來之加速價值創造報告》（*Future Manufacturing Technology and Innovation*）中指出：「中國大陸在全球製造業競爭力指數排行第五，且為工業根基強、未來發展潛力高之前沿國家。」顯示中國大陸製造業具備龐大之發展潛能，同時《中國製造 2025》正在穩步進行。然中國大陸要成為「製造強國」仍有必須突破之障礙，根據市場研究機構 IC Insights（2017）表示：「中國大陸在 2025 年半導體產業自製率達到 70％恐難實現，主因在於儘管資金十分豐沛，然中國大陸缺乏核心技術，未來恐產生專利戰。」可知中國大陸仍面臨高端技術人才不足之問題，因此製造業關鍵核心技術匱乏。

　　面對此一情況，中國大陸開始弘揚「工匠文化」，2017 年 11 月 21 日，中國大陸國務院總理李克強表示：「要將工匠精神嵌入每樣產品、每道工序，以工匠精神支援企業家精神，支撐製造強國建設。」一語道出中國大陸期望在各領域大力提倡工匠精神、讓工匠精神在全社會盛行、將工匠精神深植於民族基因之信念。此外，由中國大陸全國總工會及國家網信辦聯合舉辦之 2018 年「中國夢・大國工匠篇」大型主題宣傳活動於 2018 年 3 月 26 日正式啟動，其目的在大力弘揚模範勞工精神與工匠精神，藉此讓中國大陸之「大國工匠」品牌叫響做實，並提出將著重報導工匠所屬之團隊，表現工匠「群像」，聚焦發揚工匠所領導之「大師工作室」。凸顯出中國大陸對於工匠思維的重視，同時期望透過政府與媒體的合作將此精神推廣，藉此建立標竿。在未來發展中，中國大陸製造業要保有自信心，摒除「買技術、挖人才」的思維，而堅持「發明新技術、自主培養人才」之原則。「工匠精神是執著篤定之精神。是自我的堅持不怠，是精雕細琢、精益求精」，中國大陸從工匠鼻祖魯班到超越多個世紀之工藝傳承，如青花瓷、錦繡、印染皆彰顯祖輩之匠人精神。若能重捨過往傳承之信念，培養出「大國工匠」成為中國大陸製造業之「血肉」，將是其成就「製造強國」的最佳解藥。

　　2018 年 4 月 10 日，中國大陸領導人習近平於博鰲亞洲論壇 2018 年年會中發表以《開放共創繁榮創新引領未來》為題之演講中表示：「2018 年是中國大陸改革開放 40 週年，中國大陸過去 40 年經濟發展是於開放條件下獲得的，未來中國大陸經濟達成高質量發展也應要在更加開放的條件之下展開。」彰顯出其對於實現高質量發展的決心，同時為中國大陸的未來發展指明新方向。「中國質量」為世界提供更優質的產品、服務；「數位中國」加速推動互聯網、大數據、人工智慧和實體經濟結合；「中國創造」促使中國大陸科技於各領域不斷突破，並成功打造世界創新高地；「工匠精神」承襲過往祖輩之思維，透過一絲不苟、

精雕細琢之精神。不斷尋求完美與極致。中國大陸透過高質量發展之四大典範移轉從裡到表、由內而外的進行全方位的蛻變,而當中「改革開放」即為中國大陸進入新時代的源頭。「中國大陸開放的大門不會關閉,只會越開越大」,打造全面開放之新格局為中國大陸邁向新時代的歷史抉擇,而如何透過改革開放優化經商環境、增加與各國之交流、推進區域一體化與全球化進程,將是中國大陸成就高質量發展的關鍵。

2 全球經貿環境新洞察

第 2 章

2018 全球經貿環境發展新展望

「2018 年全球經濟將擁有更加光明的前景及樂觀的市場。」國際貨幣基金（IMF）於 2018 年 4 月 17 日發布《世界經濟展望》（*World Economic Outlook*）表示看好 2018 年全球經貿發展，更指出：「由於全球成長勢頭增強及近期批准的美國稅收政策變化的影響，預測全球成長率預測較 2017 年上調 0.2％至 2018 年 3.9％。」此外，2018 年 6 月 6 日，世界銀行（WB）發布《全球經濟前景》（*Global Economic Prospects*）指出：「目前全球經濟蕭條陰霾有望消散，隨著投資、製造業和貿易持續復甦，出口大宗商品的發展中國家得益於大宗商品價格回升，全球經濟成長在 2017 年明顯好於預期之後，2018 年將小幅加快至 3.1％。」另外，資誠（PWC）（2018）稱 2018 年為「世界大亂、機會大好」的一年。2017 年 12 月 11 日，聯合國（UN）發布《世界經濟形勢與展望》（*World Economic Situation and Prospects*）指出：「過去十年屬脆弱性成長，投資者的高度不確定性及全球金融市場波動的周期性波動。2018 年隨著與危機有關的脆弱性和近期其他衝擊的不利影響逐漸消退，世界經濟逐步走強。」顯示諸多研究機構與媒體對於 2018 年全球經濟預測多延續 2017 年的樂觀，甚至更加看好。

就各研究機構與媒體論述可得知，2018 年為全球經濟走強之年，但國際間潛藏著諸多威脅經濟成長的不確定因素，2018 年 1 月 9 日，世界銀行（WB）發布《全球經濟前景》（*Global Economic Prospects*）指出：「全球經濟預計將在未來幾年持續成長，由於大宗商品出口國出現反彈，新興市場和發展中經濟體甚至會有所加速。雖然短期成長被看好，但全球前景仍面臨巨大下行風險，包括金融壓力的可能性，保護主義的加劇及地緣政治緊張局勢的上升。」另外，2018 年 1 月 19 日，世界經濟論壇（WEF）針對 2018 年全球經濟走向指出：「2018 年全球經濟持續穩健成長的階段，但最令人擔憂的是美國的政策失誤，如財政震盪或中美貿易戰，或中國大陸的政策失誤，如管理不善等等。」顯示 2018 年全

球經貿雖已逐步走強，但仍需持續關注保護主義、地緣政治、財政或中美貿易戰等不確定性風險產生。

一、研究機構預測 2018 年世界經濟成長率

2018《TEEMA 調查報告》將全球各研究機構對於 2018 年全球經濟成長率預測值，及與前次預測比較彙整如表 2-1。接著探究其樂觀預估或悲觀預估之原因，彙整如表 2-2 所示。根據各研究機構預測結果可得知 2018 年世界經濟成長率預測值介於 3.0％到 4.1％區間，其中以高盛集團所預測的 4.1％最為看好。以此區間為依據將各研究機構區分為高估及低估群組，發現共有六間機構屬高估群組，而有九間機構為低估群組。同時就各研究機構與前期報告之預測值增減進行分析，可發現所有機構對 2018 年全球經濟成長率預測均維持亦或上調其預測值，顯示各機構對於 2018 年經濟發展前景皆持樂觀態度，茲將各機構預測結果與前五大樂觀原因彙整如下：

原因一：【勞動及生產力充分】

2018 年 1 月 9 日，世界銀行（WB）發布《全球經濟前景》（*Global Economic Prospects*）指出：「隨著投資、製造業和貿易的復甦，帶動全球勞動力和資本充分，並且隨著商品出口的發展經濟體成長，預計 2018 年全球經濟成長率將達到 3.1％。」根據世界銀行總裁金勇（2018）指出：「當前的周期性上漲是投資人力和物質資本的絕好機會，以便政府提高其國家的生產力，增加勞動力參與並接近終結極端貧困的目標。」此外，高盛集團（Morgan Stanley）於 2018 年 2 月 28 日發布《全球經濟分析》（*Global Economics Analyst*）指出：「因全球勞動力投入和生產率的強勁，經濟成長逐步攀升，故預計 2018 年全球經濟成長率為 4.0％。」另外，2018 年 1 月 11 日，國際貨幣基金（IMF）發布《世界經濟展望》（*World Economic Outlook*）指出：「透過勞動力的提升及資本的流動，及所有經濟體的結構改革，提高潛在產出並使全球經濟環境成長更具包容性，故預計 2018 年將是『更加光明的前景』及『更樂觀的市場』。」綜上所述，全球在勞動力市場及資本方面逐步好轉，製造業活動強勁，進而提升全球經貿成長。

原因二：【私人消費投資成長】

多數研究機構認為近幾年私人投資和貿易成長及政府穩定的央行政策，是影響 2018 年全球經濟發展重要原因。2018 年 3 月 13 日，經濟合作暨發展組織（OECD）發布《主要經濟展望》（*Main Economic Outlook*）指出：「繼續創

造就業機會和有利的融資條件將支持私人消費和商業投資。雖然淨出口對成長的貢獻將逐漸減少，但經常帳戶將保持盈餘。到 2019 年底，失業率預計將下降至 13.5%，遠高於歐元區。」此外，歐洲委員會（EC）（2017）在《2017 全球經濟春季預測》（*Spring 2017 Economic Forecast*）表示：「由於 2018 年通貨膨脹預計會放緩，私人消費量將再次回升。投資預計將穩步擴張，但由於前景看好，部分行業需要繼續去槓桿化，仍然受到阻礙。」另外，環球透視（GI）於 2018 年 1 月 19 日指出：「全球家庭支出正在改善，美元匯率處於高位，利用率很高。這些都是私人消費支出，資本支出的強勁順風。」綜上可知，2018 年全球私人消費投資的成長，將帶動全球經濟上升。

原因三：【美國政策推動成長】

2018 年 4 月 17 日，國際貨幣基金（IMF）發布《世界經濟展望》（*World Economic Outlook*）指出：「美國稅收政策變化預計會刺激經濟活動，美國的短期影響主要受投資對企業所得稅減免的影響所驅動。估計到 2020 年美國經濟對經濟成長的影響是積極的，並對貿易夥伴產生正向的連鎖反應，預計總累積效應為 1.2%。」此外，2018 年 3 月 14 日，經濟合作暨發展組織（OECD）發布《主要經濟展望》（*Main Economic Outlook*），對全球 34 個主要經濟體進行更新，並指出：「預期美國減稅措施將推動經濟成長，故將 2018 年和 2019 年的全球成長預測提高至 3.9%，為 2011 年以來的最高水平。」另外，經濟學人智庫（EIU）（2017）指出：「美國總統川普當選可能為美國經濟帶來正面影響，在實行減稅、放鬆管制及增加基礎設施政策實施下，有望刺激經濟成長。」綜上可知，美國在推行一連串減稅等政策後，將對全球經濟成長帶來正向且積極的影響。

原因四：【商業投資加速成長】

2018 年 4 月 17 日，國際貨幣基金（IMF）發布《世界經濟展望》（*World Economic Outlook*）指出：「2017 至 2018 年由於投資回升，尤其是發達經濟體的商業投資增加，帶動全球貿易成長強勁，加上占全球 GDP 四分之三的約 120 個經濟體在 2017 年同比成長率大幅攀升，2018 年前景樂觀。」此外，惠譽信評（Fitch Ratings）於 2018 年 6 月 13 日發布《全球經濟展望》（*Global Economic Outlook*）指出：「先進經濟體國內生產總值成長的回升帶動商業投資成長，投資成長的推動力將開始體現在公司為滿足更強勁的需求而努力擴大資本存量。」另外，2017 年 11 月 27 日，花旗銀行（Citi Bank）發布《全球經濟展望與戰略》（*Global Economic Outlook and Strategy*）指出：「在不良資產和新興市場方面，全球投資支出，特別是商業投資，在經歷多年的放緩後正在

表2-1 2018年全球研究機構經濟成長率預測

預測時間	研究機構	報告名稱	前期預測值	2018預測值	預測值增減
2018/03/26	高盛集團（Goldman Sachs）	《全球經濟成長展望報告》（Global Economic Growth Outlook）	4.0%	4.1%	+0.1%
2018/04/17	國際貨幣基金（IMF）	《世界經濟展望》（World Economic Outlook）	3.9%	3.9%	±0.0%
2018/03/14	經濟合作暨發展組織（OECD）	《主要經濟展望》（Main Economic Outlook）	3.7%	3.9%	+0.2%
2018/05/25	摩根士丹利（Morgan Stanley）	《年中展望》（Mid-year Outlook）	3.8%	3.9%	+0.1%
2018/05/11	德意志銀行（Deutsche Bank）	《CIO見解》（CIO Insights）	3.8%	3.9%	+0.1%
2018/03/02	瑞士信貸銀行（Credit Suisse）	《2018投資展望》（Investment Outlook 2018）	3.6%	3.8%	+0.2%
2018/06/05	花旗銀行（Citibank）	《2018年中投資展望》（Mid-year Outlook 2018）	3.4%	3.5%	±0.1%
2018/03/02	世界大型企業聯合會（The Conference Board）	《全球經濟展望》（Global Economic Outlook）	3.0%	3.3%	+0.3%

表 2-1 2018 年全球研究機構經濟成長率預測（續）

預測時間	研究機構		報告名稱	前期預測值	2018 預測值	預測值增減
2018/01/18	環球透視（GI）	IHS	《月度全球經濟展望》（Monthly Global Economic Overview）	3.2%	3.3%	+0.1%
2018/06/27	焦點經濟信評（FocusEconomics）	FOCUS ECONOMICS	《主要經濟體預測報告》（Major Economies Economic Outlook）	3.2%	3.3%	+0.1%
2018/05/17	聯合國（UN）		《世界經濟形勢與展望》（World Economic Situation and Prospects）	3.0%	3.2%	+0.2%
2018/04/12	世界貿易組織（WTO）		《世界貿易展望指標》（World Trade Outlook Indicator）	3.0%	3.2%	+0.2%
2018/06/13	惠譽國際信評機構（Fitch Ratings）	FitchRatings	《全球經濟展望》（Global Economic Outlook）	3.1%	3.1%	±0.0%
2018/06/06	世界銀行（WB）		《全球經濟前景》（Global Economic Prospects）	3.1%	3.1%	±0.0%
2018/04/16	經濟學人智庫（EIU）	E·I·U	《全球展望》（Global outlook）	2.8%	3.0%	+0.2%

資料來源：本研究整理

表2-2　世界經濟成長率樂觀原因分析彙整一覽表

經濟成長率樂悲觀原因分析	IMF	OECD	WTO	WB	UN	EIU	惠譽	摩根士丹利	高盛銀行	德意志銀行	瑞士信貸	花旗銀行	環球透視	焦點經濟	總計
❶勞動及生產力充分	◎	◎		◎		◎	◎		◎	◎	◎	◎	◎	◎	10
❷私人消費投資成長		◎	◎			◎	◎	◎		◎	◎	◎	◎		9
❸美國政策推動成長	◎	◎		◎	◎	◎	◎			◎		◎	◎		8
❹商業投資加速成長	◎	◎	◎			◎	◎					◎			7
❺就業比率快速攀升	◎	◎		◎		◎	◎	◎		◎	◎			◎	7
❻歐元內需成長增強	◎					◎	◎			◎	◎	◎			5
❼全球經濟貿易反彈	◎	◎	◎		◎							◎		◎	5
❽全球製造需求上升	◎			◎	◎					◎					4
❾經濟大國成長回升	◎							◎					◎	◎	4
❿結構性改革的復甦		◎							◎						2

資料來源：本研究整理

註：本研究僅納前五大樂觀因素

加速成長。」綜上可知,由於商業投資成長的推動力,帶動全球經貿環境強勁成長。

原因五:【就業比率快速攀升】

2018 年 3 月 14 日,經濟合作暨發展組織(OECD)發布《主要經濟展望》(Main Economic Outlook),指出:「現在許多經濟合作組織國家的就業率高於危機前的水平,2018 年全球就業比率加速上升。」此外,經濟學人智庫(EIU)於 2018 年 4 月 16 日發布《全球展望》(*Global outlook*)指出:「2018 年勞動力市場緊縮,全球失業率下降,利率上升及通脹緩慢增加的趨勢將在 2019 年繼續。」另外,世界銀行(WB)於 2018 年 1 月 10 日發布《全球經濟前景》(*Global Economic Prospects*)表示:「隨著失業率恢復到危機前的水平及發達經濟體和發展中國家的經濟形勢更加明朗,就業率快速成長,決策者將需要考慮新的方法來維持成長勢頭。」綜上可知,全球經貿環境成長進而帶動就業率的提升,2018 年全球經濟前景一片明朗。

二、研究機構預測主要經濟體經濟成長率

各研究機構針對不同類別經濟體進行 2018 年 GDP 預測,茲將主要經濟體之經濟成長彙整如下:

就表 2-3 可發現各研究機構預測 2018 年各主要經濟體出現三大趨勢,未來經濟體成長速度依序為:新興經濟體＞歐元區＞已開發國家。其中,各機構對 2018 年已開發國家經濟成長率預測較 2017 年皆調降 0.1％的幅度,聯合國(UN)於 2018 年 5 月 17 日發布《世界經濟形勢與展望》(*World Economic Situation and Prospects*)指出:「地緣政治緊張局勢的上升可能加劇朝向更多單邊和孤立主義政策的傾向,全球流動性充裕和借貸成本低的時期延長,導致全球債務水平進一步上升,金融失衡加劇。使得已開發國家的金融市場任何調整都比之前的復甦期間更難以預測。」顯示在需要財政整頓的已開發國家,應調整步伐,並減少過度的外部失衡,避免給經濟成長帶來拖累。

表 2-3　2018 年全球主要經濟體經濟成長率預測

發布預測機構		主要經濟體	2018	2017
	聯合國 （UN）	已開發國家	2.0%	2.2%
		轉型經濟體	2.3%	2.2%
		新興經濟體	4.6%	4.3%
		未開發國家	5.4%	1.0%
	世界銀行 （WB）	已開發國家	2.2%	2.3%
		新興經濟體	4.5%	4.3%
	國際貨幣基金 （IMF）	已開發國家	2.3%	2.4%
		新興經濟體	5.3%	5.2%
		歐元區	2.1%	2.4%
	經濟合作暨發展組織 （OECD）	歐元區	2.3%	2.5%
	歐洲委員會 （EC）	歐元區	2.2%	1.7%
		歐盟	2.3%	1.9%
	摩根士丹利 （Morgan Stanley）	新興經濟體	5.0%	4.7%
		歐元區	2.1%	2.1%
	經濟學人智庫 （EIU）	歐元區	2.2%	2.2%
		歐盟	2.3%	2.3%
		中東北非	2.0%	2.2%
		拉丁美洲	2.0%	1.4%
	環球透視 （GI）	新興經濟體	4.9%	4.7%
		歐元區	1.9%	2.1%

資料來源：各研究機構、本研究整理

註 1：歐盟：包含奧地利、比利時、保加利亞、賽普勒斯、克羅埃西亞、捷克共和國、丹麥、愛沙尼亞、芬蘭、法國、德國、希臘、匈牙利、愛爾蘭、義大利、拉脫維亞、立陶宛、盧森堡、馬爾他、荷蘭、波蘭、葡萄牙、羅馬尼亞、斯洛伐克、斯洛維尼亞、西班牙、瑞典、英國等 28 個會員國。

註 2：歐元區：包含奧地利、比利時、芬蘭、法國、德國、愛爾蘭、義大利、盧森堡、荷蘭、葡萄牙、西班牙、希臘、斯洛維尼亞、賽普勒斯、馬爾他、斯洛伐克、愛沙尼亞、拉脫維亞等 18 國。

三、2018 全球貿易成長率預測

　　世界貿易組織（WTO）秘書長 Azevedo 於 2018 年 4 月 12 日表示：「2018 年強勁的貿易成長對於持續的經濟成長和復甦及支持創造就業至關重要。但如果政府採取保護及限制性貿易政策，特別是針鋒相對的狀況，可能導致難以控制的局面，這一重要進展可能會迅速受到破壞。」顯示 2018 年貿易成長雖樂觀，但仍存不穩定性。而 2018《TEEMA 調查報告》針對七大機構對於 2018 年全球貿易成長率預測彙整如下：

　　❶國際貨幣基金（IMF）：2018 年 1 月 11 日，國際貨幣基金指出：「由於投資回升，發達經濟體的投資增加，促使世界貿易成長強勁。採購經理人指數（PMI）顯示未來會有強勁的製造業活動，這與強烈的消費者信心指向健康的最終需求一致，因此預測 2018 年全球貿易成長率為 4.6％。」

　　❷聯合國（UN）：2017 年 12 月 11 日，聯合國指出：「由於全球經濟持續良性投資及成長，對於商品出口經濟體而言，透過收入、貨幣的壓力減輕及大宗商品價格溫和上漲，促使進口需求的增加，因此預測 2018 年全球貿易成長率為 3.5％。」

　　❸世界貿易組織（WTO）：2018 年 4 月 12 日，世界貿易組織指出：「由於出口訂單、空運和集裝箱運輸等活躍，2017 年的復甦將延續到 2018 年，且成長仍然高於趨勢，沒有任何鬆動的勢頭。故預測 2018 全球貿易成長率為 4.4％。」

　　❹世界銀行（WB）：2018 年 6 月 6 日，世界銀行指出：「除了成熟復甦的影響之外，預計全球貿易仍受制於結構性力量，包括全球價值鏈整合和貿易自由化步伐放緩。故預測 2018 全球貿易成長率為 4.3％。」

　　❺經濟合作暨發展組織（OECD）：2018 年 3 月 13 日，經濟合作暨發展組織指出：「全球經濟成長的主因之一為美國總統川普的減稅措施，將帶動美國經濟成長，故預測 2018 年全球貿易成長幅度，可維持在 5％左右。」

　　❻經濟學人智庫（EIU）：2018 年 4 月 10 日，經濟學人智庫指出：「因為美國政府對鋼鐵和鋁帶來進口關稅，即使考慮到 2018 年晚期美國可能直接對中國大陸採取的貿易行動及中國大陸反應，但目前為止並不認為美國將升級為 20 世紀 30 年代的貿易戰而轉向貿易保護主義，故 2018 年的貿易成長率從 4.3％調降為 4.1％。」

　　❼牛津經濟研究院（Oxford Economics）：2018 年 1 月 26 日，牛津經濟研究院指出：「2017 年 12 月，全球綜合採購經理人指數（PMI）繼續呈上升趨勢，升至 2017 年的最高水平，主要歸因於製造業的發展，其中一些新興市場得以強

勁成長，因此對 2018 年世界貿易成長的預測推高至 4.8％。」

綜上機構論述顯示，除世界銀行對全球貿易成長較謹慎外，其餘機構大多持樂觀態度，主要原因在於出口貿易的活絡及投資成長。2017 年 10 月 11 日，標準普爾（*Standard & Poor's*）指出：「2018 年全球受益於發達國家支持性的貨幣政策，全球經濟已逐步復甦，但仍須注意美國保護主義的抬頭，將提升全球貿易的不穩定。」顯示 2018 年經濟的復甦帶動了全球經貿環境的成長，然在貿易保護主義等風險下，各國政府仍須避免過多的貿易保護政策，才能帶動全球經貿發展。

第3章

2018 全球經貿風險與類型剖析

世界銀行（WB）對 2018 年全球經濟景氣指出：「2018 年景氣將持續回溫並期待能帶來多面向的影響，預計未來全球有超過一半的經濟體都將持續成長，但提醒各國不應安於這波景氣回溫，國際潛藏諸多不穩定因素恐影響未來經濟發展。」其亦指出：「2018 年成為自 2008 年金融危機以來全球經濟滿負荷或接近滿負荷運轉的元年。」此外，仍有諸多國際研究機構與媒體預期未來須警惕的可能為經貿環境帶來負面影響因素，《華爾街日報》（*The Wall Street Journal*）（2018）於《全球大事前瞻》（*2018 Global Vision*）報導表示：「2018 年為經濟貿易安全備受考驗的一年。」

2018 年國際間存在許多延續性經貿風險，像是始於 2017 年世界各地逐漸發酵的反全球化浪潮、貿易保護主義及地緣政治緊張局勢，此外，亦有眾多大型事件可能為整體經貿環境帶來重大影響，諸如：2018 年新興國家大型選舉結果可能帶來國家政策走向改變，進而連帶影響全球經貿環境。根據國際貨幣基金（IMF）（2017）指出：「國際資產價格高砌、中國大陸信貸快速成長、地緣政局動盪及英國脫歐後續談判決策等，都成為 2018 年全球經濟前景改善需面對的風險因素。」因此，在全球景氣復甦狀態下，仍有潛藏的風險將帶來負面影響，為各國帶來令人擔憂的經貿挑戰。此外，亦有研究機構對於經貿不確定性保持較樂觀看法，世界經濟論壇（WEF）於 2018 年 1 月 17 日發表《2018 年全球風險報告》（*The Global Risks Report 2018*）表示：「2018 年全球經濟成長趨勢強勁的一年，但伴隨著強勢成長趨勢的是經貿風險的加劇，尤其是全球氣候變遷帶來突發性天災影響特別強勁，但好處是各國仍能把握經濟強勁發展提供的良好機遇。」綜上所知，受延續性經貿風險、週期性金融危機及日漸升溫的地緣政治威脅，2018 年可能成為國際經貿風險的好發之年。

一、2018 年全球經貿風險

　　2018 年為經貿成長受看好的一年，隨著 2017 年全球景氣復甦影響，2018 年有望延續經濟成長，但受到諸多經貿風險影響，如國際地緣政治動盪、各國重人選舉發生、國際金融市場發出警訊及國際間恐怖主義蔓延等事件影響，茲彙整各研究機構與媒體雜誌論述並分述如下：

1. 研究機構對全球經貿風險之論述

　　❶ **國際貨幣基金（IMF）**：2018 年 1 月 18 日，發布《世界經濟展望》（*World Economic Outlook*）指出：「未來全球將面臨主要的經濟風險包括：（1）各國政府政策不確定性；（2）貿易保護主義及貿易不平等升溫；（3）東亞及中東地緣政治的緊張局勢；（4）人口老齡化；（5）生產力低迷與勞動力成長降低（6）各國選舉結果帶來政治不確定性；（7）全球極端氣候變化事件；（8）累積性金融風險。」

　　❷ **世界銀行（WB）**：2018 年 1 月 9 日，發布《2018 年全球經濟展望報告》（*Global Outlook Report*）指出：「2018 年全球經濟成長有望溫和回升至 2.7％，但仍面臨幾項風險分別為：（1）地緣政治局勢緊張影響金融市場穩定性；（2）貨幣政策緊縮使融資收緊可能顛覆經濟擴張；（3）發達經濟體貿易保護政策升溫；（4）英國脫歐政策變化增加不定性；（5）人口高齡化對潛在經濟成長構成威脅」。

　　❸ **聯合國（UN）**：2017 年 12 月 11 日，發布《世界經濟形勢與展望 2018 年》（*World economic situation and prospects 2018*）表示：「2018 年世界於經濟貿易成長可能面臨的風險有：（1）經濟成長分布不平均；（2）貿易政策改變；（3）地緣政治局勢緊張（4）全球金融環境突然惡化。」

　　❹ **彭博社（Bloomberg）**：2018 年 4 月 6 日，彭博社指出：「2018 年全球經濟發展存在四大風險包括：（1）北韓地緣關係緊張；（2）美國與中國大陸貿意角力使保護主義升高；（3）選舉帶來政局改變；（4）數位貨幣熱潮消退。」

　　❺ **世界經濟論壇（WEF）**：2018 年 1 月 17 日，發布《2018 全球風險報告》（*The Global Risks Report 2018*）表示：「可能影響 2018 年貿易風險加劇的不確定因素包括（1）失業率攀升；（2）各國財政危機；（3）主要經濟體經濟泡沫化；（4）能源價格震盪；（5）財政政策失效；（6）恐怖主義威脅；（7）網路的脆弱性；（8）國內和國際政治緊張局勢；（9）極端天氣災害事件；（10）大規模非自願移民。」

　　❻ **德意志銀行（Deutsche Bank）**：2017 年 12 月 11 日，提出 2018 年於全球經貿環境存在的三大風險分別為：「比特幣價格崩潰、更高的通貨膨脹現象

以及朝鮮地區地緣政治的威脅。」

❼歐亞集團（Eurasia Group）：2018年1月2日，發布《2018年全球十大風險預測報告》（*Top Risks 2018*）表示2018年全球將步入地緣政治的衰退期。其中：「2018全球十大政治風險分別為：（1）中國大陸欲填補美國退守國際之空白將引發進一步衝突；（2）地緣政治意外事件或引發衝突；（3）全球資訊科技冷戰發生；（4）墨西哥選舉產生政治新險局；（5）美國與伊朗關係加速惡化；（6）群眾對民主機構的信任度惡化；（7）新保護主義崛起；（8）脫歐議題導致英國政界混亂；（9）南亞的身分政治崛起；（10）非洲面臨恐怖主義威脅。」

❽安聯環球投資（Allianz Global Investors）：2018年4月23日，安聯環球投資布《2018年展望》（*2018 Outlook*）報告指出：「2018年各國需防範真實世界的通貨膨漲外，最大的貿易風險在於全球各區地緣政治的不穩定，有將近60％投資者認為受地緣政治因素影響應增加投資風險管理。」

❾科法斯集團（Coface）：2018年6月1日，在年度國家風險論壇上指出：「雖然景氣維持2018年全球貿易復甦的態勢，但全球經濟成長仍面臨發達經濟體受制於供過於求、中國大陸銀行業面臨風險、各國大選政治風險等三大風險。」

❿中國大陸國家訊息中心：2018年6月17日，於《中國大陸與世界經濟發展報告2018》中表示：「展望2018年自國際上存在著美國貨幣財政政策進一步轉向帶來不確定性、全球貿易保護主義升溫、地緣政治衝突導致潛在威脅上升。」

⓫瑞銀集團(UBS Group AG)：2017年11月21日，於《2018年度展望報告》（*House View Year Ahead 2018*）中表示：「2018年全球經濟復甦下有幾大風險可能帶來重大影響分別為美國利率大幅上升、地緣政治動盪、中國大陸債務危機。」

⓬太平洋投資管理公司（Pacific Investment Management Company；PIMCO）：2018年4月14日，太平洋投資管理公司發布《2018週期性展望：高峰成長》（*2017 Cyclical Outlook：Peak Growth*）提到：「2018年全球經濟三大風險，即：「（1）美國的財政擴張對長期經濟恐帶來不利影響；（2）就業超過自然水平，影響工資及價格通脹可能變更高；（3）經濟和資產市場因為短期利率下降和整個國家的期限溢價上升而貨幣供應的減少。」

⓭美國經濟諮商會（The Conference Board）：2018年5月16日，發布《全球經濟展望》（*Global Economic Outlook*）指出：「2018年全球發展將面臨三大風險，分別為：（1）歐洲的周期性復甦及中國大陸的政策驅動成長刺激不太可能持續下去；（2）投資市場回收率過低限制生產成長的速度；（3）政策和

地緣政治風險也可能扭曲 2018 年的成長軌跡,帶來經濟性衝擊,包含拖延英國退歐談判影響歐洲市場穩定、加速保護主義甚至美中貿易戰及各地區軍事衝突風險。」

2. 媒體雜誌對全球風險之論述

❶《金融時報》(*Financial Times*):2018 年 7 月 11 日,報導指出:「全世界經濟好轉與持續不斷惡化的政治形勢兩項矛盾現象持續相互影響,未來須警惕政治狀況破壞經濟導致的三大風險;(1)新的金融危機風險;(2)通貨膨脹衝擊;(3)戰爭爆發的風險。」

❷《華爾街日報》(*World Street Journal*):2018 年 4 月 2 日《華爾街日報》指出:「2018 年為貿易安全備受挑戰的一年,以下四大風險值得關注,分別為:(1)朝鮮核武威脅干擾亞洲地區市場;(2)歐盟政策面臨分歧;(3)美國因選舉陷入黨派紛爭影響其政策發展方向;(4)伊斯蘭國家戰爭情勢蔓延至西歐。」

二、2018 年全球八大經貿風險事件剖析

2018 年全球經貿風險受到國際間政治影響甚大,其包含諸多先進國家大型選舉結果帶來的政治變動及地緣政治衝突因素帶來的不穩定性,此外,各國間貿易政策變化與角力,為整體經貿大環境添加不確定性,更增加各國妥擬應對策略之難度,表 3-1 經由此研究會整個大國際研究機構及媒體對 2018 年全球經貿風險提出之觀點及研究報告,列出全球經貿八大風險,依照風險被提及程度之高低依序為:(1)地緣政治局勢緊張;(2)各國政策發展不定;(3)金融危機及通貨膨脹;(4)財政保護政策失效;(5)貿易保護主義興起;(6)恐怖主義威脅上升;(7)選舉帶來政局動盪;(8)世界人口高齡化。

表 3-1 2018 年全球經貿風險彙整

機構／媒體	發表時間	① 地緣政治局勢緊張	② 各國政策舉棋不定	③ 貿易保護主義興起	④ 金融危機風險攀升	⑤ 財政政策失靈	⑥ 通貨膨脹趨勢上升	⑦ 生產力迷勞動降低	⑧ 中美貿易摩擦升溫	⑨ 極端氣候變化事件	⑩ 恐怖主義威脅上升	⑪ 世界人口高齡化	⑫ 大規模移民風險	⑬ 經濟成長分布不均	⑭ 網路經濟脆弱性	⑮ 數位貨幣退潮
國際貨幣基金	2018	●			●			●		●		●				
世界銀行	2018	●	●	●	●							●				
聯合國	2017	●	●	●												
彭博社	2018	●	●	●	●	●			●							●
世界經濟論壇	2018	●	●		●	●		●		●	●		●		●	
德意志銀行	2017						●									
歐亞集團	2018	●	●	●			●		●		●					
安聯環球投資	2017	●														
法斯集團	2018		●			●										
太平洋投資管理公司	2018													●		
美國經濟諮商會	2017	●	●	●				●	●							
《金融時報》	2018	●		●			●									
《華爾街日報》	2017	●														
總計		10	7	6	4	3	3	3	3	2	2	2	1	1	1	1

資料來源：本研究整理

風險一：【地緣政治局勢緊張】

2018 年 1 月 2 日，歐亞集團（Eurasia Group）指出：「2018 年地緣政治因素為全球帶來的風險將堪比 2008 年全球金融危機，其中影響力最大的事件為配合美國政策退守國際，使美國與中國大陸於亞洲地區影響力的轉換，進一步強化中國大陸勢力，使其於經濟貿易、科技及政治價值觀各方面設定國際標準之阻力大為降低，得以重新定義外在環境的新規則。」此外，美國有線電視新聞網於（CNN）（2018）表示：「北韓政府於國際再次宣示其核武實力，使得東亞戰爭疑慮持續升溫，亦使得北韓領導人受惠於地緣政治緊張局勢的影響，壯大其影響力。」綜上得知，2018 年地緣政治因素影響力強勁並具有很大的不確定性。

風險二：【各國政策舉棋不定】

延續 2017 年以來的世界各國政策相互影響使整體經貿環境充滿不確定性，2018 年 2 月 28 日，歐盟公布英國脫歐草案，揭示英國需於 2020 年徹底脫歐程序，使英國與歐盟後續談判內容及採取的對應政策將大幅影響英國經濟前景發展，英國央行總裁 Carney（2018）表示：「自英國脫歐公投以來，英國經濟每年承受高達 100 億英鎊的經濟損失，為穩住國家經濟，與歐盟的後續談判刻不容緩。」此外，美國政府於退出北美自由貿易協定（NAFTA）進程於 2018 年展開，談判結果將大大影響美洲各國經貿發展。2017 年 12 月 14 日，《經濟學人》（*The Economist*）於《2018 全球大趨勢》（*The World in 2018*）表示：「2018 年將是各國神經緊繃的一年，中國大陸國家領導人習近平於十九大會議之後重新鞏固政權後將於經濟、政治與軍事上有重大改革；法國總統馬克宏於法國推動的大改革將受到英國脫歐、義大利大選結果影響有更多不確定性。此外，各國央行也陸續傳出調整利息政策的訊息，諸多訊息均顯示 2018 年將會是國際政策充滿不確定性的一年。」綜上可知，2018 年適逢眾多國家面臨大變革的時機點，其政策調整將會對接下來的經貿環境帶來影響。

風險三：【貿易保護主義興起】

2018 年 1 月 11 日，美國貝萊德公司（Blackrock）表示：「受到美國政府啟動進口限制政策影響，全球經濟成長與企業利潤發展將受影響，如美國在北美自貿協定（NAFTA）談判破局，短期內新興市場將受到衝擊。」此外，2018 年 3 月 5 日，《日經新聞》表示：「受到貿易保護主義影響，可能引發預防性投資資金撤離，使市場行情惡化，廣泛 業群將遭受影響，在市場不確定性消除之前，股市可能陷入停滯。」由上可知，受到貿易保護主義，其帶來影響並非僅影響少數國家，而是連帶影響全球經濟、貿易及政治穩定，為全球經貿環境逐漸加大風

險。

風險四：【金融危機風險攀升】

2018 年 1 月 25 日，巴克萊銀行（Barclays）表示：「面對不斷上行的市場環境，與 2008 年金融危機發生時極為相似，美國企業負債和槓桿水平創下歷史新高，銀行須謹慎提防金融危機發生的可能性。」同一時間，花旗集團（Citigroup）（2018）亦表示：「目前國際金融市場長期累積的矛盾點甚多，如局勢持續發展下去，下一輪的金融危機很可能發生且更加劇烈。」此外，微軟創辦人 Bill Gates（2018）亦警示：「全球經濟出現顛簸是一種警訊，須警惕不久的將來必定會出現另一場金融危機。」綜上可知，適逢十年一期的金融危機爆發關鍵時刻，各國際機構與媒體紛紛對其提出警告，各國須嚴加提防金融危機爆發風險。

風險五：【財政政策失靈風險】

紐約聯邦儲備銀行（Federal Reserve Bank）總裁 Dudley 於 2018 年未來美國經濟前景演講中表示：「為支持經濟發展，美國採取的減稅政策雖能於短期內帶來成效，但長期下來勢必弊大於利將帶來更為嚴重的長期風險。」此外，中華經濟研究院於 2018 年 4 月 6 日表示：「中國大陸過去受益於貨幣寬鬆化等金融政策，其後續問題正在發生，加上地方債與企業債等債務問題，短期之內穩住金融風險失守將為中國大陸政府金融政策執行的要點。」綜合上述得知，過去為挽救國家經濟，先進國家推行的財政政策正逐漸失靈，其造成的風險極有可能於短時間內顯現。

風險六：【通貨膨脹趨勢上升】

2017 年 12 月 5 日，美銀美林（Merrill Lynch）於《2018 年展望》（*2018 Outlook*）報告指出：「全球經濟隨著經濟景氣回升，通貨膨脹速度將會加快，將為全球股市和信貸市場的變化。」此外，摩根大通（JPMorgan）（2018）表示：「展望 2018 年全球通貨膨脹上升局勢明顯，其可能連帶影響國際間大宗貨品價格上升，全球投資景氣可望微升。」此外，根據 2017 年 11 月 17 日，《路透社》（Reuters）報導指出：「當前全球經濟景氣表現，有很好的理由相信 2018 年將會是自 2007 年全球經濟受損導致長期通貨疲軟以來，首次通貨膨脹回升。」綜上可知，眾多機構對於 2018 年通貨膨脹的趨勢預測皆會上漲。

風險七：【生產低迷勞動降低】

全球製造業受到全球性人口結構老化及生產力降低波及，將可能對全球製造體系造成長遠性的影響，未來全球經貿局勢恐面臨下行風險，世界銀行（WB）

於 2018 年 1 月 9 日發布《全球經濟前景》（*Global Economic Prospects*）報告表示：「全球經濟成長已面臨觸頂，原因為受到長期以來人口結構老化與生產力增速減緩影響，未來十年全球經濟將面臨走滑趨勢。」此外，2018 年 1 月 22 日，根據國際勞工組織（ILO）於《2018 年全球勞動力就業趨勢》（*World Employment and Social Outlook*）報告指出：「受人口結構老化、青年延遲就業現象趨升及開發中國家勞動弱勢化，全球勞動力市場於未來十年首當其衝的問題為勞動力補充速度將不及勞動力流失的速度，此現象將導致全球弱勢就業現象加劇，使得勞動力品質下降，開發中國家受其影響將最深，長久下來將可能導致國家進入勞動力惡化致使生產力崩潰的惡性循環之中。」綜上所知，欲從根本解決勞動降低與生產力不足的問題，各國需致力於降低當前勞動市場不平等與老齡貧困等結構性問題。

風險八：【中美貿易摩擦升溫】

2018 年全球經貿市場備受關注的一項變數為隨著美國貿易保護新政的推動，中國大陸與美國兩國貿易角力逐漸升溫。根據美國《時代雜誌》（*Time*）於 2018 年 4 月 7 日表示：「因中國大陸長期對美國龐大貿易順差，使得美國不得不祭出關稅壁壘懲罰做為制衡措施，未來如持續下去可能衝擊中國大陸大多數企業。」2018 年 4 月 3 日，美國貿易代表署（USTR）公布研擬加徵關稅，影響大量中國大陸商品進口，此外，2018 年 4 月 5 日，美國總統川普進一步宣布：「未來將考慮再對中國大陸進口商品追加 1,000 億美元關稅。」對此，中國大陸商務部於 2018 年 4 月 5 日回應：「針對美國採取的一系列行動，中國大陸將不惜付出任何代價奉陪到底。」此外，《經濟學人智庫》（*EIU*）更是將美國推行的相關貿易政策視為是把雙面刃，其於 2018 年 4 月 6 日表示：「美國政府以追加關稅措施來保護美國企業，但其連帶衝擊許多美國與中國大陸合資企業，此一措施將產生適得其反的效果。」綜上所知，中國大陸與美國雙方的貿易摩擦加劇，處於劍拔弩張的緊張局勢，雖然目前雙方尚無重大動作，但此世界前兩大經濟體如爆發貿易戰爭，勢必將對全球經貿市場帶來極大的震盪。

風險九：【極端氣候變化事件】

近年來全球極端氣候事件發生越顯頻繁，2018 年 3 月 22 日，國際氣象組織（WMO）發表《全球氣候年度報告》（*The Global Climate*）指出：「自 2015 年起的三年為 19 世紀以來最熱的年份，其中 2017 年更是天氣災害以及極端氣候產生經濟損失最嚴重的一年，估計全球受極端氣候影響損失近 3,300 億美元的經濟，並警告 2018 年勢必會延續此種極端氣候災害。」此外，美國太空總

署（NASA）（2018）表示：「2016及2017年為氣候紀錄上最熱的兩年，全球平均氣溫上升的現象預計將會延續到2030年，表示極端氣候發生將會越加嚴重，但此現象各國可以透過減少大氣中溫室氣體數量來達到減緩的效果，呼籲各國應積極嘗試能源轉型採用永續能源。」綜上可知，全球極端氣候現象已成為不容各國忽視的重大議題，其每年造成重大的經濟與生命損失，各國須盡快展開環境保護政策的推行並加速擬定相關對策應對為來越演越烈的極端氣候災害發生。

風險十：【恐怖主義威脅上升】

2017年10月29日，美國《今日美國》（*USA Today*）報導：「近來恐怖組織於北、西非地區重新集結，加上非洲國家長期面臨貧窮、發展落後及高失業率等經濟困境，使得非洲成為新恐怖主義落腳的溫床。」此外，2017年底於歐洲地區陸續發生恐怖攻擊事件，多發源自中亞地區，2017年11月2日，《華爾街日報》（*The Wall Street Journal*）表示：「長期受限於經濟不佳、欠缺政治自由及地理位置因素，中亞地區已成為恐怖主義重點提防地區。」隨著2017年恐怖組織「伊斯蘭國」在反恐行動節節退敗後，恐怖主義從中東向全球拓展開來。綜上可知，受到長久以來全球化浪潮的快速發展，深植各地已久的全球化經濟發展失衡產生的國家經濟發展問題影響，導致貧窮國家人民為經濟問題鋌而走險是恐怖事件發生越加頻繁的主因之一，倘若發達國家依然只顧著享受豐碩的經濟果實，不盡速解決這全球化發展的經濟後遺症，未來恐怕主義升溫現象將越演越烈，勢必會遭受更大的波及。

風險十一：【世界人口高齡化】

2018年1月9日，世界銀行（WB）於《全球經濟展望》（*Global Outlook Report*）指出：「全球經濟成長放緩其中一項因素為世界人口老齡化加劇，其將持續影響全球經濟成長導致各國經濟脆弱性上升，各國需加速推動勞動力轉型政策應對。」此外，道富公司（State Street）於2018年2月19日表示：「全球受高齡化影響的情況逐漸加深，各國如果只採取貨幣政策來因應此問題，將是治標不治本的作法，應逐步從財政政策與結構性政策下手來因應人口老化此一世紀問題。」而彭博社（Bloomberg）更於2018年2月19日指出：「亞洲地區主要經濟體受人口老化影響尤其嚴重，於政策上急迫面臨抉擇，包括移民政策的推行將刻不容緩。」綜上得知，人口高齡化問題已不單純是社會問題，更是國家未來經濟發展的大議題，對此國家將其升格為國家安全問題，此一問題將會延續下去，各國需快擬定相關的長遠發展政策。

第4章

2018 影響全球經貿重大新事件

詩人蘇軾於《晁錯論》提到「天下之患,最不可為者,名為治平無事,而其實有不測之憂。」表示最難應對的患難,往往發生於盛世太平下最不可能預想發生的事情之上。綜觀 2018 年世界經濟發展局勢在諸多研究機構普遍樂觀的預期之下,於享受經濟成長之優勢時,更須謹慎洞察潛藏於瞬息萬變的經貿市場中,可能突發的重大事件。2007 年塔雷伯(Taleb)教授於其出版一書《黑天鵝效應》(*The Black Swan*),首次提出「黑天鵝」一概念,用以表述「市場上被人們視為不可能發生的事件,最後竟發生的並造成重大影響的事件。」近年來,全球經貿環境發生的黑天鵝事件,發生次數雖不多,但每個「黑天鵝」事件皆對國際市場影響重大且效果長久,如 2016 年英國脫歐公投結果通過及 2017 年歐美地區發生大規模恐怖主義襲擊等。

2018 年全球經貿環境,除已在經貿市場醞釀多年卻遲遲沒有發生的「黑天鵝」事件之外,亦有許多的「黑天鵝」事件正延續自過去充滿不確定因素的政經局勢而來,其中包括延續自 2016 年的英國脫歐公投事件、中國大陸與美國關稅牽制政策與國際間重大選舉事件等。2017 年 12 月 29 日,根據《每日經濟新聞》(*National Business Daily*)表示:「2018 年恰逢 2008 年金融危機十週年,依照過去每十年一循環的經濟消退週期,2018 年於經貿投資上需謹慎提防隱含波動的發生。」此外,伴隨「黑天鵝」事件逐漸成為國際間受注目議題,市場環境中尚有存在正逐漸發生的警訊被稱作「灰犀牛」事件,於 2018 年 1 月 5 日《華爾街見聞》(*The Wall Street Journal*)表示:「2018 年為國際事件好發之年,除需要關注地緣政治動盪因素醞釀的黑天鵝事件更需提防國際間透過長年貨幣政策累積的風險灰犀牛事件,而最需注意的是當灰犀牛衝撞黑天鵝共振事件的發生。」

一、2018年全球黑天鵝事件

過去西方國家普遍相信「世界上的天鵝都是白色的。」此一被視為常理的事實，直到1697年探險家Vlaming於一次澳洲考察中，出乎意料地發現不同於過去認知的第一隻黑色天鵝，2008年作家Taleb出版《黑天鵝效應》（*The Black Swan*）一書中首次定義「黑天鵝」事件：「用以描述那些普遍被人們認為不可能發生而最後卻出乎眾人預料發生並造成重大影響的事件。」且書中定義「黑天鵝」事件具備三項特性，分別為（1）稀缺性：事件是鮮少發生且難以預測，常態上為統計預測中偏離常態的離群值結果（Outlier）（2）衝擊性：事件的發生會連帶對其他事物造成衝擊性影響，其效果甚至會維持一段時間（3）事後可預測性：於事發後就其可結果，推演現象至事前做出解釋其發生的預測，使其成為可以被解釋的現象。

2016年12月13日，根據瑞士信貸（Credit Suisse）指出：「2016年為國際黑天鵝年，未來國際間政治大事件發生將使全球經貿市場不確定性加劇，預計其2017、2018兩年國際間將出現黑天鵝群起漫飛的意象，黑天鵝事件的發生將不再被視為異象。」綜上可知，「黑天鵝」事件已成為國際間備受重視的議題，本研究彙整全球各大研究機構、國家媒體與專家學者針對2018年國際間發生的「黑天鵝」事件分述如下：

1. 各研究機構提出之2018年全球黑天鵝事件

❶**彭博社（Bloomberg）**：2018年1月3日，彭博社指出：「世界各國陸續既出政策密集打壓加密貨幣實行，使原先2018年將成為數位貨幣元年的預測迎來黑天鵝，此外，部分新興經濟體國家於2018年迎來大選，大選結果有可能出乎意料之外，為新興國家政局走向帶來的更多不確定性。」

❷**德意志銀行（Deutsche Bank）**：2017年12月11日，德意志銀行表示：「2018年市場的14個黑天鵝事件為：（1）美國通脹在2018年二季度大幅上行；（2）歐洲央行2018年二季度暗示退出寬鬆政策；（3）海外需求下降，美國投資級債券和高收益債券息差擴大；（4）德國通膨與薪資意外上行；（5）歐盟債券負利率，影響全球市場；（6）日本央行領導更替，放棄收益率曲線控制；（7）全球央行退出量化寬鬆政策，國債和債券期限溢酬上漲；（8）通脹上行、地緣政治風險或全球央行放緩帶來的波動性大幅上揚；（9）英國推翻脫歐決定；（10）中國大陸經濟增速放緩超出市場預期；（11）美國稅改超過預期的正面影響；（12）比特幣崩盤；（13）朝鮮問題進一步惡化；（14）各國選舉影響。」

❸**法國興業銀行（Societe Generale）**：法國興業銀行（2018）公布該行知

名的金融市場「黑天鵝」風險圖表指出 2018 年將面臨四隻「黑天鵝」分別為：（1）美國放棄減稅政策；（2）歐洲政策不確定性衝擊事件；（3）市場急劇重新定價；（4）中國大陸經濟放緩。

❹**高盛集團（Goldman Sachs）**：2017 年 8 月 22 日，高盛集團指出：「義大利在面對經濟脆弱問題下，已為歐洲承載難民能力最差的國家，2018 年五月大選，可能受民粹主義和疑歐派大作文章，其選舉結果可能成為繼英國脫歐後，出乎眾人意料，成為歐洲另一隻黑天鵝。」

2. 各國際媒體與專家學者提出之 2018 年全球黑天鵝事件

❶**《路透社》（*Reuters*）**：2017 年 12 月 12 日，路透社提出十大「黑天鵝」事件分別為：（1）美國財政部政策影響美聯儲獨立性；（2）日本央行失去對貨幣政策的控制；（3）標準普爾 500 指數暴跌造成波動；（4）中國大陸發行用人民幣計價的石油期貨合約；（5）美國債券收益率上漲；（6）敵對歐盟收購行動，歐盟成員分歧擴大；（7）因政府反擊不受監管的加密貨幣，投資者逃離比特幣市場；（8）南非在「非洲之春」之後發展繁榮興旺；（9）騰訊推翻蘋果，成為全球最有價值的公司；（10）更多女性掌握全球企業權力。

❷**台灣經濟研究院**：2017 年 12 月 22 日，台灣經濟研究院提出全球三個需提防的「黑天鵝」事件為：（1）北韓危機升溫，避險資產於短線將一飛沖天；（2）中國大陸大陸的債務問題，房產泡沫化使系統性金融風險底線失守；（3）國際諸多非經濟干擾因素與各國選舉結果影響經濟。

❸**中國大陸平安證券**：中國大陸平安證券（2017）指出，2018 年全球經濟的六隻「黑天鵝」分別為：（1）全球地緣政治衝突越演越烈；（2）全球貿易投資衝突增加；（3）歐洲區域政治風險重新抬頭；（4）通脹壓力加速抬頭造成美聯儲貨幣政策加速收緊；（5）美國股市長達九年的牛市宣告終結；（6）部分脆弱性較強的新興市場國家重新面臨爆發國際收支危機的風險。

❹**中國大陸工商銀行**：2018 年 1 月 8 日，中國大陸工商銀行指出，2018 年黑天鵝風險將聚焦於以下三個領域中，並可能引發廣泛影響，分別為：（1）美國政策搖擺風險；（2）歐洲一體化倒退風險；（3）區域衝突失控風險。

❺**美國市場觀察（MarketWatch）**：2017 年 12 月 29 日，美國市場觀察指出 2018 年市場可能出現的九個潛在黑天鵝事件，分別為：（1）比特幣崩盤；（2）各國央行寬鬆貨幣政策的終結；（3）美國退出北美自貿協定；（4）公司債過度攀升；（5）股票估值過高；（6）五大科技巨頭（Facebook、蘋果、亞馬遜、Netflix 和 Google）股價回撤；（7）恐慌指數驟升；（8）地緣政治風險事件；（9）

美元繼續走軟。

3. 2018 全球八大黑天鵝事件

受到從延續 2016 年起國際市場上「黑天鵝」群起漫飛的現象，各大國際研究機構紛紛提出「黑天鵝」事件警示，表 4-1 經由此研究彙整各大國際研究機構及媒體對 2018 年國際市場可能出現的「黑天鵝」事件，依照其被提及次數之高低依序列出八大黑天鵝事件分別為：（1）地緣政治風險事件；（2）大選結果出乎意料；（3）美國政策搖擺不定；（4）虛擬貨幣預期崩盤；（5）債券殖利率將飆漲；（6）國際房地市場降溫；（7）政治情勢動盪事件；（8）中國大陸恐放緩。

黑天鵝事件一：【地緣政治風險事件】

2017 年 11 月 26 日，花旗銀行（Citibank）指出：「2018 年全球經濟局勢受到先進國家大選影響、軍事衝突與宏觀經濟危機影響，國際間地緣政治衝突風險提升為 40 年來最高，並且未來幾年地緣政治風險將持續提升。」此外，2018 年 4 月 5 日，加拿大皇家銀行（Royal Bank of Canada）指出：「綜觀 2018 年全球潛在風險，需嚴加提防中東地區地緣衝突一觸即發的緊張局勢，沙烏地阿拉伯與葉門兩國衝突加速可能會影響國際原油市場，受到波及的範圍極廣，其對經貿影響將比預想嚴重，甚至可能進一步發展成為沙烏地阿拉伯與伊朗兩國正面衝突的導火線。」綜上可知，2018 年為全球地緣政治風險影響全球經貿環境劇烈的一年，世界各地潛伏著許多醞釀中的地緣政治之「黑天鵝」事件，如果發生將會影響全世界經貿環境，故受到各國際研究機構及專家媒體一再警示，為 2018 年最需嚴防的經貿「黑天鵝」發生區。

黑天鵝事件二：【大選結果出乎意料】

2018 年受國際上諸多國家大選結果極有可能出現「黑天鵝」事件，隨著英國脫歐、2017 年西班牙加泰羅尼亞獨立運動等事件屢次挑戰歐盟制度，說明民粹主義興起，屢屢影響各國選舉結果。義大利大選於 2018 年 3 月 4 日結束，結果雖未產生由民粹主義政黨當選的「黑天鵝」事件，但出乎意料的結果為國會主體「無政黨過半」形成「僵局國會」，代表未來義大利將為維持一段時間的政治立場動盪，為歐元區增添不確定性，此外，2018 年 1 月 3 日，歐亞集團（Eurasia Group）表示：「2018 年中墨西哥大選結果將影響與美國雙方進行《北美自由貿易協定》（NAFTA）後的發展方向。」綜上可知，2018 年各國選舉結果將不只影響單一國家，其將為經貿環境增添更多不確定性。

黑天鵝事件三：【美國政策搖擺不定】

全球第一大經濟體美國在新總統川普上任以來，陸續大動作推行貿易政策

表 4-1　研究機構提出 2018 年黑天鵝事件彙整

黑天鵝事件	① 彭博社	② 德意志銀行	③ 法國興業銀行	④ 高盛集團	⑤ 路透社	⑥ 台灣經濟研究院	⑦ 中國大陸平安證券	⑧ 中國大陸工商銀行	⑨ 美國市場觀察	總數
發表時間	2018/01/03	2017/12/11	2017/05/31	2017/08/22	2016/12/12	2017/12/22	2018/01/08	2018/01/08	2017/12/29	
1 地緣政治風險事件		●			●	●	●	●	●	6
2 大選結果出乎意料	●	●		●	●	●				5
3 美國政策搖擺不定			●		●		●	●	●	5
4 虛擬貨幣預期崩盤	●	●			●				●	4
5 債券殖利率將飆漲		●			●		●			3
6 國際房地產市場降溫					●	●				2
7 政治情勢動盪事件		●	●							2
8 中國大陸恐放緩		●	●							2

資料來源：本研究整理

註：僅列出提及次數最多前八名

改革，其政策改革將使全球經貿環境迎來新局面。2018年3月5日《華爾街日報》（*WSJ*）指出：「美國政府預計推出相關關稅增額政策，其影響範圍極廣，甚至可能進一步引發貿易戰爭，成為影響美國股市最大的黑天鵝。」根據法國興業銀行（Societe Generale）（2017）指出：「受到美國總統川普於貿易保護及貿易壁壘政策上的激烈行動，恐將導致全球貿易出現逆向反轉的黑天鵝事件發生。」綜上可知，繼2017年美國川普總統當選這隻震驚國際的「黑天鵝」發生以來，美國政府陸續推行的新政策始終為國際關注的焦點，而2018年受到美國政策的不確定性影響國際間須嚴防貿易逆轉產生的新「黑天鵝」事件發生。

黑天鵝事件四：【虛擬貨幣預期崩盤】

2017年底被過高的市場預期炒熱的比特幣，在一片叫好聲浪下，曾一度飆升幣值至近兩萬美元，然而，於2018年初比特幣竟出乎預料走向泡沫化，其幣值一度跌落7,000美元大關。2018年4月30日，股神巴菲特表示：「比特幣不斷重複暴漲與暴跌趨勢，價格波動過高，其泡沫炒作的性質明顯，比起投資其性質更像賭博。」此外，2018年2月5日，《華爾街見聞》（*Wall Street News*）報導指出：「縱使比特幣其幣值已跌破40%，但加密貨幣並非穩定的儲值工具，貶值可視為其展現加密式貨幣典型的泡沫屬性，比特幣具無可替代的應用技術特性，下一波跌破眼鏡的事件也許就是比特幣強力復甦。」綜上可知，虛擬貨幣的崩盤發生成為2018年的「黑天鵝」，而關於虛擬貨幣後續發展狀況是否如預期再次復甦成為備受矚目的焦點。

黑天鵝事件五：【債券殖利率將飆漲】

2017年1月29日，美國公債受挫，十年期殖利率持續飆漲，2018年2月15日，Yamada技術研究顧問公司表示：「美國債券市場出乎意料地於2018年一月份進入殖利率上升週期，美國政府後續將採取什麼金融政策回應此問題，是否將對股市帶來新壓力，將備受金融界關注。」此外，2018年1月11日，國際貨幣基金（IMF）發布《世界經濟展望》（*World Economic Outlook*）表示：「發達經濟體值利率上升若快過於預期，可能導致發達經濟體與新興市場的金融脆弱性面臨加劇的風險。」綜上可知，殖利率飆漲已成為2018年初金融市場飛出的第一隻「黑天鵝」，2018年各國值利率上升過熱的現象將導致金融市場風險性上升，各國於金融改革政策推行上須更加以關注。

黑天鵝事件六：【國際房地市場降溫】

2008年發生的國際金融海嘯時滿十周年，國際間憂心全球經濟將步入經濟衰退的「十年景氣循環」，隨著美國聯準會（Fed）展開穩定的連續升息，國際

房地產市場需憂心出現投資客無力支付貸款利息及開始變賣資產趨勢發生，使得房地產市場逐步降溫。2017 年 5 月 31 日，國際貨幣基金（IMF）表示：「北美地區房地市場存在價格波動的風險，如發生房價衰退過快，恐引發新的金融危機的發生。」此外，2018 年 4 月 8 日，《博鰲亞洲論壇》理事長福田康夫表示：「隨著歐美貿易保護政策帶動的反全球化浪潮，將衝擊原先備戰全球化市場的亞洲一線城市房地產市場，對此，亞洲國家需加以防範。」綜上可知，受到經濟景氣循環及「反全球化」聲浪影響，國際房地市場出現波動，其影響甚大，甚至可能引發金融投資「黑天鵝」事件發生。

黑天鵝事件七：【政治情勢動盪事件】

延續 2017 年，國際間尚存有許多政治議題其後續決議正逐漸升溫，亦有機會出現出乎意料的「黑天鵝」事件。2018 年 3 月 2 日，延續英國政府拒絕歐盟提出的脫歐草案，使得雙方協議陷入僵局。2018 年 3 月 7 日，歐洲理事會（Council of Europe）表示：「對英國脫歐事件後續發展，未來勢必無法避免貿易上摩擦的發生，英國必須承受脫歐的副作用。」此外，2018 年 3 月 7 日，《法國新聞社》（*L'Agence France-Presse*）報導表示：「英國首相 May 於脫歐協議上如若無法平息國內硬脫歐派聲浪，將有可能使英國政局陷入動盪。」此外，2018 年 2 月 26 日，中國大陸政府通過修憲會議取消國家主席任期限制，為其政治局勢帶來重大改變，對此國際媒體《美聯社》（*Associated Press*）於 2018 年 3 月 12 日表示：「中國大陸國家領導人習近平藉由修憲案大為擴增權力，此舉極可能是為了替後續更為激進的對外政策做鋪陳。」綜上可知，2018 年各國政治因情勢動盪而充滿不確定性，須加以提防「黑天鵝」事件發生。

黑天鵝事件八：【中國大陸經濟放緩】

2018 年 5 月 24 日，穆迪信評（Moody）於對中國大陸經濟情況分析表示：「長久以來中國大陸國家以債務推動經濟成長，累積過高債務成為不容忽視的風險，尤其是居高不下的國企公司債將使國家政府未來難以維持健康的運作，如果發生放緩，將在國際經貿環境造成不小的震盪。」對此，中國大陸官方發表不同的觀點，中國大陸社會科學研究院於 2017 年 12 月 20 日發表《2018 經濟藍皮書》中表示：「中國大陸整體經濟成長情勢依然樂觀，處在常態區間之中，在就業、物價及經濟方面依然保持在穩定狀態下，不可能發生經濟硬著陸的現象。」隨著中國大陸發展為全球第二大經濟體，其對全球經貿環境的影響力不斷增強。綜上所之，中國大陸現今經濟局勢一旦發生硬著陸，勢必將成為撼動全球經濟的一大「黑天鵝」。

二、2016 年至 2018 年全球重大黑天鵝事件變化分析

　　從 2016 年英國脫離歐盟公投事件、2017 年美國總統川普當選等，出乎專家預期的「黑天鵝」事件於國際間飛揚，「黑天鵝」事件成為備受關注的議題，更有研究機構提出未來經貿環境將呈現一片「黑天鵝湖」的現象。依據《TEEMA 調查報告》自 2016 年到 2018 年歷年間全球各大研究機構與媒體專家學者所提出的重大黑天鵝警示彙整如表 4-2 所示。從中可發現，中國大陸經濟放緩衝擊事件是近年來被提及最為頻繁及潛伏最久的「黑天鵝」事件。

　　2017 年 7 月 6 日，前國際貨幣基金（IMF）首席經濟學家 Rogoff 指出：「如果現今世界上有哪個國家其經濟發生問題會立即對全球造成巨大影響，絕對是中國大陸。」顯示中國大陸經濟現況為國際間持續預警的重大風險，這隻潛伏最久的「黑天鵝」一但起飛，造成的衝擊將在現今全球經貿環境這片「黑天鵝湖」掀起巨大漣漪。此外，地緣政治風險為持續升溫，自 2017 年起國際間許多不斷被提起的重要風險。2018 年 1 月 2 日，歐亞集團（Eurasia Group）於《2018 年全球十大風險預測報告》（*Top Risks 2018*）中表示：「地緣政治風險於國際間升溫，其危險程度更勝於過去金融危機在全球造成的衝擊。」此外，國際間大型選舉與債權殖利率波動亦是近年來持續被研究機構關注的「黑天鵝」潛伏區。綜上可知，全球經貿環境變化快速，僅是依賴過去經驗法則作為風險分析將不足以察覺新發生的突發的「黑天鵝」事件，未來「黑天鵝」事件發生將會越顯頻繁，將從異象轉為常態，國際間於經貿政策上須更即時反應環境的變化以應對未來經貿環境的「新常態」。

表 4-2　歷年重大黑天鵝事件彙整

2016 十大黑天鵝事件	2017 十大黑天鵝事件	2018 八大黑天鵝事件
❶國際油價動盪	❶全球經貿局勢詭譎	❶地緣政治風險事件
❷中國大陸經濟放緩	❷中國大陸經濟硬著陸	❷大選結果出乎意料
❸國際政治風險	❸中美恐爆發貿易戰	❸美國政策搖擺不定
❹英國退出歐盟	❹地緣政治風險加劇	❹虛擬貨幣預期崩盤
❺美國大選變數	❺債券殖利率將飆漲	❺債券殖利率將飆漲
❻恐怖攻擊陰影	❻孤立主義貿易戰爭	❻國際房地市場降溫
❼利率波動加劇	❼歐洲掀反建制風潮	❼政治情勢動盪事件
❽溫室效應惡化	❽政策不確定性拖累	❽中國大陸恐硬著陸
❾消費者增儲值	❾大宗商品價格波動	
❿美元強勢升值	❿全球互聯網大戰爆發	

資料來源：本研究整理

三、2018 全球灰犀牛事件

　　繼「黑天鵝」事件成為受國際機構與專家學者重視的議題，而相較於難以預測的「黑天鵝」事件，已出現端倪且正在發生的經貿風險事件應被更加重視。學者 Wucker 於其著作《灰犀牛：如何應對大概率危機》（*The Gray Rhino*）提出「灰犀牛」一概念，表示正在緩慢發生中但對市場環境的衝擊力極大威脅的風險事件，綜觀 2018 年諸多研究機構與專家學者對 2018 年國際間存在眾多影響力絕不亞於「黑天鵝」事件的「灰犀牛」事件提出警示，本研究將各大國際研究機構與媒體報導針對 2018 年可能發生之「灰犀牛」事件提出論述，以下分述之：

1. 各研究機構論述 2018 年全球灰犀牛事件

　　❶天風證券：2017 年 7 月 23 日，表示：「全球有兩頭灰犀牛，一頭是中國大陸可能正在超越由 1997 年至 2017 年長達 20 年債務的頂點，同時金融自由化帶來貨幣信用收縮使全球資產產生外溢性，另一頭則是美國經歷家庭部門資產負債表衰退之後長達十年的緩慢復甦，現今美國貨幣政策可能使全球流動性出現衝擊。」

　　❷中國大陸《經濟日報》：2017 年 9 月 25 日，指出：「世界經濟面臨幾大灰犀牛，諸如：保護主義持續擴張、已開發經濟體貨幣政策出現新方向及世界主要經濟體債務占比過高，因此政治風險亦不能忽視。」

　　❸華爾街金融專家 Rogers：2017 年 7 月 31 日，提及：「全球有多頭灰犀牛已經兵臨城下，包括美國聯準會（Fed）縮表、全球貨幣寬鬆措施轉向、全球債務問題不斷加重與地緣政治風險等，而最大的灰犀牛是美國政府政策走向。」

2. 各專家學者與媒體論述 2018 年全球灰犀牛事件

　　❶北京大學經濟研究院：2018 年 1 月 9 日，表示：「2018 年全球面臨兩大灰犀牛，分別是全球流動性收縮與貨幣政策轉向，並且隨著經濟回升此近程更逐漸加快。」

　　❷工銀國際首席經濟學家程實：2018 年 4 月 6 日，表示：「2018 年三大灰犀牛為全球風險偏好逆轉、石油出口國債務危機、新興市場貨幣風險。」

　　❸宏利資產管理投資總監陳致洲：2018 年 1 月 2 日，指出：「2018 年投資市場景氣良好需注意油價進一步上揚、稅改吸引資金回流和工資上揚使成本上升等逐步逼近灰犀牛問題。」

　　❹灰犀牛作者 Wucker：2017 年 10 月 2 日，表示：「國際市場現今存在五大灰犀牛，分別是歐盟分裂、科技相關的破壞式創新、市場波動、中國大陸的政經風險以及美國新政危機。」

3

台灣經貿發展
新格局

第 5 章

台灣經貿環境發展
新政策

受惠於全球經濟穩步復甦、國際原物料價格走高，台灣 2017 年經濟表現優於預期，台經院於 2017 年 11 月 15 日表示：「台灣 2018 年經濟如同瘦弱的大閘蟹，然其蟹黃正慢慢醞釀。」一語道出台灣 2018 年的經濟復甦，內需開始逐漸活絡的情形。2017 年 7 月 19 日，中華經濟研究院指出：「2017 年台灣 GDP 成長率為 2.15％，雖不算高成長，但預測 2018 年的經濟情況將比 2017 年來的好。」此外，行政院主計處（2017）亦提及：「由於外需上漲，將會帶動台灣出口成長，此優勢將延續至 2018 年，於此同時，台灣貿易夥伴經濟復甦步調穩健，國際農工原料價格止跌回升。」綜上所述，由於全球貿易的回穩與大宗商品復甦等國際情勢影響下，台灣製造業生產與外銷訂單的年增率維持正成長，因此各機構皆樂觀看好台灣 2018 年 GDP 成長。

諸多研究機構一致認為全球經濟景氣復甦為台灣經濟發展帶來正面的效應，但 2018 年的經貿發展依然存在諸多不確定性，如中美貿易戰開打將會影響台灣未來發展趨勢，對此「5 ＋ 2 產業創新計畫」及「前瞻基礎建設」將是穩定及保護台灣發展的重要舉措。經濟部於 2018 年 1 月 8 日表示：「為提升國內的投資動能，提振台灣經濟成長力道，政府提出前瞻基礎建設計畫及 5 ＋ 2 產業創新計畫，希望由政府帶頭擴大公共建設支出，吸引民間參與，並且刺激消費。」另外，台經院景氣預測中心主任孫明德（2018）表示：「2018 年台灣經濟情勢受惠於全球經濟復甦，可說是萬里無雲，但一定要居高思危，上半年股市及匯率皆高，未來仍有諸多不確定因素，如中美貿易戰若掀起，將波及台灣經貿發展，建議政府應積極著手穩定內需，與加速前瞻基礎建設預算的審核，讓內部企業投資適時接手，方能降低中美貿易戰對台灣經濟成長的影響。」綜上所知，「五加二產業創新計畫」的七個產業與「前瞻基礎建設」是穩定台灣經濟及發展的重要項目，透過兩大計畫提振台灣經濟，提升競爭力，強化國內建設接軌國際，進而連結全

球創新能量，強化台灣產業的國際競爭力，引領台灣創下新經濟奇蹟。

一、研究機構預測 2018 年台灣經濟成長率

2018《TEEMA 調查報告》針對全球各研究機構，將台灣 2018 年經濟成長率進行彙整，所有機構皆以調升或持平看好台灣 2018 年 GDP 成長具前景，從表 5-1 中可得知 2018 年台灣經濟成長率預測值介於 1.70％到 2.80％之間，15 間機構中星展銀行（DBS Bank Limited）更以 2.80％的 GDP 成長率預測，勝過所有機構的預測，而其於機構中僅有一間預測值低於 2.00％，顯示各機構普遍看好台灣 2018 年經濟發展，茲將台灣 GDP 預測樂觀原因歸納如下：

樂觀原因一：【全球經濟景氣回溫】

諸多機構顯示 2018 年全球景氣回溫，此經濟復甦力道到更為穩健，將有助於台灣經濟成長率在 2018 年有正面的影響效益，使台灣景氣回穩。聯合國（UN）（2017）發布《2018 世界經濟形勢與展望》（*World Economic Situation and Prospects 2018*）報告指出：「由於與危機相關的脆弱因素和近期引發動盪的負面影響有所消退，隨著全球景氣回暖，台灣經濟成長前景也逐漸加強。」此外，2018 年 2 月 20 日，中華民國中央銀行表示：「2018 年全球景氣穩步復甦，可望維繫台灣出口及民間投資動能上漲，加上民間消費持穩及政府支出持續成長，將會帶動台灣經濟回暖。」綜上所知，因動盪帶來的負面效益漸漸消退，使台灣經濟景氣隨全球經濟景氣逐步攀升。

樂歸因素二：【台灣貿易出口成長】

台灣貿易出口受惠於全球貿易的活絡，使出口貿易量節節高升，並看好出口貿易動能為台灣帶來正面的效益，紛紛上調台灣經濟成長率。2018 年 1 月 24 日，台灣經濟研究院景氣預測中心主任孫明德表示：「上修台灣經濟成長率有三大因素，其一為 2017 年 12 月外銷訂單達 484.7 億美元，創歷年同月新高，將持續至 2018 年第一季。」於此同時，台灣經濟研究院院長林建甫警示：「美、中皆是台灣重要的貿易夥伴，其美、中新政及中美貿易戰的後續效應，將是影響台灣 2018 年最大變數，建議台灣政府須小心謹慎且積極因應此衝擊。」此外，行政院主計處（2018）表示：「2017 年第四季台灣景氣優於預期，這波復甦動能也將延續至 2018 年，2018 年 5 月出口達 291.2 億美元，較 2017 年同期成長 14.2％；若排除農曆春節因素，已連續 19 個月為正成長，更連續 6 個月雙位數成長，表現相當亮眼。」由上所知，台灣出口貿易呈成長態勢，其主因為受惠全球貿易的成長，而帶動台灣在 2018 年出口貿易有優異的表現。

樂歸因素三：【電子零件需求上升】

2017 年台灣半導體產業因為記憶體產業具高度景氣循環的特性，而帶動景氣大爆發，加之蘋果新型手機的問世，讓各大產業研究機構皆調升產業成長預估值。2018 年 1 月 19 日，研調機構高德納諮詢公司（Gartner）表示：「半導體產值逐年攀升，2017 年全球半導體總營收將達到 4,111 億美元，是繼 2010 年金融危機後復甦成長最為強勁的一次，預測 2018 年全球半導體市場可望成長 4%，營收可達 4,510 億美元。」此外，2018 年 2 月 22 日，星展銀行表示：「電子產業的訂單成長 18.4%，更是 2014 年 10 月以來最大幅度的成長。」綜上所知，電子產業訂單的成長，將會帶動半導體及電子零件相件需求上生，使台灣電子零件、半導體產業成為台灣明日之星，並推升台灣出口貿易。

樂歸因素四：【新興應用趨勢熱絡】

由於物聯網、人工智慧以及汽車電子的快速崛起，對於半導體以及其他電子零組件的需求也變得越來越多元，使新興應用的趨勢日益上漲。2017 年 12 月 15 日，澳盛銀行表示：「台灣 2018 年受惠於科技股出口走揚，在 2017 年第三季的經濟成長率高達 6.84%，表現十分亮眼，更是近年來新高。展望 2018 年，在 5G、AI 人工智能及汽車電子、物聯網等產業出口帶動之下，台灣經濟成長周期仍未結束。」另外，台灣經濟研究院（2018）表示：「電子零組件產品受惠於蘋果旗艦新機遞延效應，而機械產品則受全球景氣擴張，另外新興科技的應用，帶動出口有成長表現。」由上所知，在新興科技的應用日趨高漲及物聯網應用的蓬勃發展下，將帶動新興科技如：自動駕駛車、5G 與 AI 人工智慧的蓬勃發展，為台灣貿易帶來諸多利益，使台灣出口成長更為穩健。

表 5-1　研究機構預測 2018 年台灣經濟成長率

預測時間	研究機構		前一次預測值	2018預測值	預測值增減	原因分析
2017/12/22	DBS	星展銀行（DBS）	2.80%	2.80%	±0.00%	❶ 全球經濟景氣回溫 ❷ 台灣貿易出口復甦 ❸ 物聯網，人工智慧需求上升 ❹ 半導體零件需求上升
2018/06/25	中央銀行	中央銀行	2.35%	2.68%	＋0.33%	❶ 全球經濟穩步復甦 ❷ 民間消費水平上升 ❸ 台灣出口貿易穩健
2018/06/29	TRI	台灣綜合研究院	2.31%	2.62%	＋0.31%	❶ 全球貿易成長放緩 ❷ 台灣貿易出口復甦

表 5-1　研究機構預測 2018 年台灣經濟成長率（續）

預測時間	研究機構	前一次預測值	2018預測值	預測值增減	原因分析
2018/06/29	行政院主計處	2.29%	2.60%	＋0.31%	❶ 全球貿易景氣復甦 ❷ 全球貿易驅動增
2018/06/22	元大寶華綜合經濟研究院	2.40%	2.55%	＋0.15%	❶ 全球經濟穩步復甦 ❷ 台灣經濟景氣復甦
2018/04/18	中華經濟研究院	2.27%	2.47%	＋0.20%	❶ 國內景氣穩步復甦 ❷ 台灣貿易出口復甦
2018/01/15	環球透視（GI）	2.43%	2.43%	±0.00%	❶ 全球經濟景氣回溫 ❷ 台灣貿易成長穩健
2017/12/22	中央研究院	2.43%	2.43%	±0.00%	❶ 全球經濟景氣回溫 ❷ 台灣貿易出口復甦 ❸ 電子零件需求增加 ❹ 電動車零件需求上升
2018/01/22	標準普爾（Standard & Poor's）	2.40%	2.40%	±0.00%	❶ 全球經濟穩步復甦 ❷ 電子產品需求上升
2018/01/25	台灣經濟研究院	2.34%	2.34%	±0.00%	❶ 全球景氣穩健復甦 ❷ 半導體零件需求上升 ❸ 海外機械設備需求暢旺
2018/02/20	渣打銀行（Standard Chartered Bank）	2.30%	2.30%	±0.00%	❶ 受益於外需回暖和私人消費及投資加快 ❷ 科技行業表現尤其強勁 ❸ 受惠於原物料價格回暖
2017/12/28	亞洲開發銀行（ADB）	2.20%	2.30%	+0.10%	❶ 民間消費水平上升 ❷ 電子產品出口增加
2018/01/03	穆迪信評機構（Moody's）	2.00%	2.00%	±0.00%	❶ 台灣經濟景氣復甦 ❷ 台灣貿易出口復甦
2018/01/03	國際貨幣基金（IMF）	1.90%	1.90%	±0.00%	❶ 全球貿易景氣復甦 ❷ 台灣貿易成長穩健
2018/04/21	澳盛銀行（ANZ）	3.00%	1.70%	-1.30%	❶ 科技產業出口暢旺 ❷ 5G 與物聯網需求增加 ❸ AI 人工智能及汽車電子需求上升

資料來源：本研究整理

二、政府輪替後的政策走向

1. 新南向政策的效益評估

　　自蔡英文總統上任推行新南向政策至今已一年多，其推行宗旨一改過往單向在東南亞國家成立生產基地為代工廠的作法，而是從多面向的人才、技術、資金、教育及文化等層面，重新定位台灣在亞洲發展的重要角色，並創造未來價值，換言之，即是透過與東南亞國家間的經貿互動，從而轉移與擺脫對中國大陸的經濟依賴，同時培養新的全方位人才，不僅配合環境所趨，提升競爭力，同時供台灣未來發展所需，執行將滿一年的新南向政策，在各部會積極推動下，迄今已展現初步成果，茲對研究機構、國際媒體與專家學者對其新政策的評價優劣政策評述彙整如下：

（1）新南向政策績效評述

　　❶行政院經貿談判辦公室：2017 年 12 月 27 日，針對新南向政策現階段成果進行整理，並將其分為「經貿交流、人才培育、資源共享、區域鏈結、其他」等五大部分進行彙整，如表 5-2 所示：

表 5-2　新南向政策績效

經貿交流		
貿易	2017 年 1-8 月，新南向國家貿易額達 731.3 億美元，較去年同期成長 19.1%	
投資	迄 2017 年 7 月止，已累計投資額約 961 億美元，投資案件約計 12,359 件。	
新南向 18 國來台投資	至 2017 年 8 月，共 681 案約 3.3 億美元。	
國銀海外據點	於柬、星、緬、菲及澳等國新設立 15 處據點，累計達 206 處據點。	
金融支援	1. 中小信保、農信保及海外信保共匡列新台幣五十億元保證專款。 2. 為赴新南向國家投資的中小企業提供新台幣 500 億元的保證融資總額度作為信用保證。	
台灣投資窗口	於印尼、菲律賓、印度、緬甸、泰國及越南設立。	
台灣清真推廣中心	成立於 2017 年 4 月 21 日	
產業合作高峰會	印尼	2017 年 3 月舉辦
	泰國	2017 年 7 月舉辦
	菲律賓	2017 年 10 月舉辦
	馬來西亞、印度、越南	2018 年陸續開辦

表 5-2　新南向政策績效（續）

經貿交流		
台灣 形象展	印尼	2017 年 5 月
	越南	2017 年 7 月
	菲律賓	2017 年 9 月
	馬來西亞	2017 年 11 月
中小企業 合作網絡	籌組五個產業價值鏈聯盟，含便利生活、食尚美學、綠能環保、科技零售、智慧廚具，已有 70 間中小企業參加。	
工程產業 海外拓點	1. 新設四處海外據點。 2. 五大輸出團隊截至 2017 年 6 月底於新南向區域總得標金額已達新台幣 122 億元，年度目標完成率已超過六成。	
海外公共 工程	建立 ODA 模式協助國內公共工程業者爭取海外公共工程商機的機制。	
跨境電商	1. 累計服務 13,533 個會員廠商家，促成 3.4 億美元採購商機。 2. 累計帶動 200 個台灣品牌在新南向電商平台上架 3,000 項商品。 3. 於 9 月前邀請六間東南亞電商平台來台洽談，共服務 84 間台商，同時完成 252 場的洽談。 4. 3,452 家廠商參與電商研習課程與 90 家中小企業診斷輔導案。	
人才培育		
來台學生	105 學年度新南向國家來台留學生總數達 31,531 人，上漲 9.7%。	
產學合作 國際專班	教育部於 2017 年 5 月核定共計 138 班，招生人數 4,290 名。	
僑生技職 專班	高職 105 學年度招收 754 人，106 學年度已達 1,034 人，人數成長 37%。	
新南向學海 築夢計畫	核定補助 81 校（279 案）選送學生赴新南向國家產業機構實習	
青年創業 相關計畫	迄 2017 年 9 月計有 479 人次參與	
經貿人才 儲備培訓	146 位學生赴越、馬、泰、緬、菲、印尼等六國共 48 家企業實習。	
教育交流 據點	1. 2017 年起於印尼、越、馬、泰、緬、印度、菲、斯里蘭卡、寮、紐新增十個台灣連結據點。 2. 2017 年核定於印度、菲、印尼、越、泰、馬、緬設立七個區域經貿文化及產學資源中心。	
資源共享		
國際商貿整 合行銷平台	匯集超過 400 項產品及 13 家醫院與 62 個醫療團隊與 60 家標竿生技企業	
新南向國家 認可實驗室	完成印尼認可台灣食品實驗室累計三次	

表 5-2　新南向政策績效（續）

資源共享	
農業人才交流	1. 累計至 2017 年 8 月 31 日，與新南向國家政府高層農業人員交流互訪共計 394 人次。 2. 辦理「農產品加值研習班」及「設施農業產業加值之國際合作訓練班」，共計有印度等七國 42 學員來台參加。 3. 「2017 年農業青年大使新南向交流計畫」，錄取 30 位學員，已於 2017 年 9 月分別赴菲律賓及印尼交流研習。 4. 2017 年 9 月 30 日行政院人事行政總處及農委會辦理「高階官員培訓課程──永續農業訓練班」，數十位特定國家學員來台參訓。
來台人次	2017 年新南向國家民眾來臺逾 228 萬人次（占總人次 21.27%，成長 27.65%）
外籍人士來台免簽證	亞太地區　1. 馬來西亞、星國、汶萊、泰國（30 天免簽證） 2. 菲律賓（14 天免簽證） 3. 日本、韓國、紐約、澳洲（90 天免簽證）
放寬簽證	斯里蘭卡及不丹的簽證待遇，兩國國民可申請觀光簽證來台。
區域鏈結	
政府交流互訪	2017 年 8 月，資深官員互訪團次達 83 次
簽署協定／備忘錄	2017 年 8 月，共簽署農業、職訓等八項。
其他	
中央部會預算	107 年度新台幣 72 億元
國會	2017 年立法院 9-2 及 9-3 會期休會期間，委員出訪次數達 15 次。
企業界	成立「亞太產業合作推動委員會」，設立六個工作分組。

資料來源：行政院經貿談判辦公室、本研究整理

（2）研究機構與媒體對新南向政策評述

❶**勤業眾信聯合會計師事務所（Deloitte）**：2017 年 11 月 13 日，越南近年來經濟穩健成長，且具人口紅利優勢，加上政府政策的支持與推動，台灣與新南向國家的投資貿易，便在此態勢下持續擴張中，越南身為台灣投資貿易為新南向國家之首，企業可運用政府資源拓展海外市場，揮軍越南並善用併購利器，作為啟動新南向的金鑰。

❷**資誠聯合會計師事務所（PwC）**：2018 年 1 月 23 日，台灣各產業投資越南逐年攀升，越南儼然成為台灣政府新南向政策之重要前進基地，因此須將越南當做「未來市場」來經營，越南不僅是「供應鏈」的一環，更是「價值鏈」中不可或缺的一部分，另外新南向也包含穆斯林，其清真商機也不容忽視，台灣產

業及金融業必須思考如何將產品或服務持續加值，以增加企業南向競爭力。

❸**安永聯合會計師事務所（EY）：** 2017 年 12 月 12 日，在全球經濟趨勢變動下，如何轉變思維並積極活化新經濟尤顯重要，而新南向政策能強化台灣與東協等區域國家的關係，於此同時，善用全球資源來因應競爭，並開放市場、人才、資金，吸納各方資源，方能使台灣企業在海外拓展的投資更為順利。

❹**星展銀行（DBS）：** 2017 年 10 月 13 日，台灣政府提出「新南向政策」，欲提升台灣與東南亞、南亞間的聯繫管道。從產業的角度來看，台灣製造業與服務業相較於東南亞國家具有優勢，台灣應藉此優勢前進東南亞發展，但東南亞市場龐大且多元，企業到此經營需多方評估潛在機會與風險，才能使台商在東南亞市場有優異的績效與表現。

❺**戰略暨國際研究中心（CSIS）：** 2018 年 1 月 19 日，台灣新南向政策成功符合美國深遠利益，若新南向政策成功，將須審視和管理與中國大陸之間的政治摩擦。新南向政策將面臨複雜的政治環境，若中國大陸認為新南向政策是一個向國際爭取台獨的手段，便會以政治與經濟手段迫使新南向國家轉向使新南向政策瓦解。

❻**財團法人國家政策研究基金會：** 2017 年 12 月 21 日，受「一帶一路」政策之影響，將可為東南亞諸國帶來豐沛的資金，其次中國大陸政府的政治影響力，對「新南向政策」自然會產生壓抑與排擠的作用，台灣政府應找出若干與中國大陸有利害衝突或不友好的國家，集中資源，以尋求突破的缺口。

❼**外貿協會董事長黃志芳：** 2017 年 11 月 1 日，新南向政策發展著眼於東南亞各國，台灣將中小型企業的活力、資通訊、農漁業、太陽能及綠能等產業優勢運用推廣到東南亞跟南亞，其中印度最具發展潛力，未來若能與中國大陸「一帶一路」政策共同發展，則印度將成為台灣產業未來 20 年的新天地。

❽**工商協進會理事長林伯豐：** 2018 年 4 月 16 日，政治與經濟密不可分，新南向政策需要中國大陸政府一同合作，方能降低政治上的阻撓，台灣政府在政治上要如何解決合作問題，需要中國大陸與台灣雙邊的高度智慧。

綜上所述，新南向政策的未來好壞參半，持正面之評價方面指出新南向國家具投資與發展潛力，台灣能藉自身優勢大顯身手，並吸納各方資源，使台灣企業能順利在海外拓展，能感受到政策發展至今正在東南亞漸漸發酵。反之，新政策推行過程中，政治是關鍵障礙外，另外，中國大陸「一帶一路」政策將會為東南亞諸國帶來豐厚資金，在兩大障礙中，將迫使台灣政策推行困難，甚至陷入孤立，對此呼籲政府需與中國大陸保持友好合作關係。整體而言，新南向政策雖有

諸多風險，但其政策將有更多商機可挖掘並擴大發展版圖。

2.「5+2」產業創新計畫

　　放眼在全球未來的產業趨勢，總統蔡英文進一步提出台灣有利發展的七大研發計畫，包含亞洲矽谷、生技醫療、綠能科技、智慧機械、國防航太、新農業及循環經濟等創新產業。這些新興產業將結合地區優勢，加之優良的發展條件，進而打造創新的研發產業聚落，故此，行政院（2017）指出：「5 + 2 創新計畫是以創新作為驅動及產業升級作為核心，並以多元出口和延伸內需市場作為引擎帶動投資，推升台灣產業發展的層次。」由上所知，台灣政府希冀藉著此項計畫激發產業創新及創造就業機會，使台灣各地區的發展更為均衡，將台灣產業從傳統代工，轉為具高附加價值與服務為導向的商業模式，為台灣打造另一波的奇蹟。茲將「5+2」創新產業內容分述如表 5-3 所示：

表 5-3 「5+2」產業創新計畫內容彙整表

計畫項目	具體內容
❶智慧機械產業	以智慧技術發展智慧製造，提供創新的產品與服務，推動台灣產業轉型升級。
❷亞洲‧矽谷	發展四大策略：（1）健全創新創業生態系；（2）連結國際研發能量；（3）建構物聯網價值鏈；（4）智慧化示範場域。
❸綠能科技產業	以綠色需求為基礎，引進國內外大型投資帶動台灣綠能科技產業發展，以減少對石化能源的依賴及溫室氣體排放。
❹生醫產業	打造台灣成為亞太生物醫學研發產業重鎮
❺國防產業	以衛星技術為基礎，推動相關產業發展。
❻新農業	以「創新、就業、分配及永續」為原則期建立農業新典範，並建構農業安全體系及提升農業行銷能力。
❼循環經濟	透過重新設計產品和商業模式，促進更好的資源使用效率、消除廢棄物及避免汙染自然環境。

資料來源：本研究整理

3. 前瞻基礎建設計畫

　　近年台灣投資動能不足，政府部門與公營事業投資均呈負成長，根據行政院（2017）指出：「台灣在前瞻性基礎建設已在亞洲四小龍中排名落後。」另外，世界經濟論壇（WEF）（2017）發布《2017-2018 全球競爭力報告》（*The Global Competitiveness Report 2017-2018*）亦指出：「台灣在 2017 年全球競爭力排名為第 15 名，較 2016 年退步一名，其主要港口基礎建設品質、電力

供給品質、航空運輸基礎建設品質、行動電話用戶數等項目排名皆下滑。」綜上所知，台灣基礎建設需強化，蔡英文總統上任後，積極推動「前瞻基礎建設計畫」，為台灣未來 30 年發展奠定根基，將其內容與預計成效彙整如表 5-4 所示：

表 5-4　「前瞻基礎建設」計畫內容彙整表

計畫項目	具體內容
❶綠能建設	太陽能、風電及沙崙綠能科學城等相關研發和長期發展基地建置。
❷數位建設	加速推動國內超寬頻網路社會相關碁磐建設
❸水環境建設	加速治水、供水及親水基礎建設
❹軌道建設	推動「高鐵台鐵連結成網」、「台鐵升級及改善東部服務」、「鐵路立體化或通勤提速」、「都市推捷運」、「中南部觀光鐵路」等五大主軸共 38 項軌道建設計畫。
❺城鄉建設	推動民眾有感建設，包括改善停車問題、提升道路品質、城鎮之心工程、開發在地型產業園區、文化生活圈建設、校園社區化改造、公共服務據點整備、營造休閒運動環境、客家浪漫台三線、原民部落營造等十大工程。
❻因應少子化友善育兒空間建設	推動 0-2 歲幼兒托育公共化、營造 3-6 歲友善育兒空間。
❼食品安全建設	興建現代化食品藥物國家級實驗大樓及教育訓練大樓、提升邊境查驗快速通關管理系統效能、強化衛生單位食安稽查及檢驗量能、興建台中港邊境查驗辦公大樓與倉儲中心、強化中央食安與毒品檢驗量能。
❽人才培育促進就業之建設	推動國際產學聯盟、青年科技創新創業基地建置、重點產業高階人才培訓與就業、年輕研究人員養成、優化技職校院實作環境等計畫。

資料來源：行政院、本研究整理

第 6 章

台商布局中國大陸新經略

中國大陸在改革開放後，以廣大市場紅利來吸引資金、人才和技術流入，在科技水準方面雖逐漸趕上領先國家，卻也造成嚴重的環境汙染。2017 年 9 月 16 日，美國芝加哥大學能源政策研究所（EPIC）對中國大陸 154 個城市的汙染和死亡率進行數據比對及調查發現：「中國大陸死亡率的上升大多來自心肺相關疾病，若中國大陸能遵守世界衛生組織（WHO）的空氣質量標準，其人民的平均壽命將可延長三年半。」此外，台北經營管理學院（2018）指出：「近年中國大陸經濟結構產生劇變，在紅色供應鏈的崛起下，帶給台灣供應鏈極大的壓力，另外，勞力與環保等成本的劇增，與電商帶來新零售的變化，使台商面臨生產基地重新布局、企業轉型升級、拚戰中國大陸內銷市場及經商成本增加等問題。」由上所知，台商經營壓力有增無減，而過去中國大陸的發展已造成環境嚴重的汙染及破壞。近年來中國大陸環保意識抬頭，欲發展綠色中國，中國大陸國務院於 2015 年發布《中國製造 2025》報告指出，中國大陸將以創新驅動、質量為先、綠色發展、結構優化、人才為本，作為基本方針發展先進高科技產業。此外，德勤（Deloitte）（2018）亦指出：「中國大陸目前的經濟發展結構自高速成長階段慢慢轉向高質量發展階段，互聯網、大數據、人工智慧與綠色中國等產業，皆是產業發展要點。」綜上所知，中國大陸漸漸朝向高質量發展，並對於環保及健康議題重視，對此綠能環保將成為中國大陸發展新要點。

中國大陸國家領導人習近平（2017）於十九大會議開幕致詞提到：「未來將朝向深化稅收制度改革，健全地方稅體系、深化供給側結構型改革和加快建設創新型國家之目標邁進。」顯示中國大陸將卯足全力做內部結構轉變及推展創新產業，並勾勒出中國大陸將向強國發展的藍圖。然中國大陸政府為落實環保標準，祭出環保新規，強化環保力度，於 2018 年實施「環保法」，要求本土企業、外資或台資企業走向低耗能、綠能趨勢，外商企業及台資企業皆受其影響。

其中昆山為全中國大陸台商密度最高的城市，昆山台協會副會長彭祺煒於 2018 年 1 月 12 日表示：「中國大陸的環保標準日趨嚴格是不變的趨勢，目前昆山市受到限汙令影響的 270 家廠商，其中台商占據半數，現今面臨裁員、撤資，甚至是吹熄燈號等困境。」另外，建立反避稅制度已是全球化的趨勢，台商在面對此浪潮下，勢必會造成影響。根據勤業眾信（Deloitte）（2018）表示：「國際間反避稅號角已響起，一連串積極加強監管的手段正如火如荼進行，建議台資企業應充分準備與儘早評估，以因應稅制變遷。」此外，根據北京聯合大學台研院兩岸關係所所長朱松嶺（2018）指出：「隨著兩岸關係陷入僵局，在未來一年裡兩岸官方持續冷對抗似乎是趨勢，兩岸關係難以緩和，整體將呈現官冷民溫的態勢。」綜上可知，在兩岸關係持續呈現冷對抗、陸企興起、環保法規趨嚴及電商崛起影響台灣品牌發展等諸多衝擊下，影響面臨生存危機的台商到中國大陸的投資意願，有意轉向海外地區布局。

一、研究機構與媒體對台商發展障礙論述

過去中國大陸因對外開放廉價勞動力及承接大量國際生產訂單與外包訂單，被譽為「世界工廠」，至今已轉型為海外投資青睞的「世界市場」，其轉型的過程中吸引不少台商至中國大陸投資。而近年中國大陸政府為使沿海重要城市轉型為高科技城市，祭出騰籠換鳥政策，迫使台商轉型升級或遷廠，增加台商經營成本與在中國大陸布局的障礙。勤業眾信（Deloitte）（2018）指出：「騰籠換鳥與退二進三等大政策下，不少位於中國大陸的傳統製造業台商，因不堪經營成本大幅提升且面臨經營鉅額虧損或企業接班等問題，考慮重整其在中國大陸和全球的業務版圖。」另外，中國大陸過去處經濟起飛階段，較少關心環保議題，但近年來國家經濟與社會的進步，逐漸開始重視生活品質與環保議題，使台商在中國大陸陷入生產困境，諸如 2017 年的昆山限汙令使台商造成損失，在 2018 年四月中國大陸提出「環保稅」來加強環境保護問題，紛紛加重台商布局成本，使台商在中國大陸面臨重重考驗，茲針對機構、媒體論述如下所示：

❶**中華經濟研究院**：2017 年 10 月 16 日，台商在中國大陸已喪失許多優惠優勢，如今，台商須負擔沉重的福利重擔與被追稅等問題，此外中國大陸祭出環保新規，其處罰標準模糊，許多台商擔心成為被波及的對象，已有不少台商正思索退出中國大陸市場。

❷**台灣經濟研究院**：2018 年 1 月 5 日，中國大陸江蘇昆山、廣東珠海等台商的聚集區域，陸續傳出限汙令、限產令，強制工廠停工，使外企與台商皆受衝

擊,台商轉型迫在眉睫。此外,2018年1月31日,亦指出:「中國大陸稅率日漸趨高,生產成本也持續攀高、法規越加嚴格,使台商受到不小衝擊。」

❸**勤業眾信會計師事務所(Deloitte)**:2017年11月18日,全球經濟成長力道趨緩,加上中國大陸政府產業扶植政策的改變與稅務徵管趨嚴等因素,增加經商成本,使台商經營獲利不如過往,同時不少台商企業第二代無意繼承家業在中國大陸發展,導致家族型台商企業面臨接班人難產的困境。

❹**資誠會計師事務所(PwC)**:2018年4月5日,隨中國大陸政府投資環境變動,薪資水準提高與重視社會保險等相關政策,同時19大之後中國大陸政府祭出環境保護政策,先後提出「限汙令」與「限產令」,又在今年提出環保新政策「環保稅」,台商將迎接綠色風暴,在環保及公安的要求標準日益提升,使台商在中國大陸的營運成本攀升,經營越加困難。

❺**安侯建業(PMG)**:2018年3月6日,現今中國大陸的生產成本優勢已不如過往,同時在扶植台灣企業時全球反避稅浪潮持續高漲,中國大陸政府從移轉訂價、金稅三期到CRS(共同申報準則),展現全面追查逃漏稅的決心,增加台商額外的租稅,建議台商應謹慎因應相關稅務風險。

❻**資策會**:2017年11月19日,中國大陸和台灣未來的新興產業具高度重疊,大部分產業競爭大於合作,若兩岸僵局不解,競爭態勢將加劇,於此同時,涉及高汙染的企業恐面臨環保成本急劇上揚,進而形成退場潮,如中國大陸華南與華東地區的PCB廠,正面臨技術升級及原物料、人力相關成本飆升困局。

❼**陸委會**:2018年2月21日,中國大陸經濟發展已面臨產能過剩與債務擴大及金融風險等問題。此外,中國大陸政策與法規趨於嚴格,這一年多來查稅、防治汙染各項措施,使得台商在陸的經營面臨多重挑戰和困難。

❽**國家政策基金會**:2017年10月20日,台商發展正面臨瓶頸,其原因有陸企崛起、兩岸關係僵化、轉型不如預期與產業外移加劇。另外,中國大陸政府提供不同補貼與訂單誘因,使陸企營收遠勝台商,陸企的崛起讓台商邊緣化。

❾**台灣工商建設研究會總會**:2018年4月18日,中國大陸正處轉型的過程,使台商發展環境產生劇變,須面對中國大陸的勞動力上升與土地成本上漲,另外還須面對環保標準提高等重重挑戰,使台商在中國大陸發展困難。

❿**商業周刊**:2018年3月6日,在全球外貿元氣未恢復下,紅色供應鏈崛起帶給台灣供應鏈極大壓力,加上近年大陸經濟結構進行重大調整,勞力、環保等成本大增,還有電商帶來的「新零售」變化,均讓能征慣戰的台商也無所適從。此外,中國大陸經濟近年發展迅速,加上環保政策轉嚴與人力成本增加,現今已

有不少台商被迫撤退，若台商轉型速度跟不上快速變化的環境，未來在中國大陸經營的困境將會加劇。

二、台商中國大陸經營六大障礙

中國大陸近年經濟逐漸回溫，台商仍面臨諸多挑戰，除經營成本攀升、稅務制度的改變及政策法規快速變動外，加之中國大陸執行環保力度增強，使得台商在陸經營面臨嚴峻考驗，亦衝擊台商在中國大陸之經營布局。2017 年 12 月 5 日，根據《天下雜誌》發布《兩千大 CEO 2018 年景氣預測與戰略調查》顯示：「逾七成 CEO 對於全球景氣呈看好態勢，雖烏雲散去，但台資企業 CEO 認為經營環境最大的挑戰是兩岸關係的變數，其比例高達 65.9％，創下 2012 年後的新高，且 CEO 對兩岸關係的看法，持續不樂觀的比重為最高，占 41.1％。」顯示多數台灣業者看好全球經濟展望與投資環境前景，然樂觀中帶有隱憂，由於兩岸關係前景不明，雙方政府對兩岸經貿採取保守態度，不但使企業在兩岸布局前景充滿不確定性，亦對台商於陸企產業的投資、營運和布局充滿不安定感，因此台灣與中國大陸的兩岸關係讓 CEO 感到最為憂慮。

根據彭博社（Bloomberg）（2017）指出：「中國大陸主席習近平於中國共產黨第十九次全國代表大會（中共十九大）提及環境或相關字眼的次數高達 89 次，反觀經濟的字眼則只出現 70 次。」顯示出中國大陸擁有將經濟發展的重心從重工作業轉移向低汙染行業之決心。根據財信傳媒董事長謝金河（2018）表示：「中國大陸十九大後，環保成為中國大陸最重要的國策，現今地方官員積極取締汙染，可能加大台商在中國大陸的淘汰賽力道。」顯示出中國大陸對於環保力度增強，在中國大陸設廠的企業成本會全面提升，低附加價值的企業會率先淘汰，未來台商在中國大陸設廠投資的難度將會升高。其中昆山市為例，祭出「限汙令」，此限產、限排禁令對於諸多企業造成巨大衝擊，東莞台商龍頭台升家具董事長郭山輝（2018）表示：「不少台商都表示珠江三角洲與長江三角洲都已不適合設廠，許多廠商準備退出昆山和東莞。」由上可知，中國大陸日趨升高嚴查環保的行動，已對台商經營造成影響。然台商在陸經商上，面臨兩岸關係持續冷對抗與中國大陸執行環保力度趨嚴外，根據研究機構與媒體雜誌對於台商布局中國大陸諸多困局進行歸納，如表 6-1 所示，有別於中國大陸經濟近年迅速發展，台商在陸卻節節敗退，茲將台商在中國大陸遇到許多困境彙整為六大困境，分別為（1）環評標準日漸嚴苛；（2）經商成本日益高漲；（3）反避稅法條款衝擊；（4）台灣品牌轉型不易；（5）兩岸關係持續冷凍；（6）中企興起競爭激烈等，茲敘述如下：

表6-1　研究機構與媒體論述台商在中國大陸發展障礙彙整

中國大陸發展障礙	❶ 中華經濟研究院	❷ 台灣經濟研究院	❸ 資誠會計師事務所	❹ 勤業眾信會計師事務所	❺ 安侯會計師事務所	❻ 資策會	❼ 陸委會	❽ 國家政策基金會	❾ 台灣工商建設研究會	❿ 商業周刊	總數
01 環評標準日漸嚴苛	◎	◎	◎			◎	◎		◎	◎	7
02 經商成本日益高漲	◎	◎	◎	◎	◎				◎	◎	7
03 反避稅法條款衝擊	◎	◎	◎		◎		◎				5
04 台灣品牌轉型不易		◎						◎		◎	3
05 兩岸關係持續冷凍						◎		◎			2
06 中企興起競爭激烈								◎		◎	2
07 台商投資優惠不再	◎										1
08 電商新零售的衝擊										◎	1
09 中美經貿對峙加劇			◎								1
10 家族企接班人難產				◎							1

資料來源：本研究整理

障礙一：【環評標準日漸嚴苛】

2018 年 1 月 1 日中國大陸始實施《環境保護法》，各項與環保相關之稽查亦變得更加嚴格，使台商的經營壓力有增無減。2018 年 1 月 6 日，根據江蘇昆山台胞投資企業協會會長宗緒惠表示：「江蘇昆山市政府 2017 年 12 月底突然提出限汙令，要求 270 家企業全面停產，為台商投下一顆震撼彈，迫使企業轉型升級或停工，讓台商感到憂心忡忡。」此外，台升家具董事長郭山輝（2018）亦表示：「中國大陸環保法規趨嚴，因此工廠宣布停工及裁員，不論外企、台商皆造成龐大衝擊。」綜上可知，中國大陸日益提高對於環保法規的重視，在江蘇昆山、廣東珠海與華北天津等台商區域陸續傳出限汙令、限產令，使外國企業與台資企業皆受衝擊，台商轉型迫在眉睫。

障礙二：【經商成本日益高漲】

中國大陸過去憑藉著低廉的勞工成本、優渥的投資條件等優勢，成為世界製造大國，然近年來在其投資環境逐漸惡化及人力、原物料等營運成本不斷上升之情況下，使台商紛紛外撤。2018 年 2 月 21 日，東莞台商協會會長蔡俊宏表示：「諸多台商在中國大陸進行重新布局，因勞動生產力倍增等多重因素影響，使過去幾年東莞台商數量逐漸減少，逼迫台商尋找新的投資商業模式。」顯示在勞動成本提高等條件下必然衝擊企業經營獲利能力，使台商在中國大陸越來越難生存，應在生產基地重新布局、改變自身體質或找尋其他利於企業發展之市場。

障礙三：【反避稅法條款衝擊】

全球反避稅時代來臨，隨著中國大陸法規趨嚴，更於 2017 年底加入人工智能、機器人及大數據分析等查稅方式，根據勤業眾信執行副總經理陳文孝（2018）表示：「2017 年為中國大陸啟動共同申報準則（CRS）元年，台灣亦將於 2019 年實施 CRS，全球反避稅也已是不可逆的趨勢，台商應即早準備。」此外，永然聯合法律事務所所長李永然（2018）指出：「台商在經營時往往偏重利益考量，而忽視相關法規，因此衍生糾紛，台商赴陸首應注意此問題。」由上可知，因應全球反避稅趨勢，建議台商應重新思考投資模式。

障礙四：【台灣品牌轉型不易】

中國大陸近年來經濟發展迅速，台商在陸卻節節敗退，在兩岸交流 30 年來，台商面臨的形勢改變，企業轉型升級不容易。2017 年 11 月 8 日，根據南京台商協會會長林銘田表示：「在中國大陸布局之台商大多為製造業，若不提升技術或轉型升級，想要繼續生存是有難度的。」台北經營管理研究院院長陳明璋（2018）亦表示：「台商想進行品牌轉型升級，但因電商的興起，對實體店面造成龐大的

衝擊。」顯示台商在面對品牌轉型下，台資企業應提升技術方面或善用新興技術協助企業轉型升級，並抓住市場走向，扭轉頹勢。

障礙五：【兩岸關係持續冷凍】

自 2016 年台灣政黨輪替後，兩岸發展不如以往熱絡，目前兩岸關係持續陷入冷對抗，使台商前往中國大陸投資布局受影響。2017 年 12 月 28 日，根據全國台企聯創會會長張漢文表示：「諸多台商皆對當前兩岸關係形勢感到擔憂，擔憂其阻礙兩岸和平穩定發展的進程，其亦衝擊台商投資優惠政策之保障。」此外，全國台企聯會長王屏生（2017）亦表示：「面對兩岸僵局下，現今兩岸官方無法交流，只能依靠台企聯、海基會等台商公會扮橋梁，因此須更加強彼此民間之交流。」顯示台商在面對嚴峻的兩岸關係發展下，僅能仰賴公會作為溝通橋梁之角色，攜手台商往更為穩定的兩岸關係方向發展。

障礙六：【中企興起競爭激烈】

2018 年 1 月 17 日，根據上海台協副會長吳文宗表示：「在中國大陸政府頒布各項法令規章下，中國大陸企業逐漸在全球及中國大陸市場掌握主導權，使台商在中國大陸投資經營環境日益嚴酷。」顯示隨著中國大陸經濟崛起，在總體經濟結構轉型升級之下，其中國大陸企業陸續崛起使市場競爭越趨激烈，進而壓縮台商發展空間。此外，珠海台協副會長簡廷在（2018）亦表示：「中國大陸經濟正在起飛，加上陸企崛起，台商應改變停留在勞力密集的舊思維，以面對各種競爭壓力。」顯示台商應擺脫過往代工思維，配合現有資源優勢，逐步往高附加價值的領域前進，打造企業新利基優勢，方能創造成長第二曲線。

三、2016 年至 2018 年中國大陸經貿障礙變化彙整

中國大陸自改革格開放後高速的發展，埋下不少經商與投資的危機，近年中國大陸投資環境快速惡化，產生不少經營風險及障礙，使台商前景不甚樂觀。台商至中國大陸經商投資優勢不如過往，加上中國大陸企業的興起導致競爭劇烈，使台商在兩三年前有紛紛出走中國大陸的狀況，另外中國大陸先後祭出環保法令，如「限汙令」與「環保稅」等相關政策，更為台商投下一記震撼彈，成為 2018 年經營新障礙，在面對大幅度的經營障礙，台商再次面臨工廠遷移，甚至倒閉關廠的壓力，對此將 2016 年至 2018 年在中國大陸經營障礙彙整下表：

表 6-2   2016 年至 2018 年台商中國大陸經營障礙彙整

2016 年	2017 年	2018 年
❶人口紅利不再	❶勞工成本逐年成長	❶環評標準日漸嚴苛
❷人才培育欠缺	❷本土企業逐漸崛起	❷經商成本日益高漲
❸政策含糊不明	❸中國大陸經濟放緩	❸反避稅法條款衝擊
❹稅率優惠不再	❹法規政策變動快速	❹台灣品牌轉型不易
❺經營成本上漲	❺人才短缺日益加劇	❺兩岸關係持續冷凍
❻紅色供應鏈威脅	❻台商稅率優惠不再	❻中企興起競爭激烈
❼罷工事件頻繁	❼融資成本日益高漲	
❽政策逐漸嚴苛	❽企業經營成本上漲	
❾融資成本高漲		

資料來源：本研究整理

四、台灣人才流失問題與因應辦法

2017 年 11 月 21 日，瑞士洛桑管理學院（IMD）發布《2017 年 IMD 世界人才報告》（*IMD World Talent Report 2017*）提到：「台灣在此報告中排名第 23，在全球位居中斷。然在區域上，台灣於亞洲僅次於香港及新加坡排在第三，同時於留才及招才指標上名次偏低，將變成台灣企業未來之隱憂。」顯示出台灣政府需要正視人才流失之問題，否則台灣企業將陷入「無才可用」之困境。行政院（2017）指出：「知識經濟時代，各行各業皆以具備專業知識技能的人才為產業發展核心，一個頂尖的知識人才及可大力推動專業產業發展。因此，人才外流帶來的危害將被視為當今先進產業最需被關注的問題，然而在台灣高科技產業現今面臨著，人才的發展因受限而出走及受到國際挖角外流的威脅，政府應盡快採取對策將人才留在台灣。」此外，2018 年 4 月 18 日，104 人力銀行副總晉麗明表示：「中國大陸現今面臨產業升級的最後衝刺，台灣人才為他們鎖定的目標，未來人才爭奪勢必越來越嚴重，台灣必須重整人力資源生產鏈，將留人當作最首要任務。」顯示台灣政府與企業如何因應競爭力與人才流失將是棘手的課題。

作法一：【高科技產業再升級】

過去台灣高科技產業過於仰賴政府於稅賦、產業上特別保護，政府的介入過多使台灣高科技產業產生不需要太過競爭及成長的「道德風險」使得其於創新技

術的研發及品牌經營不斷弱化，2018 年台灣國家政策研究基金會於提出的《國改研究報告》中指出：「台灣高科技產業已不如往日走在世界前端，目前面臨技術品質過低、研發投入過少及脫離未來趨勢等競爭力過低的問題。」近年來國際高科技產業轉型結合大數據、人工智慧化，為因應產業競爭力弱化而連帶影響人才流失，台灣高科技產業的再升級將是刻不容緩的課題。

作法二：【強化智慧資產保護】

2017 年 8 月 21 日美國《時代雜誌》（*Time*）表示：「台灣正遭遇科技人才大量流失，中國大陸是主要受惠者。」其中，再受到中國大陸挖角的同時，高科技產業的技術流失至對岸成為最大的威脅，2018 年 4 月 7 日南亞科總經理李培瑛表示：「為了因應關鍵智慧資產的流失，產業內部需不斷強化門禁、手機、電腦、電腦配件與印表機管理，提升資訊安全保護，並全力配合檢調機關偵查與追訴。」此外，2018 年 3 月 18 日行政院表示：「未來將強化加強保護企業營業秘密的相關措施，設立相關法令於罰則來因應智慧資產流失的嚴重問題。」綜上所知，當人才流失問題日趨嚴重，政府與企業亦需提升智慧資產的保護，將人才流失帶來的損害降到最低。

作法三：【改善薪酬福利機制】

台灣高科技產業人才皆為高知識及高學歷分子，而於產業內許多企業的薪酬制度卻未能反映出智慧人力資本的價值，成為企業的高知識份子是廉價勞工，2018 年 4 月 18 日全國工業總會理事長王文淵指出：「中國大陸為挖角台灣，而祭出 31 項惠台措施，除了原先的高薪強吸引力之外，又多了更多優惠措施吸引台灣優秀人才，尤其台灣的半導體業人才流失情況最為嚴重。」。對此，許多企業亦做出相關措施，為因應福利措施不足的問題各企業需不斷改善其包含薪資之外的相關福利以留住人才。

五、中美貿易戰對台灣之影響

美國總統川普於 2018 年 1 月 17 日指出：「中國大陸強迫美國企業將智慧財產轉移給大陸，作為在中國大陸做生意的代價。」引發美國祭出 301 條款與宣布加徵關稅等貿易保護措施，使全球貿易市場憂心忡忡，美國貿易代表署（USTR）於 2018 年 4 月 3 日公布：「研擬加徵 25％關稅的中國大陸商品清單其將影響近 1,300 種以上中國大陸商品進口，總價值將超過 500 億美元。」另外，美國總統川普又於 2018 年 4 月 5 日，進一步說明：「未來將考慮再對中國大陸進口商品追加

1,000 億美元關稅。」對此，中國大陸商務部於 2018 年 4 月 5 日，立即做出回應：「針對美國採取的一系列行動，奉陪到底，不惜付出任何代價。」由上所知，中、美兩國對立越演越烈，中國大陸政府不擔心美國提出的貿易政策，更主動迎擊貿易政策。

眼看 2018 年全球最大的經貿風險中美貿易戰即將展開，兩強相爭的結果，必然造成衝許多擊與傷害，經濟學人智庫（EIU）於 2018 年 4 月 6 日表示：「美國以中國大陸政府強迫美國企業向陸資企業進行技術轉移與智慧財產權為由，而宣布的追加關稅措施，此舉雖出自於保護美國企業，但其亦連帶衝擊許多美國與中國大陸合資之企業，美國需審視此措施是否適得其反。」另外，美國《時代雜誌》（*Time*）於 2018 年 4 月 7 日表示：「長期下來因中國大陸對美國龐大貿易順差，使得川普不得不祭出關稅壁壘政策做為制衡措施，若持續發展將衝擊大量的中國大陸企業。」此外，夾在兩強中間的台灣因中國大陸與美國貿易衝突產生的連帶影響，台灣經濟研究院於 2018 年 4 月 4 日表示：「台灣主力出口產品如半導體、手機及筆記型電腦雖不在美國徵稅範圍內，對台灣直接出口整體衝擊較小，但部分產業如石化產品及 LED 產品可能受到影響，另外在中國大陸的台商須嚴加堤防未來一兩個月中國大陸與美國談判結果帶來的相關波及。」綜上所知，中美貿易戰的開打影響範圍甚廣，台灣將遭受兩國強烈的衝擊，茲將各機構、媒體、專家與學者對中美貿易戰影響之論述彙整如下：

1. 機構與媒體相關論述

❶**國際貨幣基金（IMF）**：2018 年 3 月 3 日，美國貿易保護政策的施行加上中美貿易戰的升溫，將成為全球最大的經貿風險，以出口為經濟命脈的台灣必成為間接的受害者。若中國大陸出口成長每掉一個百分點，亞洲經濟體出口至中國大陸的成長會減二至三個百分點，因兩岸經貿發展密切，將影響更大。

❶**星展銀行（DBS）**：2018 年 4 月 2 日，中美貿易戰會對台灣造成不小的影響，並以高科技產業為主。因台灣與中國大陸之貿易關係緊密，當前台灣出口品中有 40％是輸往中國大陸，同時台灣十分仰賴高科技產品之出口。

❸**行政院**：2018 年 4 月 30 日，中美貿易戰一觸即發，加上台灣與中國大陸的出口貿易產品相似度極高，如鋼鐵、石化、ICT、機械、紡織等，皆會產生影響，對此政府應採取四大策略，（1）加大台灣研發和生產比重；（2）全力加速內需投資；（3）提高創新能量；（4）多元布局。

❹**工業技術研究院**：2018 年月 30 日，中、美持續相互掣肘，中美貿易戰仍

為台灣製造業產銷前景多重威脅,即便在中國大陸設廠的台商是為供應當地客戶,所造成影響程度不廣,但台灣製造業參與全球供應鏈程度深,其中資訊電子業首當其衝,台灣政府應加強對美貿易的談判,掌握中美政策動態,協助台企取得有利的營運條件,另外,台灣產業扮演全球製造業供應鏈的中間角色,政府應支持產業深耕關鍵零組件,如晶圓代工、封測、IC設計、面板、機械零件、IoT、汽車電子等研發,持續強化台灣產業競爭實力。

❺《金融時報》(*Financial Times*):2018年3月25日,為避免和美國發生貿易戰,中國大陸提出將一些由韓國和台灣購買之半導體轉由美國進口,藉此降低中國大陸對美國之貿易順差。

❻《日本經濟新聞》(*Nikkei Asian Review*):2018年4月3日,在中國大陸和美國政府分別上調關稅引發中美貿易戰,受到巨大衝擊的首先是台灣生存艱難的代工業。

2. 專家與學者相關論述

前全國工業總會理事長許勝雄:2018年4月3日指出:「台灣出口中國大陸之比重高達四成,因此當雙方角力之項目和台灣企業相關,例如ICT產業,且又為替代性較高產品,就會產生較高的影響。」

❶中華經濟研究院院長吳中書:2018年3月23日提及:「中美貿易戰對在中國大陸設廠之台商影響較大,同時美國恐會執行後續措施,台廠布局要考慮貿易戰因素,台灣政府應積極和產業界溝通。」

❷台灣經濟研究院長林建甫:2018年1月25日指出:「中國大陸及美國皆為台灣重要貿易出口國,若再次掀起貿易大戰,台灣必然遭受衝擊,政府應由被動轉往主動因應,國內之汽車與資通訊產業要更加注意。」

❸台灣機械工業同業公會理事長柯拔希:2018年4月2日表示:「台灣的工具機廠商銷往中國大陸的產品,客戶多以中國大陸內銷內需市場為主;而台廠銷往美國的產品,也是以美國內需市場為主,中美貿易戰對此影響不大。」

中華民國科技部部長陳良基:2018年4月3日表示:「中美貿易戰正要開始,對此可能造成台股、經濟市場緊縮,其高科技產業恐將首當其衝,為防止台灣高科技產業的影響,科技部將會持續關注後續效應及影響,找尋政策及協助輔導相關方案。」

❹中研院經濟所所長簡錦漢:2018年4月2日提及:「中美貿易戰將使台灣經濟發展短期內具高度的不確定性與貿易大幅度的動盪,其美國的戰略意圖是希

望改善貿易順差，藉此相望中國大陸釋出善意，另外與台灣、韓國做貿易協商。」

綜合上述，多數機構媒體認為中美貿易戰對台灣帶來衝擊，其戰況越演越烈，美國宣布加重課徵進口鋼鋁稅後，同時列出 301 調查的徵收關稅建議清單，對此，中國大陸政府針對美國 106 項商品加 25％關稅來回應美國。夾在兩虎中間的台灣產業必遭受波擊，短時間不會有停戰的跡象，在夾縫中求生存的台灣若不想成為貿易談下的犧牲者，政府及相關產業應研擬各項策略，降低貿易戰帶來的衝擊。

中國大陸政經新展望

第 7 章

中國大陸經濟發展
新前瞻

2018年是中國大陸十九大會議上，中國大陸國家主席習近平（2017）提出「新時代中國大陸特色社會主義」以貫徹中共十九大精神的開局之年，也是中國大陸改革開放的四十周年，亦是實施「十三五」規劃承上啟下、全面建成小康社會及社會主義現代化，推動中國大陸經濟走向高質量發展之路的關鍵一年。在2018年，中國大陸要將中國大陸人民的智慧和力量匯集起來，以不懈奮鬥的磅礴力量實現中國夢。在新的一年貫徹十九大及推動多項政策後，諸多國際機構及媒體，普遍對於中國大陸2018年經濟成長保持樂觀，但由於中國大陸經濟成長持續放緩，諸多機構陸續指出中國大陸內外部經濟發展仍面臨諸多需要解決和處理的矛盾和挑戰，其中內部包括中國大陸債務問題嚴重、信貸危機、產能過剩、資產泡沫化等問題；外部則包括全球發達經濟體的貿易政策限制性更強、地緣政治局勢緊張、美國稅改等隱憂。承上所述，雖然多數機構對於中國大陸經濟成長表示樂觀，但仍有諸多須解決及挑戰的風險，不管是對內或是對外的政策及協調等，皆是中國大陸政府須面對的挑戰。

2017年12月6日，亞洲開發銀行（ADB）發布《世界貿易展望指標》（*World Trade Outlook Indicator*）指出：「2017年中國大陸經濟消費彈性及家庭支出成長速度超過預期，但2018年中國大陸因投資成長仍然乏力，使經濟成長將持續放緩。」另外，2017年12月26日，紐約研究機構CBB國際公司（*China Beige Book International*）發布《中國褐皮書》（*China Beige Book*）顯示：「2017年中國大陸正在步入2010年以來首次全年加速成長的階段。但由於現金流動惡化，2017年第四季度業績已經顯示出成長放緩的跡象。」此外，世界銀行（WB）於2018年1月9日發布《全球經濟前景》（*Global Economic Prospects*）指出：「隨著經濟從投資和外部需求轉向國內消費，中國大陸的經濟成長預計2018至2019年間將放緩。」可知在2018年中國大陸經濟成長正呈

現放緩趨勢，因此儘管諸多數機構對於中國大陸整體預期表示樂觀，仍要謹慎注意相關風險。

一、2018 年中國大陸 GDP 預測

2018《TEEMA 調查報告》將全球各研究機構對於 2018 年中國大陸經濟成長率預測，並探究其樂觀預估和悲觀預估之原因如下：

根據各研究機構預測結果可得知 2018 年中國大陸經濟成長率預測值介於 6.3％到 6.6％區間，其中以經濟合作暨發展組織（OECD）所預測的 6.6％最為看好經濟前景。以此區間為依據將各研究機構區分為高估及低估群組，發現共有 11 間機構屬高估群組，而有五間機構為低估群組。同時究各研究機構與前期報告之預測值增減進行分析，可發現所有機構對 2018 年中國大陸經濟成長率預測均維持亦或上調其預測值，顯示各機構對於 2018 年經濟發展前景皆持樂觀態度，茲將各機構預測結果與原因彙整如下：

樂觀原因一：【政府政策支持】

星展銀行（DBS）於 2017 年 12 月 4 日指出：「中國大陸因都市化與政府政策支持的投資引導下，2018 年中國大陸的成長有望高於預期。」此外，國際貨幣基金組織（IMF）於 2017 年 6 月 14 日上調中國大陸 2018 年 GDP 預測，並指出：「這是 2017 年第三次預測 2018 年的成長，主要是中國大陸政府政策的支持，尤其是擴張性財政和公共投資。」另外，2017 年 12 月 11 日，聯合國（UN）發布《世界經濟形勢與展望》（*World Economic Situation and Prospects*）指出：「中國大陸對全球經濟成長的貢獻約占三分之一，而在經濟成長及高出口和寬鬆的經濟政策帶動下，預計中國大陸經濟成長速度將保持穩定。」而根據摩根士丹利（Morgan Stanley）於 2018 年 2 月 28 日指出：「隨著中國大陸政府採取措施及政策的支持下，有利降低金融風險並重新平衡經濟，成長品質應繼續提高。」顯示在寬鬆的總體政府政策帶動及支持下，預計 2018 中國大陸經濟成長速度將保持穩定。

樂觀原因二：【外部需求強勁】

2018 年 1 月 19 日，焦點經濟信評機構（FocusEconomics）發布《中國經濟預測》（*China Economy Forecast & Outlook*）指出：「中國大陸因強勁的外部需求支撐 2017 年第四季度的經濟活動，故第四季度生產總值每年成長 6.8％。」此外，2017 年 9 月 4 日，根據亞洲開發銀行（ADB）發布的《亞洲發展展望》（*Asian Development Outlook*）指出：「在中國大陸執行擴張性財

政政策加上強勁的外部需求，使中國大陸 2017 年經濟成長超出預期，故上調中國大陸 2018 年經濟成長率。」另外，2018 年 2 月 27 日，星展銀行經濟學家 Chow 表示：「強勁的外部需求是中國大陸出口成長的關鍵因素，由於全球經濟復甦，2018 年將繼續推動中國大陸的出口。」綜上所述，因 2018 年全球經貿的復甦，強勁的外部需求將帶動中國大陸的成長。

樂觀原因三：【消費彈性強韌】

2017 年 12 月 6 日，亞洲開發銀行（ADB）發布《世界貿易展望指標》（*World Trade Outlook Indicato*r）指出：「2018 年中國大陸因為消費彈性強勁，加上家庭支出持續成長，經濟成長速度將快於預期。」此外，2017 年 7 月 11 日，環球透視（GI）發布《中國大陸經濟預測》（*China Economic Forecasts*）指出：「中國大陸及全球經貿發展良好，將提升消費彈性。中國大陸 2016 及 2017 年國內消費支出對經濟成長貢獻近三分之二，加上國內消費需求熱絡，使中國大陸經濟表現高於預期。」另外，彭博社（Bloomberg）於 2017 年 7 月 17 日表示：「中國大陸消費者支出為中國大陸工業經濟轉型提供極大助力。預期 2018 年零售額實現 10.6% 的成長。」綜上所述，中國大陸消費彈性的強勁，有效帶動 2018 年中國大陸經貿發展。

樂觀原因四：【貿易強勁反彈】

2018 年 4 月 12 日，世界貿易組織（WTO）表示：「根據進出口平均數衡量，預計 2018 年全球商品貿易量成長 4.4%，與 2017 年的成長 4.7% 大致相當，而 2018 年強勁的貿易成長對於持續的經濟成長和復甦及支持創造就業至關重要。」此外，2018 年 3 月，中國大陸海關資訊網發布《2017 年中國大陸經濟形勢綜述及進出口貿易形勢分析報告》，該報告對中國大陸進出口貿易情況進行分析，並指出：「預計 2018 年進出口貿易總額約為 29.5 兆元人民幣，成長 6.4%，其中進口 13.2 兆元人民幣，成長 6.1%，出口 16.3 兆元人民幣，成長 6.6%，2018 年中國大陸貿易可能呈現前低翹尾的反彈走勢。」另外，2018 年 3 月 13 日，經濟合作暨發展組織（OECD）發布《經濟展望》（*Economic Outlook*）指出：「2018 年中國大陸預計在貿易強勁反彈成長的情況下保持強勁成長，預測中國大陸經濟成長率為 6.7%。」顯示，2018 年全球及中國大陸商品貿易成長預計將保持強勁，有望打破市場的預期。

樂觀原因五：【大宗商品價格趨向穩定】

2018 年 1 月 2 日，花旗銀行（Citibank）發布《2018 年市場展望》（*2018 Market Outlook*）指出：「大宗商品價格比之前預期穩固，因此看好對焦煤、

動力煤和鐵礦石的預測，預計 2018 年上半年全球總體經濟環境將繼續看漲金屬價格。」此外，2018 年 1 月 9 日，世界銀行（WB）發布《全球經濟前景》（*Global Economic Prospects*）指出：「中國大陸大宗商品價格回升和消費信心改善，支撐大宗商品出口國的經濟活動，2018 年中國大陸經濟成長率為 6.4％，較前次預測提升 0.1％。」另外，2018 年 3 月 13 日，彭博社（Bloomberg）指出：「大宗商品價格進一步上漲的信心及對中國大陸資本支出後的利潤，主要歸功於礦產業。預計 2018 下半年可成長 30％，這是自 2012 年以來最大增幅。」綜上所述，大宗商品價格的趨穩，不論對中國大陸消費信心及經濟活動皆有正向影響。

悲觀原因一：【信用貸款持續攀升】

2017 年 12 月 4 日，根據惠譽國際信評機構（Fitch Ratings）發布《全球經濟展望》（*Global Economic Outlook*）指出：「中國大陸經濟成長速度將從 6.8％放緩至 6.4％，因為在信用貸款快速成長的情況下，必須遏制金融風險，促使信用貸款緊縮。」此外，2017 年 12 月 12 日，世界銀行（WB）在其《中國大陸經濟新聞》（*China Economic Update*）中表示：「儘管近幾年中國大陸經濟放緩，但信用貸款的成長速度遠遠超過 GDP，2017 年 11 月，銀行貸款餘額達到 GDP 的 150％，高於 2016 年末的 103％。」另外，美國信評機構標準普爾（Standard & Poors）於 2017 年 9 月將中國大陸的信用評級下調一個評級至「A＋」，並表示：「中國大陸長期的信貸成長增加經濟和金融上的風險。雖然信貸成長快速可能刺激經濟成長，但中國大陸的金融明顯受到負面影響。」綜上所述，信用貸款持續成長帶來的影響，仍是中國大陸首當其衝的問題。

悲觀原因二：【債務問題持續延燒】

2017 年 11 月 28 日，根據經濟合作暨發展組織（OECD）發布《中國大陸經濟預測匯總》（*China - Economic Forecast Summary*）指出：「企業債務相對於中國大陸生產總值而言穩定在較高水平，但家庭債務不斷上升。」此外，2017 年 12 月 5 日，穆迪信評（Moody's）發布《全球信貸調查》（*Global Credit Research*）指出：「因為中國大陸仍然有龐大基礎設施支出需求，中國大陸地方國有企業的負債將繼續成長，故對 2018 年中國大陸地區和地方政府的前景較為負面。」而 2018 年 2 月 1 日，經濟學人智庫（EIU）發布《2018 年中國的經濟前景》（*The economic outlook for China in 2018*）指出：「中國大陸目前政策立場引發政府暫時無法解決該國重大債務負擔問題，為反映這種不確定性，故對中國大陸中長期 GDP 成長之預測採取更為保守的態度。」另外，彭博社（Bloomberg）於 2017 年 11 月 21 日表示：「中國大陸的債務總額到 2022 年將攀升至國內生產

總值的 327%。」綜上所述，中國大陸債務問題仍未獲解決，問題持續延燒，中國大陸政府應實施因應政策，解決中國大陸長期經濟構成的債務負擔。

悲觀原因三：【資產泡沫加劇】

2017 年 12 月 25 日，英國《金融時報》（*Financial Time*）指出：「基礎建設投資、房地產開發投資及製造業投資占中國大陸全部固定資產投資的 75% 以上。近三年房地產熱潮可能面臨調整，意味著將導致房地產投資增速下滑。」此外，2018 年 1 月 12 日，根據豐業銀行（Scotiabank）發布《全球展望》（*Global Outlook*）指出：「2017 年製造業的固定資產投資增速已經放緩至約 0.5%。原因來自於製造業投資放緩反映冬季大規模工廠關閉所造成的短期影響。」2017 年 12 月 14 日，經濟學人智庫（EIU）發布《全球經濟預測》（*EIU Global Forecast*）指出：「2018 年中國大陸固定資產投資將從 5.8% 減少至 3.6%，主要是因為貨幣政策趨緊，總體政策也將隨之緊縮。」綜上所述，固定資產投資成長的不確定性，對中國大陸依賴固定資產投資的行業將受到較大的影響。

悲觀原因四：【中美關係惡化】

2018 年 1 月 15 日，經濟學人智庫（EIU）發布《全球經濟預測》（*Global Forecast*）表示：「隨著中美貿易關係惡化，全球兩大經濟體之間全球貿易戰的威脅將成為 2018 至 2019 年全球經濟面臨的最大風險。」此外，環球透視（GI）於 2017 年 12 月 14 日發布《2018 年十大經濟預測》（*TOP 10 Economic Predictions for 2018*），指出：「美國政府 2017 年提出對中國大陸進口的懲罰性關稅和對中國大陸製造業於美國公司的稅收，易促使中國大陸通過收緊對外國公司的監管標準來進行報復。」綜上所述，2018 年中美關係的持續惡化，將對全球造成極大影響。

悲觀原因五：【通貨膨脹率壓力】

德意志銀行研究（Deutsche Bank Research）首席經濟學家 Landau 在 2017 年 12 月 11 日發表〈眾議院觀點〉（*House View*）中表示：「中國大陸似乎對經濟成長放緩感到放心，而中國大陸央行正在收緊貨幣政策。預計 2018 年中有些政策會放鬆，但如果通貨膨脹率高，成長將放緩，並可能影響全球經濟成長。」中國大陸國家統計局於 2018 年 1 月 10 日公布數據顯示：「2017 年大陸消費者物價指數（CPI）年增率為 1.6%，全年生產者物價指數（PPI）年增率為 6.3%，低通膨情況預計長期維持。」綜上所述，2018 年中國大陸通貨膨脹壓力較小，但諸多機構提醒，在通貨膨脹方面，不能排除突如其來的上漲，故此中國大陸在政策調整尚須多加留意。

表 7-1 研究機構預測 2018 年中國大陸經濟成長率

預測時間	研究機構		報告	預測值	預測值增減	原因分析
2018/05/30		經濟合作暨發展組織（OECD）	《經濟展望與中期經濟展望》（Economic Outlook and Interim Economic Outlook）	6.7%	±0.0%	❶ 貿易強勁反彈 ❷ 持續貿易順差 ❸ 債務問題持續延燒
2018/05/30		穆迪信評（Moody's）	《中國大陸經濟分析》（Economic analysis for China GDP）	6.8%	+0.2%	❶ 強勁的外部需求 ❷ 債務問題持續延燒
2018/07/16		國際貨幣基金（IMF）	《世界經濟展望》（World Economic Outlook）	6.6%	±0.0%	❶ 資本外流緩解 ❷ 政府政策支持 ❸ 消費彈性強韌
2017/12/14		環球透視（GI）	《2018 年十大經濟預測》（TOP 10 Economic Predictions for 2018）	6.5%	±0.0%	❶ 政府政策支持 ❷ 資產泡沫加劇
2017/11/15		高盛集團（Goldman Sachs）	《全球經濟分析》（Global Economics Analyst）	6.5%	±0.0%	❶ 貨幣政策趨緊 ❷ 通貨膨脹下滑
2017/12/14		摩根士丹利（Morgan Stanley）	《2018 年經濟展望》（2018 Economic Outlook）	6.5%	±0.0%	❶ 經濟成長放緩 ❷ 資產泡沫加劇
2017/11/08		瑞士信貸集團（Credit Suisse）	《2018 年投資展望》（Investment Outlook 2018）	6.5%	±0.0%	❶ 經濟成長放緩 ❷ 資本外流緩解 ❸ 信用貸款持續攀升
2017/12/11		聯合國（UN）	《世界經濟形勢與展望》（World Economic Situation and Prospects）	6.5%	±0.0%	❶ 經濟穩定成長 ❷ 政府政策支持 ❸ 強勁的外部需求

表 7-1　研究機構預測 2018 年中國大陸經濟成長率（續）

預測時間	研究機構	報告	預測值	預測值增減	原因分析
2018/01/02	花旗銀行（Citibank）	《2018 年市場展望》（2018 Market Outlook）	6.5%	±0.0%	❶貨幣政策收緊 ❷信用貸款持續攀升
2017/12/04	惠譽國際信評機構（Fitch Ratings）	《全球經濟展望》（Global Economic Outlook）	6.4%	-0.1%	❶外貿及消費穩步增長 ❷大宗商品價格的推動發展
2018/07/03	豐業銀行（Scotiabank）	《全球經濟》（Global Economic）	6.6%	+0.1%	❶消費彈性強韌 ❷政府政策支持 ❸資產泡沫加劇
2018/06/11	歐睿信息諮詢公司（EuroMonitor International）	《中國大陸經濟展望》（China Economic Outlook）	6.5%	±0.0%	❶穩定平穩放放緩 ❷內需增強
2018/04/12	世界銀行（WB）	《全球經濟前景》（Global Economic Prospects）	6.5%	+0.1%	❶內需增強 ❷政策推動放緩信貸增速
2018/04/11	亞洲開發銀行（ADB）	《2018 年亞洲發展展望》（Asian Outlook for 2018"）	6.6%	+0.2%	❶財政金融政策逐步收緊 ❷海內外需求增加
2018/07/18	經濟學人智庫（EIU）	《中國大陸預測更新 2018》（China provincial forecast update:2018）	6.7%	+0.3%	❶政策降低金融風險 ❷中美貿易情勢緊張
2018/07/17	焦點經濟信評機構（Focus Economics）	《中國大陸經濟預測》（China Economic Outlook）	6.5%	+0.1%	❶中美貿易情勢緊張 ❷金融與房地產市場去槓桿化
2018/05/08	德意志銀行（Deutsche Bank）	《成長率達到頂峰》（Growth rates have peaked）	6.6	+0.3%	❶房地產及土地市場意外反彈

資料來源：本研究整理

二、中國大陸經濟成長新動能

1. 研究機構對中國大陸經濟成長新動能之論述

2018 年《TEFMA 調查報告》針對研究機構對於 2018 年中國大陸經濟成長新動能之論述進行整理，論述彙整如下：

❶**國際貨幣基金（IMF）**：2017 年 8 月 15 日，國際貨幣基金發布《中國大陸經濟展望》（*China's Economic Outlook*）針對中國大陸未來發展建議：「中國大陸如要將經濟轉為可持續成長模式，未來應採取經濟改革、消費升級、企業改革、去槓桿化。」

❷**經濟合作暨發展組織（OECD）**：2018 年 2 月 9 日，經濟合作暨發展組織表示：「中國大陸隨著出口與投資的成長，經濟增速將保持良好，未來發展將在金融監管、政府投資、綠色經濟，對全球市場產生積極影響。」

❸**世界貿易組織（WTO）**：2018 年 4 月 12 日，世界貿易組織表示：「中國大陸經濟從政府投資轉向消費升級間的平衡，應會帶來更強勁，且可持續成長。」

❹**世界銀行（WB）**：2018 年 4 月 19 日，世界銀行於《中國大陸概觀》（*China Overview*）提出：「中國大陸未來將加強綠色經濟，促進低碳城市交通，管理氣候變化的機制，幫助中國大陸轉向更可持續的能源道路。」

❺**摩根大通（JP Morgan）**：2017 年 12 月 8 日，摩根大通董事總經理李晶表示：「2018 年中國大陸經濟成長將超過 6.5%，中國大陸未來成長動力包括產業整合、消費升級、去槓桿化。」

❻**摩根士丹利（Morgan Stanley）**：2017 年 1 月 12 日，摩根士丹利中國大陸首席經濟學家邢自強指出：「2018 年中國大陸將是平穩、健康發展的一年，經濟改革、金融監管、去槓桿化及新興業態，將是中國大陸新的一年發展走向。」

❼**高盛集團（Goldman Sachs）**：2017 年 12 月 11 日，高盛集團發布《2018 年投資展望》（*2018 Investment Outlook*）指出：「近年中國大陸的變化可視為新的中國，未來的發展將著重於新興業態、互聯網＋、消費升級和健康產業。預計這四大產業的年均成長大約為 20%，為中國大陸 GDP 年增速的三倍。」

❽**瑞士信貸集團（Credit Suisse）**：2018 年 3 月 22 日，瑞士信貸集團發布《新興消費者調查報告》指出：「中國大陸消費者，尤其是年輕人，逐漸青睞本土品牌及高端產品，讓市場更加整合，競爭也更少，消費升級及政府投資轉化為盈利能力已成中國大陸未來趨勢。」

❾**花旗銀行（CitiBank）**：2018 年 1 月 2 日，花旗銀行《2018 年市場展

望》（*2018 Market Outlook*）指出：「消費熱潮對中國大陸的影響，私人消費占 GDP 到 2025 年預計升至 54%，而 2018 年四大投資包括：消費升級、金融監管、企業改革。」

❿**環球透視（GI）**：2018 年 1 月 25 日，環球透視發布《消費者增強虛實報告》（*Consumer Augmented & Virtual Reality Report*）指出：「2017 年全球 VR 遊戲的互動體驗和視頻消費支出達到 8.03 億美元，預測到 2021 年支出將達 28 億美元，而中國大陸占全球市占率 65%，故看好中國大陸未來虛擬體驗發展。」並認為：「為了保持領先地位，中國大陸企業需要升級到更高端和更綠色的產品，推展綠色經濟。」

表 7-2　中國大陸經濟成長新動能彙整一覽表

經濟成長新動能	IMF	OECD	WTO	WB	摩根大通	摩根士丹利	高盛銀行	瑞士信貸	花旗銀行	環球透視	總計
01 消費升級	◎		◎		◎		◎	◎	◎		6
02 去槓桿化	◎				◎	◎					3
03 金融監管		◎				◎			◎		3
04 綠色經濟		◎		◎						◎	3
05 政府投資		◎	◎					◎			3
06 政策改革	◎					◎					2
07 企業改革	◎								◎		2
08 新興業態					◎	◎					2
09 虛擬體驗										◎	1
10 互聯網+							◎				1
11 產業整合					◎						1
12 健康產業							◎				1

資料來源：本研究整理

第8章

中國大陸政策環境新局勢

中國大陸國家主席習近平（2017）對全中國大陸人民發表 2018 新年祝賀詞，其中細數 2017 年中國大陸所達成的各項成就，並表示改革開放是中國大陸發展進步的必經之路，2018 年中國大陸政府將持續以「逢山開路，遇水架橋」的決心進行改革。2017 年 10 月 18 日，「中國共產黨第十九次全國代表大會」於北京召開，中國大陸國家主席習近平提出「新時代中國特色社會主義」，開啟中國大陸全面建設社會主義現代化國家新征程。希冀讓各項民生事業加快發展，令生態環境逐步改善，使人民群眾取得更多獲得感、幸福感與安全感，朝著實現全面建成小康社會目標邁進。中國大陸國家主席習近平亦於 2017 年 12 月 18 日，中國大陸中央經濟工作會議指出：「2018 年是貫徹黨的十九大精神的開局之年，須以穩中求進的基調穩步發展，以確保在未來三年打贏三大攻堅戰，分別是防範化解重大金融風險、精準脫貧與汙染防治。」

此外，中國大陸自身的區域發展與海峽兩岸產業合作交流也將緊鎖「穩健」與「質量」之發展原則，「減速換永續」為經濟大政之方針，以帶動中國大陸及其周邊國家，實現共同成長之成果，其中「粵港澳大灣區」、「杭州灣大灣區」以及「三大國家級戰略」即是 2018 年中國大陸首要發展之重點計畫。中國大陸經濟研究所所長劉孟俊（2017）指出：「中國大陸不再追求漂亮的成長數字，而是提高經濟的韌性作為未來發展重點。」綜上所述，中國大陸 2018 年政策環境局勢將圍繞著「中國共產黨第十九次全國代表大會」所提出之概念，此概念也將影響其經濟工作、區域發展以及海峽兩岸產業貿易交流，進而使得政策環境局勢變化。本章將中國大陸經濟發展戰略現況剖析分為一個未來經貿規劃、兩個重點發展大灣區、三個國家級發展戰略，茲將其歸納為「一規劃、二灣區、三區域整合」分述如下。

一、一規劃：【中央經濟工作會議】

中國大陸中央經濟工作會議於 2017 年 12 月 18 日至 20 日在北京舉行。會議總結過去中國大陸經濟發展歷程，並分析當前經濟形勢，部署 2018 年經濟工作。2018 年為中國大陸改革開放 40 周年，亦是貫徹十九大精神的開局之年，將是決勝全面建成小康社會、實施「十三五」規劃承上啟下的關鍵一年。會議上，中國大陸政府表示將推動高質量發展，以保持經濟持續健康發展。「高質量發展」是適應中國大陸社會主要矛盾變化和全面建成小康社會、全面建設社會主義現代化國家的必然要求，亦是遵循經濟規律發展的必然要素。

中國大陸政府認為自十八大以來，其經濟發展已取得歷史性成就，為其他領域改革，提供重要物質條件，高達 7.1％的 GDP，也讓中國大陸成為全球經濟成長的主要動力。會議強調中國大陸現今儼然成為全球各國主要關注對象，故此，2018 年將以「穩中求進」作為工作總基調，按照高質量發展的要求，統籌推進穩成長、促改革、調結構、惠民生以及防風險各項工作，實現「五位一體」總體布局，並協調推進改革開放，創新和完善宏觀調控，推動質量變革、效率變革與動力變革，達到「四個全面」戰略布局，更堅持以供給側結構性改革作為主要發展方向，在防範化解重大風險、精準脫貧和汙染防治的攻堅戰方面取得紮實的進展，以促進經濟社會持續健康發展。茲將 2018 年中國大陸中央經濟工作會議要點「一個主基調、三大攻堅戰、八項重點工作」分述如下：

1. 一個主要基調：【穩中求進】

穩中求進的工作基調，是治國理政的重要原則，需要做長期的堅持。「穩」和「進」是應將之視為一個整體，把握工作節奏與力度，透過統籌各項政策，加強政策協同。「穩中求進」的治國原則，中國大陸於 2011 年即提出，「穩」的重點在於穩住經濟運行，確保經濟成長、就業、物價不出現大的波動，確保金融不出現系統性風險。而「進」的重點則放於調整經濟結構和深化改革開放，確保轉變經濟發展方式和創新驅動發展取得新成效，意指主要經濟指標不出現大幅波動，系統性風險得以遏制，結構要持續向好。中國大陸政府在中央經濟工作會議上分別針對「穩」與「進」提出兩大政策方向，分別是「穩健的貨幣政策」以及「積極的財政政策」，前者為求保持中性，維持貨幣信貸和社會融資規模合理成長，保持人民幣匯率於合理、均衡水平上的基本穩定，以促進多層次資本市場健康發展，為實體經濟服務，守住不發生系統性金融風險的底線；而積極的財政政策則應發揮更大作用，強化實體經濟吸引力和競爭力，優化存量資源配置，強化創新驅動，發揮消費的基礎作用，促進有效投資，特別是民間投資的合理成長。

2. 三大攻堅戰

中國大陸未來三年發展將重點著眼於「決勝全面建成小康社會」，為達成全面小康社為將會面臨三大攻堅戰，分別為：（1）防範化解重點風險；（2）精準脫貧；（3）汙染防治等三大攻堅戰。

❶防範化解重點風險

中國大陸中央經濟工作會議指出，打好防範化解重大風險攻堅戰，重點是防控金融風險，要服務於供給側結構性改革這條主線，促進形成金融和實體經濟、金融和房地產、金融體系內部的良性循環，做好重點領域風險防範和處置，堅決打擊違法違規金融活動，加強薄弱環節監管制度建設。中國大陸人民大學財政金融學院副院長趙錫軍（2017）表示：「中國大陸經濟在長期發展過程中累積一定的金融風險，其中包括債務風險、外部衝擊風險及影子銀行風險等。對此，中國大陸金融領域處於風險易發、高發期的時期，須做好重點領域風險防範和處置，既要防止黑天鵝事件發生，亦要防止灰犀牛風險發生。」防控金融風險，增強金融服務實體經濟能力至關重要。

❷精準脫貧

打好精準脫貧攻堅戰，要保證現行標準下的脫貧質量，既不降低標準，亦不吊高胃口，瞄準特定貧困群眾精準扶貧，向深度貧困地區聚焦發力，激發貧困人口內生動力，加強考核監督。中國大陸社科院農村發展研究所（2017）表示：「此次會議提到兩點特別重要，分別為不吊高胃口以及強調內生動力。讓農民從低收入領域轉移到高收入領域，是長期以來解決中國大陸幾億農民貧困問題的經驗。」其亦表示：「此轉移就是讓農民進入社會分工體系，既需要城市化，也需要對農民進行培訓，要有產業，實現空間上的轉移。要利用市場化的手段，脫真貧、真脫貧。」另外，作為十九大首次提出的「鄉村振興戰略」，預示著2018年下階段鄉村振興戰略將進入落地實施，農地流轉、農民增收與消費、農村基礎設施建設等將成為未來一段時間內的重點。

❸汙染防治

中國大陸中央經濟工作會議要求，打好汙染防治攻堅戰，其主要目的是為了減少中國大陸在經濟發展階段所造成的汙染物排放總量，並改善生態環境品質，更希冀能打贏「藍天保衛戰」。對此，國家城市環境汙染控制技術研究中心（2017）表示：「大氣汙染治理並不是增加汙染治理設施即可，而是要涉及社會生產和消費結構的綠色轉型，需要調整產業結構、能源結構、運輸結構。」此次會議對此作出明確要求，將調整產業結構，淘汰落後產能，整治能源結構，

加大節能力度和考核，整肅運輸結構，並充分調動政府各相關職能部門，各司其職、穩紮穩打，形成治汙合力。

3. 八項重點工作

中國大陸中央經濟工作會議表明未來中國大陸將圍繞高質量發展，明確提出八項重點工作，分別為：（1）深化供給側結構性改革；（2）激發各類市場主體活力；（3）實施鄉村振興戰略；（4）實施區域協調發展戰略；（5）推動形成全面開放新格局；（6）提高保障和改善民生水平；（7）加快建立多主體供應、多管道保障、租購併舉的住房制度；（8）加快推進生態文明建設，分述如下：

❶深化供給側結構性改革

中國大陸在經濟發展階段有許多問題亟待解決，包括去缺乏產能市場化與法治化手段、房地產領域深層次矛盾、降成本諸多體制機制障礙以及製造業發展困難猶存等問題，顯示供給側結構性改革仍需不斷深化。中國大陸國務院國資委研究中心諮詢部部長張春曉（2017）指出：「未來供給側結構性改革要更適應新時代高品質發展的需要。」經濟發展中勞動力、資本、技術、資訊、企業家才能等各要素全面發力，才能實現內涵式的成長，使經濟有品質的全面提升。同時，要重點解決區域、產業、環境、城鄉、要素投入與收入等結構性問題，促進各方面協調、和協同發展。

❷激發各類市場主體活力

中國大陸中央經濟工作會議指出，完善產權保護制度，依法全面保護各類產權，是建設現代化經濟體系、健全社會主義市場經濟體制的重要內容，有利於增強市場主體創業創新活力和投資意願。全面實施並不斷完善市場准入負面清單制度，破除歧視性限制和各種隱性障礙。公平競爭是市場機制發揮作用的必要前提。包含國企、民企、外資企業在內的各類市場主體，最渴望的是穩定公平透明、法治化、可預期的經商環境。中國大陸國家工商總局局長張茅（2017）表示：「2018年中國大陸須推進商事制度改革向深度廣度擴展上取得新突破，促進市場主體活躍發展；在加強事中事後監管上亦須取得新突破，著力維護市場公平競爭，為供給側結構性改革創造良好市場環境。」

❸實施鄉村振興戰略

從中國大陸的十九大首次提出，到中央經濟工作會議進行部署和推進，「鄉村振興戰略」成為著眼於全面建成小康社會、全面建設社會主義現代化國家作出的重大戰略決策，亦是加快農業農村現代化、提升億萬農民獲得感幸福感的必然

要求。中央經濟工作會議進一步強調,要科學制定鄉村振興戰略規劃,健全城鄉融合發展體制機制,清除阻礙要素下鄉各種障礙。中國大陸國家發改委員會(2017)表示:「2018年農業農村發展改革的主要任務和重點工作,將是落實鄉村振興戰略重大舉措,科學制定國家鄉村振興戰略規劃,構建現代農業產業體系、生產體系、經營體系,確保國家糧食安全,建設美麗宜居鄉村。」

❹實施區域協調發展戰略

中國大陸中央經濟工作會議將實施區域協調發展戰略作為推動高質量發展的重點工作之一。其中「一帶一路」建設、京津冀協同發展與長江經濟帶發展等計畫,不斷加大力度實施創新驅動,中國大陸經濟「新版圖」正在浮現,百姓的「獲得感」不斷增強。目前,中歐班列已累計開行近7,000列,為中國大陸從沿海到內陸開拓更為廣闊的發展空間。中央經濟工作會議更進一步明確京津冀協同發展重點,將以推進長江經濟帶發展要以生態優先、綠色發展為引領。須圍繞「一帶一路」建設,創新對外投資方式,以投資帶動貿易發展、產業發展。中國大陸國務院發展研究中心副主任張軍擴(2017)指出:「將推動全面開放新格局與區域發展相對接,促進東中西三大板塊協調發展,率先改革突破為全國提供經驗。」

❺推動形成全面開放格局

中國大陸中央經濟工作會議強調,要在開放的範圍和層次上進一步拓展,更要在開放的思想觀念、結構布局、體制機制上進一步拓展。中國大陸政府於十九大報告中提出,將實現陸海內外聯動、東西雙向互濟的開放格局。而「一帶一路」建設恰好既能彌補內陸沿邊開放的短板,又能拓展中國大陸走向國際的空間,實現開放空間格局的優化。而結構布局既包括空間布局,也包括貿易結構、利用外資結構等布局。對此,會議提出,為促進貿易平衡,應更加注重提升出口品質和附加值,積極擴大進口,下調部分產品進口關稅,大力發展服務貿易。中國大陸商務部研究院國際市場研究所副所長白明(2017)表示:「中國大陸中央經濟工作會議對外貿、外資以及對外投資的部署,標誌著中國大陸經貿戰略的重大轉型,意味著中國大陸經貿發展更加平衡、優化和自信,將有效推動中國大陸經濟邁向高品質發展。」

❻提高保障和改善民生水準

中國大陸中央經濟工作會議表示,社會政策要注重解決突出民生問題,積極主動回應群眾關切,加強基本公共服務,加強基本民生保障,並及時化解社會矛盾。中國大陸十九大報告指出:「必須始終把人民利益擺在至高無上的地位,

讓改革發展成果更多更公平惠及全體人民，朝著實現全體人民共同富裕不斷邁進。」而打贏脫貧攻堅戰是全面建成小康社會的底線任務。現有貧困大都是貧中之貧、困中之困，脫貧攻堅越往後成本越高，難度也隨之擴大。中國大陸人民大學中國扶貧研究院院長汪三貴（2017）表示：「當前做好脫貧攻堅重點是把握好標準，更加具有針對性，既不能降低標準，也不能養懶漢，要保證扶貧政策可持續，確保脫貧質量。」

❼加快建立多主體供應、多管道保障、租購並舉的住房制度

中國大陸中央經濟工作會議提出，要加快建立多主體供應、多管道保障、租購併舉的住房制度，完善促進房地產市場平穩健康發展的長效機制。回顧2016年「9‧30」調控以來的房地產調控思路和軌跡，限購、限貸、限商、限價與限售等政策從需求端發力精準打擊房地產投資投機，「房住不炒」和「住有所居」的定位，奠定房地產市場發展的制度建設基調和調控政策方向。中國大陸國家統計局（2017）數據顯示：「中國大陸的70個大中城市中，一線和三線城市房價同比漲幅繼續回落。北京、上海、杭州等11個熱點城市新建商品住宅價格同比下降，降幅在0.2至3.2個百分點之間，説明這些城市新房價格已低於去年同期水平。」

❽推進生態文明建設

中國大陸中央經濟工作會議表示，將加快推進生態文明建設。2018年始，將實施「十三五」規劃確定之生態保護修復重大工程。啟動大規模國土綠化行動，引導國企、民企、外企、集體、個人、社會組織等各方面資金投入，並培育一批專門從事生態保護修復的專業化企業。並依靠科技創新，利用資訊互通、資源共享、建立專家團隊以及完善的標準體系，加快生態文明體制改革，健全自然資源資產產權制度，研究建立市場化、多元化生態補償機制，改革生態環境監管體制。中國大陸將由中央統一部署，礦山環境治理恢復、土地整治與汙染修復、生物多樣性保護、流域水環境保護治理、全方位系統綜合治理修復，五大方面科學規劃、齊頭並進。

二、二灣區：【粵港澳大灣區、杭州灣大灣區】

1. 粵港澳大灣區

灣區經濟一直以來都是帶動全球經濟發展的重要成長引擎和引領技術變革的領頭羊，也是全球科技、創新、金融和產業集聚中心。而中國大陸的粵港澳大灣區更是繼美國紐約灣區、舊金山灣區以及日本東京灣區後，世界第四個大灣

區，是中國大陸建設世界級城市群和參與全球競爭的重要載體。各國專家皆預測，粵港澳大灣區將於 2030 年前後，超過現有的三大灣區，成為全球人口最多，經濟總量最大的灣區。

（1）粵港澳大灣區發展現況

2015 年 3 月，中國大陸國家發展改革委、外交部、商務部聯合發布的《推動共建絲綢之路經濟帶和 21 世紀海上絲綢之路的願景與行動》中，首度提出「打造粵港澳大灣區」之想法。直至今日，粵港澳大灣區 2017 年經濟總量已突破十兆人民幣，遠超舊金山灣區，逼近紐約灣區，且粵港澳大灣區近年來，總體經濟成長率一直保持在 7% 以上，2016 年經濟增速分別是紐約灣區的 2.26 倍，東京灣區的 2.19 倍，舊金山灣區的 2.93 倍。由上述趨勢可看出，到 2022 年，即可成為全球經濟總量最大的灣區。此外，2018 年 4 月 9 日，博鰲亞洲論壇 2018 粵港澳大灣區分論壇上，中國大陸政府表示：「粵港澳大灣區規劃即將出台，這將是極大的政策利好。」其亦指出：「納入粵港澳大灣區的香港、澳門特別行政區和珠三角的九個市的經濟總量接近紐約灣區，更擁有 16 家世界 500 強企業，顯示粵港澳大灣區不僅發展潛力巨大，且實力豐厚，前景無限。」但在一片看好的情形下，建設過程中仍然會面臨一定的困難和阻礙。全國人大財經委員會副主任辜勝阻在論壇上亦指出：「粵港澳大灣區的一體化面臨區域本位主義、同質競爭、體制障礙三個難題。灣區亟需解決運行機制、體制機制與文化環境等三個落差。」此外，其亦表示：「構建粵港澳大灣區協同創新機制需要優勢互補，分工協作；需要融合各個方面共同的需求；需要從優勢互補轉向優勢整合、從各展所長到協同共進、從各有精彩到繁榮共造；需要產學研企的合作，打造灣區創新型人才。」經由上述得知，粵港澳大灣區的發展面臨艱鉅的挑戰，須結合各分優勢互補來解決所面臨到的困境。

（2）粵港澳大灣區未來發展

2017 年 3 月，中國大陸國務院政府工作報告中首次出現「粵港澳大灣區」。此外，2017 年 7 月 1 日，《深化粵港澳合作推進大灣區建設框架協議》在香港簽署。2017 年 10 月，十九大報告亦指出：「未來要以支持香港、澳門融入國家發展為大局，以粵港澳大灣區建設、粵港澳合作、泛珠三角區域合作等為重點，全面推進內地同香港、澳門互利合作，制定完善便利香港、澳門居民在內地發展的政策措施。」對此，中國大陸當局更提出以六個面向重點發展粵港澳大灣區，此六大面向分別是：（1）加強基礎設施互聯互通；（2）打造全球創新高地；（3）攜手構建一帶一路開放新格局；（4）培育利益共享的產業價值鏈；（5）共建

金融核心圈；（6）共建大灣區優質生活圈。

❶加強基礎設施互聯互通

2017年7月1日，粵港澳三地共同簽訂《深化粵港澳合作推進大灣區建設框架協議》，此協議將推進基礎設施的互聯互通，強化中國大陸內地與港澳的交通聯系，並構建高效便捷的現代綜合交通運輸體系。通過香港作為國際航運中心的優勢，以帶動大灣區其他城市，共建世界級港口群和空港群，優化高速公路、鐵路、城市軌道交通網路布局，推動各種運輸方式綜合銜接、一體高效。強化城市內外交通建設，便捷城際交通，共同推進包括港珠澳大橋、廣深港高鐵、粵澳新通道等區域重點項目建設，打造便捷區域內交通圈。大灣區基礎設施互聯互通將著重「一中心三網」的構建。一中心是指世界級國際航運物流中心，而三網則是指多向通道網、海空航線網、快速公交網，形成輻射中國大陸國內外的綜合交通體系。其中，打造輻射中國大陸國內外綜合交通體系，將成為大灣區發展之重點，包括多向通道網、海空航線網、快速公交網。

❷打造全球創新高地

粵港澳大灣區未來將形成「一環兩扇、兩屏六軸」的網路化空間結構，以打造成全球創新高地，培育利益共享的產業價值鏈，加快向全球價值鏈高端邁進。中國大陸國際經濟交流中心產業部部長王福強（2018）表示：「一環將以香港、澳門、廣州與深圳等四極不斷強化區域輻射之帶動作用，引領城市群整體深度參與國際競爭，提升大灣區在國際經濟板塊中的地位。」此外，其亦指出：「珠江口兩岸將形成東西兩扇，其中東岸方面，以廣州東部地區、東莞水鄉經濟區、松山湖高新區、惠州潼湖生態智慧區、環大亞灣新區等功能板塊為支點，加快推動東岸地區產業轉型升級；而仍處待開發區域的西岸，則在保留自然生態空間的前提下，統籌重大項目、平台和基礎設施佈局，打造機場、港口、軌道等多種交通方式協同聯運的綜合樞紐，引導人口、產業進一步向西岸集聚，打造西岸先進裝備製造業帶。另外，兩屏則是指北部連綿山體森林生態屏障和南部沿海綠色生態防護屏障。綜上所述，粵港澳大灣區欲透過合作打造全球科技創新平台，構建開放型創新體系，完善創新合作體制機制，建設粵港澳大灣區創新共同體，逐步發展成為全球重要科技產業創新中心。

❸攜手構建一帶一路開放新格局

在中國大陸啟動粵港澳大灣區城市群發展規劃編制工作後，一個世界級灣區的雛形逐漸顯現，一個國家、兩種制度、三個自貿片區和香港、澳門、廣州、深圳四座核心城市，與紐約、舊金山、東京等國際一流灣區比肩，打造全球創新

高地，更攜手構建「一帶一路」開放新格局。香港與澳門一直以來皆是中國大陸對外開放的窗口，充當中國大陸與世界之間的窗口。中國大陸商務部門（2017）指出，「粵港澳大灣區對外貨物貿易額超過兩兆美元，且近三年非金融類對外直接投資平均存量超過 1,900 億美元，占內地的約 25％。」華南理工大學公共政策研究院教授莫道明（2017）對此亦表示：「粵港澳灣區的基因就是開放。」在這貿易保護主義思潮抬頭的環境下，粵港澳大灣區持續堅持開放發展，開啟了新一輪全方位開放的大門。中山大學粵港澳發展研究院院長鄭德濤（2017）表示：「在構建對外開放新格局的背景下，粵港澳大灣區可以成為中國大陸雙向開放的重要平台，擔當一帶一路國際運營中心之角色。」由上述得知，粵港澳大灣區將深化與沿線國家基礎設施互聯互通及經貿合作，深入推進粵港澳服務貿易自由化。

❹培育利益共享的產業價值鏈

　　為把粵港澳大灣區發展成為一帶一路重要支撐區域、國際科技創新中心、全球最具活力經濟區、世界優質生活圈、「一國兩制」實踐示範區，中國大陸當局規劃建設粵港澳大灣區城市群，以凝聚區域合作共識、創新區域合作體制機制、培育利益共享產業價值鏈、共建灣區優質生活圈和完善城市群規劃協調機制等方面入手，形成粵港澳大灣區協同發展的格局。中山大學自貿區綜合研究院副院長毛艷華（2017）對此表示：「灣區經濟是區域經濟發展的高級形態，是開放型經濟和創新型經濟。粵港澳大灣區城市群是中國大陸開放程度最高和經濟活力最強的區域之一，具備建成國際一流灣區和世界級城市群的良好條件。」另外，為加快向全球價值鏈高端邁進，打造具有國際競爭力的現代產業先導區。粵港澳大灣區更加快推動製造業轉型升級，重點培育發展新一代資訊技術、生物技術、高端裝備、新材料、節能環保、新能源汽車等戰略新興產業集群。

❺共建金融核心圈

　　作為最新的國家級戰略，粵港澳大灣區應把握新機遇，迎接新挑戰，要有新舉措、新作為，藉此打造為中國大陸內地與港澳深度合作的示範區、國際一流灣區和世界級城市群，應充分發揮「兩區九市」各自優勢，不斷加強創新、互通、開放，助力金融核心圈建設，提升灣區國際競爭力，增強灣區發展新動能。且為使三地未來合作勾勒出更全面、統一的發展方向，金融領域的合作毫無疑問會是當中關鍵的一環。故此，粵港澳大灣區將推動金融競合有序與協同發展，培育金融合作新平台，並擴大內地與港澳金融市場要素雙向開放與聯通，以打造引領泛珠、輻射東南亞、服務於一帶一路的金融樞紐，形成以香港為龍頭，以廣州、深

圳、澳門、珠海為依托,以南沙、前海和橫琴為節點的大灣區金融核心圈。對此,深圳市金融辦與香港金融管理局,2017 年 6 月 2 日於深圳舉行座談會,會議上就金融科技領域深化合作達成共識,雙方將在金融科技發展諮詢、人才培訓等多方面緊密合作,促進兩地金融科技穩健發展。深港兩地深化在金融科技領域的緊密合作,共同打造具有中國大陸乃至全球影響力的金融科技產業發展高地,將助推粵港澳大灣區建設國際金融科技重要灣區。

❻共建大灣區優質生活圈

粵港澳大灣區是一個含括「9+2」的區域協調發展概念,是中國大陸對外開放和提升國際競爭力的重大戰略規劃,目的在於建設世界級城市群,與之同時,更促進粵港澳三地的互利合作發展,因此,粵港澳大灣區的建設需要三地一起共同參與。中國大陸粵省政府於 2018 年 1 月 25 日指出:「粵方已經著手開始多項政策措施,主動、積極、務實地規劃和融入灣區發展。比如落實包括出入境管理、跨境交通、邊防服務、戶政管理、警務協作在內的 18 項服務大灣區措施。」此外,其亦指出:「未來將提出要加快推動廣深港高鐵、港珠澳大橋建成通車,推進一地兩檢、聯合查驗與一次放行等新型通關模式,打造一小時便利優質的工作生活圈。」顯示,粵港澳大灣區以改善社會民生為重點,打造國際化教育高地,完善就業創業服務體系,促進文化繁榮發展,共建健康灣區,推進社會協同治理,把粵港澳大灣區建成綠色、宜居、宜業、宜遊的世界級城市群。

2. 杭州灣大灣區

中國大陸繼粵港澳大灣區之後,浙江省也謀劃打造第二個大灣區「杭州灣大灣區」,人民幣 1.5 兆元建設更是蓄勢待發,力爭到 2035 年把杭州灣經濟區建成世界級大灣區。

(1)杭州灣大灣區發展背景

「環杭州灣區」之概念最早於 2003 年被提出,起初構想是以上海領頭的長三角地區為重要組成部分,但最發展最為先進的上海,在當時並未允諾要加入「環杭州灣區」,直至 2017 年 7 月,中國大陸上海市委書記韓正首次表態,上海將全面積極響應浙江提出的深入小洋山區域合作開發,共同謀畫推進環杭州灣大灣區建設。上海市的加入也讓浙江省所計劃的「杭州灣大灣區」注入一劑強心針,光是上海港 2017 年七月份的吞吐量,就已超過美國第二大港口長灘港 2017 年上半年的總和,且上海為全球金融中心的窗口,擁有巨額資本和政策優勢與優秀的高等教育體系,加之「杭州灣大灣區」內含括設有阿里巴巴總部的杭州及製造業重鎮與港口大城的寧波等,可望透過「互聯網+」及製造等優勢發展灣區經濟。

（2）杭州灣大灣區未來發展

2017 年 11 月 29 日，中國大陸浙江省政府主辦「浙江省大灣區建設重大項目推介會」，會議上除宣布將杭州灣經濟區為核心，打造綠色智慧和諧美麗的世界級大灣區之外，更推出 120 個大灣區建設項目，總投資約 1.5 兆人民幣，涵蓋能源交通、城市建設、教育醫療、健康養老、文化旅遊、特色小鎮和產業園區等領域。此外，中國大陸浙江省發改委主任李學忠（2017）指出：「杭州灣大灣區建設擬定十大任務，分別為培育世界級創新型產業集群，打造現代金融高地，打造現代科創中心，建設現代智慧交通體系，打造現代開放門戶，打造現代化高品質國際化城市，打造國際一流優美生態環境，推進服務型政府、法治政府建設、提升公民素質和創新區域一體化發展機制。」另外，中國大陸全國政協委員謝雙成（2018）指出：「杭州灣大灣區通過制度創新、管理創新、服務創新和協同發展，破解數位經濟發展中的深層次矛盾和體制性難題，打造數字經濟完整的產業鏈和生態鏈，逐步形成一套適應和引領全球數位經濟發展的管理制度和規則，推動全球數位經濟與灣區經濟融合發展、健康發展、共享發展。」

表 8-1 粵港澳大灣區、杭州灣大灣區與三大灣區比較表

名稱	粵港澳灣區	杭州灣區	舊金山灣區	紐約灣區	東京灣區
所在地區	中國大陸	中國大陸	美國	美國	日本
面積（平方公里）	56,000	67,000	17,900	17,400	30,680
人口數（萬人）	6,671	4,606	715	2,340	4,347
GDP（兆美元）	1.36	0.6	0.76	1.40	1.80
人均 GDP（萬美元）	2.0	1.3	9.9	6.9	4.1
GDP 占全國比率（%）	10.8	7.9	4.4	7.7	41.0
貨櫃吞吐量（萬 TEU）	6,520	2,377	227	465	766
第三產業比重（%）	52.1	62.2	82.8	89.4	82.3

資料來源：本研究整理

三、三區域整合：【京津冀協同發展、長江經濟帶、一帶一路】

2015 年，中國大陸領導人習近平在《政府工作報告中》將「一帶一路」、「長江經濟帶」與「京津冀協同發展」定位為三大國家戰略，以推動大陸經濟轉型升級，並建構全方位對外開放新格局。中國大陸此三大擘畫將支撐未來國家發展，對優化中國大陸經濟發展空間、構建全方位對外開放新格局具有重要意義。

1. 戰略一：【京津冀協同發展】

（1）發展背景與現況

2014年2月26日，中國大陸領導人習近平於「京津冀協同發展工作座談會」上，首次將京津冀協同發展上升到國家戰略層面。這四年來，該戰略逐漸從設想轉變為現實，為京津冀區域帶來發展的春天，更吸引全世界的關注。美國全國廣播公司（NBC）（2018）指出：「京津冀協同發展戰略將成為推動中國大陸創新成長的助推器，同時，更將為中國大陸其他地區乃至全世界樹立可持續成長的典範。」此外，國家發展和改革委員會社會發展研究所（2018）亦表示：「京津冀協同發展已有了好地開頭，未來京津冀協同發展還需向更高層次、更高質量努力。」對此，中國大陸積極朝著此目標而邁進，在第十九次全國代表大會上提出「以疏解北京非首都功能為牛鼻子推進京津冀協同發展」的政策走向，為推進京津冀協同發展開展新的歷史起點。

❶建構「一核心、兩區域、四樞紐、五節點、多園區」新格局

「十二五」規劃期間，京津冀快遞的業務收入與業務量年成長率分別為33.4％和53.3％，其中北京、天津和河北的快遞業務量分別占63.7％、11.6％和24.7％，可知三地快遞業發展存在明顯落差。有鑑於此，中國大陸國家郵政局於2017年3月30日發布《京津冀地區快遞服務發展十三五規劃》指出：「將以一

表8-3　京津冀地區快遞業定位布局

定位格局	區位	戰略方針
一核心	北京	❶致力於建設「中國大陸領先，國際一流」的首都現代快遞業，打造快遞服務首善之區。
兩區域	天津、河北	❶天津致力於打造快遞專業類國際航空物流中心、跨境快遞基地和先進製造業與快遞業聯動示範區。 ❷河北致力於建設中國大陸現代商貿快遞物流重要基地
四樞紐	首都機場、天津濱海機場、石家莊正定機場、北京新機場（預計2019年完工）	❶加快建設快遞航空貨運樞紐，提升快遞航空運輸集散能力。 ❷將北京新機場逐步建成國際快遞航空貨運樞紐
五節點	北京、天津、廊坊、石家莊、保定	❶打造京津冀「黃金三角」快遞集聚帶，構建覆蓋區域、聯通全球的「網路化、一體化、多層次」快遞服務體系。
多園區	加快建設北京天竺快遞核心區、北京新機場快遞物流園區、天津空港航空快遞物流園、東疆港跨境快遞物流園、武清電商快遞物流園。	

資料來源：中國大陸國家郵政局（2017）《京津冀地區快遞服務發展十三五規劃》、本研究整理

核心、兩區域、四樞紐、五節點、多園區為架構,打造中國大陸北方快遞業發展核心區,形成特色鮮明的快遞協同發展新格局。」其亦指出:「預計於 2020 年京津冀地區的快遞業務收入將達 850 億人民幣,平均年成長率保持約 25%。」可知,中國大陸將打造京津冀地區成為快遞業改革創新的試驗區。

❷設立河北雄安新區

自 2017 年 4 月 1 日設立新區的消息公布以來,雄安一直是輿論追逐的焦點。設立至今,儘管相關的規劃尚未披露,但隨著各項工作的穩步推進,新區的整體輪廓正日漸清晰,對於雄安未來的建設整體規劃可概括為「1+3+54」,「1」是指雄安新區總體規劃;「3」是指起步區控制性規劃、啟動區控制性詳細規劃和白洋淀生態環境治理和保護規劃;「54」則是指 22 個專項規劃和 32 個重大課題研究。通過「1+3+54」的整體規劃,中國大陸欲將雄安新區打造成五大面向之城市,此五大面向分別是:(1)未來之城;(2)生態之城;(3)標竿之城;(4)宜居之城;(5)創新之城。

表 8-4 雄安新區五大打造面向

五大面向	作法
未來之城	將逐步建成綠色低碳、資訊智慧、宜居宜業,並具較強競爭力和影響力,且人與自然和諧共處的現代化城市。
生態之城	專門啟動白洋淀生態環境治理和保護規劃,總體思路將是治汙、搬遷、清淤、築島、補水和管理,並把這一規劃置於和總體規劃同等重要的位置。
標竿之城	將雄安建設成國際一流、綠色、現代的智慧城市。而智慧城市,包括交通、環保、海綿城市與創新城市等,並非是老城區的基礎上的改造,而是建一個新城區,即是「要為中國大陸將來的城市建設,提供一套全新的範例」。
宜居之城	在教育和醫療方面,雄安新區也正積極與北京對接。北京市也積極推進優質的教育、醫療與衛生等資源向雄安新區布局發展,以提升公共服務水平。未來的雄安心區,將是先進科技文化的結晶,更是和諧宜居的人類家園。
創新之城	北京將引導以中關村科技園區為代表的科技創新要素資源,到雄安新區落地,欲將雄安新區打造成升級版的中關村,意味著今後北京將更多的著眼於基礎研究和科技創新,而雄安新區則負責創新成果的轉化和落地。

資料來源:本研究整理

(2)未來發展之重點

為進一步引導三地產業有序轉移與精准承接,京津冀三省市於 2017 年 12 月 20 日,於北京舉行加強京津冀產業轉移承接重點平台建設新聞發布會,並發布《關於加強京津冀產業轉移承接重點平台建設的意見》,初步明確京津冀「2+4+46」平台,包括北京城市副中心和河北雄安新區兩個集中承載地,四大

戰略合作功能區及 46 個專業化、特色化承接平台。未來，三地將聯合引導相關創新資源和轉移產業向上述平台集中。此次《關於加強京津冀產業轉移承接重點平台建設的意見》圍繞八個面向的原則，分別為：（1）優化布局；（2）相對集中；（3）統籌推進；（4）聯動發展；（5）改革創新；（6）集約生態；（7）政府引導；（8）市場主導，並以立足三省市功能和產業發展定位，構建和提升「2+4+N」產業合作格局，欲聚焦打造優勢突出、特色鮮明、配套完善、承載能力強以及發展潛力大的承接平台載體，引導創新資源和轉移產業向平台集中，促進產業轉移精准化、產業承接集聚化、園區建設專業化。

2. 戰略二：【長江經濟帶】

（1）發展背景與現況

2016 年 5 月 30 日，中國大陸中央政府與國務院共同發布《長江經濟帶發展規劃綱要》，明確點出長江經濟帶發展的戰略定位、主要目標和重點任務，成為當前和今後長江經濟帶發展工作的基本遵循。實施長江經濟帶發展戰略，是中國大陸重大的決策部署，強調推動長江經濟帶發展，要從中華民族長遠利益考慮，堅持生態優先、綠色發展，把修復長江生態環境擺在壓倒性位置。自中國大陸領導人習近平推動規劃以來，長江經濟帶發展戰略的頂層設計、中層設計基本完成，為長江經濟帶發展戰略全面實施打下了堅實基礎。中國大陸政府在十九大報告中提出「以共抓大保護、不搞大開發為導向推動長江經濟帶發展」的國家發展方向，並指出長江經濟帶是中國大陸東西走向的經濟大走廊，擁有寶貴的資源優勢。推動長江經濟帶建設，既要保住青山綠水，又要實現經濟效益。

❶構建「一軸、兩翼、三極、多點」新格局

為了優化沿江產業結構，將以長江經濟帶打造「一軸、兩翼、三極、多點」新格局，建設陸海雙向對外開放新走廊，培育國際經濟合作競爭新優勢。

表 8-5　長江經濟帶發展戰略彙整

定位格局	戰略方針
一軸	❶以長江黃金水道為依託，發揮上海、武漢、重慶的核心作用。 ❷以沿江主要城鎮為節點，構建沿江綠色發展軸。
兩翼	❶發揮長江主軸線的輻射帶動作用，向南北兩側腹地延伸拓展，提升南北兩翼支撐力。
三極	❶以長江三角洲城市群、長江中游城市群、成渝城市群為主體，打造長江經濟帶三大成長點。
多點	❶發揮三大城市群以外地級城市的支撐作用

資料來源：本研究整理

❷構建「一核五圈四帶」的網路化空間格局

長江經濟帶將發揮上海帶動的核心作用與區域城市的輻射帶動，使交通運輸網絡培育形成多樣的發展軸線，繼而推動南京、杭州、台肥、蘇錫常、寧波等五大都市圈的同城化發展，使之強化沿海線、沿江線、滬甬合杭甬線與滬杭金線四條發展帶的聚合發展，以便構建「一核五圈四帶」的網路化空間格局。

表 8-6　長三角城市群定位格局彙整

定位格局	服務範圍	戰略方針
一大核心圈	上海	加快提升上海核心競爭力和綜合服務功能，並建設具有全球影響力的科技創新中心，使之引領長三角城市群一體化發展。
五大都市圈	南京都市圈	提升南京中心城市功能，並加快建設南京江北新區，打造成為區域性創新創業高地和金融商務服務集聚區。
	杭州都市圈	將加快建設自主創新示範區和跨境電子商務綜合試驗區，打造成為中國大陸經濟轉型升級和改革創新的先行區。
	合肥都市圈	將加快建設承接產業轉移示範區，並推動創新鏈和產業鏈融合發展，打造區域成長新引擎。
	蘇錫常都市圈	全面強化與上海的功能對接與互動，並推進開發區城市功能改造，以提升區域發展品質和形象。
	寧波都市圈	高效整合三地海港資源和平台，打造全球一流的現代化綜合樞紐港、國際航運服務基地和國際貿易物流中心。
四大發展帶	沿海線	堅持陸海統籌，協調推進海洋空間開發利用、陸源汙染防治與海洋生態保護。
	沿江線	依託長江黃金水道，打造沿江綜合交通走廊，促進長江岸線有序利用和江海聯運港口優化布局。
	滬杭金線	依託滬昆通道，連接上海、嘉興、杭州、金華等城市，發揮開放程度高和民營經濟發達的優勢。
	滬甯合杭甬線	依託滬漢蓉、滬杭甬通道，發揮上海、南京、杭州、合肥、寧波等中心城市要素集聚和綜合服務優勢，積極發展服務經濟和創新經濟。

資料來源：本研究整理

（2）未來發展之重點

中國大陸國家發展和改革委員會（2017）表示：「從 2016 年 5 月所印發的《長江經濟帶發展規劃綱要》至今，長江經濟帶發展戰略的頂層與中層設計已基本完成。下一步，則是要將修復長江生態環境擺在優先處理的位置，把實施重大生態修復工程做為推動長江經濟帶發展項目的首要任務。」2017 年 8 月 22 日，

其亦指出：「未來將通過六大方面措施推進長江經濟帶發展。包括進一步實施生態修復，構建綜合立體交通走廊，加快產業轉型升級，突破區域行政區劃界限和壁壘，創新區域協調發展體制機制等。」顯示中國大陸欲透過加快構建綜合立體交通走廊，加快推進幹線航道系統治理，有效緩解中上游瓶頸，改善支流通航條件；著力優化沿江產業結構，加快推進產業轉型升級，形成集聚度高、國際競爭力強的現代產業走廊；優化城市群布局，全面提高長江經濟帶城鎮化品質；構建長江經濟帶對外開放新格局，深化向東開放，加快向西開放，統籌沿海、沿江、沿邊和內陸開放。

3. 戰略三：【一帶一路】

（1）發展背景與現況

「絲綢之路經濟帶和21世紀海上絲綢之路」（簡稱一帶一路）是中國大陸於2014年底所提出並主導的跨國經濟帶，該經濟帶範圍涵蓋歷史上的絲綢之路和海上絲綢之路所行經的中國大陸、中亞、北亞和西亞、印度洋沿岸、地中海沿岸的國家和地區，此計畫包含68個國家，占全球人口數的66.9%以及全球30%的GDP經濟規模。「一帶一路」倡議堅持共商、共建、共享的原則，努力實現沿線區域基礎設施更加完善，更加安全高效，以形成更高水平的陸海空交流網路，同時使投資貿易的便利化水平更有效的提升，建立高品質、高標準的自由貿易區域網，以使沿線各國經濟聯繫更加緊密，政治互信更加的深入，人文交流更加的廣泛，至今已耗資高達八兆美元（約235兆台幣），並在逆全球化潮流涌動與貿易保護主義重新興起的背景下，帶動亞洲區域經濟合作勢頭不減反增，成為亞洲區域經濟一體化的重要拉動力。

❶一帶一路國際合作高峰論壇

中國大陸於2017年5月14舉行「一帶一路國際合作高峰論壇」，為「一帶一路」戰略推動以來首場最高規格的論壇活動，吸引29位國家元首及超過130個國家及70個國際組織共同與會，並圍繞基礎設施、產業投資、經貿合作、能源資源、金融合作、人文交流、生態環境及海上合作等八大主題進行研討交流，共商「一帶一路」戰略未來發展新藍圖。2017年5月15日，根據中國大陸國家主席習近平表示：「一帶一路未來將與各國國家計畫進行合作，包含英國的北方經濟引擎戰略及越南的兩廊一圈戰略等，並尊重各國發展，不會干涉各國內政，亦不會重走地緣博弈的老套路。」顯示，「一帶一路」戰略未來將與沿線國家的重大戰略共同合作，並進一步證明「一帶一路」戰略不是中國大陸的獨奏曲，而是凝聚全球合作共創雙贏的交響樂。

❷中歐班列

自 2011 年 3 月 19 日，首列「渝新歐班列」成功從重慶發車至德國鋼鐵城市杜伊斯堡（Duisburg）開行以來，迄今已有 4,000 個班列，逐漸成為中國大陸通往歐陸 11 個國家物流運輸的另一個選擇。至 2017 年 10 月，這條橫貫亞歐東西兩岸的鐵道路徑，長度超過一萬公里，擁有 52 條路線，由 32 個中國大陸城市出發，直通歐陸的 32 個城市。中歐列車形成安全快捷、綠色環保、受自然環境影響小等綜合優勢，成為國際物流中陸路運輸的骨幹方式，實現中歐間的貿易暢流。中歐班列不僅降低大宗商品跨境的運輸費用，亦將 2,000 多種性價比高的「中國製造」商品賣向歐亞市場，再引進 100 多個國家的熱門商品送入中國大陸市場，形成「買全球，賣全球」的經貿模式，成為企業眼中的金火車。2017 年 9 月 19 日，中國大陸國家發展和改革委員會秘書長李樸民（2017）表示：「將中歐班列打造成具有國際競爭力和信譽度的國際知名物流品牌，對於日益成長的亞歐大陸國際貨運需求、釋放絲綢之路經濟帶物流通道潛能、把絲綢之路從過去的商貿路變成業和人口集聚的經濟帶，具有重要意義。」此外，中國經濟資訊社（2017）亦表示：「截至 2017 年 4 月 15 日，中歐班列已累計開行 3,682 列，相較 2011 年的 17 列，成長幅度為 216 倍，並預計 2020 年中歐班列的年開行將達 5,000 列左右。」

（2）未來發展之重點

2018 年 4 月 8 日，博鰲亞洲論壇發布《亞洲競爭力 2018 年度報告》指出：「2017 年，一帶一路倡議的紅利集中顯現，穩固亞洲區域經濟一體化的社會基礎。為一帶一路沿線國家提供更多就業崗位及更高的收入。」在「一帶一路」倡議的推動下，沿線國家透過陸上、海上、天上、網上交通四位一體聯通，方便國與國的交往與經濟合作。此外，《亞洲競爭力 2018 年度報告》亦指出：「一帶一路正執行一連串的一體化發展舉措，以推動跨越數位鴻溝、教育減貧、普惠金融、改善生態、發展特色旅遊、加強文化交流與開展醫療合作，來與更多民眾分享經濟全球的一體化，幫助那些被全球化遺忘的角落獲得重大發展機遇。」這些紅利穩固沿線國家參與的民意基礎，成為「一帶一路」建設加速推進的拉動力。報告中更提及：「在一帶一路的推動下，加速亞洲區域市場一體化的形成。上海合作組織、中國大陸—中東歐 16+1 合作機制、中日韓自由貿易合作機制、中國大陸—東盟 10+1、亞太經合組織、中阿合作論壇等多邊合作機制正在推動所屬經濟體發展戰略與中國大陸一帶一路對接，形成以一帶一路為脊梁的更大範圍內的自由貿易區。」綜上所述，一帶一路建設與全球化緊密相連，有助於提升亞洲整體經濟競爭力。

四、中國大陸 31 條惠台政策

中國大陸國台辦於 2018 年 2 月 31 日，公布 31 條《關於促進兩岸經濟文化交流合作的若干措施》，其內容涵括投資、金融、產業、就業、文化、科技、傳播、社團和社會治理等多個領域，其中 12 項涉及加快給予台資企業與中國大陸企業同等待遇；另外 19 項則涉及逐步為台灣人民提供與中國大陸人民的同等待遇，全力落實中國大陸十九大報告提出的促進兩岸經濟文化交流合作的要求。

1. 31 條惠台政策內涵

❶加快給予台資企業與中國大陸企業同等待遇

在積極促進在投資和經濟合作領域加快給予台資企業與中國大陸企業同等待遇方面，明確說明台商得以參與「中國製造 2025」行動計畫，並享受稅收優惠政策；支持符合條件的台商享受高新技術企業減 15%稅率徵收企業所得稅，研發費用加計扣除；台商也可以特許經營方式，參與能源、交通、水利、環保、市政公用工程等基礎設施建設。茲將整理「加快給予台資企業與中國大陸企業同等待遇」等 12 條措施彙整表如下：

表 8-8　加快給予台資企業與中國大陸企業同等待遇之 12 條政策

序號	政策內容
01	台資企業參與「中國製造 2025」行動計畫適用與中國大陸企業同等政策。支持台商來中國大陸投資設立高端製造、智慧製造、綠色製造等企業並設區域總部和研發設計中心，相應享受稅收、投資等支持政策。
02	幫助和支持符合條件的台資企業依法享受高新技術企業減按 15%稅率徵收企業所得稅，研發費用加計扣除，設在中國大陸的研發中心採購中國大陸設備全額退還增值稅等稅收優惠政策。
03	台灣科研機構、高等學校、企業在中國大陸註冊的獨立法人，可牽頭或參與國家重點研發計畫項目申報，享受與中國大陸同等政策。受聘於在中國大陸註冊的獨立法人的台灣地區科研人員，可為國家重點研發計畫項目負責人申報，享受與中國大陸同等政策。對台灣地區知識產權在中國大陸轉化的，可參照執行中國大陸知識產權激勵政策。
04	台資企業可以利用特許經營方式參與能源、交通、水利、環保、市政公用工程等基礎設施建設。
05	台資企業可公平參與政府採購
06	台資企業可通過合資合作、併購重組等方式參與國有企業混合所有製改革。
07	台資企業與中國大陸企業同等適用相關用地政策。對集約用地的鼓勵類台商投資工業項目優先供應土地，在確定土地出讓底價時，可按不低於所在地土地等別相對應大陸工業用地出讓最低價標準的 70% 執行。

表 8-8 加快給予台資企業與中國大陸企業同等待遇之 12 條政策（續）

序號	政策內容
08	持續在中西部、東北地區設立海峽兩岸產業合作區，鼓勵台資企業向中西部、東北地區轉移及參與「一帶一路」建設，拓展內需市場和國際市場。大力推進台商投資區和兩岸環保產業合作示範基地建設。
09	台資農業企業可與中國大陸農業企業同等享受農機購置補貼、產業化重點龍頭企業等農業支持政策和優惠措施。
10	台灣金融機構、商家可與中國銀聯及中國大陸非銀行支付機構依法合規開展合作，為台灣人民提供便捷的小額支付服務。
11	台灣徵信機構可與中國大陸徵信機構開展合作，為兩岸人民和企業提供徵信服務。
12	台資銀行可與中國大陸同業協作，通過銀行貸款等方式為實體經濟提供金融服務。

資料來源：中國大陸國台辦

❷逐步為台灣人民提供與中國大陸人民的同等待遇

在逐步為台灣人民在大陸學習、創業、就業、生活提供與大陸人民同等的待遇方面，主要包括向台灣人民開放 134 項國家職業資格考試、台灣人民可申請參與「千人計畫」、「萬人計畫」及包括國家社會科學基金等多項基金，參與中華優秀傳統文化傳承發展工程和評獎項目、榮譽稱號評選，加入專業性社團組織、行業協會，參與中國大陸扶貧、公益等基層工作。茲將整理「逐步為台灣人民提供與中國大陸人民的同等待遇」等 19 條措施彙整表如下：

表 8-9 逐步為台灣人民提供與中國大陸人民的同等待遇之 19 條政策

序號	政策內容
01	台灣人民可報名參加 53 項專業技術人員職業資格考試和 81 項技能人員職業資格考試（《向台灣居民開放的國家職業資格考試目錄》附後，具體執業辦法由有關部門另行制訂）。
02	台灣專業人才可申請參與國家「千人計畫」，在中國大陸工作的台灣專業人才，可申請參與「萬人計畫」。
03	台灣人民可申報國家自然科學基金、國家社會科學基金、國家傑出青年科學基金、國家藝術基金等各類基金項目，具體辦法由相關主管部門制訂。
04	鼓勵台灣人民參與中華經典誦讀工程、文化遺產保護工程、非物質文化遺產傳承發展工程等優秀傳統文化傳承發展工程。支持台灣文化藝術界團體和人士參與中國大陸在海外舉辦的感知中國大陸等品牌活動，參加「中華文化走出去」計畫，符合條件的兩岸文化項目可納入海外中國文化中心項目資源庫。
05	支持中華慈善獎、梅花獎、金鷹獎等經濟科技文化社會領域評獎項目提名涵蓋台灣地區。在中國大陸工作的台灣人民可參加當地勞動模範、「五一」勞動獎章、技術能手、「三八」紅旗手等榮譽稱號評選。

表 8-9　逐步為台灣人民提供與中國大陸人民的同等待遇之 19 條政策（續）

序號	政策內容
06	台灣人士參與中國大陸廣播電視節目和電影、電視劇製作可不受數量限制。
07	中國大陸電影發行機構、廣播電視、視聽網站和有線電視網引進台灣生產的電影、電視劇不做數量限制。
08	放寬兩岸合拍電影、電視劇在主創人員比例、中國大陸元素、投資比例等方面限制；取消收取兩岸電影合拍立項申報費用；縮短兩岸電視劇合拍立項階段故事梗概的審批時限。
09	對台灣圖書進口業務建立綠色通道，簡化進口審批流程，同時段進口的台灣圖書可優先辦理相關手續。
10	鼓勵台灣人民加入中國大陸經濟、科技、文化、藝術類專業性社團組織、行業協會，參加相關活動。
11	支持鼓勵兩岸教育文化科研機構開展中國大陸文化、歷史、民族等領域研究和成果應用。
12	台灣地區從事兩岸民間交流的機構可申請兩岸交流基金項目鼓勵台灣人民和相關社團參與中國大陸扶貧、支教、公益、社區建設等基層工作。
13	鼓勵台灣人民和相關社團參與中國大陸扶貧、支教、公益、社區建設等工作。
14	在中國大陸高校就讀臨床醫學專業碩士學位的台灣學生，在參加研究生學習一年後，可按照中國大陸醫師資格考試報名的相關規定申請參加考試。
15	取得中國大陸醫師資格證書台灣人民，可依相關規定在中國大陸申請執業註冊
16	符合條件的台灣醫師，可通過認定方式獲得中國大陸醫師資格，並且可按照相關規定在中國大陸申請註冊短期行醫，期滿後可重新辦理註冊手續
17	在台灣已獲取相應資格的台灣人民在中國大陸申請證券、期貨、基金從業資格時，只需通過中國大陸法律法規考試，無需參加專業知識考試。
18	鼓勵台灣教師來中國大陸任教，其在台灣取得的學術成果可納入工作評價體系。
19	為方便台灣人民在中國大陸應聘工作，推動各類人事人才網站和企業線上招聘做好系統升級，支持使用台胞證註冊登錄。

資料來源：中國大陸國台辦

2. 媒體與專家學者提出 31 條惠台政策對台商影響論述

　　❶英國《金融時報》（*Financial Times*）：在中國大陸 31 條政策宣布後，在台灣面臨經濟困境的背景下，台灣企業與年輕人才將對中國大陸將產生強大的磁吸效應。

　　❷日本《外交家》（*The Diplomat*）：中國大陸繞過蔡英文總統，向台灣人提出 31 項優惠措施，目前雖未知此舉是否會造成蔡政府和台灣民意之間的分裂。但在此之前，確實影響到台灣企業和人才前往中國大陸發展之意願。

❸**香港中國評論通訊社**：「惠台 31 條」給民進黨政府帶來的焦慮，比中國大陸中斷兩岸官方來往帶來的要大得多。「惠台」即是送好處，是中國大陸給台灣一個大禮包，而且都是涉及民生、利益的事，若以「戒急用忍」回應，不只是與大陸過不去，也是與台灣企業與民眾過不去。

❹**北京台資企業協會榮譽會長林清發**：台灣面臨經濟低迷與兩岸僵局，中國大陸在此著墨，即可造成「一推一吸」效應。未來幾年的「台商、台青出走」將愈發明顯。

❺**亞太和平研究基金會首席顧問趙春山**：中國大陸所提出的 31 項惠台措施將吸引台灣企業與人才，台灣政府不應只是擔心人才被挖走與資金被掏空，應要增加本身吸引力並提高競爭力，而不是一再阻絕。

❻**兩岸政策協會理事長譚耀南**：若要減緩台商往中發展，與台灣的經濟是否強大有很大的關係，必須強化台灣的經濟實力，政府也必須對相關法制重新檢視，進行更有效的風險控管。

❼**兩岸政策協會秘書長王智盛**：中國大陸 31 項惠台措施，較像是「吸台」和「虛台」策略，中國大陸吸引台灣成熟企業、專業人才與資金，幫助中國大陸發展而台灣本身會被空洞化。

❽**台灣鄭和學會祕書長張明睿**：中國大陸所提出的 31 惠台政策，顯見中國大陸已經對台灣的經濟、各行各業了解相當徹底，才能精準的切中台灣社會的需求，讓台灣企業、青年看到希望。

❾**國家政策研究基金會研究員盧宸緯**：過去是中國大陸單方面對台灣好，不計前提。但現在是有特定引導方向。比如要申明認同中華文化，台商若能認同中華文化，將可獲取更多的利益，但反之亦然。

❿**北京創業公社港澳台及國際事務部總監鄭博宇**：此次中國大陸提出的惠台政策目標明確，針對台商、台生、台青等各種創業者，都可以跟中國大陸人民「公平競爭」參與各種項目。顯示中國大陸願意把台灣人當成「我們自己人」。

⓫**清華大學台研院常務副院長殷存毅**：惠台 31 條裡有兩條突破先例，一是允許台資企業參與大陸國有企業混合所有制改革，二是台資企業可以公平參與政府採購，體現中國大陸政府從經濟上和政治上對台企的信任，將推動進一步深化兩岸的產業交流和合作。

⓬**清華大學台研院副教授鄭振清**：惠台 31 條的出台，視為涉台公共政策體系的成型，是中國大陸深化兩岸經濟社會融合發展的里程碑式的政策體系。因為這些政策本身是由多個公權力部門公開發布，具有公共性、綜合性、系統性和針

對性，又涉及國家發展與國家統一的公共利益。

❸廈門大學台研院教授劉國深：惠台 31 條預示著兩岸關係正在發生典範轉移，突然出台這麼多促進兩岸合作的措施，效率之高、力度之大出乎預期，對於中國大陸方面的治理能力來說，是一項極具挑戰性的政策創新。

由上述機構學者對於中國大陸 31 條惠台政策之論述顯示，惠台 31 條雖說提供台商於中國大陸經商與投資優渥的條件，並深化兩岸產業交流，但對於台灣政府卻有著既深刻又沉重的影響，不僅使台灣大量的年輕人才外流，更考驗政府的執政能力。《遠見雜誌》於惠台 31 條提出後不久，隨即進行民意大調查，結果發現政府正面臨一大隱憂、三大警訊，其表示：「在隱憂部分，惠台措施恐造成台灣人才進一步流失，高達 71.5％的民眾都表達出此憂慮。」此外，其亦指出：「三大警訊分別是：（1）對台灣政府信心不足；（2）年輕族群對中國大陸看法轉變；（3）產業重鎮赴中意願高，其中高達 68.5％的受訪者表示對政府應對沒有信心，多數民眾不相信政府對惠台措施的因應能力，48.1％沒有信心，高過有信心的 46.3％。」顯示如何有效的平衡兩岸之間的互動以安穩民心，是如今台灣政府最亟需解決的問題。

第9章

中國大陸經貿發展新挑戰

唐朝詩人李白於〈行路難〉古詩中，以「長風破浪會有時，直掛雲帆濟滄海」述說著在成功的路途上岔路何其多，但總會有一天，能掛起雲帆，乘長風破巨浪，在滄海中勇往直前。此情境宛如時隔千年後的中國大陸，中國大陸2018年經貿局勢正面臨內外夾攻的發展窘境，內有經濟增速疲軟、金融風險劇增以及債務問題嚴重等考驗；外有美中貿易摩擦、美國持續升級以及北韓問題難解等難以預測的困境與風險。故此，中共當局須積極安內攘外，以防國家經貿發生不可逆之情勢。且中國大陸正處於「十九大」後，邁入「全面建成小康社會決勝階段與中國大陸特色社會主義進入新時代」的關鍵時期，中國大陸領導人習近平在「十九大」上更是強調經濟發展和政治穩定之間的良性互動關係，對外關係將建立於中國大陸追求自身利益的過程中，顯示中國大陸政府亦積極想解決對內之困境與風險，對外亦是建立在追求國家穩定之上。然就目前所面臨的諸多挑戰而言，中國大陸距離要實現大國崛起的理想仍尚有距離。

許多研究機構於2017年始，紛紛提出中國大陸未來經貿發展之言論，諸如：國際清算銀行（BIS）（2017）指出：「中國大陸非金融體系總債務占GDP的比重已從2008年底的141.4%攀升至2016年底的257%。」此外，中國人民銀行前首席經濟學家馬駿（2018）亦指出：「中國大陸2018年GDP成長率恐將放緩至6.5%。」中國大陸未來的經濟發展雖不容小覷，但困境之大也有目共睹。中共當局對各種所欲達成的目標訂定針對性的政策，但仍無法完美調控。而中國大陸政府亦了解其重要性，為此，中國大陸領導人習近平於「十九大」後積極尋求解決經貿風險與困境之道，其中包含信貸品質的提升、經濟發展模式之翻轉、產業升級的加速與產能過剩之改善。然面對經濟成長放緩的趨勢下，在十九大鞏固權力之後，中國大陸對於推動前述各項經濟改革、執行一帶一路等所謂「經濟突圍」政策，勢在必得。

一、研究機構評述中國大陸經貿發展新挑戰

根據 OECD、IMF、IIF、穆迪、標準普爾以及高盛等全球經貿研究機構對中國大陸所經貿發展之現況及其未來發展之風險及困境，進而統整歸納出「中國大陸未來經貿發展之挑戰」。茲將各機構對中國大陸未來經貿發展新挑戰之評論分述如下：

❶**經濟合作暨發展組織（OECD）**：2017 年 11 月 28 日，OECD 於《主要經濟展望》（*Main Economic Outlook*）報告中表示：「預測 2018 年中國大陸經濟成長率將達八年來最高點 6.6％，隨後在 2019 年將觸頂反彈，恐下降至 6.4％，主因是中國大陸出口成長減緩、投資不振以及越發危險的債務水位，進一步限制中國大陸成長空間。」顯示中國大陸正面臨經濟成長疲軟的困境。此外，其於 2017 年 3 月 21 日所發布的《全球經濟展望》（*Global Economic Outlook*）報告中亦指出：「中國大陸的金融風險正急速攀升，原因來自於企業債築高台、房地產泡沫化、非銀行活動升溫以及產能過剩嚴重等問題。」另一方面，OECD 於 2018 年 3 月指出：「美國與中國大陸之間貿易摩擦升溫不利全球經濟，各國亟需注意。」

❷**國際貨幣基金（IMF）**：2017 年 10 月 10 日，IMF 指出：「房市調控趨緊衝擊房地產投資，地方融資監管趨嚴拖累基礎建設投資，加以去產能、強化環保監管及加速國有企業整合等改革抑制工業生產及投資，2018 年經濟成長率恐從 6.8％放緩至 6.5％」。此外，其（2018）亦指出：「中國大陸社會融資規模總量占國內生產毛額（GDP）比重，從 2012 年的 169％，增加到 2017 年的 216.9％，並預測 2022 年將在上升至 245.5％，可見中國大陸未來的整體債務不僅增加，而且增加速度更高於 GDP 的成長」。另外，國際貨幣基金組織（IMF）於 2017 年 12 月 7 日所發布的《金融系統評估報告》（*Financial System Stability Assessment；FSSA*）指出：「中國大陸的中資銀行資本不足，難以抵禦中國大陸不斷加大的信貸風險所帶來的潛在損失。」另一方面，IMF（2017）表示：「中國大陸需要解決產能過剩的問題，以及改革效率低落的部門，包括國有企業。」

❸**國際金融協會（Institute for International Finance；IIF）**：2017 年 6 月 28 日，國際金融協會（IIF）表示：「中國大陸 2017 年 5 月份的總債務水準估算已超過 GDP 的 304％，逼近 33 兆美元。債務上升可能為長期經濟成長產生阻力，最終對國家金融穩定帶來風險。」另外，根據 IIF 數據顯示：「至 2017 年底，中國大陸企業債務預計將高達 GDP 的 169％，政府債務也可能達到 GDP

的 47％，而近年來中國大陸家庭債務水平水漲船高，預測 2017 年底可能達到 GDP 的 45％。」此外，IIF（2017）亦指出：「新興經濟體面臨短期債務償付風險；已開發經濟體過去一年削減公共及民間債務逾兩兆美元，但新興經濟體總債務卻激增三兆美元，已達到 56 兆美元。」

❹**穆迪信評（Moody's）**：2017 年 5 月，穆迪將中國大陸主權評等，從 Aa3 的「非常低信貸風險」調降至 A1 的「低信貸風險」，主因是中國大陸經濟成長減緩，飆升的債務恐引發財政危機。穆迪副總裁 Bokil（2017）表示：「中國大陸隨著經濟結構的持續調整、國家政策刺激措施減少與持續去槓桿，未來五年間經濟增速將逐步回落，甚至逼近 5％水平。」此外，穆迪投資主權風險部高級副總裁 Diron（2017）亦表示：「若中國大陸槓桿率上升速度快於預期，將引發金融行業緊張，則評級將面臨負面壓力。」另一方面，穆迪（2017）亦指出：「將下調中國大陸 GDP，主因分別為以下三點：（1）投資占總支出的比重減少，資本存量形成將減慢；（2）勞動人口年齡自 2014 年始下跌，並將加快下降速度；（3）中國大陸雖然有額外的投資及高技能，但不預期低生產率會出現逆轉。」

❺**標準普爾（Standard & Poor's）**：2017 年 9 月 21 日，標準普爾調降中國大陸主權信用評級，從 AA- 下調至 A+，而短期債評級調整 A-1。這是標準普爾自 1999 年以來首次下調中國大陸評級。標準普爾對此表示，中國大陸信貸長期強勁成長加劇經濟和金融風險。此外，其亦表示：「近來中國大陸政府的去槓桿策略，可能會在中期內穩定金融風險趨勢，但未來兩到三年的信貸成長仍將居高不下，令金融風險持續增加。」另外，標準普爾亦指出：「雖然信貸成長會伴隨實際國內生產總值及資產價格上升，但信貸長期急遽的增加，將有損國家金融穩定，使經濟和金融風險增加。」

❻**高盛集團（Goldman Sachs）**：2018 年 3 月 28 日，高盛指出：「近兩三年來，地產投資占中國大陸 GDP 比重約為 8％，但高盛在對建設增量數據的波動性進行調整後發現，在經歷 2016 年建設增量對真實 GDP 成長有顯著貢獻的一年後，2017 年始，中國大陸建築增量對真實 GDP 的貢獻呈現放緩的狀況，且 2017 年下半年對真實 GDP 的增速則由正轉負。」此外，高盛（2018）表示：「隨著中國大陸為求穩定金融，對金融貨幣政策畫下底線，加上嚴管房地產市場，2018 年基礎建設投資增速可能放緩。」綜上得知，高盛認為倘若中國大陸明年財政力道減弱，那麼貨幣政策收緊和房市監管造成的結果，可能會使基礎建設投資成長放緩五個百分點。

❼**野村證券**：2017 年 11 月 26 日，野村證券指出：「2018 以及 2019 年，

中國大陸 GDP 增速預測將逐步降至 6.2％和 6.0％，影響其收縮的主要因素是房地產投資放緩，中國大陸房地產銷售增速下降及地緣性因素擾動、人民幣匯率波動、流動性和貨幣指標高位回落，將會中國大陸經濟成長及外貿帶來下滑壓力。」此外，野村證券於 2018 年 1 月 8 日亦指出：「2018 年，全球含有金融風險的國家和地區中，香港和中國大陸排在前兩位，而中國大陸是全球 32 個經濟體當中風險第二高的，亮起紅燈的早期預警指標已連續三個季度維持在 37 個。」綜上所述，中國大陸房地產投資放緩，將導致風險指標閃起紅燈。

❸ **彭博社（Bloomberg）**：2018 年 1 月 3 日，彭博社指出：「中國大陸 2018 年經濟成長恐降溫至 6.5％，增幅為 1990 年來最小，並將面臨五大經濟風險，包含金融風險、美中貿易摩擦、營建業趨緩、美國升息以及北韓問題等五大挑戰。」此外，其於 2017 年 11 月表示：「2018 至 2022 年間，中國大陸的債務將會快速飆升，發生金融危機的可能性大增。目前中國大陸已經處於金融危機的危險地帶，預估至 2022 年，中國大陸的債務總額將達 GDP 的 327％，是 2008 年的兩倍。即使這不代表無可避免地會發生金融危機，卻使他避免危機爆發的可能性銳減，屆時，中國大陸將成為世界上負債最多的國家之一。」

❾ **《金融時報》（*Financial Times*）**：2017 年 12 月 25 日，《金融時報》表示：「中國大陸經濟於 2018 年仍有如下三點不確定因素，一是固定資產投資成長存在一定的不確定性；二是穩健中性的貨幣政策是否一定會導致市場利率攀升存在一定不確定性；三是通脹前景存在一定的不確定性。」此外，根據《金融時報》（2018）指出：「2018 年中國大陸的公司、國有企業、金融機構和主權借款人（包括中央政府和地方政府）將有 4,090 億美元的債券到期，2019 年為 6,190 億美元，2020 年則有高達 6,640 億美元的債券到期，再加上接下來兩年，將要到期的有 2.7 兆美元債務，占中國大陸未償付債務總額的 67.5％，將形成一定程度的債務壓力。」

❿ **《僑報》（*The China Press*）**：2018 年 1 月 3 日，《僑報》指出：「2018 年，中國大陸經濟面臨的主要風險來自三個方面。首先是外部環境，中國大陸已成為世界第二大經濟體，經濟影響力無遠弗屆，相應的，全球經濟走勢和各地區經濟波動對中國大陸經濟運行也會產生很大影響；其次，中國大陸經濟持續面臨下行壓力，儘管經濟增速保持了 L 型，但下行壓力傳導到產業、就業等層面，還是對中國大陸經濟的健康運行產生了不利影響；最後則是體現在企業層面，中國大陸許多企業仍面臨嚴峻的困境，若無適當的處理，將對中國大陸經濟造成一定的危害。」

表 9-1 中國大陸經貿挑戰彙整一覽表

經貿新挑戰	OECD	IMF	IIF	穆迪	標準普爾	高盛	野村證券	《彭博社》	《金融時報》	《僑報》	總計
01 經濟增速疲軟	●	●	●	●		●	●	●		●	8
02 金融風險攀升	●	●	●		●		●	●	●		7
03 債務問題嚴重	●	●	●					●	●		5
04 房市問題嚴重	●	●				●	●	●			5
05 產業投資不振	●			●		●	●		●		5
06 出口成長減緩	●						●			●	3
07 主權評等調降				●	●						2
08 美中貿易摩擦	●							●			2
09 產能過剩告急	●	●									2
10 信貸風險急遽		●			●						2
11 美國持續升息								●			1
12 北韓問題難解								●			1
13 融資監管趨嚴		●									1
14 加以去槓桿化				●							1
15 勞動人口下跌				●							1

資料來源：本研究整理

二、2018 年中國大陸十大經貿發展新挑戰

綜合上節各機構對中國大陸未來經貿發展新挑戰之論述，加以統整歸納出十大經貿發展新挑戰。然經由各機構評論可發現，中國大陸十大經貿發展新挑戰之間，有著密不可分的先後關係，若處理不當恐造成骨牌效應。故此，中共當局以及在中國大陸之企業皆須時刻注意。茲將整理各機構對於 2018 年中國大陸經貿發展論述，歸納出「2018 年中國大陸十大經貿發展新挑戰」分述如下：

挑戰一：【經濟成長增速疲軟】

2017 年 9 月 14 日，中共國家統計局發布的數據顯示：「中國大陸工業增加值增速連續第二個月放緩；商品房銷售面積和銷售額累計年成長雙雙放緩，跌至 2015 年 12 月以來最低；2017 年 1-8 月，固定資產投資同比成長跌至近十八年以來低點。」由上得知，拉動中國大陸經濟的三駕馬車全面疲軟。美國《華爾街日報》（*WSJ*）（2017）表示：「中國大陸的整頓信貸活動、房地產市場降溫以及刺激舉措效果減弱等因素抑制了中國大陸國內需求。」此外，世界銀行（WB）（2018）表示：「預測中國大陸 2018 年經濟成長率將溫和放緩至 6.4％，相較去 2017 年 6 月時所預測的 6.3％增加 0.1 個百分點；中長期來看，預計中國大陸經濟成長率 2019 年為 6.3％，到 2020 年為 6.2％，逐年減少。」其亦指出：「中國大陸經濟將持續放緩，須注意國內債務過高、外部融資需求大和政策緩衝能力有限所造成的金融脆弱性。」得上述所示，中國大陸受多個因素影響，導致拉動國家經濟的三駕馬車增速減緩，更對中國大陸經濟成長率，造成不可抹滅的傷害。

挑戰二：【金融風險逐漸攀升】

中國大陸公布 2017 年的經濟成長率為 6.9％，是七年來首度回升，但國際經濟專家普遍認為，在高成長的背後，潛藏著債務危機及金融系統性風險，從未減輕；再對於領導階層的「聽其言、觀其行」，更顯示其對於中國大陸的高度憂慮。2018 年 1 月 11 日，交通大學財務金融研究所教授葉銀華指出：「中國大陸若發生系統性金融風險，主要原因來自於整體債務大量違約的衝擊。2018 年形成的機率雖小，但是其風險卻不容忽視。」而 2017 年中國大陸領導人習近平在十九大期間亦強調，維護金融安全是關係經濟社會發展的一件帶有戰略性、根本性的大事。此外，中國大陸人民銀行行長周小川（2017）亦對系統性金融風險表達出的擔心，並以嚴厲的措辭警告過度負債和投機性風險，政府須守住不發生系統性風險的底線。由上述顯示，金融風險的攀升，對中國大陸的傷害非同一般，國家當局須積極諦視並尋求排解方案。

挑戰三：【國家債務問題嚴重】

2017 年 8 月 15 日，IMF 對中國大陸進行年度審查，並表示：「2017 年，中國大陸經濟成長仍穩步上升，但其非金融部門債務至 2022 年將達到國內生產毛額（GDP）的 300％，高於 2016 年的 240％。」故此，IMF 發出警示，由債務所推動的成長只是短期間的解決方案，中國大陸當局須解決更深層次的結構性問題，否則經濟成長將難以持續。此外，中共央行行長周小川（2017）亦對企業和家庭債務的風險提出了警告，其指出：「中國大陸企業貸款相當高，需要警惕過度樂觀，因為這可能引發資產價格突然下跌。」對此中共當局也積極尋求解決之道，中共總書記習近平的首席經濟智囊劉鶴在 2017 年的達沃斯論壇上表示：「中國大陸提出對抗未來風險的第一戰是穩中求進，針對影子銀行、地方政府隱性債務等問題，爭取在三年內，有效控制宏觀槓桿率。」由上述顯示，中國大陸債務問題嚴重，當局也已提出相對應因舉措，為求日後不要因為債務而爆發經濟危機。

挑戰四：【房地市場日趨泡沫】

隨著中國大陸房地產調控緊縮以及租賃市場的試點，多位經濟學家表示，2018 年中國大陸經濟下行壓力最大的的因素即是房地產。野村證券中國大陸首席經濟學家趙揚（2017）表示：「中國大陸房地產投資的放緩將影響未來兩年的 GDP 成長，野村證券預測，2018 年與 2019 年 GDP 增速，將逐步降至 6.2％和 6.0％，相比 2017 年上半年的 6.9％，下滑 0.7% 至 0.9％。」另外，麥格理集團（Macquarie Group）中國大陸首席經濟學家胡偉俊（2017）亦表示：「2018年房地產投資增速難以保持 2017 年水準，房地產將成為 2018 年中國大陸經濟成長下行的主要原因。」而瑞士聯合銀行集團（United Bank of Switzerland）中國大陸首席經濟學家汪濤也預測，2018 年中國大陸房地產銷售面積將持平或出現負成長。此外，2017 年 10 月 24 日，中國大陸經濟學家馬光遠更表示：「2018下半年將是房地產周期最困難時刻，房地產市場很可能在 2018 年中前出現全面下行態勢。」由上述顯示，中國大陸 2018 年將面臨房地產業最艱困的 一年，若不積極審視恐將成為經濟成長下行的主要因素。

挑戰五：【固定資產投資不振】

2017 年 11 月 14 日，中國大陸國家統計局昨公布 2017 年 10 月經濟指標數據顯示：「2017 年 1-10 月固定資產投資同比增長僅 7.3％，較 1-9 月的 7.5％增速放緩，並創下 1999 年 12 月以來新低，更是連三度低於 8％。」《華爾街日報》（*The Wall Street Journal*；*WSJ*）（2017）對此更是表示：「固定資產投資不振，

將是一個可能越發糟糕的跡象。」中國大陸交通銀行經濟學家劉學智（2017）亦表示：「固定資產投資不振主要是受到房地產投資放緩拖累，房地產市場降溫是2018年中國大陸經濟面臨的最大下行風險。」其亦指出：「2018年該指標增速將低於總投資成長，而住宅銷售放緩將意味著家具、家電和建築材料需求將相應減少。」綜合上述可知，中國大陸將因房地產投資放緩而導致固定資產投資不振，後續將造成固定資產的需求量下滑等問題。

挑戰六：【出口成長趨於緩慢】

中國大陸海關總署於2017年8月8日發布《中國大陸2017年7月份進出口數據》顯示：「2017年7月出口年增7.2％、進口年增11％，雙雙低於市場預期，且進口增速創下2017年度新低。更預估下半年進出口增幅將呈回落趨勢，且整體增幅不如上半年。」此數據報告亦顯示：「2017年7月，中國大陸進出口總值達3,405.5億美元、年增8.8％；出口總值1,936.5億美元，成長7.2％相較前期的8.3％下滑1.1個百分點；進口總值1,469.1億美元，成長11％相較前期的17.7％下滑6.7個百分點，數據明顯較上期明顯回落，其中進口增速為2017最低，出口增速也僅高於二月份。」由上可知，中國大陸2017下半年進出口整體成長幅度將不如上半年，且呈現回落態勢，且此態勢極有可能延續到2018年。

挑戰七：【國家主權評等調降】

2017年5月24日國際信評機構穆迪（Moody's）表示：「調降中國大陸主權評等，從Aa3下調至A1。下調原因是穆迪預計未來幾年中國大陸債務攀升與經濟放緩將削弱財政實力，隨著潛在經濟增速放緩，債務水準將會顯著提高。」此外，同是三大國際信評機構的標準普爾亦於2017年9月21日所發布的《亞太主權評級趨勢》（*Asia-Pacific Sovereign Rating Trends*）報告中表示：「調整中國大陸長期主權信用評等，由AA-下調至A+。另外，短期主權信用評等也由A-1+下調至A-1。下調原因為中國大陸金融系統仍存在風險，預計未來二至三年的信貸成長速度仍居高不下，金融風險將逐步上升。」綜上所述，三大國際信評機構中，有兩間機構對中國大陸下調主權評等，主因源於債務水準的提高、信貸成長快速以及金融風險的上升，使得中國大陸未來三年內，主權信用評級將受到限制。

挑戰八：【美中貿易摩擦加劇】

中國大陸海關總署於2018年1月12日，發布數據顯示：「2017全年中國大陸進出口均上升，一改過去兩年之跌勢，顯示2017年全球經濟成長相對強勢。在中國大陸經濟成長穩定的同時，由於當局實施供給側改革與去產能，將限制部分

工業部門的發展。而中美潛在的貿易摩擦，帶給中國大陸未來發展之不確定性。」此外，野村集團首席中國大陸經濟學家趙揚（2018）表示：「中國大陸與美國之間的貿易摩擦，將可能導致出口成長放緩，且隨著中國大陸經濟成長的放緩以及製造業與房地產投資疲軟，也可能帶來進口疲軟。」另外，渣打集團大中華首席經濟學家丁爽（2018）亦指出：「中國大陸 2018 年的出口有望繼續受益於全球經濟復甦之態勢，但仍需注意中美潛在的經濟摩擦。」綜上可知，美國與中國大陸之間的貿易摩擦，將可能影響全球未來經貿發展之走向，各國皆嚴陣以待。

挑戰九：【產能過剩告急】

中國大陸鋼鐵工業協會（2017）表示：「中國大陸鋼鐵產業正陷入產能過剩的困境中。對此，中國大陸可能引發嚴重債務問題，且中國大陸當局恐難以解決。」中國大陸商務部（2017）亦表示：「中國大陸鋼鐵供應過剩的主因為全球鋼鐵需求不斷走弱，而非僅僅是中國大陸過量生產。」另外，全球規模最大的鋼鐵製造集團阿塞洛米塔爾鋼鐵集團（Arcelor Mittal）指出：「中國大陸預計到 2020 年，仍將有超過三億噸鋼鐵過剩產能。」此外，法國國際廣播電台（Radio France Internationale；RFI）（2017）表示：「中國大陸的產能過剩問題難以解決，地方政府和企業抵制關閉工廠。」而《金融時報》（*Financial Times*）（2017）亦表示：「中國大陸國有企業產能過剩嚴重，且國有企業受到中國大陸政府刻意庇護，故此，難以根絕產能過剩問題。」由上得知，中國大陸受到全球鋼鐵需求下降，導致產能過剩嚴重，若不即時解決，將可能面臨嚴重的債務問題。

挑戰十：【信貸風險急遽】

國際貨幣基金（IMF）於 2017 年 12 月 7 日表示：「針對中國大陸 33 間中資銀行進行壓力測試。結果顯示，在嚴重不利的情境下，中國大陸股份制銀行和城商行普遍存在資本嚴重不足的情形。而這些中小型銀行的總資產占中國大陸整個銀行體系的三分之一以上。」IMF 對此向中國大陸金融系統的整體評估發出警告，中國大陸的中資銀行資本不足，將難以抵禦中國大陸不斷加大的信貸風險帶來的潛在損失。此外，瑞士信貸銀行（Credit Suisse）亞太區私人銀行董事總經理兼大中華區副主席陶冬於 2018 年 2 月 8 日指出：「2018、2019 年中國大陸經濟最大風險在於信貸風險。因十九大後加強監管，令銀行業務表外擴張急速減慢，流動資金大幅收縮。」另外，中國大陸央行行長周小川（2017）亦警戒中國大陸過度債務和投機性投資的風險，提醒中共當局快速成長的經濟可能面臨「明斯基時刻（Minsky Moment）。」由此可知，中國大陸面臨中資銀行普遍資本不足的情況下，導致信貸風險遽增，大幅提高所帶來的潛在損失。

第 10 章

中國大陸全球經貿影響力

《詩經·大雅》的文王篇中曾提及一句話,即為「周雖舊邦,其命維新」,中國大陸雖在近代史中沒有跟上工業革命的腳步,因此面臨八國聯軍、第二次世界大戰乃至後來文化大革命的各種戰爭與亂象,然正如軍事家拿破崙所說:「中國大陸為一隻沉睡的獅子,一旦覺醒,將震驚全世界。」當中國大陸慢慢崛起之時,其對全世界所帶來的影響是不容忽視的。2018 年 3 月 7 日,《彭博社》(*Bloomberg*)於〈中國大陸 GDP 將超越西歐〉一文中指出:「中國大陸 GDP 將於 2018 年超過歐元區 19 國,變為 13.2 兆美元,歐元區則為 12.8 兆美元。」2017 年 12 月 26 日,英國經濟與商業研究中心(CEBR)則於《2018 年世界經濟聯盟目錄》(*WELT*)中提到:「2030 年中國大陸經濟規模將超越美國,變為世界最大經濟體。」美國《時代雜誌》(*Times*)(2017)則以《中國大陸經濟是如何贏得未來的》(*How China's Economy Is Poised to Win the Future*)為題表示:「中國大陸已是全球經貿中最具實力國家,雖目前美元仍為全球儲備貨幣,但中國大陸將會於 2029 年反超美國經濟總量。」綜上所述,中國大陸的經濟實力已逐漸超越世界各國,並將於 2030 年前後成為全球第一大經濟體,牽動全世界的局勢。

2018 年 2 月 13 日,英國國際戰略研究所(IISS)於 2018 年度《軍事平衡》(*Military balance*)報告中指出:「歐美等西方軍備出口國視中國大陸為逐漸成長的商業威脅,因中國大陸於精密武器上成為出口大國,令許多國家感到憂慮。」顯示中國大陸在軍事方面成為全球重要的供應商,在全球政經具有重要地位。事實上中國大陸已有許多「世界第一」,世界第一橋梁大國、高速公路總里程世界第一、世界最快的高鐵、世界最大胃納量的港口、連續五年專利申請量全球第一、光纖總長全球第一、世界最快的超級計算機,足以見得中國大陸已開始取代西方國家而開始建立「中國模式」。同時中國大陸正開始推行「中國式

全球化」，全球化 1.0 為大航海時代、全球化 2.0 是英國殖民世代、全球化 3.0 為美國主導，而全球化 4.0 將為以中國大陸「一帶一路」政策為主之時代，追求開放性和包容性，創造出有別於過往以西方為核心的全新理念。2017 年 12 月，聯合國（UN）發布的《2018 年世界經濟形勢與展望》（*World Economic Situation and Prospects 2018*）中指出：「在經歷 2017 年的復甦之後，全球重獲對中國大陸經濟之信任感，並且開始期許中國大陸於國際間擁有更關鍵的地位。」此外，麥肯錫全球研究院（MGI）（2017）發布《中國大陸在下階段全球化中的角色》（*China's Role in the next Phase of Globalization*）報告中提及：「在 2018 年，中國大陸將於全球化中擔當更重要之角色，世界也期許中國大陸主導全球化。」一語道出中國大陸將在全球化未來近程中成為核心，對全球經貿具有舉足輕重之影響。

一、世界經濟論壇：中國大陸專章

2018 年 1 月 23 日至 1 月 26 日，世界經濟論壇（WEF）於瑞士達沃斯舉行，同時以「在分化的世界中創造共同未來」（Creating a shared future in a fractured world）的主題探討當今世界局勢，其中聯合國、印度、加拿大、德國、法國之代表和政治人物提出應維持多邊主義，進而促進全球化進程，並於環境保護、對抗貿易保護主義等方面進行合作。中國大陸許多政經方面的代表亦參與此論壇，茲將達沃斯論壇的「中國大陸聲音」彙整如下：

❶**中國大陸國務院副總理劉鶴**：「中國大陸將是世界和平之建設者、全球發展之貢獻者及國際秩序之維護者，雖中國大陸當前仍為發展中國家，然我們將在努力發展自身國家的前提下，與國際社會一同共商共見共享全球治理觀，堅持維護多邊主義，支持多邊貿易體系，推動全球共同發展。」

❷**中國大陸國資委主任肖亞慶**：「新時代中國大陸與全球之機遇即為發展與繁榮，同時此機遇應共建並共享。中國大陸思維談以和為貴，和氣生財，因此在當今和未來時代，除競爭之外應加上合作，在未來時代合作應加強力度。」

❸**阿里巴巴集團創辦人馬雲**：「中國大陸並非希望掌握世界的控制權，而是想要使世界更加普惠。沒有任何人可以抑制全球化或貿易，貿易為解決戰爭之方式，而非引起戰爭之原因。」

❹**京東集團董事長劉強東**：「過去許多外國朋友都說中國大陸有貿易保護，因此較難進入中國大陸市場。然當前情況完全轉變，中國大陸公司要進入美國更加困難，因此希望全球經濟一體化、貿易一體化。」

❺**伊利集團執行總裁張劍秋**：「在全球消費趨勢演變下，其背後之核心為

品質消費時代的來臨,因此高品質的產品、服務和體驗將是未來重點。當中中國大陸表現頗為亮眼,其不僅為消費大國,並以前所未有之速度引領變革,中國大陸市場將成為全球消費品行業競相布局之重點國家。」

❻百度公司總裁張亞勤:「反對中國大陸和全球化,對中美和全球經濟皆為不利,然這樣的政策應不會持續實施,因美國為享有全球化人才與科技好處最大的國家。」

❼螞蟻金服執行長井賢棟:「當今時代企業可透過科技方式消除世界分化和推動貿易自由化,藉由搜索引擎、智慧終端等工具可以推動全球交流並分享資訊及知識。」

綜合上述的「中國大陸聲音」可以發現,中國大陸正在持續推動經濟全球化進程,同時擔憂美國貿易保護主義對全球化所帶來的不良影響。中國大陸政經方面的代表期許全球朝更加開放、包容、普惠、平衡、共贏之方向演進,推行建構彼此尊重、公平正義、合作共贏之新型國際關係。正如達沃斯論壇創始人Schwab(2018)於論壇中表示:「中國大陸繼續致力於國際對話與合作至關重要。」面對多邊主義出現反對聲浪,中國大陸將擔當起維護多邊主義,支持多邊貿易體系之角色。

二、中國大陸在全球 PEST 影響力

21世紀以來,中國大陸不論在政治、經濟、民生及科技方面皆有顯著成長,在國際間的影響力將水漲船高。2018年2月20日,美國智庫大西洋理事會(Atlantic Council)於《全球化世界中的權力和影響力》(*Power and Influence in a Globalized World*)報告中指出:「中國大陸的全球影響力指數(Global Power Index)排名世界第二,占據世界影響力的13.4%,雖然美國全球影響力仍然最大,但正在降低。而中國大陸伴隨經濟實力升高。影響力已不侷限於東亞地區。」顯示中國大陸以在全球都具備相當的影響力,茲將中國大陸在全球 PEST 影響力分述如下:

1. 中國大陸政治影響力(Political Influence)

❶塑造「中國式」全球化格局

知名政治經濟學者法蘭西斯・福山於《政治秩序的起源》(*The Origins of Political Order & Political Order and Political Decay*)一書中曾提及:「美國政體擁有諸多弊端,因此將有政治衰敗之風險,而國力與繁榮為政治體制是否成功之要素,國際上正好出現非民主、憑藉經濟迅速起飛之強國-中國大陸。」

一語道出民主並非唯一正確的政治體制，而是透過國力與繁榮塑造而成的。美國知名政論雜誌《國家》（*The Nation*）（2017）於〈中國如何構建後西方世界〉（*How China Is Building the Post-Western World*）一文中指出：「中國大陸正藉由一帶一路戰略在加速建構一個後西方世界，試圖領導沿線之開發中國家，替全球化引入新動能，促使海洋時代忽略的歐亞大陸內陸國家與地區，由全球經貿網路之邊陲，轉變為前線與要地。」顯示中國大陸正企圖探討由非西方國家主導之全球化新路徑，並將全面改變全球化之遊戲規則。

❷對世界各國政治影響加深

2017 年 12 月 26 日，英國《金融時報》（*Financial Times*）於〈西方疑懼中國的影響力〉（*West grows wary of China's influence game*）的文章中提及：「中國大陸正藉由多樣的方式於西方國家政治進行大範圍的影響滲透行為，同時努力改變西方國家對其威權執政的看法。」此外，德國智庫全球公共政策研究中心（Global Public Policy Institute）與墨卡托中國研究中心（MERICS）（2018）共同發布《威權主義的推展：對中國在歐洲政治影響力日增的回應》（*Authoritarian Advance: Responding to China's Growing Political Influence in Europe*）報告中指出：「中國大陸不停對歐洲增加政治方面的影響力，並充滿自信地宣導其威權觀念，將使自由民主及歐洲價值理念與利益產生重大挑戰。」綜上所述，中國大陸由於國際地位的提升，對全球政治形成更為直接的影響，許多國家與其交涉時將不可避免地需要付出政治代價，足見其政治方面的影響力。

❸軍事實力排行全球前段

中國大陸於軍事方面之發展及技術能力受全球矚目，由導彈、戰鬥機以及055 型大型導彈驅逐艦等，均足以對西方軍事領先地位產生考驗。據斯德哥爾摩國際和平研究所（SIPRI）（2017）發布《世界軍費開支走向》（*Trends in world military expenditure*）中指出：「美國和中國大陸 2017 年的軍費開支分別為 5,827 億美元及 1,517 億美元，排名全球第一和第二。」此外，根據智研數據研究中心（2018）數據顯示：「中國大陸國防預算 2017 年超過一兆人民幣，同比成長 7.0％，隨著中國大陸經濟發展與注重國防安全，武器裝備建造之力度將不斷增強。」綜上所述，中國大陸軍事實力不斷提升，將逐漸取代西方成為軍事強國，對全球政治的影響力也日漸增高。

2. 中國大陸經濟影響力（Economics Influence）

❶ GDP 對全球經濟占比不斷成長

中國大陸對全球經濟的占比持續擴大，同時對各國經濟的影響力亦開始提

升。根據日本經濟研究中心主任田原健吾（2018）表示：「至 2030 年，中國大陸對東南亞國家與日本之經濟拉動效用將超過美國多達 40%，同時中國大陸每上升 1% 之需求，即可驅動東盟五國經濟規模成長 33 億美元。」此外，2018年 2 月 28 日，中國大陸國家統計局發布《2017 年國民經濟和社會發展統計公報》中指出：「2017 年中國大陸國內生產總值較 2016 年成長 6.9%，總量高達82.7 兆元，占全球經濟比重達 15% 左右，穩居全球第二。」綜上所述，中國大陸對全球各國的經濟開始展現拉動作用，同時對全球經濟的貢獻升高，由下圖10-1 亦可看出中國大陸 GDP 占世界經濟比重由 2008 年 7.25% 增加至 2017 年的15.05%。

圖 10-1　2008 － 2017 年中國大陸 GDP 占世界經濟比重

資料來源：世界銀行（WB）、Knoema、本研究整理

❷ 全球最大的磁吸效應

　　中國大陸近年積極推動對外開放，促使跨國公司於全球市場中有更多選擇，並進入世界前段投資目的地之行列。2018 年 1 月 22 日，聯合國貿易和發展會議（UNCTAD）發布《全球投資趨勢監測報告》（*Global Investment Trends and Prospects*）報告中指出：「2017 年，中國大陸吸引外國直接投資（FDI）1,440億美元，創下歷史新高，成為吸引外資最多之發展中國家，亦為繼美國後全球第二大外資流入國。」中國大陸執行雙向的開放政策，成為全球企業爭相進入的市場，為全球經濟增加新的動力。

❸ 全球最大出境旅遊消費國

　　從 2012 年開始，中國大陸即連續多年成為全球第一大出境旅遊消費國。

2018 年 3 月 1 日，中國旅遊研究院發布《2017 年中國出境旅遊大數據報告》中指出：「2017 年中國大陸公民出境旅遊超越 1.3 億人次，總消費高達 1,152.9 億美元，維持全球最大出境旅遊客源國之地位，同時出境旅遊呈現消費升級、品質旅遊之特徵與趨勢。」此外，根據世界旅遊及旅行理事會（WTTC）（2018）數據顯示：「中國大陸遊客之消費占全球出境旅客消費五分之一，為美國旅客的兩倍，於 2016 年，中國大陸出境旅客消費額高達 2,611 億美元。」綜上可知，中國大陸龐大的消費能力讓全球旅遊產業獲得強勁的動能，也促使其發展蓬勃。

❹進入《財富》世界五百強企業逐年攀升

中國大陸進入《財富》（*Fortune*）世界五百強的企業不斷增加，從 2007 年到 2017 年十年間由 24 間變為 109 間，提升四倍之多，可以發現中國大陸企業對於全球的影響力迅速成長，而在 2017 年當中又以華為、美的、騰訊、吉利及萬科等企業為代表。

圖 10-2　2007 － 2017 年中國大陸進入《財富》世界五百強企業數

資料來源：《財富》（*Fortune*）、本研究整理

❺億萬富豪人數與日俱增

根據《富比士》（*Forbes*）每年公布全球身價在十億以上之全球億萬富豪榜（The World's Billionaires），過往以美國富豪居多，同時香港之富豪人數亦多於中國大陸。然隨著中國大陸經濟發展蓬勃，中國大陸內地億萬富豪如雨後春筍般冒出，由 2007 年的 20 人進展至 2018 年的 373 人，成長幅度高達 18.65 倍，可以明顯感受到中國大陸企業家強悍的資本與潛力。

圖 10-3　2007 － 2018 年中國大陸內地進入《富比士》全球億萬富豪榜人數

資料來源：《富比士》（*Forbes*）、本研究整理

3. 中國大陸社會影響力（Social Influence）

❶中國大陸軟實力持續提升

軟實力即為在全球關係中，一個國家所具備之排除經濟與軍事外的第三方面實力，主體為文化、價值觀、意識形態與民意等方面之影響力。中國大陸近年在以中國式的價值觀之吸引力、產業優勢乃至中華文化影響力皆有不斷進展，同時搭配積極主動之國際宣導，使中國大陸軟實力大為提升。根據英國波特蘭公關公司（Portland communications）與美國南加州大學（2017）共同發布的《2017年全球軟實力研究報告》（*The Soft Power 30*）中指出：「中國大陸於軟實力的影響力上升，由 2016 年的第 28 名穩步上升到 2017 年的第 25 名。此明顯的進步幅度反映出中國大陸對軟實力之重視程度。」由此可知，中國大陸正盡力擺脫過去僅透過軍事及經濟等硬實力的模式，而期許能透過文化與價值觀等方面，透過軟實力來影響全球。

❷學術能力與品質突飛猛進

中國大陸對於高等教育及學術論文之品質越加重視，因此除了傳統強校北京大學、上海大學等之外，越來越多學校進入全球大學前段。根據《世界大學學術排名五百強》（*Academic Ranking of World Universities*），從 2011 年的 23 間學校提升至 2017 年的 45 間學校，數量接近翻倍，也表示中國大陸高端人才的素質將更加優異，替中國大陸未來發展奠定良好的基石，同時也使中國大陸在學術與文化方面的影響力增強。

圖 10-4　2011 － 2017 年中國大陸進入全球大學五百強間數

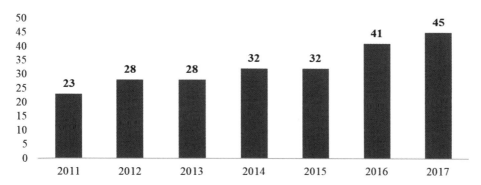

資料來源：ARWU、本研究整理

❸孔子學院與學習中文人數擴張

　　孔子學院為中國大陸與外國共同協作設立之非營利性教育機構，致力於適應世界各國人民對漢語學習的需要，並增進全球對於中國大陸語言文化之了解。根據孔子學院統計資料，截至 2017 年 12 月 31 日，全球已經有 146 個國家建立 525 所孔子學院與 1,113 個孔子課堂，這些孔子學院促使全世界增加對中國大陸文化的了解與認同，並也讓全球掀起漢語學習熱潮。根據中國大陸國家漢辦（2017）數據顯示：「目前除卻中國大陸與港澳台以外，全球學習使用漢語之人數已超越一億，當中包含 6,000 多萬之海外華人華僑，與 4,000 多萬世界各國主流社會學習及使用者。」綜上所述，中國大陸近年越發注重語言與文化方面的推廣，隨著中國大陸整體實力的提升，全球學習使用中文的人數也在不斷增加，將使中華文化成為全球的主流文化之一。

❹中國大陸企業品牌價值遞增

　　中國大陸在改革開放下，消費者對產品的認知日漸成熟，因此對品牌的需求大幅改變當地品牌之競爭態勢，也因此促使中國大陸企業品牌價值崛起。根據《Brand Finance 全球品牌價值 500 強》（*Brand Finance Global 500*），中國大陸進入全球品牌價值 500 強的企業由 2013 年的 29 間，進步到 2018 年的 62 間，顯示中國大陸越發注重品牌價值。

4. 中國大陸科技影響力（Technological Influence）

❶主要創新指標進入世界前端

　　中國大陸在「大眾創新，萬眾創業」的整體社會氛圍下，於科技創新方面正以極快的速度在進步。根據中國大陸科學院 2017 年 11 月 2 日發布之《2017

圖 10-5　2013 － 2018 年中國大陸進入全球品牌價值五百強間數

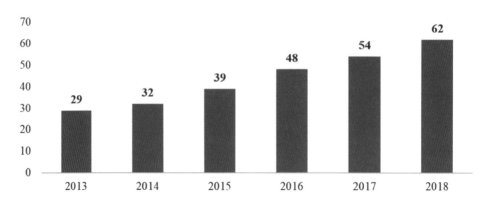

資料來源：Brand Finance、本研究整理

研究前沿熱度指數》報告中指出：「在選出之自然與社會科學的十個領域排行最前的 100 個熱點前沿和 43 個新興前沿，中國大陸之研究前沿有 25 個，約占全體的 18％，位居全球第二位。」此外，中國大陸科技部部長萬鋼（2018）表示：「中國大陸自 2011 年來科技創新能力明確上升，當中國際科技論文總數相較 2012 年成長 70％，排名世界第二；發明專利申請量及授權量居全球第一，有效發明專利保存量居全球第三。」綜上可知，中國大陸關鍵創新成效陸續浮現，科技影響力大幅加強，已是擁有全球影響力之科技大國，由下圖 10-6 可以發現中國大陸《全球創新指數》（GII）排名逐年上升，由最低的 2010 年第 43 名上升至 2017 年的第 22 名，同時為中等收入經濟體的第一名，創新上升幅度表現突出。

圖 10-6　2007 － 2017 年中國大陸全球創新指數排名

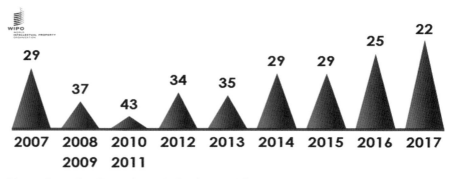

資料來源：世界知識產權組織（WIPO）《全球創新指數》（*Global Innovation Index*；*GII*）

❷中國大陸的「新四大發明」

中國大陸五千年的歷史中有非常偉大之四大發明：造紙、印刷、指南針、火藥，當中充斥著中華文化古老智慧，同時直到今日仍然影響著全球。1997 年到 2017 年的十年間，中國大陸經濟發展達到新頂點，因此出現需多新需求與消費升級，中國大陸之企業也因此衍生出眾多創新。2018 年 3 月 5 日，騰訊創辦人馬化騰於中國大陸全國人民代表大會中指出：「中國大陸經濟成長品質不斷升高，尤其以互聯網與科技領域，發展更加快速，在整個社會發展過程中誕生一個新名詞，叫中國大陸新四大發明：高鐵、網購、移動支付和共享單車。」顯示中國大陸在科技快速發展下，中國大陸逐漸意識到自主研發核心技術之關鍵性。儘管新四大發明並非真由中國大陸所創造，但卻是由中國大陸將它們進行大量的推廣應用，其發展如下表 10-1 所示

表 10-1　中國大陸新四大發明

中國大陸新四大發明	
高鐵	中國大陸當前擁有全球最大之高速鐵路網絡，根據中國大陸鐵路總公司（2018）統計數據：「截至 2017 年底，中國大陸鐵路總里程高達 12.7 萬公里，當中高鐵 2.5 萬公里，占世界高鐵總量的 66.3%，鐵路電氣化率與複線率位居世界第一和第二位。」同時預計至 2020 年，高鐵營業里程將達到三萬公里左右，並覆蓋 80% 以上之大城市；至 2035 年，將形成發達完善之現代化鐵路網。
行動支付	中國大陸是全球最大的行動支付市場，根據中國大陸工業和信息化部（2017）指出：「中國大陸行動支付交易規模已超越 81 兆人民幣，位居全球之首。」此外中國互聯網絡信息中心 2018 年 1 月 31 日發布《中國互聯網絡發展狀況統計報告》中提及：「中國大陸手機支付用戶規模成長快速，截至 2017 年 12 月，已高達 5.27 億，相較 2016 年底提高 5,783 萬人。」足見中國大陸行動支付市場的蓬勃程度與遠景。
共享單車	得益於中國大陸之互聯網創新熱潮，和先進的行動支付產業帶來之方便性，中國大陸共享單車行業十分迅速。根據中商產業研究院（2018）發布《2018-2023 年共享單車行業市場前景及投融資戰略研究報告》中指出：「2018 年中國大陸共享單車市場規模將達 178.2 億元，同比增速達 73.3%。至 2020 年，中國大陸共享單車市場規模可能超越 300 億元。」顯示共享白行車越發普及，中國大陸共享單車市場正處於快速發展階段。
電子商務	中國大陸擁有全球規模最大且最擁有活力之電子商務市場。根據中商產業研究院（2018）發布《2018-2023 年中國電子商務行業市場前景及投資機會研究報告》中提及：「預估 2017 年中國大陸電子商務整體交易規模達 24.1 兆元，成長 17.4%，且預計 2018 年達到 28.4 兆元，同比成長 17.8%。」顯示中國大陸電子商務市場具備龐大的胃納量，交易規模成長迅速。

資料來源：本研究整理

❸ 2030 年成為人工智慧領域的世界領導者

2017 年 7 月 8 日，中國大陸國務院頒布《新一代人工智慧發展規劃》，鼓勵 AI 之基礎研究並增進 AI 在經濟、社會福利制度、環境保育及國家安全等領域之大範圍運用，同時預定至 2030 年時打造價值 1,500 億美元之產業。創新工廠董事長李開復（2018）提及：「透過龐大之市場規模與迅速實驗，中國大陸將變為人工智慧強國之一，甚至成為全球最強大的人工智慧國家。」此外，根據中國信息通信研究院（2018）發布《2017 年中國人工智慧產業資料報告》中指出：「中國大陸人工智慧產業 2017 年投融資的總規模高達 1,800 億人民幣，同時平均每筆金額約為六億人民幣。」綜上所述，中國大陸在人工智慧的布局上不遺餘力，將成為未來科技產業的領導者。

三、中國大陸由鐵公基向核高基轉變

中國大陸猶如 1870 年代的美國一般，在經濟起飛的過程中由「鍍金時代」逐漸轉往「進步時代」。回顧中國大陸十幾年來逐漸改革開放的歷程，在經濟實力快速膨脹、基礎設施爆發式成長與大量外國資本湧入的情形下，經濟體制與法制規範逐步完善。然而這也導致貧富差距迅速拉大，社會中矛盾越演越烈，同時許多弱勢群體無法接到社會的保障，因此經濟發展模式由「鐵公基」轉為「核高基」勢在必行。

❶「鐵公基」所造成的中國大陸經濟發展困局

2009 年中國大陸政府為應對亞洲金融海嘯，推行「四兆鐵公基」計畫，企圖透過鐵路、公路等基礎建設的投資來帶動民間投資，藉此增加就業機會與職工收入，並最終達到提高社會消費力度並活絡經濟的作用。然此種經濟發展模式雖使中國大陸經濟快速起飛，卻也導致中國大陸埋下產能過剩問題、房地產泡沫化與企業信貸問題等禍根。同時「鐵公基」以產值為主要指標對企業進行考核，經濟效益不在考慮範圍內，促使許多商人及企業透過將基礎建設項目中之審批、規劃、放貸拿來進行分包、轉包，藉此賺取大量金錢，造成「鐵公基」計畫的不斷虧損。同時由於基礎建設是無法持續提供職位給需要就業者的，對於整體民生並無實際幫助。復旦大學經濟學院副院長李維森（2017）指出：「雖然基建投資將能夠短期撐起經濟數據，然而就長遠而言，恐將加快經濟之蕭條，並阻礙經濟發展模式進行轉型。」此外，日本一橋大學教授伍曉鷹（2017）亦表示：「中國大陸最大的風險為邊際資本產出率下降導致投資效率降低，將形成風險鐵三角，即生產率持續降低、槓桿率開始飆高及總體經濟政策實施空間限縮。」綜上

可知，中國大陸以「鐵公基」為經濟發展的主要依靠並非長久之計，將使中國大陸形成許多風險。

❷「核高基」重大專項創造中國大陸未來競爭力

「核高基」即為「核心電子零件、高端通用芯片與基礎軟體商品」之簡稱，是早於2006年中國大陸國務院發布之《國家中長期科學和技術發展規劃綱要（2006-2020年）》中和載人航天設備、太空探月工程共同進行之16個重大科技專項之一，「核高基」專項將持續至2020年。2008年底，微軟開始對其旗下產品Windows及Office的盜版進行嚴格的防範機制，進而促使中國大陸用戶對Linux操作系統及國產的Office出現大量需求，其下載量也因此以倍數成長。然而此事件引起中國大陸政府的注意，其發覺中國大陸長久以來，在「核高基」產品仰賴進口，因此核心技術掌握在它國手裡，對於資訊的保密產生隱憂，因此發展出中國大陸本土軟體的旗艦企業是必要的。

在中國大陸政府與企業不懈的努力下，「核高基」專項開始出現成果。2017年11月20日，中國大陸科學技術部以「讓電子資訊不再『缺芯少魂』」為題，發布「核高基」專項之實施成效。專項主要取得三方面成果，分別為（1）核心電子零件關鍵技術得到重大成果，使國內外的差距由超過15年減少至五年；（2）CPU整體蓬勃發展，串聯起應用鏈；（3）提高民眾生活品質，驅動產業成長。中國大陸工業和信息化部電子資訊司司長刁石京於會中指出：「在核高基專項支援下，中國大陸成功創建一系列的先進技術平台，並減緩核心電子零件因仰賴進口而卡脖子的情況，也讓核心電子裝備之自主保障率由不足30%增高至85%以上。」此外，「核高基」國家科技重大專項技術總師魏少軍（2017）亦表示：「中國大陸國產CPU已開始加速進步，龍芯、飛騰雲端、申威及兆芯集成電路等CPU單核效能比十二五初期提升五倍。」綜上所述，「核高基」專項對於中國大陸軟硬體達成國產與自主化功不可沒，並且讓中國大陸CPU核心技術在全球達到領先水準。未來只要中國大陸政府持續布局可持續發展，並關注高端技術人才的培育，即可讓芯片產業維持在世界前端。

第 11 章

高質量發展新紅利與新商機

儒學大家荀子曾言：「不積跬步，無以至千里；不積小流，無以成江海；騏驥一躍，不能十步；駑馬十駕，功在不舍。」中國大陸在改革開放的過程中不斷的積累實力，從過去的數量思維開始朝質量思維演進。2017 年 12 月 20 日，中國大陸國務院指出：「高質量發展將會引領中國大陸經濟踏上新的階段，此為一次新的鳳凰涅槃，若成功完成轉型，中國大陸經濟從個體產品和服務至總體效率之質量，皆會如中國速度一般，獲得全球之讚譽。」此外，2018 年 3 月 24 日，中國大陸中央財經委員會於中國大陸發展高層論壇中提及：「高質量發展之宗旨為滿足民眾對美好生活之需求。因此居民消費正在持續進步，品牌化、質量化、智慧化、個人化之消費成為主流，同時綠色、智能、高級、健康、時尚、休閒、生鮮、定制等消費正迅速成長。」綜上所述，在中國大陸蛻變成高質量發展之過程中，整個國家結構與發展方式出現巨幅改變，基層民眾消費升級也會帶動新的市場，並將出現許多嶄新的紅利與商機。

2018 年 1 月 15 日，國際貨幣基金（IMF）指出：「中國大陸當前已成為全球供應鏈之中心，亦為商品出口的巨大磁鐵與全球重要需求來源。」顯示中國大陸已變成全球多數國家與地區重要貿易夥伴，將持續帶來新的發展商機。根據中國大陸全國政協副主席何立峰（2018）表示：「中國大陸推動高質量發展將為各國投資者來華投資、開展合作提供更大的機遇，亦將為世界經濟穩定發展做出更大貢獻。」此外，中國大陸社科院（2018）亦提出：「在中國大陸經濟發展與優化經濟結構的過程當中，市場對於金融、物流、醫療、養老、教育等需求高漲，這些領域台商皆具發展優勢。」綜上所述，高質量發展為全球企業與投資者帶來獲利的機會，同時台商布局方面擁有部分優勢。前香港首富李嘉誠認為：「所謂商機即為在別人懷疑時，你行動了；別人行動時，你賺錢了；別人賺錢時，你成功了。」在中國大陸推行高質量發展的初期，台商應積極搶占其所帶來的紅利

與商機，藉由布局中國大陸未來產業，再創台灣企業成長的第二曲線。

一、高質量發展內涵

在歷經 40 年之高速發展，中國大陸之經濟已逐步邁向高質量發展時代，新技術、新業態、新模式、新消費等「新經濟」正日漸發展蓬勃。中國大陸國家主席習近平（2017）於十九大報告中即強調：「中國大陸經濟已由高速增長階段轉往高質量發展階段。」而此為中國大陸政府根據其國內外之環境變遷，尤其是中國大陸發展條件與階段轉變所作出之重大判斷，茲將高質量發展提出背景與發展重點彙整如下：

1. 高質量發展提出背景

（1）解決中國大陸社會新主要矛盾

1980 年代，中國大陸政府認為國家發展正處在社會主義初級階段，同時將社會主義初級階段之主要矛盾表述為「人民日益成長之物質文化需要同落後的社會生產之間的矛盾」，從這之後 30 年一直到中共十八大時，仍堅持人民日益成長的物質文化需要同落後之社會生產之間的矛盾這一社會主要矛盾沒有改變。然而在經過中國大陸近年迅速發展，量變引起質變，中國大陸社會主要矛盾兩方面之內涵和外延皆產生重大變化。2017 年 10 月 18 日，中國大陸國家主席習近平於十九大報告中指出：「中國大陸之特色社會主義已邁向新時代，社會主要矛盾已變為人民日益成長之美好生活需要與不平衡不充分的發展之間的矛盾。」並提出三項主要原因如下：

❶**中國大陸已成為製造大國**：歷經改革開放將近 40 年之發展，中國大陸社會生產能力顯著提升，多項社會生產能力排行世界前段，「落後的社會生產」之想法已無法確切反映中國大陸發展之現狀。

❷**人民對美好生活之嚮往增加**：一般民眾生活明顯改善，因此對美好生活之嚮往更趨渴望，不只對物質文化生活作出更高要求，同時於民主、法治、公平、正義、安全、環境等方面之需求日漸成長，因此僅針對「物質文化需要」已無法全面代表全國人民之願望與需求。

❸**發展不平衡不充分問題浮現**：會對滿足人民美好生活需要產生限制之因素有很多，然最主要是發展不平衡不充分問題。「不平衡」是指於民生方面仍有許多短板，脫貧攻堅任務困難；「不充分」是指發展品質與效益不彰，創新能力不強，生態文明建設任重道遠，因此群眾於就業、教育、醫療、居住、養老等方面面臨不少難題，社會文明水平仍需提升。

2. 高質量發展重點

（1）貫徹新發展理念

2017年10月18日，中國大陸國家主席習近平於十九大報告中表示：「中國大陸要貫徹新發展理念，建設現代化經濟體系。」顯示新發展理念為習近平新時代中國大陸特色社會主義經濟思維之主要內容，同時為新時代推進高質量發展之戰略指引與重要依歸，發展理念為發展行動之先導，是發展思緒、發展目標、發展重點之集中展現，共可分成以下五點來論述：

❶**創新：引領發展之第一動力**：只有堅持創新發展，才能解決發展動力轉換問題。近年中國大陸勞力等生產要素低成本優勢降低，資源環境侷限不斷擴張，因此要改變此種不良局面，須將創新置於國家發展全局之核心位置，穩定地執行創新驅動發展戰略，不斷推動理論創新、制度創新、科技創新與文化創新等全方位創新。

❷**協調：持續健康發展之內在要求**：只有堅持協調發展，才能解決發展不平衡問題。中國大陸社會主要矛盾已經轉變為人民日益成長之美好生活需要和不平衡不充分發展之間的矛盾，各地區及各領域方面發展皆不夠平衡。因此，必須加大推進供給側結構性改革，增強供需動態平衡，關注實施鄉村振興戰略和區塊協調發展戰略，加快城鄉、地區、經濟社會協調之發展。

❸**綠色：永續發展必要條件及人民對美好生活嚮往之重要體現**：只有堅持綠色發展，才能建造美麗中國、解決人與自然和諧共生問題。高質量發展是以資源節約、生態友好為要求之發展，中國大陸當前環境承載能力已快接近上限，資源耗損大、環境汙染嚴重、生態遭受威脅，變為全面建成小康社會進程中之突出短板。因此要加強生態和維護，著力減少環境問題，打好汙染防治攻堅戰，加快建設美麗中國，才能推動經濟邁入高質量發展軌道。

❹**開放：國家繁榮發展的必由之路**：只有堅持開放發展，才能進一步增強開放型經濟水吮、解決發展內外聯動問題。中國大陸經濟已高度融入全球經濟，引進外資、對外投資及對外貿易實現歷史性跨越，然出口產品品質、檔次與附加價值不高等問題尚未完全解決。因此必須讓引進來與走出去相結合，藉此完成全面開放新格局，發展更多元之開放型經濟，加快貿易體系建造，積極投身全球治理，改善外商投資環境，達成國際化之高質量發展。

❺**共享：中國大陸特色社會主義的本質要求**：只有堅持共享發展，才能持續增進人民福利、維護社會公平正義。引領民眾創打造美好生活，是增進高質量發展之最終落腳點。然當前中國大陸民生領域仍存在著不少問題。因此若要達成

全民共享之高質量發展，應掌握民眾最關心且最直接之利益問題，堅決打贏精準脫貧攻堅戰，於幼有所育、學有所教、勞有所得、病有所醫、老有所養、住有所居、弱有所扶上持續取得新進展。

（2）推動高質量發展三大變革

2017 年 12 月 18 日，中國大陸領導人習近平於中央經濟工作會議表示：「2018 年為貫徹十九大精神開局之年，決勝全面建成小康社會、執行十三五規劃承上啟下之關鍵一年，堅持以供給側結構性改革為主線，推動質量變革、效率變革、動力變革。」顯示推動三大變革，是高質量發展階段之必然需求，是改良發展模式、改善經濟結構、改變成長動力之重要內容，茲將三大變革彙整如下：

❶**質量變革：**除卻提高產品與服務質量，更關鍵的是全方面增加國民經濟各範圍及層面的素質。此為一場由理念、目標、制度乃質各行業工作細節之全方位變革。要將提升供給體系質量當作主要改變方向，向全球領先質量標準看齊，進行質量升級行動，明顯增加中國大陸經濟之質量優勢，並讓「中國制造」與「中國服務」成為高質量之標準。

❷**效率變革：**尋找並補平在過往高速增長階段被遮掩或忽略的各類低效率窪地，替高質量發展打下一個效率與競爭力穩固之根基。市場競爭的根本為投入產出比較、效率高低之競爭，必須加強行政性壟斷問題之突出領域進行改革。進而加強開放型經濟水準，讓引進來與走出去相互結合，更大範圍及高水平參與國際的競爭和合作，逐漸提升中國大陸產業於全球價值鏈中之地位。

❸**動力變革：**在中國大陸勞動力數量與成本優勢逐步降低後，符合高質量、高效率現代化經濟體質建設之需要，加速勞動力數量紅利到質量紅利之轉換。藉此營造精益求精之敬業風氣與文化，尊重勞動及創造，打造知識型、技能型、創新型之勞動者大軍，提高一線勞動者之社會階層，開拓縱向流動努力成才的管道與機會。

二、高質量發展新紅利

中國大陸在迅速發展的過程中，創造出世界經濟史上之「中國奇蹟」，然在過去倚靠的多為人口紅利、土地紅利等「數量紅利」，對於質量並沒有認真地要求。根據中國大陸社會科學院（2018）調查數據顯示：「中國大陸青壯年人口數正逐漸降低，未來五年將淨減少 3,000 萬人，人口紅利將消失殆盡。」可以發現過往以人口紅利為根基之發展模式正在沒落，需要尋找經濟發展的新基點。隨著中國大陸漸漸成為世界列強，經濟發展之內需與外應已與過往不同，在傳統

人口紅利日漸降低，資源環境限制正在增大，追求「質量紅利」才是中國大陸未來發展的新目標，茲彙整中國大陸五大高質量發展新紅利如下：

紅利一：【人才紅利】

高質量發展時代中國大陸將由「人口紅利」進展到「人才紅利」，人才紅利之意義為經由人才之規模成長與充分利用所形成之超越同等數量簡單勞動力投入所得到之經濟收益。2018年1月1日，全球化智庫（CCG）出版《人才戰爭2.0》一書中指出：「在新時代的背景下，執行更為積極、開放和有效之人才政策，由人口紅利轉化為人才紅利，於全世界人才競爭中獲得優勢。」一語道出將人口紅利透過有效的措施變為人才紅利的重要性。中國大陸國務院發展研究中心主任許召元（2018）表示：「中國大陸於技術變革、產業升級之高質量發展時代下，勞動力質量之重要性更為重要，相較於人口之數量紅利，應更加注重人口之質量紅利。」此外，2017年11月1日，瑞銀中國發布《中國大陸工程師紅利將彌補人口紅利缺口》報告亦提及：「中國大陸正處在創新熱潮當中，以資訊技術、新興產業、家電等行業之創新與研發能力較強，人口紅利將進化為工程師紅利。」綜上所述，中國大陸在高質量發展的思維下，人才紅利將不斷增加，促使組織變革、技術創新及勞動生產率竄升，並協助中國大陸經濟之轉型升級與穩定發展。

紅利二：【智慧紅利】

2018年6月27日，2018年上海國際服務機器人展（SR Show 2018）以「慧連世界，智啟未來」為題，將全面展覽服務機器人機體、相關應用、關鍵技術、核心零組件及貿易服務之全產業鏈創新成效，彰顯出中國大陸「智慧紅利」時代的來臨。伴隨著高質量發展時代工業化加速，中國大陸已不僅是過往所稱的世界工廠，而正面臨著由「中國製造」往「中國智造」轉型之時期，而當中機器人紅利為最關鍵的啟動點。早於2015年，中國大陸發布《中國製造2025》中即正式將機器人之相關重點領域，納入整個中國大陸製造強國夢之規劃中，希望推展核心技術之研發與機器人產業化相關應用，近年更愈加發展蓬勃。根據中國電子協會（CIE）（2017）發布《2017中國大陸機器人產業發展報告》指出：「2017年中國大陸工業機器人市場規模將高達42.2億美元，約為全球市占率之三分之一，為全球最大的工業機器人應用市場。」此外，麥肯錫全球研究院（MGI）（2017）發布《人工智能：對中國大陸的啟示》（*Artificial intelligence: Implications for China*）中提及：「中國大陸之智慧機器人興盛將可代替人口紅利減少後之勞動力缺陷，促使中國大陸經濟維持高速成長。」綜上所述，中

國大陸在於製造業往自動化、智慧化轉型升級之情形下，機器人產業日新月異，「智慧紅利」將取代「人口紅利」成為推動高質量發展之利器。

紅利二：【文創紅利】

中國大陸推動高質量發展，從以往僅注重產品外型變為關注產品之內在價值，因此文化創意將成為未來發展之重點。「文化創意」之定義為於既有之文化中，添加國家、族群、個人等創意，藉此給予文化嶄新之風貌和價值。同時其是與民族密切相關之文化要素，文化創意展現之樣貌十分多元，其產品型態亦有多種類別。2017 年 10 月 18 日，中國大陸國家主席習近平於十九大報告中指出：「沒有高度之文化自信，沒有文化之繁榮興盛，就沒有中華民族的偉大復興。」一語道出其對於推廣中華文化之重視，並將更加講求中國大陸整體文化產業之發展。2018 年 4 月 6 日，根據美國電影協會（MPAA）發布《2017 年全球電影市場報告》（*MPAA THEME Report 2017*）中指出：「2017 年全世界電影總票房達 406 億美元，同比成長 5％，而中國大陸成為票房成長主要動力，達 79 億美元，較 2016 年上漲 13.45％。」顯示中國大陸在全球化之發展中，影視、文學、選秀節目等文化創意產業正異軍突起，為中華文化之傳播開拓了新通路，並成為新的紅利布局點。「中華元素＋全球思維＝未來趨勢」，台商如何藉由同文同種之優勢，結合中華文化之文創與全球化理念，整合兩岸文創資源打造「大中華文化創意園區」，將是台灣文創產業值得深思的未來發展發向。

紅利四：【改革紅利】

2018 年 11 月 5 日，中國大陸將舉辦「首屆中國大陸國際進口博覽會」，既讓全球各國增加對華出口給予新的契機，亦為各國相互之間發展國際貿易、共享合作商機創建交流平台，顯露出中國大陸希冀將貿易由「出口擴張」向「進口替代」改革。中國大陸國家主席習近平（2017）指出：「堅持全面深化改革，必須堅持和完備中國大陸特色社會主義制度，不斷加快國家治理體制和治理水平現代化。」一語道出中國大陸政府對於深化改革之決心。改革紅利之定義為國家藉由體制變革與機制創新，帶給全國人民發展進步之有益成果的總和，而此正與中國大陸由高速增長階段轉往高質量發展階段息息相關。早於 2013 年，中國大陸人民出版社即集結頂級專家學者出版《改革是中國最大的紅利》一書，針對藉由關鍵領域之改革來加強釋放改革紅利進行相關設想與建議，當中提出改革是中國大陸未來最大之紅利，因為唯有改革開放才能消除計畫經濟持續發展之限制，並激發廣大人民群眾的積極性和創造性。2018 年 4 月 12 日，中國大陸社科院發布《中國經濟成長新源泉：人力資本、創新和技術變遷》一書中指出：「中國大

陸經濟已進入新常態，在潛在成長率將會降低之情形下，應藉由發覺改革紅利，增加潛在成長率，才能促進經濟持續成長。」此外，2018 年 4 月 10 日，中國大陸領導人習近平在參加「博鰲亞洲論壇」時發布一系列改革措施，包含放寬市場進入標準、打造更具吸引力之投資環境、增強知識財產之保護等，皆為中國大陸改革所帶來之改革紅利。綜上所述，中國大陸在高質量發展進程中，改革為不可或缺之要素，其所帶來的紅利將不容忽視。

紅利五：【開放紅利】

2018 年 4 月 10 日，中國大陸領導人習近平於博鰲亞洲論壇開幕式上表示：「中國大陸開放之大門不會關閉，只會越開越大。」整段演講中談及「開放」高達 43 次，而當中亦介紹四大擴大開放之重大措施，分別為：（1）大範圍放寬市場准入；（2）創造更具吸引力之投資環境；（3）增強知識產權的保護；（4）主動擴大進口，展現出其對於中國大陸全面開放之信念，同時代表中國大陸「開放紅利」正開始飆升。針對此情形，2018 年 4 月 12 日，中國大陸《經濟日報》以〈新時代改革開放紅利來了〉為題指出：「開放紅利將展現在四個方面：（1）金融市場將更趨多元與包容；（2）製造業將全方位提高品質與創新水平；（3）中國大陸本土創新驅動型企業將快速崛起；（4）經商環境將更加改善。」顯示出中國大陸的開放措施將帶來一連串之「開放紅利」，將帶給中國大陸、亞洲乃至求繁榮發展創造更多商機。於博鰲論壇上，習近平強調「雖然中國大陸已走過萬水千山，但仍需不斷跋山涉水」，一語道出開放的進程是永無止息的，而如何洞悉每個開放階段之紅利並加以布局，將是全球企業需要思索的重點。

紅利六：【生態紅利】

2017 年 10 月 18 日，中國大陸領導人習近平於十九大報告中指出：「建設生態文明為中華民族永續發展之千年大計。」並宣布：「必須樹立和實行綠水青山就是金山銀山之理念。」彰顯出中國大陸之「節能環保時代」正式來臨。2017 年 12 月 8 日，智研諮詢發布《2017 年中國環保行業現狀及未來發展趨勢分析》報告中提及：「中國大陸已進入環保 3.0 階段，十九大後將環保認定為一種綠色之發展模式，將綠色納入中國大陸未來進程，並將環保當成增進中國大陸經濟轉型、發動產業升級之核心因素。」此外，2018 年 1 月 21 日，中國市場調查研究中心、中國能源經濟研究院等機構共同舉辦一年一度之中國大陸生態年會，同時發布《中國生態環境報告》中指出：「中國大陸之生態文明建設獲得良好進展，並體現於綠色永續明顯增加、生態文明制度體系加速構成及生態環境治理顯著增強等方面。」綜上可知，中國大陸環保產業已邁入新的階段，環保將延

伸至許多關鍵領域。2018 年中國大陸政府將更大幅度的推行綠色相關產業政策，因此生態紅利將會成為中國大陸高質量發展時代的一大紅利。

三、高質量發展時代台商最適布局產業

1. 研究機構對台商最適布局產業之論述

❶**中國大陸社會科學院**：2017 年 12 月 19 日，指出：「2018 年中國大陸經濟將於穩中求進之總基調上，圍繞高品質、高質量發展思路制定經濟政策、進行總體調控，以打造現代化經濟體系，而台商在製造業、半導體業、服務業、互聯網＋產業都具有強大優勢。」

❷**中華民國外貿協會**：2017 年 8 月 30 日，提及：「針對中國大陸之產業及經濟轉型，台灣除卻著重於發展創新科技產業之外，服務業也是未來重點發展產業，全球越發注重軟實力及服務業。台灣最具實力之服務業為醫療產業，聞名全球，同時台灣未來產業發展新趨勢為 AI、智慧機械與資訊服務業。」

❸**海峽交流基金會**：2018 年 1 月 5 日，表示：「2018 年為台商於中國大陸轉型升級之關鍵時期，台商當前遇到之困境有資產活化、接班人和環保等，因此台商可由新興產業、大健康產業和綠色節能產業中找尋商機。」

❹**中華經濟研究院**：2018 年 3 月 18 日，提到：「台灣擁有 140 萬家中小企業，當中 80 萬家中小企業人數小於五人，雖中小型傳統產業於中國大陸有龐大的市場，然未來面臨人工智慧崛起，將無資源可轉型。台灣應創建本土型資源整合機制，結合互聯網、電腦與專業知識三個面向，由政府協助各個產業，一方面促進產業升級，另一方面增加就業機會，打造台灣產業之競爭力。」

❺**資策會產業情報研究所（MIC）**：2017 年 11 月 3 日，指出：「中國大陸積極推行健康中國與美麗中國，因此判斷未來五至十年，台灣環保、醫療照顧等產業於中國大陸將擁有商機。」此外，亦強調：「中國大陸未來規劃之重點包含深化供給側結構性改革、AI 人工智慧和互聯網＋，此些與當前政府之發展政策推行方向一致。」

❻**工業技術研究院（IEK）**：2017 年 10 月 22 日，提及：「互聯網＋為中國大陸進行產業轉型升級、創建製造強國之重點項目，由當前政策來看，中國大陸希冀憑藉國際合作迅速填補此差距，台灣可透過解決方案之應用領域，當作與中國大陸智慧製造企業合作之方向。」

2. 學者與專家對台商最適布局產業之論述

❶**中國大陸前國務院副總理曾培炎**：2017 年 11 月 7 日，論及：「補短板

為中國大陸經濟結構調整之關鍵一環。因此近年中國大陸更加注重人力、知識資本之孕育，藉創新研發引領產業升級。而當前中國大陸於精密製造、高端裝備、醫藥保健、中介專業服務等產業還存在短板，台資企業在此些領域大有可為。」

❷鴻海精密股份有限公司董事長郭台銘：2017 年 11 月 6 日，指出：「中國大陸方面正迅速增進人才創新體系建設，互聯網投入金額龐大，台灣方面則於半導體、電子製造技術、醫療服務等產業擁有長期經驗。改革開放近 40 年發展促進兩岸經濟、人文、科技結合，兩岸優勢互補之雙贏局面已經成形。」

❸IBM 台灣總經理高璐華：2018 年 3 月 8 日，表示：「2018 年為加速科技賦能的豐收年，因此針對金融、製造、零售產業及科技教育發表台灣產業五大潛力及機會，其中金融方面，近年金融科技產業迅速發展，加速 AI、區塊鏈、敏捷開發以及設計思維的發展；製造方面，全力推動大數據、物聯網及人工智慧等應用；零售業引起體驗革命浪潮；科技變革不再僅是影響科技業，而將全面改變各產業及領域。」

❹兩岸一家親研究院副院長吳鳳嬌：2018 年 1 月 8 日，提到：「十三五規劃期間，中國大陸正大力推展產業升級與發展模式轉型，並發展網絡經濟、服務業經濟及創意經濟，並兩岸經貿合作創造新商機。兩岸在智慧製造、物聯網、生物醫藥、綠色低碳產業、高端裝備和材料、數位創意產業等新興產業之合作機會巨大。」

3. 高質量發展時代台商最適布局五大產業

2018《TEEMA 調查報告》彙整研究機構、學者及專家之論述，歸納出高質量發展時代台商最適布局六大產業如表 11-1，分別為：（1）互聯網產業；（2）醫療保健產業；（3）人工智慧產業；（4）節能環保產業；（5）智慧機械產業，並針對各產業進行探討如下：

產業一：【智慧聯網】

智慧聯網（Smart IoT）之定義含括人與機器、人與人、機器與機器及機器與人間之溝通方式。互聯網開放之特徵促使全世界更加緊密聯繫，而搭配感知與智慧服務後，互聯網將開始賣現「智慧聯網」之全新轉折點。而於此過程中，開發全 IP 化之網路結構，並推動即時化之智慧型服務，將為打造智慧聯網之產業關鍵。2018 年 3 月 20 日，中國大陸國務院總理李克強表示：「中國大陸經濟近年能夠行穩致遠，當中關鍵原因之一為在全球科技革命浪潮中成功掛上互聯網＋之風帆。」此外，波士頓管理諮詢公司（BCG）與阿里研究院等機構（2017）共

同發布《解讀中國大陸互聯網特色》之報告中提及：「截至 2016 年，中國大陸網民總數已達 7.1 億，占全世界網民總數的五分之一；同時中國大陸互聯網相關經濟規模占 GDP 6.9%，排名全球第二。」綜上所述，智慧聯網產業在中國大陸改革開放的過程中扮演十分關鍵的角色，同時在未來仍具備很強的前瞻性，是台商適合布局的產業。

2017 年 12 月 4 日，鴻海董事長郭台銘於出席中國大陸烏鎮舉行之世界互聯網大會中談及：「由工業製造角度，應該是工業製造加上互聯網，鴻海將提供工業互聯網之資料和平台，來協助中小企業轉型升級。」此外，富邦財險董事長莊子明（2017）表示：「台灣產業發展之前景在中國大陸，未來兩岸合作將展現全新樣貌，互聯網經濟將帶動各行各業實現新的業態升級，創造兩岸一體化之經貿合作。」顯示台商十分看好中國大陸之智慧聯網產業市場，並正藉由不同方面切入其中，台商應與中國大陸企業加強合作，形成優勢互補，藉此融入中國大陸智慧聯網市場。

產業二：【醫療生技】

2017 年 10 月 18 日，中國大陸領導人習近平於十九大報告中指出：「國民健康為民族興盛與國家富強之重要指標，因此對執行健康中國戰略進行全面部署。」一語道出在高質量發展時代中國大陸將改變整體醫療體制，期許藉此提升人民健康水平。中國大陸國家衛生計生委（2017）表示：「為助力健康中國建設，中國大陸將進一步改造健康服務、完善健康保障、打造健康環境、開發健康產業。至 2030 年，中國大陸健康產業規模將明顯擴大，總規模預計達 16 兆人民幣。」此外，根據智研諮詢（2017）發布《2017 年中國大陸大健康行業產業結構及市場規模分析》中提及：「2016 年中國大陸大健康市場規模達到 5.6 兆人民幣，至 2020 年大健康產業之產值將占 GDP 的 10% 以上。」顯示中國大陸的醫療生技產業擁有龐大的商機，同時將牽動中國大陸未來發展。

台灣優良之醫療服務與健保制度在過去獲得全球高度肯定，因此在發展整體醫療生技產業也具備相當的優勢。工業技術研究院（IEK）（2017）預測：「藉由高科技增進健康產業蓬勃，整合器材商、軟體及服務業等，到 2020 年台灣健康相關產業將超過 1,200 億元。」顯示台灣在發展醫生技產業擁有龐大的基礎，在未來擁有諸多前景。2018 年 1 月 31 日，台灣海峽兩岸醫事交流協會理事長黃鬆雄於「兩岸醫療合作論壇」中指出：「台灣之醫療技術與產業發展成熟，建議台灣醫療衛生產業可聚集人才進軍中國大陸市場，主要布局領域包含中國大陸基層社區醫療服務等。」由此可知，在台灣擁有醫療方面優勢的情形下，搭配中國

表 11-1　高質量發展時代台商最適布局產業彙整表

台商最適布局產業	❶ 中國大陸社會科學院	❷ 中華民國外貿協會	❸ 海峽交流基金會	❹ 中華經濟研究院	❺ 資策會（MIC）	❻ 工研院（IEK）	❼ 曾培炎	❽ 郭台銘	❾ 高路華	❿ 吳鳳嬌	總計
發布時間	2017/12/19	2017/08/30	2018/01/05	2018/03/18	2017/11/03	2017/10/22	2017/11/07	2017/11/06	2018/03/08	2018/01/08	
01 智慧聯網產業	●			●	●	●		●	●	●	7
02 醫療生技產業		●	●		●		●	●		●	6
03 人工智慧產業		●		●	●				●		4
04 智慧製造產業		●				●	●			●	4
05 節能環保產業	●		●		●						3
06 電子零件產業					●			●			2
07 資訊服務產業		●		●							2
08 高端裝備產業							●			●	2
09 中介服務產業	●										1
10 金融科技產業									●		1
11 零售產業									●		1
12 科技教育產業									●		1
13 數位創意產業										●	1

資料來源：本研究整理

註：精密製造歸屬於智慧製造業

126

大陸健康中國理念的推廣，醫療生技產業將成為台商布局的重點。

產業三：【人工智慧】

2018年2月12日，《紐約時報》（*NYT*）刊登一則標題為〈中國大陸擁抱人工智慧之際，美國日漸沉默〉（*As China Marches Forward on A.I., The White House Is Silent*）的文章中表示：「依靠龐大市場規模與迅速實驗機制，中國大陸已成為人工智慧強國之一，乃至最強大之人工智慧大國。」彰顯出中國大陸在人工智慧（AI）方面已獲得相當的成就。根據中國互聯網絡信息中心（CNNIC）（2018）發布《中國互聯網絡發展狀況統計報告》中提及：「中國大陸人工智慧（AI）相關專利之申請數，2016年突破三萬項，達30,115項，已持續近20年正成長；同時截至2017年6月，中國大陸共有592家AI領域企業，占全球23.3％，排名世界第二。」此外，根據市場研究和諮詢公司Compass Intelligence發布《2018年度全球AI芯片公司排行榜》（*Top AI Chipset Companies*）中指出：「在前24名當中，有六家中國大陸企業入圍。」顯示中國大陸人工智慧企業如雨後春筍般冒出，專利申請數持續上升，並且在AI芯片製造已位居全球前端，對於全球人工智慧產業有重要的影響力及貢獻。

台灣在人工智慧方面儘管起步較晚，但仍有許多相關設備上之優勢。2018年2月1日，行政院發布《台灣AI行動計畫》中提到：「台灣在半導體代工服務位居全球前段，也是資通訊產品之主要生產國，因此2018年1月10日微軟公司宣布於台創建人工智慧研發中心。」中華民國科技部長陳良基（2017）表示：「台灣擁有發展人工智慧之優勢，因為人工智慧需要大量運算能力，須由半導體技術處理，所需的數學計算人才，台灣於PC時代積累之人力資源亦十分充沛。」此外，根據市調機構CB Insight於2017年12月12日發布《AI 100：人工智能創業公司重新定義行業》（*The AI 100: Artificial Intelligence Startups That You Better Know*）報告中指出：「台灣企業沛星科技（Appier）打敗將近2,000間公司入榜，被選定為全球100家最具影響力的AI企業之一。」綜上所述，台灣具備人才及半導體優勢，為發展人工智慧產業之利多，同時擁有在人工智慧方面的頂尖企業。在中國大陸高質量發展階段，台商應與中國大陸廠商強強聯合、截長補短，共同創造人工智慧的未來市場。

產業四：【智慧製造】

2018年3月14日，中國大陸工信部發布《做好2018年工業質量品牌建設》工作通知中指出：「為加快製造強國建設，達成高質量進程，應深入實施智慧製造工程，加速智慧製造於《中國製造2025》重點方面與傳統行業之普遍運用。」

凸顯出智慧製造對於中國大陸由「製造大國」朝「製造強國」進展的重要性。根據 2017 年 12 月 9 日前瞻研究院發布《2017 至 2022 年中國大陸智慧製造裝備行業發展前景與轉型升級分析報告》中數據顯示：「中國大陸智慧製造市場規模由 2010 年 3,400 億上升至 1 兆 5,000 億人民幣，年複合成長率 28.07％。」此外，安永（EY）（2018）發布《邁向高質量發展的智慧製造》報告中提及：「智慧製造可以分成：製造自動化、製造智能化、工廠內互聯網化、產業鏈互聯網化四階段，中國大陸智造每個階段，企業對創新科技之需求逐漸攀升。」綜上所述，中國大陸智慧製造產業正在迅速成長，同時由於技術方面尚未成熟，將提供相關企業布局的契機。

台灣在智慧製造方面亦在積極發展，提供兩岸合作之契機。副總統陳建仁（2017）表示：「台灣於機器人產業上已建構完備之上、中、下游供應鏈，希望台商藉由智慧製造重塑台灣產業形象，並增強生產力以獲得商機。」顯示台灣在智慧製造產業擁有良好的基礎，是值得發展的未來產業。2018 年 4 月 16 日，兩岸共同舉辦「2018 兩岸智能裝備製造鄭州論壇」，中國大陸國台辦主任劉結一談到：「此次論壇以智慧裝備製造鏈接兩岸引領未來為題，希冀兩岸企業界乘勢而上，共同參與中國製造 2025 計畫，促進製造業不斷朝向高端。」此外，兩岸共同市場基金會榮譽理事長蕭萬長提到：「希望兩岸能創建全新之交流協作平台，讓兩岸之智慧裝備製造業於更高層次上，展開更寬廣、更深度之合作。」綜上可知，在高質量發展時代兩岸可於智慧製造產業積極合作，台商可透過既有之優良設備與技術，共同分享智慧製造所帶的龐大市場。

產業五：【節能環保】

2017 年 10 月 18 日，中國大陸領導人習近平於十九大報告中談及：「建造生態文明為中華民族永續發展之千年大計，應執行最嚴謹的生態環境保護體系，完成綠色發展與生活方式。」可知中國大陸政府將節能環保產業納入未來重點發展項目。根據中投顧問（2018）數據顯示：「預計 2018 年中國大陸節能環保產業產值將高達 7.3 兆人民幣，2018 年到 2022 年複合成長率將為 21.25％，2022 年將達到 15.8 兆人民幣。」此外，中國大陸國務院監事會主席趙華林（2017）亦表示：「隨著中國大陸最嚴屬環保法規執行與部分行業增速減慢，環保產業將擁有更大商機，發生爆發式成長。」綜上所述，可以發現中國大陸節能環保產業在中國大陸政府的重視下，市場正在急速擴張，提供台商布局的機會。

兩岸於環保產業發展上各有千秋，因此中國大陸與台灣環保產業之交流與合作將成為新的成長點。中國大陸國台辦經濟局局長張世宏（2017）指出：「兩

岸在節能環保產業互補性強，台灣發展較久且技術領先，中國大陸具備龐大之市場需求。希冀兩岸節能環保產業結合雙方優點，協力做大做強。」此外，台灣環境永續發展基金會董事長陳龍吉（2017）亦提及：「台灣過去也面臨環境汙染問題，因此於節能環保方面擁有較多經驗，應盡快訂定兩岸環保合作制度，於更多節能環保領域進行合作。」由此可知，在中國大陸節能環保產業市場潛力巨大的情形下。台商應適時掌握兩岸產業合作新商機，抓準自身定位，強化與中國大陸地方政府或相關產業之連結，融入中國大陸高質量發展之綠色經濟發展中。

5

電電調查報告
新排名

第 12 章

2018 TEEMA 調查樣本結構剖析

2018《TEEMA 調查報告》基於研究的一致性、比較基礎和延續性，以及使研究可進行縱貫式分析（longitudinal analysis），遂沿用 2000 至 2017《TEEMA 調查報告》的研究基礎，即透過：（1）城市競爭力；（2）投資環境力；（3）投資風險度；（4）台商推薦度的「兩力兩度」模式進行評估。

一、2018 TEEMA 兩力兩度評估模式

2018《TEEMA 調查報告》「兩力兩度」構面與衡量指標如表 12-1 所示。

1. 城市競爭力：由十大構面組成，分別為：「基礎條件」、「財政條件」、「投資條件」、「經濟條件」、「就業條件」、「永續條件」、「消費條件」、「人文條件」、「產業條件」、「創新條件」。

2. 投資環境力：由 12 大構面組成，即：「生態環境」、「基建環境」、「社會環境」、「法制環境」、「經濟環境」、「經營環境」、「創新環境」、「網通環境」、「內需環境」、「文創環境」、「人文環境」、「永續環境」，共 79 項細項指標。

3. 投資風險度：由六大構面組成，分別為：「社會風險」、「法制風險」、「經濟風險」、「經營風險」、「轉型風險」、「道德風險」，總共包含 46 項細項指標。

4. 台商推薦度：由 12 項指標組成，分別為：「城市競爭力」、「投資環境力」、「投資風險度」、「城市發展潛力」、「整體投資效益」、「國際接軌程度」、「台商權益保護」、「政府行政效率」、「內銷市場前景」、「整體生活品質」、「創新發展平台」、「轉型升級力度」。

表 12-1　2018 TEEMA「兩力兩度」評估模式構面與衡量指標

評估構面	衡量指標	
❶城市競爭力	❶ 基礎條件	❻ 永續條件
	❷ 財務條件	❼ 消費條件
	❸ 投資條件	❽ 產業條件
	❹ 經濟條件	❾ 創新條件
	❺ 就業條件	❿ 人文條件
❷投資環境力	❶ 生態環境	❼ 創新環境
	❷ 基建環境	❽ 網通環境
	❸ 社會環境	❾ 內需環境
	❹ 法制環境	❿ 文創環境
	❺ 經濟環境	⓫ 人文環境
	❻ 經營環境	⓬ 永續環境
❸投資風險度	❶ 社會風險	❹ 經營風險
	❷ 法制風險	❺ 轉型風險
	❸ 經濟風險	❻ 道德風險
❹台商推薦度	❶ 城市競爭力	❼ 台商權益保護
	❷ 投資環境力	❽ 政府行政效率
	❸ 投資風險度	❾ 內銷市場前景
	❹ 城市發展潛力	❿ 整體生活品質
	❺ 整體投資效益	⓫ 創新發展平台
	❻ 國際接軌程度	⓬ 轉型升級力度

資料來源：本研究整理

二、2018 TEEMA 樣本回收結構分析

在 2018《TEEMA 調查報告》使用的「兩力兩度」模式中，「城市競爭力」資料來源為次級資料，而其餘三大構面「投資環境力」、「投資風險度」及「台商推薦度」是由蒐集初級資料（primary data）取得，係為關於蒐集資料的方式得透過問卷調查及訪問對象進行訪談之方式而得知。2018《TEEMA 調查報告》問卷總回收數為 2,382 份，而其中有效問卷總計 2,136 份，占總回收問卷數 89.67％，無效問卷數量計 246 份，占總回收問卷數 9.68％，並將回收無效問卷數量分成三項為：（1）填答未完整者，為 83 份；（2）填答有違反邏輯者，為 95 份；（3）操弄填答回卷數目，共計有 68 份。而 2018《TEEMA 調查報告》經由問卷回郵、人員親訪、傳真與中國大陸台商協會協助發放問卷填答之問卷回收數量計有 1,214 份，而透過固定樣本（panel）系統回收數量有 922 份。有關

2018 年列入調查評比的城市數量為 112 個城市，與 2017 年城市一致。

由表 12-2 樣本回收地區依序為：（1）華東地區 803 份，37.59％；（2）華南地區 492 份，23.03％；（3）華北地區 281 份，13.16％；（4）華中地區 244 份，11.42％；（5）西南地區 197 份，9.22％；（6）東北地區 79 份，3.70％；（7）西北地區 40 份，1.87％。此外，可發現 2014-2018 年《TEEMA 調查報告》問卷回收區域主要分布於華東地區與華南地區，台商對中國大陸主要投資仍以長三角及珠三角城市為重。

表 12-2　2014- 2018 TEEMA 調查樣本回收地區別分析

區域	2014		2015		2016		2017		2018	
	回卷數	百分比	回卷數	百分比	回卷數	百分比	回卷數	百分比	回卷數	百分比
❶華東	1,024	40.99％	997	40.59％	929	39.84％	879	38.02％	803	37.59％
❷華南	545	21.82％	495	20.15％	488	20.93％	489	21.15％	492	23.03％
❸華北	296	11.85％	295	12.01％	285	12.22％	302	13.06％	281	13.16％
❹華中	281	11.25％	306	12.46％	268	11.49％	283	12.24％	244	11.42％
❺西南	229	9.17％	223	9.08％	227	9.73％	223	9.65％	197	9.22％
❻東北	79	3.16％	96	3.91％	88	3.77％	91	3.94％	79	3.70％
❼西北	44	1.76％	44	1.79％	47	2.02％	45	1.95％	40	1.87％
總　和	2,498	100.00％	2,456	100.00％	2,332	100.00％	2,312	100.00％	2,136	100.00％

資料來源：本研究整理

三、2018 TEEMA 樣本回卷台商產業類型分析

由表 12-3 顯示，2018《TEEMA 調查報告》的調查對象之所處產業，由電子電器產業回收問卷比例為最高（30.62％），次為機械製造產業（9.41％），再者為食品飲料產業（8.33％）。以上數據反應樣本母體主要結構狀況，係因 2018《TEEMA 調查報告》主要針對電電公會之會員為受訪主體，從而影響回收問卷產業類型多以電子電器產業為主軸。

四、2018 TEEMA 樣本回卷台商投資區位分析

根據表 12-4 顯示，2018《TEEMA 調查報告》台商回收問卷之投資區位，仍舊以經濟開發區、一般市區及高新技術區為前三大主要投資區位，其中經濟開發區、一般市區占比更呈成長趨勢。

表 12-3 2014-2018 TEEMA 報告調查受訪廠商經營現況：產業類型

產業類型	2014 N=2,498	2015 N=2,456	2016 N=2,332	2017 N=2,312	2018 N=2,136
電子電器	30.18%	30.06%	30.02%	30.32%	30.62%
機械製造	10.65%	10.01%	9.88%	9.82%	9.41%
食品飲料	8.13%	8.34%	8.69%	8.74%	8.33%
餐飲服務	4.36%	4.25%	5.06%	7.27%	6.84%
金屬材料	7.29%	7.05%	6.95%	5.71%	5.66%
精密器械	4.83%	5.00%	4.83%	4.93%	5.34%
化學製品	6.05%	6.32%	6.16%	6.27%	5.34%
塑膠製品	4.42%	5.94%	5.23%	4.41%	4.87%
節能環保	2.64%	2.87%	2.99%	3.37%	3.28%
貿易服務	3.25%	3.11%	3.02%	3.16%	3.04%
紡織纖維	4.04%	3.58%	3.25%	2.81%	2.57%
流通銷售	1.80%	1.82%	1.74%	2.38%	2.34%
房產開發	1.97%	1.56%	1.52%	1.38%	1.50%
生物科技	0.68%	0.76%	0.86%	1.08%	1.40%
資訊軟體	1.16%	1.12%	1.24%	1.21%	1.26%
金融服務	0.62%	0.73%	0.75%	0.87%	1.17%
諮詢服務	1.13%	0.82%	1.01%	0.91%	1.12%
運輸工具	0.85%	0.64%	0.55%	0.52%	0.56%
農林漁牧	1.41%	1.32%	1.21%	0.48%	0.47%
石化能源	0.22%	0.18%	0.14%	0.13%	0.14%
其　它	4.32%	4.52%	4.90%	4.24%	4.73%

資料來源：本研究整理

表 12-4 2014-2018 TEEMA 報告調查受訪廠商經營現況：投資區位

投資區位	2014 N=2,498	2015 N=2,456	2016 N=2,332	2017 N=2,312	2018 N=2,136
❶經濟開發區	41.32%	41.56%	40.67%	40.26%	41.02%
❷一般市區	34.08%	35.78%	36.04%	37.08%	38.47%
❸高新技術區	11.36%	11.10%	12.23%	13.36%	11.26%
❹經濟特區	4.83%	4.21%	4.44%	4.02%	3.54%
❺保稅區	3.04%	3.02%	3.06%	2.98%	1.65%
❻其他	5.37%	4.33%	5.36%	2.30%	4.06%

資料來源：本研究整理

五、2018 TEEMA 樣本回卷台商企業未來布局規劃分析

表 12-5 顯示，2018《TEEMA 調查報告》企業未來布局規劃調查，其比例「台灣母公司繼續生產營運」為最高（42.15％）；其次為「擴大對大陸投資生產」（29.08％）；第三為「與陸資企業合資經營」（14.06％）。

表 12-5　2014-2018 TEEMA 受訪廠商經營現況：企業未來布局規劃

企業未來布局規劃	2014 N=2,498	2015 N=2,456	2016 N=2,332	2017 N=2,312	2018 N=2,136
❶台灣母公司繼續生產營運	47.12％	46.18％	45.32％	44.72％	42.15％
❷擴大對大陸投資生產	40.28％	38.96％	36.28％	32.46％	29.08％
❸台灣關閉廠房僅保留業務	10.82％	11.47％	11.94％	10.61％	9.42％
❹與陸資企業合資經營	9.23％	10.56％	11.45％	12.98％	14.06％
❺希望回台上市融資	6.29％	6.85％	6.97％	7.45％	6.68％
❻希望回台投資	6.18％	6.24％	6.33％	7.01％	6.42％
❼其他	5.76％	6.03％	7.32％	6.96％	7.04％
❽結束在台灣業務	3.27％	4.22％	4.10％	4.32％	3.98％

資料來源：本研究整理（此題為複選題）

六、2018 TEEMA 台商在中國大陸經營績效分析

由表 12-6 可知，2018《TEEMA 調查報告》針對「台商在中國大陸經營績效」進行調查，顯示受訪的 1,875 家台商企業對於 2018 年在中國大陸事業淨利成長之態度，預測將為負成長的企業約占 62.61％，認為會呈現正成長的企業占 28.59％，而認為持平者則占 8.80％。

表 12-6　2017-2018 TEEMA 台商在中國大陸經營績效分布

2017 大陸事業淨利成長	次數	百分比	2018 大陸淨利成長預測	次數	百分比
❶ -50％以上	55	2.85％	❶ -50％以上	46	2.45％
❷ -10％至 -50％	568	29.41％	❷ -10％至 -50％	525	28.00％
❸ -1％至 -10％	617	31.95％	❸ -1％至 -10％	603	32.16％
❹持平	154	7.98％	❹持平	165	8.80％
❺ +1％至 +10％	204	10.56％	❺ +1％至 +10％	301	16.05％
❻ +10％至 +50％	155	8.03％	❻ +10％至 +50％	169	9.01％
❼ +50％至 +100％	121	6.27％	❼ +50％至 +100％	66	3.52％
❽ +100％以上	1	0.05％	❽ +100％以上	0	0.00％

資料來源：本研究整理

七、2018 TEEMA 台商在中國大陸發生經貿糾紛分析

2018《TEEMA 調查報告》之「調查區域別經貿糾紛發生分布」，係透過 2,136 份有效問卷回收，針對台商於中國大陸各區域間經貿糾紛發生次數、解決途徑與滿意度進行剖析。在總樣本數 2,136 份中，發生糾紛次數總計為 3,375 件，乃是因此一部分在調查問卷中屬於「複選題」，因此台商可能發生糾紛情況為全部類型皆同時發生，亦可能是台商於中國大陸經商時皆沒發生任何糾紛，而有關坤區發生糾紛次數依序為：（1）華東地區（37.16%）；（2）華南地區（28.59%）；（3）華北地區（11.44%）；（4）華中地區（8.83%）；（5）西南地區（8.98%）；（6）東北地區（3.38%）；（7）西北地區（1.63%）。

此外，根據各地區對於解決經貿糾紛滿意度之比例，排序為：（1）西南地區（57.04%）；（2）華東地區（56.32%）；（3）華中地區（49.37%）；（4）東北地區（48.36%）；（5）華南地區（44.75%）；（6）西北地區（43.04%）；（7）華北地區（42.14%）。

表 12-7　2018 TEEMA 調查區域別經貿糾紛發生分布

地區	樣本次數	糾紛次數	發生糾紛比例	占糾紛比例	司法途徑	當地政府	仲裁途徑	台商協會	私人管道	滿意度之比例
❶華東	803	1,254	156.16%	37.16%	315	258	98	133	121	56.32%
❷華南	492	965	196.14%	28.59%	204	142	104	155	117	44.75%
❸華北	281	386	137.37%	11.44%	78	94	55	75	58	42.14%
❹華中	244	298	122.13%	8.83%	56	44	40	62	68	49.37%
❺西南	197	303	153.81%	8.98%	63	71	58	52	33	57.04%
❻東北	79	114	144.30%	3.38%	20	11	12	24	33	48.36%
❼西北	40	55	137.50%	1.63%	12	6	8	11	8	43.04%
總　和	2,136	3,375	158.01%	100.00%	748	626	375	512	438	49.43%

（解決途徑：司法途徑、當地政府、仲裁途徑、台商協會、私人管道）

資料來源：本研究整理

由表 12-8 可知，針對「台商企業在中國大陸投資經貿糾紛成長比例分析」之糾紛類型細分為 12 項，前五大糾紛依序為：（1）勞動糾紛；（2）買賣糾紛；（3）合營糾紛；（4）土地廠房；（5）合同糾紛，此外，在經貿糾紛數成長排

名依序為「知識產權」、「合營廠房」和「商標糾紛」。

表 12-8　2017-2018 台商在中國大陸投資經貿糾紛成長比例分析

糾紛類型	2017（N=2,312）	調整前成長百分比	2017調整值	調整後成長百分比	2018（N=2,136）	經貿糾紛數成長排名
❶勞動糾紛	1,301	-5.84%	1,202	1.92%	1,225	4
❷合同糾紛	398	-23.87%	368	-17.60%	303	8
❸買賣糾紛	458	-12.45%	423	-5.23%	401	7
❹債務糾務	336	-36.01%	310	-30.74%	215	9
❺土地廠房	405	-11.11%	374	-3.79%	360	5
❻知識產權	171	5.85%	158	14.57%	181	1
❼合營糾紛	298	5.37%	275	14.05%	314	2
❽稅務糾紛	156	-65.38%	144	-62.53%	54	12
❾關務糾紛	121	-54.55%	112	-50.80%	55	11
❿貿易糾紛	118	-45.76%	109	-41.29%	64	10
⓫醫療保健	97	-12.37%	90	-5.15%	85	6
⓬商標糾紛	114	3.51%	105	12.04%	118	3
糾紛總數	3,973	-15.05%	3,671	-8.05%	3,375	-

資料來源：本研究整理

　　2018《TEEMA 調查報告》之「台商經貿糾紛解決滿意度及已解決途徑次數分配表」剖析，係為了解台商企業對於在中國大陸面臨貿易糾紛，所透過的解決途徑與滿意度，如表 12-9 顯示，台商在中國大陸遭遇經貿糾紛所採取的解決途徑，次數排名依序如下：（1）司法途徑；（2）當地政府；（3）台商協會；（4）仲裁；（5）私人管道，這意味著台商面對經貿糾紛時會優先採取的解決途徑為「司法途徑」，比例為 28.12％；次為「當地政府」，比例為 24.75％；再者為「台商協會」，比例為 17.71％。而其中在「非常滿意」之數據分析中，以「台商協會」比例為最高（30.24％），再者為「仲裁」（20.40％）；反之，其「非常不滿意」之數據則以「當地政府」管道（20.94％）最不受台商青睞。

表 12-9　2018 TEEMA 台商經貿糾紛滿意度與解決途徑次數分配表

糾紛解決途徑	尚未解決	非常滿意	滿意	不滿意	非常不滿意	總和
❶ 司法途徑	165	132	121	128	105	651
	25.35%	20.28%	18.59%	19.66%	16.13%	28.34%
❷ 當地政府	133	101	115	104	120	573
	23.21%	17.63%	20.07%	18.15%	20.94%	24.95%
❸ 仲裁	72	63	71	80	62	348
	20.69%	18.10%	20.40%	22.99%	17.82%	15.15%
❹ 台商協會	67	104	124	71	44	410
	16.34%	25.37%	30.24%	17.32%	10.73%	17.85%
❺ 私人管道	81	42	72	66	54	315
	25.71%	13.33%	22.86%	20.95%	17.14%	13.71%
總和	518	442	503	449	385	2,297
	22.55%	19.24%	21.90%	19.55%	16.76%	100.00%

資料來源：本研究整理

八、台商未來布局中國大陸城市分析

　　2018《TEEMA 調查報告》之「調查報告受訪廠商未來布局城市」，係針對目前於中國大陸布局之 1,794 個台商企業，調查其未來可能布局之城市和地區，並將結果依序排名，其前十名城市為：（1）成都（14.71%）；（2）上海（14.10%）；（3）重慶（11.77%）；（4）蘇州（8.05%）；（5）西安（7.22%）；（6）昆山（6.61%）；（7）北京（5.44%）；（8）柬埔寨（3.61%）；（9）深圳（2.89%）；（10）緬甸（2.44%）。

　　此外，藉由觀察 2014-2018 年《TEEMA 調查報告》，發現成都連續三年蟬聯成為台商投資布局城市的首選，此外，重慶排名連續三年名列第一，顯示台商企業開始將布局重心西移至中國大陸西部地區重要城市。此外，值得注意的是，東南亞國家緬甸與柬埔寨分別位列台商未來布局城市第八名與第十名，顯示在中國大陸投資環境日益困難之際，東南亞龐大的人口紅利、資源紅利、政策紅利，使得台商紛紛轉向東南亞國家探尋更具成長潛力之地點。

表 12-10 2014-2018 TEEMA 調查報告受訪廠商未來布局城市分析

排名	2014 (N=2,006)			2015 (N=1,985)			2016 (N=1,898)			2017 (N=1,814)			2018 (N=1,794)		
	布局城市	次數	百分比	布局城市	次數	百分比	布局城市	次數	百分比	布局城市	次數	百分比	布局城市	次數	百分比
❶	上海	301	15.00%	廈門	402	20.25%	成都	357	18.81%	成都	346	19.07%	成都	265	14.71%
❷	成都	254	12.66%	成都	351	17.68%	上海	235	12.38%	上海	301	16.59%	上海	254	14.10%
❸	廈門	211	10.52%	上海	256	12.90%	西安	186	9.80%	重慶	204	11.25%	重慶	212	11.77%
❹	昆山	196	9.77%	西安	203	10.23%	重慶	156	8.22%	昆山	115	6.34%	蘇州	145	8.05%
❺	西安	165	8.23%	昆山	152	7.66%	昆山	122	6.43%	西安	106	5.84%	西安	130	7.22%
❻	蘇州	124	6.18%	重慶	128	6.45%	廈門	98	5.16%	廈門	85	4.69%	昆山	119	6.61%
❼	北京	111	5.53%	青島	98	4.94%	蘇州	84	4.43%	蘇州	76	4.19%	北京	98	5.44%
❽	南京	98	4.89%	蘇州	82	4.13%	南京	77	4.06%	杭州	69	3.80%	柬埔寨	65	3.61%
❾	杭州	86	4.29%	緬甸	65	3.27%	杭州	71	3.74%	緬甸	64	3.53%	深圳	52	2.89%
❿	青島	81	4.04%	柬埔寨	56	2.82%	緬甸	63	3.32%	柬埔寨	55	3.03%	緬甸	44	2.44%

資料來源：本研究整理

九、台商布局中國大陸城市依產業別分析

2018《TEEMA 調查報告》之「調查報告受訪廠商產業別布局城市」，係針對目前於中國大陸投資布局的台商，依照投資之產業類別和布局城市進行分析。2018《TEEMA 調查報告》將台商於中國大陸投資之產業分類成三大類型，其為：（1）高科技產業，總計為 735 件；（2）傳統產業，為 614 件；（3）服務產業，為 522 件，如表 12-11 所示。

1. 以高科技產業而言：2018《TEEMA 調查報告》，台商投資高科技產業於中國大陸之城市，前十名依序為：（1）蘇州（16.56％）；（2）成都（13.74％）；（3）重慶（10.75％）；（4）昆山（10.20%）；（5）西安（8.44%）；（6）無錫（7.89％）；（7）深圳（7.35％）；（8）南京（5.85％）；（9）廈門（5.17％）；（10）淮安（4.49％）。

2. 以傳統產業而言：2018《TEEMA 調查報告》中，台商投資傳統產業布局之城市，排序前十名為：（1）西安（14.33％）；（2）蘇州（12.21％）；（3）重慶（10.26％）；（4）昆山（9.45％）；（5）南通（7.33％）；（6）長沙（6.84％）；（7）武漢（5.54％）；（8）合肥（5.05％）；（9）淮安（4.89％）；（10）寧波（4.07％）。

3. 以服務產業而言：2018《TEEMA 調查報告》中，台商投資服務產業布局之城市，排序前十名為：（1）上海（14.18％）；（2）北京（13.22％）；（3）成都（12.45％）；（4）深圳（9.77％）；（5）重慶（8.81％）；（6）廣州（8.05％）；（7）南京（6.51％）；（8）杭州（4.79％）；（9）武漢（3.83％）；（10）廈門（3.45％）。

表 12-11　2018 TEEMA 調查報告受訪廠商產業別布局城市分析

高科技產業（N=735）				傳統產業（N=614）				服務產業（N=522）			
排名	城市	樣本	百分比	排名	城市	樣本	百分比	排名	城市	樣本	百分比
❶	蘇州	115	15.65%	❶	西安	88	14.33%	❶	上海	74	14.18%
❷	成都	101	13.74%	❷	蘇州	75	12.21%	❷	北京	69	13.22%
❸	重慶	79	10.75%	❸	重慶	63	10.26%	❸	成都	65	12.45%
❹	昆山	75	10.20%	❹	昆山	58	9.45%	❹	深圳	51	9.77%
❺	西安	62	8.44%	❺	南通	45	7.33%	❺	重慶	46	8.81%
❻	無錫	58	7.89%	❻	長沙	42	6.84%	❻	廣州	42	8.05%
❼	深圳	54	7.35%	❼	武漢	34	5.54%	❼	南京	34	6.51%
❽	南京	43	5.85%	❽	合肥	31	5.05%	❽	杭州	25	4.79%
❾	廈門	38	5.17%	❾	淮安	30	4.89%	❾	武漢	20	3.83%
❿	淮安	33	4.49%	❿	寧波	25	4.07%	❿	廈門	18	3.45%

資料來源：本研究整理

第 13 章

2018 TEEMA 中國大陸城市競爭力

2018《TEEMA 調查報告》乃經由十項構面得知中國大陸城市競爭力，構面分別為：（1）基礎條件；（2）財政條件；（3）投資條件；（4）經濟條件；（5）就業條件；（6）永續條件；（7）消費條件；（8）人文條件；（9）產業條件；（10）創新條件。有關列入的地級市、省會、副省級城市與直轄市計有 77 個，並根據加權分數的高低分成 A 至 D 四個等級，整理如表 13-1 所示。

1. 以 A 級競爭力城市進行探討：列入 A 級競爭力城市共有 12 個，其分別為：上海市、北京市、深圳市、廣州市、杭州市、天津市、南京市、重慶市、成都市、蘇州市、武漢市及青島市，其中上海市成長四個名次至第一名、北京市成長六個名次至第二名，前兩名皆為進步幅度較大的城市。

2. 以 B 級競爭力城市進行探討：B 級競爭力城市共有 26 個，位於排名前五名的城市除長沙市外，寧波市、無錫市、濟南市與西安市皆為排名進步之城市，此外，合肥市、瀋陽市、大連市、南昌市及長春市為降幅達五名以上，其中，以南昌市大幅下降 14 個名次為跌幅最大的城市（由 B11 下降至 B25），其次為合肥市下跌六個名次（由 B02 下降至 B08）；而進步顯著城市分別為廈門市、煙台市、東莞市及溫州市，廈門市（由 B17 提升至 B10）進步 17 個名次，為 B 級進步幅度最大的城市。

3. 以 C 級競爭力城市進行探討：C 級競爭力城市共有 34 個，進步幅度較大的城市有三個，分別為：保定市（由 C23 上升至 C14）、廊坊市（由 C25 上升至 C17）與汕頭市（由 C33 上升至 C28），此外，排名下降幅度較大的城市有三個分別為襄陽市（由 C14 下滑至 C19）、蕪湖市（由 C13 下滑至 C20）、九江市（由 C15 下滑至 C23）。

4. 以 D 級競爭力城市進行探討：D 級競爭力城市共有 5 個，分別為德陽市、莆田市、三亞市、遂寧市及北海市。

表 13-1　2018 TEEMA 中國大陸城市競爭力排名分析

城市	❶ 基礎條件 評分	排名	❷ 財政條件 評分	排名	❸ 投資條件 評分	排名	❹ 經濟條件 評分	排名	❺ 就業條件 評分	排名	❻ 永續條件 評分	排名	❼ 消費條件 評分	排名	❽ 人文條件 評分	排名	❾ 產業條件 評分	排名	❿ 創新條件 評分	排名	2018 城市競爭力 評分	排名	等級	排名變化
上海市	91.948	1	99.999	1	70.909	20	72.641	20	98.961	2	63.377	40	98.961	2	98.615	2	98.441	1	98.701	1	89.255	1	A01	4↑
北京市	87.792	4	98.961	2	72.641	16	71.948	22	99.999	1	55.844	54	99.999	1	98.961	1	95.844	2	98.441	2	83.043	2	A02	6↑
深圳市	83.896	7	97.922	3	65.022	35	93.074	2	97.403	3	94.545	1	94.805	6	84.762	7	71.429	15	97.143	3	83.000	3	A03	0◀▶
廣州市	91.428	2	93.766	7	68.138	30	85.801	5	95.844	4	54.805	58	97.922	3	82.338	11	94.286	3	95.065	5	85.939	4	A04	2↑
杭州市	88.831	3	92.208	8	70.216	24	93.420	1	93.766	5	64.416	38	92.208	8	94.805	3	72.467	14	86.234	13	84.857	5	A05	2↑
天津市	80.260	11	96.364	4	87.879	1	88.918	4	93.766	5	57.662	51	95.325	5	62.597	39	81.299	7	93.766	7	83.783	6	A06	-5↓
南京市	81.818	9	88.052	12	69.870	27	79.913	7	93.247	7	62.338	42	90.130	11	92.727	4	81.299	7	89.610	9	82.900	7	A07	-3↓
重慶市	75.844	16	96.364	4	83.723	3	77.489	12	81.299	15	52.987	61	95.844	4	79.913	15	87.013	4	96.364	4	82.684	8	A08	2↑
成都市	82.857	8	91.688	9	77.489	10	65.368	32	88.571	9	71.429	26	93.766	7	75.758	22	86.493	5	92.467	8	82.589	9	A09	4↑
蘇州市	86.234	6	94.286	6	70.563	23	77.489	12	92.208	12	68.571	30	91.688	10	84.069	8	63.117	26	94.026	6	82.225	10	A10	-1↓
武漢市	87.532	5	91.688	9	76.450	11	75.065	16	84.935	10	62.078	44	92.208	8	83.377	9	75.584	10	88.571	11	81.749	11	A11	-9↓
青島市	75.325	17	88.571	11	84.069	2	74.026	18	83.896	12	70.649	27	88.052	12	77.489	18	74.026	12	84.156	14	80.026	12	A12	0◀▶
長沙市	59.480	38	84.935	15	79.913	7	90.996	3	79.740	17	65.195	35	87.532	13	78.528	17	76.104	9	79.221	17	78.164	13	B01	-2↓
寧波市	80.519	10	88.052	12	71.255	18	66.753	30	84.416	11	57.143	52	82.857	15	87.532	6	63.636	25	89.091	10	77.125	14	B02	2↑
無錫市	74.545	18	83.377	16	70.909	20	74.372	17	78.182	18	69.091	29	82.857	17	80.260	13	60.000	38	79.221	17	75.281	15	B03	2↑
濟南市	79.740	13	77.143	23	60.519	46	65.368	32	81.818	14	79.740	11	84.416	14	77.143	20	68.312	20	76.623	23	75.382	16	B04	4↑
西安市	73.766	19	82.857	17	67.446	32	68.138	26	81.299	15	52.467	62	82.338	18	91.342	5	70.390	19	77.922	19	74.796	17	B05	2↑
鄭州市	76.364	15	87.532	14	70.216	24	74.026	18	65.195	34	66.753	34	82.857	15	69.177	29	70.909	18	82.078	15	74.511	18	B06	-3↓
南通市	64.156	32	74.545	24	77.835	9	81.299	6	81.818	13	74.545	22	73.506	27	62.597	39	55.325	47	79.740	16	72.537	19	B07	-1↓
合肥市	59.480	39	79.740	19	74.372	14	79.221	8	78.182	18	64.156	39	69.351	31	80.260	14	63.117	26	72.987	25	72.087	20	B08	-6↓
佛山市	79.221	14	73.506	26	54.632	50	78.874	10	75.065	23	69.610	28	77.662	23	67.792	30	62.078	30	70.390	26	70.883	21	B09	0◀▶
廈門市	71.948	21	79.221	20	71.602	17	61.558	37	76.623	20	75.065	20	57.403	41	66.753	33	74.026	12	69.610	28	70.381	22	B10	17↑

表 13-1　2018 TEEMA 中國大陸城市競爭力排名分析（續）

城市	❶基礎條件 評分	排名	❷財政條件 評分	排名	❸投資條件 評分	排名	❹經濟條件 評分	排名	❺就業條件 評分	排名	❻永續條件 評分	排名	❼消費條件 評分	排名	❽人文條件 評分	排名	❾產業條件 評分	排名	❿創新條件 評分	排名	2018城市競爭力 評分	排名	等級	排名變化
煙臺市	62.338	35	70.909	29	80.606	6	72.641	21	61.558	40	68.571	30	74.545	25	72.294	25	75.584	10	62.857	37	70.190	23	B11	5↑
福州市	61.039	37	77.662	22	64.675	36	71.255	23	75.584	21	61.558	46	79.740	21	67.446	31	58.442	43	76.623	22	69.403	24	B12	0↔
哈爾濱市	57.922	40	71.948	27	83.377	4	52.208	52	63.636	36	49.610	66	81.818	19	82.684	10	66.753	21	69.870	27	67.983	25	B13	4↑
東莞市	80.260	11	67.273	34	48.745	59	69.524	25	63.117	38	81.299	8	75.065	24	58.442	43	55.325	47	77.922	19	67.697	26	B14	7↑
常州市	70.909	23	61.558	36	73.333	15	77.489	12	67.792	29	78.701	12	68.831	33	51.861	47	62.078	31	63.896	34	67.645	27	B15	0↔
石家莊市	71.429	22	68.831	31	70.216	24	43.896	65	51.169	48	75.584	19	71.948	28	63.290	38	83.377	6	75.844	24	67.558	28	B16	3↑
大連市	66.234	29	80.260	18	47.706	61	60.866	40	75.584	21	72.987	24	79.221	22	66.753	33	66.753	21	55.844	43	67.221	29	B17	-7↓
瀋陽市	69.870	26	79.221	20	36.970	74	47.706	57	69.870	26	62.338	42	81.299	20	80.952	12	66.753	21	63.377	35	65.835	30	B18	-5↓
溫州市	70.390	24	67.273	33	50.130	54	56.017	48	68.312	28	64.675	37	74.026	26	70.216	28	50.130	60	86.234	12	65.740	31	B19	6↑
長春市	55.325	46	71.429	28	81.991	5	59.134	44	72.467	24	46.753	71	69.351	31	71.255	26	71.429	16	53.506	44	65.264	32	B20	-6↓
徐州市	62.857	34	74.026	25	74.719	13	61.212	38	47.532	49	81.558	7	70.390	29	46.320	55	66.234	24	67.013	31	65.186	33	B21	-1↓
泉州市	56.364	44	64.156	35	63.290	40	65.368	32	58.961	41	55.325	57	69.870	30	70.909	27	52.208	55	76.883	21	63.333	34	B22	-4↓
紹興市	68.831	27	55.844	42	50.822	52	53.939	49	64.675	35	78.701	13	61.558	36	73.333	24	48.052	63	67.792	30	62.355	35	B23	-1↓
昆明市	65.974	30	70.390	30	49.091	56	61.212	38	70.909	25	35.844	75	65.714	34	79.913	15	60.519	36	63.117	36	62.268	36	B24	-1↓
南昌市	54.026	51	61.039	37	75.411	12	70.216	24	65.714	33	79.740	10	60.000	38	51.169	48	48.571	62	56.623	42	62.251	37	B25	-14↓
唐山市	65.454	31	61.039	37	78.528	8	56.364	47	47.013	50	61.039	48	65.714	34	53.247	46	71.948	15	57.143	41	61.749	38	B26	-2↓
嘉興市	62.338	36	54.286	45	64.675	36	52.900	51	67.273	31	58.701	49	55.844	43	77.489	18	51.169	58	52.727	46	59.740	39	C01	3↑
揚州市	54.805	47	53.766	47	66.061	34	78.528	11	66.753	32	72.467	25	57.403	41	35.584	71	50.130	59	59.221	39	59.472	40	C02	-2↓
貴陽市	63.117	33	57.922	40	53.593	51	67.100	29	69.870	27	50.909	64	49.610	49	76.450	21	49.091	61	53.247	45	59.091	41	C03	-1↓
鹽城市	54.805	47	68.312	32	67.792	31	62.597	36	44.935	53	62.078	44	58.961	39	43.203	58	53.766	49	69.610	29	58.606	42	C04	-1↓
南寧市	54.545	49	55.325	43	48.052	60	36.277	73	63.636	36	55.325	56	61.039	37	73.680	23	61.558	32	58.961	40	56.840	43	C05	0↔

表 13-1　2018 TEEMA 中國大陸城市競爭力排名分析（續）

城市	① 基礎條件 評分	排名	② 財政條件 評分	排名	③ 投資條件 評分	排名	④ 經濟條件 評分	排名	⑤ 就業條件 評分	排名	⑥ 永續條件 評分	排名	⑦ 消費條件 評分	排名	⑧ 人文條件 評分	排名	⑨ 產業條件 評分	排名	⑩ 創新條件 評分	排名	2018 城市競爭力 評分	排名	等級	排名變化
威海市	49.870	56	38.701	60	68.831	28	63.290	35	41.299	61	84.935	4	52.727	46	51.169	48	61.558	33	45.195	54	55.758	44	C06	0
泰州市	48.312	57	51.169	51	70.563	22	75.411	15	54.286	47	49.870	65	51.169	48	50.822	50	51.688	57	49.091	49	55.238	45	C07	3
惠州市	57.922	41	56.883	41	43.550	65	57.056	46	57.922	42	80.000	9	47.013	53	37.662	68	48.052	63	62.078	38	54.814	46	C08	4
太原市	70.130	25	44.416	54	38.701	72	46.667	59	62.078	39	56.883	53	57.922	40	67.446	31	53.247	52	40.000	63	53.749	47	C09	0
鎮江市	57.662	42	41.299	59	61.212	44	79.221	9	54.805	46	47.532	70	51.688	47	42.857	59	55.844	44	42.338	58	53.446	48	C10	-2
珠海市	68.571	28	44.416	54	41.472	67	68.138	26	67.792	29	81.818	6	40.260	59	39.740	65	41.299	74	38.961	66	53.247	49	C11	-4
宜昌市	51.169	53	53.766	47	62.944	41	68.138	26	41.818	60	45.714	72	45.455	54	58.788	42	55.844	44	46.234	53	52.987	50	C12	-1
淮安市	48.052	58	52.208	49	60.866	45	57.403	45	44.416	57	64.935	36	45.455	54	39.740	65	47.532	66	49.610	48	51.022	51	C13	4
保定市	53.506	52	51.688	50	49.091	56	36.277	73	40.779	62	39.480	74	53.766	44	65.714	35	53.766	49	65.974	33	51.004	52	C14	9
中山市	72.467	20	42.338	57	28.658	75	59.480	41	55.325	45	63.377	40	48.052	51	43.550	57	43.896	68	51.429	47	50.857	53	C15	4
泰安市	44.675	62	34.026	65	63.983	39	41.126	68	37.662	66	90.130	3	53.766	44	57.056	44	48.052	63	34.545	70	50.502	54	C16	0
廊坊市	40.779	70	54.805	44	46.667	62	45.628	61	56.364	43	74.286	23	40.779	58	37.316	69	61.558	33	43.896	55	50.208	55	C17	8
贛州市	42.078	69	54.286	45	61.558	42	50.130	56	33.506	70	31.169	77	33.506	64	65.022	36	63.117	26	67.013	31	50.138	56	C18	0
襄陽市	44.935	60	58.442	39	54.675	36	59.480	42	33.506	70	35.584	76	47.532	52	42.857	60	61.558	33	46.753	52	49.532	57	C19	-5
蕪湖市	44.935	61	45.455	53	68.831	28	66.061	31	39.740	65	49.091	67	36.104	63	41.472	61	60.000	38	42.078	59	49.377	58	C20	-7
湖州市	56.364	44	32.987	66	50.476	53	46.667	53	47.013	50	83.896	5	39.221	61	49.784	51	40.260	75	43.636	56	49.030	59	C21	0
蘭州市	56.623	43	41.818	58	42.511	66	47.359	58	55.844	44	52.987	60	49.091	50	48.052	52	52.727	54	40.260	62	48.727	60	C22	2
九江市	36.623	72	47.013	52	71.255	18	50.822	54	30.390	74	48.571	69	29.870	69	65.022	36	58.961	41	42.857	57	48.138	61	C23	-8
漳州市	42.078	67	35.584	64	58.788	48	59.480	42	44.935	53	54.805	58	39.740	60	46.667	54	43.896	68	39.221	65	46.519	62	C24	-4
連雲港市	43.896	64	38.182	61	59.134	47	40.433	69	40.260	63	55.844	54	37.143	62	44.589	56	63.117	26	36.883	69	45.548	63	C25	-3
江門市	50.909	54	32.468	67	39.394	70	36.970	72	45.974	52	77.403	15	41.818	57	32.121	73	43.896	68	47.532	50	44.848	64	C26	4

高質量發展迎商機—— 2018 年中國大陸地區投資環境與產業發展調查

表 13-1　2018 TEEMA 中國大陸城市競爭力排名分析（續）

城市	❶基礎條件 評分	排名	❷財政條件 評分	排名	❸投資條件 評分	排名	❹經濟條件 評分	排名	❺就業條件 評分	排名	❻永續條件 評分	排名	❼消費條件 評分	排名	❽人文條件 評分	排名	❾產業條件 評分	排名	❿創新條件 評分	排名	2018 城市競爭力 評分	排名	等級	排名變化
吉安市	32.208	74	36.104	62	61.558	42	44.589	62	25.195	75	75.065	21	23.636	74	54.978	45	53.766	49	39.740	64	44.684	65	C27	-1↓
汕頭市	37.922	71	30.390	68	38.009	73	44.242	63	36.104	67	77.662	14	44.416	56	41.126	62	42.338	71	47.273	51	43.948	66	C28	5↑
日照市	43.117	66	26.753	71	55.325	49	43.550	66	32.468	72	91.169	2	29.870	69	40.433	64	41.818	72	27.792	73	43.229	67	C29	-1↓
馬鞍山市	43.636	65	28.831	70	66.753	33	53.593	50	42.338	59	61.299	47	25.195	73	39.394	67	41.818	72	28.571	72	43.143	68	C30	-3↓
宿遷市	42.078	67	42.857	56	49.784	55	50.822	54	30.909	73	67.013	33	32.468	66	35.238	72	37.662	76	40.779	61	42.961	69	C31	0↔
綿陽市	44.416	63	29.351	69	41.126	69	40.433	70	44.935	53	52.467	63	32.987	65	47.359	53	53.247	52	38.701	68	42.502	70	C32	0↔
桂林市	31.948	75	36.104	62	49.091	56	29.351	77	34.026	69	41.558	73	31.948	67	61.212	41	58.961	42	38.961	66	41.316	71	C33	-4↓
海口市	54.545	50	25.195	74	25.887	76	34.892	75	44.935	53	76.364	17	31.429	68	28.658	76	60.000	40	24.935	74	40.684	72	C34	1↑
德陽市	33.766	73	26.234	73	44.242	64	41.472	67	44.416	57	58.442	50	28.312	71	35.931	70	52.208	55	29.091	71	39.411	73	D01	-1↓
莆田市	47.532	59	26.753	71	44.935	63	51.861	53	35.584	68	48.831	68	27.273	72	28.658	75	31.429	77	41.299	60	38.416	74	D02	0↔
三亞市	50.909	55	22.078	76	23.810	77	38.701	71	40.260	64	75.844	18	21.039	77	23.810	77	60.519	36	21.039	77	37.801	75	D03	2↑
遂寧市	27.792	76	22.597	75	41.472	67	44.242	63	24.675	77	67.792	32	23.636	74	40.779	63	47.013	67	24.935	74	36.493	76	D04	0↔
北海市	27.792	76	21.558	77	39.394	70	32.814	76	25.195	75	77.403	15	22.078	76	30.043	74	55.325	46	23.377	76	35.498	77	D05	-2↓

【註】：城市競爭力＝【基礎條件 ×10%】＋【財政條件 ×10%】＋【投資條件 ×10%】＋【經濟條件 ×10%】＋【就業條件 ×10%】＋【永續條件 ×10%】＋【消費條件 ×10%】＋【人文條件 ×10%】＋【產業條件 ×10%】＋【創新條件 ×10%】

資料來源：本研究整理

2018 TEEMA 中國大陸
投資環境力

2018《TEEMA 調查報告》之投資環境力係以：（1）兩項生態環境構面指標；（2）七項基建環境構面指標；（3）五項社會環境構面指標；（4）13 項法制環境構面指標；（5）七項經濟環境構面指標；（6）11 項經營環境構面指標；（7）七項創新環境構面指標；（8）六項網通環境構面指標；（9）六項內需環境構面指標；（10）七項文創環境構面指標；（11）三項人文環境構面指標；（12）五項永續環境構面指標，共由 12 大構面與 79 項細項指標進行評估分析，見表 14-1。

一、2018 TEEMA 中國大陸投資環境力評估指標分析

從表 14-2 可知，2018《TEEMA 調查報告》評比 112 個城市之投資環境力，其評分為 3.151 分，與 2017 年相比下降 0.021 分，從歷年《TEEMA 調查報告》可看出評分均呈下降趨勢。茲針對 2018《TEEMA 調查報告》投資環境力 12 大評估構面、79 個細項指標及平均觀點剖析中國大陸投資環境力如下：

1. 生態環境構面而言：由 2018《TEEMA 調查報告》中，從表 14-2 看出生態環境為 3.323 分，相較於 2017 年 3.157 分上升 0.166 分，而在投資環境力 12 大評價構面中，其生態環境分析構面從排名從第八名上升至第一名。而細項指標中，「當地生態與地理環境符合企業發展的條件」仍為 79 個細項指標之冠，而「當地水電、燃料等能源充沛的程度」則在投資環境力構面平均觀點評分中位居第四。過去中國大陸政府公布《十三五規劃綱要》中提及加大生態環境保護力度及提出保護環境的政策，提高環境品質，為嚴格執行，中國大陸政府祭出環保相關條款，正積極對當地投資環境作改善，發展綠能環保產業。

2. 基建環境構面而言：由 2018《TEEMA 調查報告》中，表 14-2 顯示 2018 年基建環境之平均觀點評價為 3.181 分，較 2017 年下降 0.017 分，並在投資環

境力十大指標中位居第四位。其中，以「當地海、陸、空交通運輸便利程度」的表現較為亮眼，在 79 個細項指標中，位居第五名。根據國外研究機構 Timetric's Infrastructure Intelligence Center（IIC）（2018）調查顯示，2017 年全球基建投資中，中國大陸占比 31%，顯示中國大陸政府正將資源大量的投入於基礎建設，帶動一帶一路戰略目標，將基礎建設發展推向高峰。

3. 社會環境構面而言： 從表 14-2 看出 2018 年社會環境平均觀點評分為 3.161 分，相較於 2017 年的 3.187 分，下降 0.026 分，而其名次與 2017 年相比下滑三名，排名第七。其中，以「民眾及政府歡迎台商投資態度」之名次表現最好，位居 79 個細項指標中的第七名，而在社會環境構面中，只有「當地的社會治安」從 2017 年第 21 名上升至第 15 名，其餘細項構面皆呈現下降的差異變化。2017 年 11 月 22 日，中國大陸商務部發布：「2017 年一月至十月台商投資中國大陸金額暴增 45.9％，增幅居外資來源首位。」

4. 法制環境構面而言： 表 14-2 可看出 2018 年法制環境平均觀點評分為 3.151 分較 2017 年 3.160 分下降 0.09 分，其名次維持與 2017 年相比下滑兩名，名次為第八名。與 2017 年相比，法制環境只有兩個細項構面呈小幅上升，其中又以「行政命令與國家法令的一致性程度」上升最多，從 2017 年的 20 名上升至 16 名。其餘細項構面均呈下滑趨勢，而在名次下滑方面，在 2017 年下滑最顯著的「當地的地方政府對台商投資承諾實現程度」指標在 2018 年依然維持在 64 名。

5. 經濟環境構面而言： 由 2018《TEEMA 調查報告》中，從表 14-2 看出 2018 年經濟環境的平均觀點評分為 3.220 分，較 2017 年 3.233 分下降 0.013 分，其名次下滑至為第二名。然「該城市未來具有經濟發展潛力的程度」與 2017 年的排名一樣維持在第三名。自中國大陸提出以「高質量發展」取代以往的「高速度增長」，凸顯中國大陸政府不再執著高速增長的心態。2018 年 3 月 22 日，中國大陸政府表示：「發展是第一要務，人才是第一資源，創新是第一動力。」由此可知，中國大陸經濟實力發展，是依賴發展、人才與創新，以達綜效。

6. 經營環境構面而言： 2018 年經營環境構面的平均觀點評分為 3.126 分，較 2017 年 3.139 分下滑 0.013 分，而其名次與 2017 年持平在第九名。其中，「當地環境具一帶一路發展優勢以利布局」細項指標於經營環境構面當中名次仍持續上升，較 2017 年名次又上升 16 名。

7. 創新環境構面而言： 2018 年創新環境構面的平均觀點評分為 3.175 分，較 2017 年 3.164 分上升 0.011 分，其名次仍持平為第五名。在創新環境構面中有兩項細項指標名次與 2017 年相比呈上升趨勢，其中「當地政府鼓勵兩岸企業

共同研發程度」與「政府鼓勵兩岸企業共同開拓國際市場程度」兩項細項指標表現較為亮眼。2018 年 2 月 23 日，中國社科院台研所表示：「十九大報告提到加快生態文明體制改革，建設美麗中國的重要主張，發展綠色、環保、節能等「循環經濟」，其蘊藏巨大商機，期待台商參與和開拓。」另外，《富比士》（Forbes）（2018）指出：「中國大陸在新技術時代引領進步的例子越來越多，顯然已不再是以往抄襲理念的情況，中國大陸已由過去的抄襲轉向創新引領。」綜上可知，中國大陸政府對創新發展的重視。

8. 網通環境構面而言：2018 年網通環境的平均觀點評分為 3.164 分，較 2017 年的 3.159 分上升 0.005 分，其名次與 2017 年相較上升一名為第六名。其中，以「通訊設備、資訊設備、網路建設完善程度」表現最為亮眼，排名為 79 個細項指標中為位居第二位，可見中國大陸在網路通訊設備之完善，然在「光纖資訊到戶的普及率」仍有待加強，但相較 2017 年的中國大陸網通環境名次有上升，此外，有關「寬頻通信網路建設完備」指標名次上升最為顯著，由 2017 年的 62 名上升至 29 名，顯示出中國大陸正積極建設網路設備，根據中國互聯網絡信息中心（China Internet Network Information Center；CINIC）（2018）發布第 41 次《中國互聯網絡發展狀況統計報告》表示：「中國大陸網路的規模達 7.72 億，其普及率達到 55.8％，超過全球平均水準 4.1％，超過亞洲平均水準 9.1％。」顯示中國大陸網通環境雖以極快速度成長。

9. 內需環境構面而言：2018 年內需環境構面的平均觀點評分為 3.183 分，較 2017 年 3.202 分，下滑 0.019 分，與 2017 年名次持平，維持在第二名。其中，「適合台商發展內貿內銷市場的程度」及「市場未來發展潛力優異程度」兩者為其構面表現較為突出，其名次分別為第八名與第六名，與 2017 年相比皆有成長趨勢。根據《華盛頓郵報》（The Washington Post）（2018）表示：「中國大陸在 2018 年全年消費總額預計達到 5.8 兆美元，首度趕上美國的消費總額。」由此可知，中國大陸內需市場仍持續走揚，潛在無限商機。

10. 文創環境構面而言：2018 年文創環境構面的平均觀點評分為 3.124 分，較 2017 年 3.125 分下滑 0.001 分，名次與 2017 年相較呈持平現象。其中，以「歷史古蹟、文物等文化資產豐沛」之細項指標表現較好，其名次在 79 個細項指標中，位居第 30 名；其他細項指標皆居於後段班，使得文創環境構面排名敬陪末座。根據聯合國教科文組織、國際作者和作曲者協會聯合會、安永聯合會計師事務所（2017）共同發布《文化時代—首份文化與創意產業全球地圖》報告指出：「目前中國大陸文創產值僅占整體 GDP 的 3％，遠落後美國的 25％ 或日本

的 20%，未來市場發展潛力仍待挖掘。」上述可知，中國大陸文創產業正處於發展階段，其環境構面雖於當前評價較低，卻相對具有成長空間。

11. 人文環境構面而言：2018 年人文環境構面的平均觀點評分為 3.003 分，其名次為第 11 名，其細項構面中以「當地民眾感到幸福與快樂的程度」分數最為優異，在 79 項細項指標中位居第十名，較 2017 年的排名上升三名，另外兩項「當地營造以人為本發展環境的程度」與「當地社會保障體系建立與完善的程度」為本年度新列入的細項指標，顯示未來人文環境將會是影響台商赴中國大陸投資的新面向。

12. 永續環境構面而言：2018 年永續環境構面的平均觀點評分為 2.959 分，其名次為 12 項構面排名最末。在細項指標中「當地政府獎勵企業進行綠色製程生產」是整個永續發展排名最優異的，相較 2017 年的 11 名下滑 17 個名次，其名次為 28 名。2018 年 2 月 23 日，重慶兩岸經濟研究所劉釗訊指出：「未來中國大陸的資本市場將持續開放，其制度也越趨完善，此資本市場潛力龐大，另外還有智慧經濟、綠色經濟（如可再生能源、新能源汽車）、健康經濟等都對台商具有一定吸引力。」顯示出中國大陸政府開始重視環境永續發展，綠能、節能發展將是未來一大趨勢。

13. 就投資環境力而言：從表 14-2 看出投資環境力 12 大構面評價依序為：（1）生態環境；（2）經濟環境；（3）內需環境；（4）基建環境；（5）創新環境；（6）網通環境；（7）社會環境；（8）法制環境；（9）經營環境；（10）文創環境；（11）人文環境；（12）永續環境。

表 14-1　2018 TEEMA 中國大陸投資環境力指標評分與排名分析

投資環境力評估構面與指標	2013 評分	2013 排名	2014 評分	2014 排名	2015 評分	2015 排名	2016 評分	2016 排名	2017 評分	2017 排名	2018 評分	2018 排名
生態-01) 當地生態與地理環境符合企業發展的條件	3.617	5	3.482	3	3.451	1	3.395	1	3.346	1	3.337	1
生態-02) 當地水電、燃料等能源充沛的程度	3.605	6	3.468	5	3.422	4	3.361	5	3.310	4	3.308	4
基建-01) 當地海、陸、空交通運輸便利程度	3.626	4	3.482	2	3.432	3	3.373	3	3.276	6	3.279	5
基建-02) 當地的汙水、廢棄物處理設備完善程度	3.464	37	3.335	36	3.277	31	3.222	35	3.154	43	3.132	50
基建-03) 當地的物流、倉儲、流通相關商業設施	3.572	10	3.424	12	3.365	9	3.320	9	3.233	12	3.221	14
基建-04) 醫療、衛生、保健設施的質與量完備程度	3.488	31	3.349	31	3.268	36	3.214	38	3.131	56	3.123	58
基建-05) 學校、教育、研究機構的質與量完備程度	3.513	22	3.366	21	3.286	27	3.254	23	3.189	31	3.168	33
基建-06) 當地的企業運作商務環境完備程度	3.536	17	3.399	16	3.305	19	3.255	22	3.176	37	3.155	40
基建-07) 未來總體發展及建設規劃完善程度	3.603	7	3.458	7	3.379	7	3.321	8	3.228	15	3.193	21
社會-01) 當地的社會治安	3.570	11	3.426	11	3.356	10	3.305	13	3.228	21	3.220	15
社會-02) 當地民眾生活素質及文化水準程度	3.416	44	3.307	42	3.241	40	3.200	45	3.124	59	3.110	62
社會-03) 當地社會風氣及民眾的價值觀程度	3.415	45	3.318	40	3.250	39	3.211	39	3.135	54	3.106	63
社會-04) 當地民眾信仰與道德觀程度	3.451	39	3.354	28	3.269	35	3.208	41	3.143	49	3.121	59
社會-05) 民眾及政府歡迎台商投資態度	3.695	1	3.535	1	3.435	2	3.375	2	3.232	5	3.264	7
法制-01) 行政命令與國家法令的一致性程度	3.563	12	3.427	10	3.322	14	3.280	15	3.213	20	3.214	16
法制-02) 當地的政策優惠條件	3.539	16	3.420	13	3.307	17	3.268	19	3.148	47	3.135	48
法制-03) 政府與執法機構秉持公正執法態度	3.511	23	3.360	26	3.283	29	3.241	29	3.201	23	3.203	18
法制-04) 當地解決糾紛的管道完善程度	3.476	36	3.325	39	3.235	42	3.197	46	3.069	72	3.052	72

表 14-1 2018 TEEMA 中國大陸投資環境力指標評分與排名分析（續）

投資環境力評估構面與指標	2013 評分	2013 排名	2014 評分	2014 排名	2015 評分	2015 排名	2016 評分	2016 排名	2017 評分	2017 排名	2018 評分	2018 排名
法制 -05）當地的工商管理、稅務機關行政效率	3.519	20	3.372	19	3.286	26	3.246	25	3.196	24	3.188	25
法制 -06）當地的海關行政效率	3.500	28	3.365	22	3.293	24	3.267	20	3.205	22	3.229	12
法制 -07）勞工、工安、消防、衛生行政效率	3.476	35	3.333	37	3.272	34	3.229	33	3.192	26	3.165	35
法制 -08）當地的官員操守清廉程度	3.487	32	3.330	38	3.284	28	3.242	27	3.195	25	3.192	22
法制 -09）當地的地方政府對台商投資承諾實現程度	3.561	13	3.394	17	3.307	18	3.233	31	3.113	64	3.101	64
法制 -10）當地環保法規規定適切且合理程度	3.505	26	3.355	27	3.276	32	3.242	28	3.179	36	3.163	37
法制 -11）當地政府政策穩定性及透明度	3.495	30	3.341	35	3.236	41	3.177	52	3.076	70	3.059	71
法制 -12）當地政府對智慧財產權保護的態度	3.451	40	3.306	43	3.235	43	3.204	42	3.163	39	3.155	41
法制 -13）當地政府積極查處違劣仿冒品的力度	3.364	54	3.244	55	3.184	60	3.165	58	3.127	58	3.127	55
經濟 -01）當地的商業及經濟發展相較於一般水平	3.595	9	3.451	8	3.370	8	3.318	10	3.264	9	3.247	9
經濟 -02）金融體系完善的程度且貸款取得便利程度	3.448	41	3.316	41	3.252	38	3.237	30	3.191	28	3.190	24
經濟 -03）當地的資金匯兌及利潤匯出便利程度	3.505	25	3.353	29	3.299	22	3.262	21	3.230	14	3.186	27
經濟 -04）當地經濟環境促使台商經營獲利程度	3.506	24	3.351	30	3.268	37	3.245	26	3.190	29	3.186	26
經濟 -05）該城市未來具有經濟發展潛力的程度	3.628	3	3.468	4	3.400	5	3.357	6	3.324	3	3.320	3
經濟 -06）當地政府改善外商投資環境積極程度	3.597	8	3.436	9	3.346	11	3.312	11	3.261	10	3.244	11
經濟 -07）當地政府執行繳稅行政命令的僵固程度	-	-	3.279	46	3.221	46	3.209	40	3.173	38	3.165	36
經營 -01）當地的基層勞力供應充裕程度	3.447	42	3.305	44	3.225	44	3.138	66	3.032	74	3.011	75
經營 -02）當地的專業及技術人才供應充裕程度	3.387	52	3.241	56	3.185	58	3.148	64	3.057	73	3.030	74
經營 -03）台商企業在當地之勞資關係和諧程度	3.519	21	3.363	24	3.300	21	3.221	36	3.191	27	3.157	38
經營 -04）經營成本、廠房與相關設施成本合理程度	3.485	33	3.342	33	3.280	30	3.228	34	3.185	33	3.156	39

表 14-1　2018 TEEMA 中國大陸投資環境力指標評分與排名分析（續）

投資環境評估構面與指標	2013 評分	2013 排名	2014 評分	2014 排名	2015 評分	2015 排名	2016 評分	2016 排名	2017 評分	2017 排名	2018 評分	2018 排名
經營 -05）有利於形成上、下游產業供應鏈完整程度	3.526	18	3.369	20	3.311	16	3.278	16	3.221	17	3.223	13
經營 -06）同業、同行間公平且正當競爭的環境條件	3.485	34	3.341	34	3.273	33	3.181	50	3.120	61	3.132	52
經營 -07）環境適合台商作為製造業或生產基地移轉	3.393	49	3.254	54	3.197	54	3.174	54	3.138	52	3.117	60
經營 -08）環境適合台商發展自有品牌與精品城	3.402	47	3.260	51	3.208	49	3.190	48	3.183	34	3.148	43
經營 -09）當地政府對台商動遷配合的程度	-	-	3.211	62	3.188	57	3.168	55	3.150	45	3.136	47
經營 -10）當地政府協助台商解決勞動新制衍生問題	-	-	-	-	-	-	3.158	60	3.134	55	3.132	51
經營 -11）當地環境具一帶一路發展優勢以利布局	-	-	-	-	-	-	3.117	72	3.122	60	3.144	44
創新 -01）當地台商享受政府自主創新獎勵的程度	3.519	19	3.376	18	3.301	20	3.251	24	3.218	18	3.201	20
創新 -02）當地擁有自主創新產品和國家級新產品數	3.341	58	3.235	58	3.196	55	3.174	53	3.152	44	3.129	53
創新 -03）當地政府協助台商轉型升級積極程度	3.412	46	3.262	48	3.202	52	3.179	51	3.149	46	3.150	42
創新 -04）當地政府鼓勵兩岸企業共同研發程度	3.428	43	3.287	45	3.221	47	3.216	37	3.179	35	3.190	23
創新 -05）政府鼓勵兩岸企業共同開拓國際市場程度	3.393	50	3.257	53	3.179	61	3.166	57	3.155	42	3.170	32
創新 -06）對外開放和國際科技合作程度	3.281	68	3.191	68	3.143	69	3.106	73	3.082	69	3.085	68
創新 -07）當地政府積極推動產業、工業自動化程度	3.369	53	3.262	49	3.223	45	3.230	32	3.213	19	3.202	19
網通 -01）通訊設備、資訊設施、網路建設完善程度	3.651	2	3.463	6	3.396	6	3.371	4	3.327	2	3.332	2
網通 -02）寬頻通信網路建設完備	3.309	67	3.179	70	3.143	68	3.134	68	3.118	62	3.178	29
網通 -03）光纖資訊到戶的普及率	3.251	69	3.130	71	3.098	71	3.085	74	3.074	71	3.072	69
網通 -04）政府法規對企業技術發展與應用支持	3.389	51	3.274	47	3.215	48	3.188	49	3.159	41	3.123	57
網通 -05）政府推動智慧城市的積極程度	3.396	48	3.260	50	3.208	50	3.204	43	3.186	32	3.211	17
網通 -06）當地政府推動跨境電商的積極程度	-	-	-	-	-	-	-	-	3.089	67	3.135	49
內需 -01）政府獎勵台商自創品牌措施的程度	3.504	27	3.360	25	3.293	25	3.271	17	3.236	16	3.166	34
內需 -02）適合台商發展內貿內銷市場的程度	3.549	14	3.402	15	3.319	15	3.309	12	3.270	7	3.254	8

表 14-1　2018 TEEMA 中國大陸投資環境力指標評分與排名分析（續）

投資環境評估構面與指標	2013 評分	2013 排名	2014 評分	2014 排名	2015 評分	2015 排名	2016 評分	2016 排名	2017 評分	2017 排名	2018 評分	2018 排名
內需-03) 市場未來發展潛力優異程度	3.544	15	3.411	14	3.333	13	3.323	7	3.266	8	3.270	6
內需-04) 政府採購過程對台資內資外資一視同仁	3.336	60	3.208	63	3.150	67	3.154	61	3.142	50	3.096	66
內需-05) 政府協助台商從製造轉向內需擴展	3.329	62	3.200	67	3.152	65	3.164	59	3.147	48	3.139	46
內需-06) 居民購買力與消費潛力	3.330	61	3.218	61	3.195	56	3.193	47	3.162	40	3.173	31
文創-01) 歷史古蹟、文物等文化資產豐沛	3.363	55	3.238	57	3.206	51	3.200	44	3.190	30	3.174	30
文創-02) 文化活動推動及推廣程度	3.321	64	3.201	66	3.164	64	3.144	65	3.129	57	3.124	56
文創-03) 政府對文化創意產業政策推動與落實	3.339	59	3.219	60	3.185	59	3.150	63	3.137	53	3.143	45
文創-04) 對文化創意產權的重視及保護	3.311	66	3.205	64	3.150	66	3.117	71	3.104	65	3.113	61
文創-05) 居民對外來遊客包容與接納	3.354	57	3.228	59	3.173	62	3.151	62	3.141	51	3.096	65
文創-06) 居民對於文化藝術表演消費潛力	3.326	63	3.184	69	3.138	70	3.118	70	3.087	68	3.092	67
文創-07) 居民對於文化創意商品購買程度	3.315	65	3.202	65	3.168	63	3.129	69	3.090	66	3.129	54
人文-01) 當地民眾感到幸福與快樂的程度	3.453	38	3.343	32	3.294	23	3.270	18	3.232	13	3.246	10
人文-02) 當地營造以人為本發展環境的程度	-	--	-	--	--	--	--	--	--	--	3.042	73
人文-03) 當地社會保障體系建立完善的程度	-	--	-	--	--	--	--	--	--	--	2.723	79
永續-01) 當地政府獎勵企業進行綠色製程生產	3.496	29	3.365	23	3.337	12	3.291	14	3.235	11	3.180	28
永續-02) 當地政府執行對於節能、減排、降耗	3.360	56	3.259	52	3.202	53	3.167	56	3.115	63	3.069	70
永續-03) 當地政府對於碳排放管制的程度	-	-	-	-	-	-	-	-	2.779	75	2.785	77
永續-04) 當地政府推動城市綠化的程度	-	-	-	-	-	-	-	-	-	-	2.995	76
永續-05) 當地政府加強取締企業對環境造成汙染	-	-	-	-	-	-	-	-	-	-	2.768	78

資料來源：本研究整理

表 14-2　2018 TEEMA 中國大陸投資環境力構面平均觀點評分與排名

投資環境力評估構面	2014		2015		2016		2017		2018		2014-2018	
	評分	排名	評分	排名	評分	排名	評分	排名	評分	排名	評分	排名
生態環境	3.393	2	3.353	1	3.303	1	3.157	8	3.323	1	3.305	1
基建環境	3.402	1	3.330	2	3.280	2	3.198	3	3.181	4	3.278	3
社會環境	3.380	3	3.308	3	3.262	4	3.187	4	3.161	7	3.259	4
法制環境	3.352	5	3.271	5	3.230	6	3.160	6	3.151	8	3.232	6
經濟環境	3.370	4	3.300	3	3.277	3	3.233	1	3.220	2	3.283	2
經營環境	3.298	7	3.241	6	3.178	9	3.139	9	3.126	9	3.196	9
創新環境	3.283	8	3.209	9	3.189	8	3.164	5	3.175	5	3.204	7
網通環境	3.261	9	3.212	8	3.196	7	3.159	7	3.164	6	3.198	8
內需環境	3.300	6	3.240	7	3.246	5	3.202	2	3.183	3	3.234	5
文創環境	3.211	10	3.169	10	3.144	10	3.125	10	3.124	10	3.154	10
人文環境	-	-	-	-	-	-	-	-	3.003	11	3.003	11
永續環境	-	-	-	-	-	-	-	-	2.959	12	2.959	12
平均值	3.326		3.264		3.230		3.172		3.151		3.192	

資料來源：本研究整理

二、2017-2018 TEEMA 中國大陸投資環境力比較分析

2017-2018《TEEMA 調查報告》對中國大陸投資環境力指標比較如表 14-3，以投資環境力之 12 大構面對中國大陸進行分析，將分析結果與排名變化如表 14-4 所顯示。茲將投資環境力比較分析分述如下：

1. 就 79 項評估指標而言：在 2018《TEEMA 調查報告》中，投資環境力之評估指標評價結果如表 14-3 所示，在 79 個細項指標中，有 24 項指標之分數有上升的情況，其中「當地政府推動跨境電商的積極程度」分數差異變化最為明憲，上升 0.046 分，其餘的分數差異變化排名均呈下跌趨勢，其中又以「當地政府獎勵企業進行綠色製程生產」的分數差異變化最為嚴重，下滑 0.055 分。綜上可知，中國大陸在投資環境力中，有約莫三分之一的分數上升，表示台商對中國大陸投資環境力熱度有回升的態勢，但經營環境的變動使台商仍然充滿不安。

2. 就 79 項評估指標差異分析而言：2018《TEEMA 調查報告》與 2017 年的評估指標進行差異分析如表 14-3 所示，看出均呈現下降態勢只有部分指標有上升，而其中以「當地政府推動跨境電商的積極程度（上升 0.046 分）」、「居民對於文化創意商品購買程度（上升 0.0039 分）」、「當地政府獎勵企業進行綠色製程生產（下降 0.055 分）」、「當地政府執行對節能、減排、降耗（下降 0.046 分）」、「政府採購過程對台資內資外資一視同仁（下降 0.046 分）」等為分數

差異變化最大之五名。由上可知,永續環境有兩項變化最為明顯,顯示中國大陸近年永續環境變間接影響到台商在中國大陸投資意圖。

　　3. 就 79 項評估指標退步比例分析:從表 14-4 中,可看出 12 大構面中 79 個細項評估指標大部分均呈現下降趨勢,比例為 64.56%。行政院陸委會於 2018 年 2 月 16 日表示:「中國大陸經營環境近年出現巨大變化,包括:生產成本提高、環保及勞動條件日趨嚴格、紅色供應鏈興起、實施反避稅措施及國際間經貿環境演變等,使台商經營面臨許多困難及挑戰。」上述顯示,中國大陸投資環境日益嚴峻,迫使投資企業紛紛撤出中國大陸。

　　4. 就 12 項評估構面而言:從表 14-4 看出 12 項構面評價以「社會環境」降幅為最大,從 2017 年 3.187 分下降至 2018 年 3.161 分,下降 0.026 分;其次為「內需環境」的構面評價,從 2017 年 3.202 分下降至 2018 年 3.183 分,降幅 0.019 分;再者為「基建環境」的構面評價,從 2017 年 3.198 分下降至 2018 年 3.181 分,降幅 0.017 分。

表 14-3　2017-2018 TEEMA 投資環境力差異與排名變化分析

投資環境力評估構面與指標	2017 評分	2018 評分	2017-2018 差異分析	差異變化排名 ▲	▼	新增
生態 -01)當地生態與地理環境符合企業發展的條件	3.346	3.337	-0.009	-	37	-
生態 -02)當地水電、燃料等能源充沛的程度	3.31	3.308	-0.002	-	47	-
基建 -01)當地海、陸、空交通運輸便利程度	3.276	3.279	0.003	19	-	-
基建 -02)當地的汙水、廢棄物處理設備完善程度	3.154	3.132	-0.022	-	16	-
基建 -03)當地的物流、倉儲、流通相關商業設施	3.233	3.221	-0.012	--	34	-
基建 -04)醫療、衛生、保健設施的質與量完備程度	3.131	3.123	-0.008	-	42	-
基建 -05)學校、教育、研究機構的質與量完備程度	3.189	3.168	-0.021	-	19	-
基建 -06)當地的企業運作商務環境完備程度	3.176	3.155	-0.021	-	18	-
基建 -07)未來總體發展及建設規劃完善程度	3.228	3.193	-0.035	-	8	-
社會 -01)當地的社會治安	3.208	3.22	0.012	9	-	-
社會 -02)當地民眾生活素質及文化水準程度	3.124	3.11	-0.014	-	31	-
社會 -03)當地社會風氣及民眾的價值觀程度	3.135	3.106	-0.029	-	11	-
社會 -04)當地民眾的誠信與道德觀程度	3.143	3.121	-0.022	-	16	-
社會 -05)民眾及政府歡迎台商投資態度	3.282	3.264	-0.018	-	22	-
法制 -01)行政命令與國家法令的一致性程度	3.213	3.214	0.001	23	-	-
法制 -02)當地的政策優惠條件	3.148	3.135	-0.013	-	33	-

表 14-3　2017-2018 TEEMA 投資環境力差異與排名變化分析（續）

投資環境力評估構面與指標	2017 評分	2018 評分	2017-2018 差異分析	差異變化排名 ▲	▼	新增
法制 -03）政府與執法機構秉持公正執法態度	3.201	3.203	0.002	21	-	-
法制 -04）當地解決糾紛的管道完善程度	3.069	3.052	-0.017	-	23	-
法制 -05）當地的工商管理、稅務機關行政效率	3.196	3.188	-0.008	-	38	-
法制 -06）當地的海關行政效率	3.205	3.229	0.024	5	-	-
法制 -07）勞工、工安、消防、衛生行政效率	3.192	3.165	-0.027	-	13	-
法制 -08）當地的官員操守清廉程度	3.195	3.192	-0.003	-	46	-
法制 -09）當地的地方政府對台商投資承諾實現程度	3.113	3.101	-0.012	-	34	-
法制 -10）當地環保法規規定適切且合理程度	3.179	3.163	-0.016	-	28	-
法制 -11）當地政府政策穩定性及透明度	3.076	3.059	-0.017	-	23	-
法制 -12）當地政府對智慧財產權保護的態度	3.163	3.155	-0.008	-	38	-
法制 -13）當地政府積極查處違劣仿冒品的力度	3.127	3.127	0.000	-	-	-
經濟 -01）當地的商業及經濟發展相較於一般水平	3.264	3.247	-0.017	-	23	-
經濟 -02）金融體系完善的程度且貸款取得便利程度	3.191	3.19	-0.001	-	50	-
經濟 -03）當地的資金匯兌及利潤匯出便利程度	3.23	3.186	-0.044	-	6	-
經濟 -04）當地經濟環境促使台商經營獲利程度	3.19	3.186	-0.004	-	44	-
經濟 -05）該城市未來具有經濟發展潛力的程度	3.324	3.32	-0.004	-	44	-
經濟 -06）當地政府改善外商投資環境積極程度	3.261	3.244	-0.017	-	23	-
經濟 -07）當地政府執行繳稅在地化的僵固程度	3.173	3.165	-0.008	-	38	-
經營 -01）當地的基層勞力供應充裕程度	3.032	3.011	-0.021	-	19	-
經營 -02）當地的專業及技術人才供應充裕程度	3.057	3.03	-0.027	-	13	-
經營 -03）台商企業在當地之勞資關係和諧程度	3.191	3.157	-0.034	-	10	-
經營 -04）經營成本、廠房與相關設施成本合理程度	3.185	3.156	-0.029	-	11	-
經營 -05）有利於形成上、下游產業供應鏈完整程度	3.221	3.223	0.002	21	-	-
經營 -06）同業、同行間公平且正當競爭的環境條件	3.12	3.132	0.012	9	-	-
經營 -07）環境適合台商作為製造業或生產基地移轉	3.138	3.117	-0.021	-	19	-
經營 -08）環境適合台商發展自有品牌與精品城	3.183	3.148	-0.035	-	9	-
經營 -09）當地政府對台商動遷配合的程度	3.15	3.136	-0.014	-	32	-
經營 -10）當地政府協助台商解決勞動新制衍生問題	3.134	3.132	-0.002	-	48	-
經營 -11）當地環境具一帶一路發展優勢以利布局	3.122	3.144	0.022	6	-	-
創新 -01）當地台商享受政府自主創新獎勵的程度	3.218	3.201	-0.017	-	23	-
創新 -02）當地擁有自主創新產品和國家級新產品數	3.152	3.129	-0.023	-	15	-

表 14-3　2017-2018 TEEMA 投資環境力差異與排名變化分析（續）

投資環境力評估構面與指標	2017評分	2018評分	2017-2018差異分析	差異變化排名 ▲	▼	新增
創新 -03）當地政府協助台商轉型升級積極程度	3.149	3.15	0.001	23	-	-
創新 -04）當地政府鼓勵兩岸企業共同研發程度	3.179	3.19	0.011	11	-	-
創新 -05）政府鼓勵兩岸企業共同開拓國際市場程度	3.155	3.17	0.015	7	-	-
創新 -06）對外開放和國際科技合作程度	3.082	3.085	0.003	19	-	-
創新 -07）當地政府積極推動產業、工業自動化程度	3.213	3.202	-0.011	-	36	-
網通 -01）通訊設備、資訊設施、網路建設完善程度	3.327	3.332	0.005	16	-	-
網通 -02）寬頻通信網路建設完備	3.118	3.178	0.06	1	-	-
網通 -03）光纖資訊到戶的普及率	3.074	3.072	-0.002	-	48	-
網通 -04）政府法規對企業技術發展與應用支持	3.159	3.123	-0.036	-	7	-
網通 -05）政府推動智慧城市的積極程度	3.186	3.211	0.025	4	-	-
網通 -06）當地政府推動跨境電商的積極程度	3.089	3.135	0.046	2	-	-
內需 -01）政府獎勵台商自創品牌措施的程度	3.226	3.166	-0.06	-	1	-
內需 -02）適合台商發展內貿內銷市場的程度	3.27	3.254	-0.016	-	28	-
內需 -03）市場未來發展潛力優異程度	3.266	3.27	0.004	18	-	-
內需 -04）政府採購過程對台資內資外資一視同仁	3.142	3.096	-0.046		4	
內需 -05）政府協助台商從製造轉向內需擴展	3.147	3.139	-0.008		38	
內需 -06）居民購買力與消費潛力	3.162	3.173	0.011	11	-	-
文創 -01）歷史古蹟、文物等文化資產豐沛	3.19	3.174	-0.016	-	28	-
文創 -02）文化活動推動及推廣程度	3.129	3.124	-0.005	-	43	-
文創 -03）政府對文化創意產業政策推動與落實	3.137	3.143	0.006	14	-	-
文創 -04）對文化創意產權的重視及保護	3.104	3.113	0.009	13	-	-
文創 -05）居民對外來遊客包容與接納	3.141	3.096	-0.045	-	5	-
文創 -06）居民對於文化藝術表演消費潛力	3.087	3.092	0.005	16	-	-
文創 -07）居民對於文化創意商品購買程度	3.09	3.129	0.039	3	-	-
人文 -01）當地民眾感到幸福與快樂的程度	3.232	3.246	0.014	8	-	-
人文 -02）當地營造以人為本發展環境的程度	--	3.042	-	-	-	1
人文 -03）當地社會保障體系建立與完善的程度	--	2.723	-	-	-	4
永續 -01）當地政府獎勵企業進行綠色製程生產	3.235	3.18	-0.055	-	2	-
永續 -02）當地政府執行對節能、減排、降耗	3.115	3.069	-0.046	-	3	-
永續 -03）當地政府對於碳排放管制的程度	2.779	2.785	0.006	14	-	-
永續 -04）當地政府推動城市綠化的程度	-	2.995	-	-	-	2
永續 -05）當地政府加強取締企業對環境造成汙染	-	2.768	-	-	-	3

資料來源：本研究整理

表 14-4　2017-2018 TEEMA 投資環境力細項指標變化排名分析

投資環境力構面	2017評分	2018評分	2017-2018差異分析	名次	評估指標升降			
					指標數	▲	▼	新增
生態環境	3.157	3.323	0.166	1	2	0	2	0
基建環境	3.198	3.181	-0.017	8	7	1	6	0
社會環境	3.187	3.161	-0.026	10	5	1	4	0
法制環境	3.160	3.151	-0.009	5	13	3	10	0
經濟環境	3.233	3.220	-0.013	6	7	0	7	0
經營環境	3.139	3.126	-0.013	6	11	3	8	0
創新環境	3.164	3.175	0.011	2	7	4	3	0
網通環境	3.159	3.164	0.005	3	6	4	2	0
內需環境	3.202	3.183	-0.019	9	6	2	4	0
文創環境	3.125	3.124	-0.001	4	7	4	3	0
人本環境	-	3.003	-	-	3	1	0	2
永續環境	-	2.959	-	-	5	1	2	2
投資環境力平均	3.172	3.151	-0.021	-	79	24	51	4
百分比					100.00%	30.38%	64.56%	5.06%

資料來源：本研究整理

　　表 14-5 顯示，投資環境力評估結果排名最優前十名評估指標依序為：（1）當地生態與地理環境符合企業發展的條件；（2）通訊設備、資訊設施、網路建設完善程度；（3）該城市未來具有經濟發展潛力的程度；（4）當地水電、燃料等能源充沛的程度；（5）當地海、陸、空交通運輸便利程度；（6）市場未來發展潛力優異程度；（7）民眾及政府歡迎台商投資態度；（8）適合台商發展內貿內銷市場的程度；（9）當地的商業及經濟發展相較於一般水平；（10）當地民眾感到幸福與快樂的程度。其中，「當地民眾感到幸福與快樂的程度」此細項指標從 2017 年的第 13 名躍升至 2018 年的第十名，可見中國大陸民眾幸福感有越來越好的趨勢，使台商對中國大陸給於肯定之評價。此外，「市場未來發展潛力優異程度」此細項指標從 2017 年的第八名邁向 2018 年的第六名，由此道出中國大陸市場潛力無窮，深受台商青睞與肯定。

表 14-5　2018 TEEMA 投資環境力排名十大最優指標

投資環境力排名十大最優指標	2017		2018	
	評分	排名	評分	排名
生態-01）當地生態與地理環境符合企業發展的條件	3.346	1	3.337	1
網通-01）通訊設備、資訊設施、網路建設完善程度	3.327	2	3.332	2
經濟-05）該城市未來具有經濟發展潛力的程度	3.324	3	3.320	3
生態-02）當地水電、燃料等能源充沛的程度	3.310	4	3.308	4
基建-01）當地海、陸、空交通運輸便利程度	3.276	6	3.279	5
內需-03）市場未來發展潛力優異程度	3.266	8	3.270	6
社會-05）民眾及政府歡迎台商投資態度	3.282	5	3.264	7
內需-02）適合台商發展內貿內銷市場的程度	3.270	7	3.254	8
經濟-01）當地的商業及經濟發展相較於一般水平	3.264	9	3.247	9
人文-01）當地民眾感到幸福與快樂的程度	3.232	13	3.246	10

資料來源：本研究整理

　　在 2018《TEEMA 調查報告》表 14-6 顯示，投資環境力評估結果較差排名前十名評估指標依序為：（1）當地社會保障體系建立與完善的程度；（2）當地政府加強取締企業對環境造成汙染；（3）當地政府對於碳排放管制的程度；（4）當地政府推動城市綠化的程度；（5）當地的基層勞力供應充裕程度；（6）當地的專業及技術人才供應充裕程度；（7）當地營造以人為本發展環境的程度；（8）當地解決糾紛的管道完善程度；（9）當地政府政策穩定性及透明度；（10）當地政府執行對節能、減排、降耗，其中以「當地政府執行對節能、減排、降耗」位於投資環境力評估結果之末位。此外，從此細項指標觀察，「當地社會保障體系建立與完善的程度」從 2017 年的第 63 名下滑至 2018 年的第 70 名，顯示出中國大陸對於社會保障相關的意識尚未完善。

表 14-6　2018 TEEMA 投資環境力排名十大劣勢指標

投資環境力排名十大劣勢指標	2017		2018	
	評分	排名	評分	排名
人文-03）當地社會保障體系建立與完善的程度	--	-	2.723	1
永續-05）當地政府加強取締企業對環境造成汙染	-	-	2.768	2
永續-03）當地政府對於碳排放管制的程度	2.779	1	2.785	3
永續-04）當地政府推動城市綠化的程度	-	-	2.995	4
經營-01）當地的基層勞力供應充裕程度	3.032	2	3.011	5
經營-02）當地的專業及技術人才供應充裕程度	3.057	3	3.03	6

表 14-6　2018 TEEMA 投資環境力排名十大劣勢指標（續）

投資環境力排名十大劣勢指標	2017		2018	
	評分	排名	評分	排名
人文 -02）當地營造以人為本發展環境的程度	--	-	3.042	7
法制 -04）當地解決糾紛的管道完善程度	3.069	4	3.052	8
法制 -11）當地政府政策穩定性及透明度	3.076	6	3.059	9
永續 -02）當地政府執行對節能、減排、降耗	3.115	13	3.060	10

資料來源：本研究整理

2018《TEEMA 調查報告》對 2017 年與 2018 年投資環境力調查指標作差異分析，其評估指標下降幅度最多前十項指標如表 14-7 所顯示，分別為：（1）政府獎勵台商自創品牌措施的程度；（2）當地政府獎勵企業進行綠色製程生產；（3）當地政府執行對節能、減排、降耗；（4）政府採購過程對台資內資外資一視同仁；（5）居民對外來遊客包容與接納；（6）當地的資金匯兌及利潤匯出便利程度；（7）政府法規對企業技術發展與應用支持；（8）未來總體發展及建設規劃完善程度；（9）環境適合台商發展自有品牌與精品城；（10）台商企業在當地之勞資關係和諧程度。

表 14-7　2017-2018 TEEMA 投資環境力指標下降前十排名

投資環境力評分下降幅度前十指標	2017-2018 評分下降	2017-2018 下降排名
內需 -01）政府獎勵台商自創品牌措施的程度	-0.060	1
永續 -01）當地政府獎勵企業進行綠色製程生產	-0.055	2
永續 -02）當地政府執行對節能、減排、降耗	-0.046	3
內需 -04）政府採購過程對台資內資外資一視同仁	-0.046	4
文創 -05）居民對外來遊客包容與接納	-0.045	5
經濟 -03）當地的資金匯兌及利潤匯出便利程度	-0.044	6
網通 -04）政府法規對企業技術發展與應用支持	0.036	7
基建 -07）未來總體發展及建設規劃完善程度	-0.035	8
經營 -08）環境適合台商發展自有品牌與精品城	-0.035	9
經營 -03）台商企業在當地之勞資關係和諧程度	-0.034	10

資料來源：本研究整理

三、2018 TEEMA 中國大陸城市投資環境力分析

2018《TEEMA 調查報告》將所列入評比的 112 個城市，進行投資環境力分析，如表 14-8 所示，茲將投資環境力重要論述分述如下：

1. 就投資環境力十佳城市而言：根據 2018《TEEMA 調查報告》所示，投資環境力前十佳城市排序為：（1）蘇州工業區；（2）蘇州昆山；（3）杭州市區；（4）廈門島外；（5）成都；（6）蘇州新區；（7）上海市區；（8）上海閔行；（9）淮安；（10）北京市區。從而得知，蘇州工業區、蘇州昆山、杭州蕭山、廈門島外、成都、蘇州新區等六座城市，繼 2017 年後又於 2018 年穩坐前十佳城市。此外，上海市區、上海閔行、淮安、北京市區，從 2017 年的十名外，進入前十佳城市之列，道出台商對其未來發展評價有所期望。

2. 就投資環境力十劣城市而言：根據 2018《TEEMA 調查報告》顯示，得知投資環境力排名前十劣的城市，其排序為：（1）北海；（2）贛州；（3）太原；（4）九江；（5）吉安；（6）東莞長安；（7）宜昌；（8）東莞石碣；（9）東莞厚街；（10）長春。從而得知，東莞厚街、東莞石碣、宜昌、東莞長安、吉安、九江、太原、贛州、北海等九座城市，繼 2017 年後又於 2018 年進入前十劣城市。此外，長春從 2017 年的第 93 名進入前十劣的城市，下滑幅度顯著，其次，在東莞附近區域城市位列十劣城市中，就占三席，顯示台商對東莞地區投資環境力評價仍較不佳。

表 14-8　2018 TEEMA 中國大陸城市投資環境力排名分析

排名	城市	生態環境 評分	排名	基建環境 評分	排名	社會環境 評分	排名	法制環境 評分	排名	經濟環境 評分	排名	經營環境 評分	排名	創新環境 評分	排名	網通環境 評分	排名	內需環境 評分	排名	文創環境 評分	排名	人文環境 評分	排名	永續環境 評分	排名	投資環境力 評分	加權分數
1	蘇州工業區	3.740	21	3.817	6	3.864	3	3.858	2	3.960	2	3.858	1	3.888	2	3.633	11	4.027	1	3.469	24	3.653	5	3.196	6	3.762	95.888
2	蘇州昆山	4.177	4	3.970	3	3.668	15	3.690	13	3.654	19	3.585	9	3.929	1	3.788	3	3.973	2	3.975	1	3.812	2	3.111	13	3.736	93.747
3	杭州市區	4.212	3	3.973	1	3.569	22	3.808	4	3.670	18	3.566	11	3.615	12	3.718	6	3.712	7	3.874	3	3.795	3	3.508	1	3.709	93.212
4	廈門島外	4.000	6	3.621	21	3.750	9	3.654	16	4.043	1	3.636	4	3.860	3	3.625	12	3.708	8	3.571	15	3.450	18	3.196	5	3.679	93.034
5	成都	3.657	28	3.694	18	3.829	6	3.736	10	3.833	8	3.732	2	3.611	13	3.867	2	3.805	4	3.800	6	3.638	7	3.076	17	3.688	92.722
6	蘇州新區	3.933	11	3.795	9	4.047	1	3.718	12	3.867	7	3.642	3	3.720	7	3.444	24	3.633	11	3.510	19	3.689	4	3.048	25	3.658	90.938
7	上海市區	4.360	2	3.971	2	3.728	10	3.735	11	3.731	12	3.480	20	3.448	30	3.747	5	3.547	20	3.811	5	3.360	29	3.247	3	3.641	89.288
8	上海閔行	3.605	32	3.759	11	3.547	23	3.587	22	3.925	4	3.584	10	3.600	14	3.640	9	3.868	3	3.880	2	3.474	16	3.095	15	3.621	89.244
9	淮安	3.909	14	3.714	16	3.727	11	3.559	26	3.610	23	3.512	15	3.764	6	3.652	8	3.682	10	3.591	13	3.636	8	3.119	10	3.605	88.887
10	北京市區	3.537	40	3.804	7	3.785	8	3.396	32	3.926	3	3.505	16	3.556	18	3.747	4	3.562	16	3.815	4	3.593	10	3.051	24	3.590	87.371
11	杭州蕭山	3.983	7	3.798	8	3.586	21	3.671	15	3.675	17	3.285	43	3.559	17	3.655	7	3.730	6	3.650	9	3.563	12	3.076	18	3.573	86.435
12	廈門島內	3.875	15	3.693	19	3.690	13	3.773	6	3.807	10	3.455	24	3.500	21	3.492	19	3.558	17	3.593	12	3.133	55	3.256	2	3.568	86.390
13	西安	3.938	9	3.756	12	3.800	7	3.631	18	3.351	46	3.606	5	3.675	10	3.451	22	3.556	18	3.250	46	3.500	14	3.117	12	3.541	84.963
14	上海浦東	3.917	13	3.849	5	3.644	18	3.573	25	3.714	13	3.369	33	3.178	55	3.398	28	3.444	36	3.635	10	3.815	1	3.143	8	3.507	80.326
15	南京市區	3.625	30	3.616	23	3.663	17	3.793	5	3.732	11	3.602	6	3.463	28	3.260	48	3.510	27	3.339	38	3.604	9	2.956	45	3.507	79.746
16	重慶	3.703	25	3.688	20	3.538	26	3.680	14	3.696	14	3.344	39	3.544	19	3.255	49	3.630	12	3.438	27	3.313	35	3.089	16	3.485	79.256
17	蘇州市區	3.692	26	3.747	13	3.838	5	3.598	21	3.533	30	3.538	13	3.492	22	3.244	52	3.571	15	3.104	62	3.346	30	3.051	22	3.481	78.988
17	寧波市區	4.389	1	3.444	33	3.967	2	3.645	17	3.881	6	3.470	22	3.311	44	3.315	38	3.537	23	3.389	32	3.296	39	2.963	41	3.535	78.988
19	連雲港	3.094	82	3.107	66	3.050	72	3.462	29	3.679	16	3.602	6	3.825	5	3.958	1	3.781	5	3.536	16	3.167	53	3.011	31	3.482	76.491
20	馬鞍山	3.921	12	3.474	31	3.842	4	3.579	23	3.632	22	3.488	18	3.400	34	3.307	41	3.509	29	3.526	17	3.246	46	2.936	53	3.478	76.179
21	寧波北侖	3.833	17	3.476	29	3.356	34	3.312	39	3.270	56	3.308	41	3.489	23	3.546	17	3.704	9	3.683	8	3.389	25	3.051	23	3.423	75.778
22	武漢武昌	4.083	5	3.706	17	3.667	16	3.624	19	3.444	33	3.535	14	3.456	29	3.361	31	3.213	61	3.111	63	3.426	19	2.975	37	3.444	74.930

表 14-8　2018 TEEMA 中國大陸城市投資環境力排名分析（續）

排名	城市	生態環境 評分	生態環境 排名	基建環境 評分	基建環境 排名	社會環境 評分	社會環境 排名	法制環境 評分	法制環境 排名	經濟環境 評分	經濟環境 排名	經營環境 評分	經營環境 排名	創新環境 評分	創新環境 排名	網通環境 評分	網通環境 排名	內需環境 評分	內需環境 排名	文創環境 評分	文創環境 排名	人文環境 評分	人文環境 排名	永續環境 評分	永續環境 排名	投資環境力 評分	加權分數
23	無錫市區	3.250	67	3.321	43	3.540	25	3.577	24	3.429	35	3.364	34	3.570	15	3.500	18	3.600	13	3.500	20	3.583	11	2.916	57	3.432	74.886
24	天津濱海	3.705	24	3.734	14	3.618	20	3.752	9	3.831	9	3.384	31	3.291	47	3.356	33	3.500	30	3.188	55	3.212	50	2.955	46	3.461	74.440
25	深圳市區	3.355	51	3.373	38	3.310	36	3.194	55	3.650	21	3.551	12	3.348	40	3.430	27	3.441	38	3.479	22	3.323	33	3.245	4	3.393	73.682
26	長沙	3.500	44	3.722	15	3.547	23	3.336	36	3.571	26	3.383	32	3.463	27	3.447	23	3.421	41	3.353	36	3.368	28	2.974	38	3.412	73.459
27	東莞松山湖	3.650	29	3.614	24	3.690	13	3.935	1	3.321	50	3.214	49	3.240	50	3.358	32	3.250	57	3.414	31	3.550	13	3.118	11	3.424	73.102
28	無錫江陰	3.139	75	3.206	58	3.467	29	3.812	3	3.921	5	3.490	17	3.844	4	3.620	13	3.417	43	3.206	54	3.296	39	2.745	91	3.474	72.523
29	合肥	3.556	39	3.405	35	3.500	27	3.761	8	3.571	26	3.354	36	3.467	26	3.343	35	3.509	28	3.349	37	3.037	69	2.961	42	3.414	72.523
30	宿遷	3.625	30	3.241	53	3.288	39	3.611	20	3.384	41	3.352	37	3.675	10	3.635	10	3.542	21	3.089	63	3.167	53	2.892	63	3.394	70.516
31	北京亦庄	3.159	74	3.760	10	3.709	12	3.762	7	3.695	15	3.355	35	2.973	79	3.348	34	3.273	54	3.435	28	3.303	38	3.011	30	3.396	70.471
32	蕪湖	3.324	56	3.227	56	3.282	42	3.357	35	3.252	58	3.460	23	3.682	9	3.480	20	3.578	14	3.185	57	3.373	27	2.947	48	3.359	69.936
33	南京江寧	3.118	78	3.210	57	3.235	52	3.466	28	3.588	25	3.594	8	3.565	16	3.578	16	3.520	26	3.429	29	3.098	57	2.836	76	3.381	69.000
34	上海松江	3.344	53	3.563	26	3.300	37	3.327	37	3.536	29	3.222	48	3.375	36	3.396	30	3.417	43	3.580	14	3.292	42	2.952	47	3.341	67.395
35	上海嘉定	3.658	27	3.910	4	3.495	28	3.332	37	3.594	24	3.268	44	2.989	76	3.254	50	3.412	46	3.496	21	3.649	6	2.923	54	3.362	66.280
36	德陽	3.767	19	3.476	29	3.627	19	3.374	33	3.248	59	3.158	54	3.107	68	3.167	63	3.556	18	3.238	50	3.400	22	3.055	20	3.323	65.745
37	南通	3.105	81	2.910	84	3.379	31	3.413	30	3.541	28	3.488	19	3.316	43	3.333	36	3.465	35	3.211	53	3.316	34	2.946	50	3.315	65.388
38	東莞市區	3.571	35	3.599	25	3.238	51	3.161	60	3.177	63	3.398	29	3.476	24	3.397	29	3.492	32	3.224	51	3.079	62	3.006	32	3.308	64.630
39	遂寧	3.844	16	3.321	44	3.363	33	3.361	34	3.429	34	3.398	30	3.375	36	3.146	68	3.417	43	3.170	58	2.854	82	3.030	28	3.311	64.585
40	綿陽	3.094	82	3.241	53	3.275	45	3.284	42	3.482	31	3.239	46	3.513	20	3.167	63	3.479	33	3.250	46	3.479	15	2.979	36	3.295	63.961
41	揚州	2.861	98	3.310	45	3.300	37	3.188	56	3.341	48	3.414	27	3.689	8	3.611	15	3.361	49	3.770	7	2.963	74	2.856	68	3.321	63.426
42	青島	3.976	8	3.293	47	3.371	32	3.289	40	3.442	34	3.346	38	3.238	51	3.190	60	3.302	51	3.265	43	3.333	31	2.861	67	3.297	61.865
43	寧波慈溪	3.267	63	3.267	51	3.280	43	3.200	53	3.371	43	3.188	51	3.253	48	3.322	37	3.522	25	3.429	29	3.222	47	2.853	70	3.258	59.413
44	大連	3.087	84	3.385	36	3.200	58	3.254	45	3.342	47	3.451	25	3.470	25	3.217	56	3.442	37	3.460	25	3.087	58	2.818	78	3.270	58.744
45	濟南	3.750	20	3.365	39	3.178	62	3.179	59	3.421	37	3.318	40	3.333	42	3.435	26	3.093	69	2.881	80	3.111	56	2.942	51	3.245	57.763

表 14-8　2018 TEEMA 中國大陸城市投資環境力排名分析（續）

排名	城市	生態環境 評分	排名	基建環境 評分	排名	社會環境 評分	排名	法制環境 評分	排名	經濟環境 評分	排名	經營環境 評分	排名	創新環境 評分	排名	網通環境 評分	排名	內需環境 評分	排名	文創環境 評分	排名	人文環境 評分	排名	永續環境 評分	排名	投資環境力 評分	加權分數
46	珠海	3.344	53	3.330	42	3.150	65	3.231	48	3.080	73	3.142	57	3.438	32	3.188	61	3.240	59	3.357	35	3.417	20	3.106	14	3.230	57.719
47	徐州	3.425	50	3.343	41	3.210	57	3.281	43	3.307	52	3.191	50	2.950	82	3.458	21	3.467	34	3.214	52	3.250	44	2.894	62	3.237	56.782
48	紹興	3.794	18	3.168	60	3.224	55	3.511	27	3.412	38	3.401	28	3.141	60	3.167	63	3.275	53	2.908	77	2.784	91	2.927	60	3.236	55.667
49	石家莊	3.079	85	3.617	22	3.284	41	3.223	49	3.391	40	3.120	61	3.179	54	3.228	54	3.421	41	3.248	48	3.386	26	2.815	79	3.232	55.445
50	嘉興市區	3.563	37	3.000	75	3.063	71	3.000	74	3.027	79	3.142	57	3.425	33	3.271	45	3.375	48	3.446	26	3.458	17	2.959	44	3.199	53.750
51	保定	3.719	23	3.518	27	3.038	73	3.038	71	3.393	39	3.307	42	3.100	70	3.302	42	3.500	30	3.313	41	2.792	90	2.850	72	3.220	53.661
52	嘉興嘉善	3.294	59	3.277	48	3.176	64	3.077	69	3.076	74	3.449	26	3.341	41	3.284	44	3.294	52	3.471	23	3.216	49	2.826	77	3.215	53.037
53	江門	3.531	41	3.232	55	3.188	61	3.250	46	3.304	53	3.136	59	3.150	57	3.000	79	3.052	74	3.188	56	3.083	59	3.150	7	3.175	52.591
54	佛山	3.588	33	3.378	37	3.012	75	3.412	31	3.143	65	3.144	56	3.294	46	3.147	67	3.108	66	2.731	63	2.863	81	3.053	21	3.159	51.922
55	中山	3.938	9	3.446	32	3.288	39	2.913	83	2.777	99	3.102	65	2.938	83	3.438	25	3.250	57	2.991	72	2.979	73	3.131	9	3.151	51.565
56	天津市區	3.524	43	3.476	28	3.324	35	3.183	58	3.361	44	3.126	60	3.133	64	3.159	66	3.254	56	3.061	64	2.889	80	2.854	69	3.187	50.985
57	廣州市區	3.132	76	3.120	65	3.147	66	3.089	67	3.308	51	3.163	53	2.832	97	3.211	57	3.430	40	3.632	11	3.333	31	2.959	43	3.175	50.450
58	蘇州張家港	2.816	100	3.271	49	3.221	56	3.105	64	3.068	76	3.077	66	3.147	58	3.132	70	3.526	24	3.316	40	3.211	51	2.981	35	3.156	50.138
59	漳州	3.441	47	3.361	40	3.259	48	3.231	47	3.353	45	2.882	85	2.835	96	3.186	62	3.176	64	3.244	47	3.392	24	2.945	49	3.159	49.514
60	蘇州吳江	2.980	93	2.794	94	2.832	92	3.003	73	3.371	42	3.073	67	3.136	63	3.220	55	3.540	22	3.514	13	3.307	37	2.843	73	3.132	46.660
61	貴陽	3.306	57	3.310	45	2.944	84	3.124	62	3.119	66	3.051	71	3.200	52	3.315	38	3.102	68	2.722	97	3.019	71	2.994	34	3.103	46.482
62	廊坊	3.111	80	3.079	68	3.011	76	3.205	52	3.333	49	3.172	52	3.400	34	3.120	72	3.074	71	3.016	65	3.056	66	2.882	66	3.133	46.348
63	惠州	3.559	38	3.437	34	3.271	46	2.932	81	2.857	95	3.059	69	3.047	75	3.265	47	3.069	73	2.731	93	3.039	68	3.076	19	3.096	45.456
64	南昌	3.176	71	3.126	64	3.200	58	3.109	63	3.109	69	3.107	63	3.247	49	2.922	85	3.108	66	3.370	31	3.412	21	2.804	82	3.132	44.743
65	泉州	3.114	79	3.000	75	3.064	70	3.136	61	2.896	92	3.050	72	3.445	31	3.615	14	3.265	55	2.987	73	3.030	70	2.810	81	3.103	42.603
66	蘇州常熟	3.219	69	3.063	70	2.838	91	2.808	95	2.929	88	2.989	76	3.138	61	3.194	59	3.208	62	3.366	34	3.396	23	2.851	71	3.090	42.380
67	無錫宜興	3.333	55	3.135	63	3.111	69	2.880	87	3.119	66	3.106	64	3.311	44	3.194	59	3.083	70	3.119	55	3.000	72	2.752	89	3.085	40.908
68	福州馬尾	3.722	22	3.262	52	3.411	30	3.278	44	3.270	57	2.949	79	2.733	101	2.630	104	2.972	83	2.468	107	2.611	103	3.004	33	3.028	40.864

高質量發展迎商機——2018 年中國大陸地區投資環境與〔產業發展調查

表 14-8　2018 TEEMA 中國大陸城市投資環境力排名分析（續）

排名	城市	生態環境 評分	生態環境 排名	基建環境 評分	基建環境 排名	社會環境 評分	社會環境 排名	法制環境 評分	法制環境 排名	經濟環境 評分	經濟環境 排名	經營環境 評分	經營環境 排名	創新環境 評分	創新環境 排名	網通環境 評分	網通環境 排名	內需環境 評分	內需環境 排名	文創環境 評分	文創環境 排名	人文環境 評分	人文環境 排名	永續環境 評分	永續環境 排名	投資環境力 評分	加權分數
69	鄭州	3.286	60	3.075	69	3.143	67	3.289	40	3.000	81	3.251	45	3.076	73	3.254	51	3.016	77	2.918	76	2.810	89	2.738	93	3.081	40.774
70	福州市區	3.000	91	3.032	73	3.278	44	3.051	70	3.032	78	2.975	77	2.956	80	3.009	78	2.917	85	2.992	70	3.074	64	3.031	27	3.030	39.526
71	寧波餘姚	3.278	62	2.937	82	2.967	83	2.962	75	3.190	62	3.152	55	3.367	38	3.269	46	3.028	76	2.690	99	2.685	99	2.789	83	3.052	39.437
72	南寧	3.267	63	3.143	61	3.227	53	3.200	54	3.229	61	3.115	62	3.187	53	2.844	91	2.767	98	2.648	102	2.822	87	2.883	65	3.039	39.035
73	蘇州太倉	2.833	99	2.864	85	2.981	82	2.938	80	2.980	83	2.926	83	3.362	39	3.310	40	3.437	39	2.905	78	3.175	52	2.724	95	3.055	38.634
74	鹽城	3.438	49	2.964	79	3.225	54	3.216	50	3.098	70	2.852	91	2.900	85	2.885	89	3.031	75	3.009	67	3.063	55	2.923	55	3.037	38.545
75	武漢漢陽	3.167	73	3.270	50	3.244	49	3.017	72	3.071	75	2.995	75	3.144	59	3.130	71	3.009	78	2.794	88	2.833	74	2.846	74	3.049	38.366
76	蘭州	2.875	96	2.482	105	2.625	101	2.952	78	3.652	20	3.477	21	3.138	61	2.740	94	3.385	47	2.839	85	2.917	78	2.696	100	3.022	38.099
77	廣州天河	3.000	91	3.143	61	3.000	77	2.875	89	2.920	90	2.835	92	2.838	95	3.208	58	3.219	60	3.259	44	3.083	26	3.031	26	3.017	37.163
77	寧波奉化	3.029	90	3.092	67	3.200	60	3.186	57	3.277	54	2.941	81	3.106	69	2.637	103	2.980	82	2.882	79	3.078	63	2.909	59	3.028	37.163
79	威海	3.265	66	3.000	75	3.176	63	2.959	76	2.908	91	2.813	93	2.788	99	3.098	74	2.892	88	3.118	60	3.294	41	3.013	29	2.999	35.424
80	深圳寶安	3.175	72	2.829	89	2.900	88	2.881	86	3.093	72	2.877	86	3.080	72	3.133	69	3.008	79	2.993	69	3.083	59	2.970	40	2.998	35.201
81	泰州	2.867	97	2.724	97	3.240	50	3.097	65	3.095	71	3.048	73	2.853	93	2.944	82	2.800	94	3.000	68	3.267	43	2.911	58	2.992	34.978
82	唐山	3.250	67	3.045	72	3.000	77	3.096	66	3.152	64	3.063	68	3.113	67	3.031	76	3.125	65	2.741	92	2.729	92	2.701	99	3.016	34.532
83	湖州	3.300	58	2.819	91	2.693	97	2.800	96	2.971	84	3.055	70	3.133	64	3.011	77	3.322	50	3.276	42	3.222	47	2.755	47	3.005	34.443
84	武漢漢口	3.353	52	3.025	74	3.000	77	3.213	51	3.462	32	2.727	98	2.894	87	2.833	92	2.912	87	2.605	104	2.725	95	2.733	94	2.963	31.277
85	昆明	3.469	45	2.848	86	2.988	80	2.918	82	3.009	80	3.233	47	2.888	88	2.792	93	2.917	85	2.759	90	2.729	93	2.814	80	2.946	30.251
86	日照	3.567	36	3.048	71	3.120	68	2.959	77	3.248	59	2.873	88	2.920	84	2.733	98	2.989	81	2.743	91	2.822	87	2.717	96	2.965	30.117
87	煙台	3.031	89	2.804	92	3.263	47	3.087	68	3.277	55	3.045	74	3.088	71	2.896	88	3.000	80	2.848	84	3.042	84	2.638	108	2.983	29.984
88	東莞清溪	3.531	41	3.205	59	3.263	47	2.947	79	2.946	86	2.710	99	2.775	100	2.885	89	2.875	89	2.705	98	2.625	98	2.906	61	2.934	29.582
89	莆田	2.656	102	2.536	103	2.638	100	2.880	88	3.116	68	2.864	90	3.163	56	3.104	56	3.073	73	2.929	75	2.854	82	2.712	97	2.904	27.308
90	深圳龍崗	2.896	95	2.940	81	2.725	94	2.872	91	2.923	89	2.936	82	2.800	98	3.049	98	2.785	96	2.857	81	2.667	81	2.972	39	2.874	25.748
91	溫州	2.433	107	3.000	75	3.027	74	2.544	103	2.667	102	2.594	103	2.573	106	2.933	84	3.189	63	3.324	39	3.311	36	2.767	85	2.833	25.212

表 14-8　2018 TEEMA 中國大陸城市投資環境力排名分析（續）

排名	城市	生態環境 評分	生態環境 排名	基建環境 評分	基建環境 排名	社會環境 評分	社會環境 排名	法制環境 評分	法制環境 排名	經濟環境 評分	經濟環境 排名	經營環境 評分	經營環境 排名	創新環境 評分	創新環境 排名	網通環境 評分	網通環境 排名	內需環境 評分	內需環境 排名	文創環境 評分	文創環境 排名	人文環境 評分	人文環境 排名	永續環境 評分	永續環境 排名	投資環境力 評分	加權分數
92	桂林	3.059	87	2.832	88	2.682	98	2.828	93	2.790	98	2.963	78	2.953	81	2.951	81	2.922	84	2.723	96	2.529	105	2.845	75	2.851	22.760
93	襄陽	3.441	47	2.824	90	2.694	96	2.796	97	2.849	96	2.877	87	2.894	86	2.735	96	2.706	102	2.992	71	2.922	76	2.776	84	2.842	21.868
94	鎮江	3.067	86	2.771	96	2.707	95	2.856	92	2.981	82	2.873	89	3.133	66	2.944	82	2.722	100	2.638	103	2.622	102	2.758	87	2.852	21.824
95	哈爾濱	2.594	105	2.384	107	2.425	105	2.481	104	2.527	106	2.676	102	2.975	78	3.229	53	2.760	99	3.259	44	3.250	44	2.644	106	2.746	20.352
96	海口	2.765	101	2.773	95	2.788	93	2.819	94	2.882	94	2.947	80	2.871	91	2.980	80	2.814	92	2.571	106	2.431	106	2.763	86	2.813	19.371
97	三亞	2.938	94	2.848	86	2.888	90	2.894	84	3.063	77	2.784	95	2.875	89	2.740	94	2.844	91	2.589	105	2.708	97	2.662	104	2.829	19.282
98	瀋陽	3.286	60	2.803	93	2.895	89	2.758	98	2.939	87	2.775	96	2.467	108	2.730	99	2.873	90	2.980	74	2.952	75	2.690	101	2.814	18.925
99	泰安	3.125	77	2.696	99	2.913	86	2.894	84	2.893	93	2.920	84	2.863	92	2.698	100	2.781	97	2.857	81	2.688	98	2.641	107	2.829	18.791
100	常州	3.033	88	2.962	80	2.680	99	2.667	100	2.952	85	2.788	94	2.840	94	2.911	87	2.656	103	2.838	36	2.756	92	2.739	92	2.803	18.212
101	東莞虎門	3.219	69	2.920	83	2.913	86	2.750	99	2.768	101	2.557	105	2.600	104	2.427	107	2.719	101	2.679	100	2.833	85	2.919	56	2.748	18.167
102	汕頭	3.469	45	2.625	101	2.988	80	2.875	80	2.830	97	2.693	100	2.500	107	2.490	106	2.365	108	2.455	108	2.583	104	2.837	64	2.719	17.944
103	長春	3.579	34	2.609	102	2.379	106	2.360	106	2.436	109	2.455	108	2.642	103	2.667	101	2.798	95	3.015	66	2.842	84	2.745	90	2.650	15.180
104	東莞厚街	2.313	108	2.732	97	2.288	108	2.332	107	2.348	110	2.392	109	2.875	89	2.667	101	2.323	110	2.232	110	2.271	110	2.938	52	2.494	11.835
105	東莞石碣	2.633	104	2.505	104	2.453	104	2.554	101	2.467	107	2.570	104	2.987	77	2.567	105	2.467	106	2.771	89	2.711	96	2.667	103	2.604	11.389
106	宜昌	2.441	106	2.345	108	2.471	103	2.394	105	2.580	103	2.684	101	2.682	102	2.735	96	2.804	93	2.731	55	2.922	76	2.580	109	2.615	11.300
107	東莞長安	2.656	102	2.080	112	1.850	112	2.019	112	2.554	104	2.750	97	3.063	74	2.917	86	2.625	105	2.393	109	2.167	111	2.683	102	2.511	11.077
108	吉安	3.267	63	2.648	100	2.347	107	2.297	108	2.543	105	2.515	107	2.080	111	2.167	110	2.400	107	2.857	81	2.911	79	2.703	98	2.490	10.409
109	九江	2.094	109	2.411	106	2.488	102	2.553	102	2.777	99	2.545	106	2.575	105	2.385	109	2.646	104	2.830	87	2.375	109	2.557	110	2.538	7.911
110	太原	2.029	110	2.160	110	1.976	109	2.258	109	2.462	108	2.390	110	2.306	110	2.412	108	2.363	109	2.672	101	2.392	108	2.421	111	2.321	3.809
111	贛州	1.800	111	2.143	111	1.907	110	1.718	110	1.781	112	2.097	111	2.333	109	2.056	111	2.033	111	2.095	111	2.400	107	2.336	112	2.048	2.070
112	北海	1.765	112	2.202	109	1.859	111	1.855	111	1.790	111	1.529	112	1.471	112	1.765	112	1.716	112	1.345	112	1.451	112	2.647	105	1.801	2.026

資料來源：本研究整理

四、2018 TEEMA 中國大陸區域投資環境力分析

　　表 14-9 所示，2018《TEEMA 調查報告》對中國大陸區域投資環境力分析，排名依序為：（1）華東地區；（2）西北地區；（3）華北地區；（4）西南地區；（5）華南地區；（6）華中地區；（7）東北地區。可知「華東地區」仍是台商評價投資環境力之重要投資區域，此外，由表 14-10 可知，華東地區、西北地區、華北地區及西南地區四個地區皆維持與 2017 年相同排名，而華南地區、華中地區的名次皆前進一名，唯獨東北地區的名次由 2017 年第五名下滑二個名次至第七名，顯示中國大陸華東地區市場依舊需求旺盛，在中國大陸政府經濟發展重心的轉移下，西部地區發展逐漸崛起。

表 14-9　2018 TEEMA 中國大陸區域投資環境力排名分析

環境力構面	華南	華東	華北	華中	東北	西南	西北
生態環境	3.262	3.438	3.322	3.172	3.136	3.293	3.406
基建環境	3.098	3.329	3.226	3.028	2.795	3.175	3.119
社會環境	3.053	3.323	3.163	3.024	2.725	3.133	3.213
法制環境	3.035	3.322	3.152	3.003	2.713	3.136	3.292
經濟環境	3.071	3.403	3.315	3.046	2.811	3.162	3.501
經營環境	2.992	3.286	3.116	3.001	2.839	3.076	3.542
創新環境	3.056	3.360	3.085	3.028	2.888	3.085	3.406
網通環境	3.068	3.361	3.117	2.940	2.961	3.027	3.095
內需環境	3.039	3.423	3.142	2.990	2.968	3.131	3.470
文創環境	2.964	3.352	3.080	2.980	3.178	2.909	3.045
人文環境	2.940	3.300	3.043	2.983	3.033	2.923	3.208
永續環境	2.970	2.945	2.823	2.777	2.725	2.941	2.906
環境力評分	3.046	3.320	3.132	2.998	2.898	3.083	3.267
環境力排名	❺	❶	❸	❻	❼	❹	❷

資料來源：本研究整理

　　表 14-10 可知 2014-2018《TEEMA 調查報告》歷年的投資環境力之七大經濟區域排名變化，以華東地區（3.448 分）；西北地區（3.349 分）；華北地區（3.258 分）分列前三，此外，華中地區位居最末位。

表 14-10　2014-2018 TEEMA 中國大陸區域投資環境力排名變化分析

地區	2014		2015		2016		2017		2018		2014-2018	
	評分	排名	評分	排名	評分	排名	評分	排名	評分	排名	平均	排名
❶華東地區	3.576	1	3.502	1	3.460	1	3.380	1	3.320	1	3.448	1
❷西北地區	3.381	3	3.370	2	3.358	2	3.371	2	3.267	2	3.349	2
❸華北地區	3.389	2	3.317	4	3.291	4	3.159	3	3.132	3	3.258	3
❹西南地區	3.293	4	3.337	3	3.307	3	3.121	4	3.083	4	3.228	4
❺東北地區	3.286	5	3.096	5	3.131	5	3.080	5	2.898	7	3.098	5
❻華南地區	3.088	6	3.058	6	3.001	6	3.000	6	3.046	5	3.039	6
❼華中地區	3.051	7	2.956	7	2.952	7	2.967	7	2.998	6	2.985	7

資料來源：本研究整理

第 15 章

2018 TEEMA 中國大陸投資風險度

2018《TEEMA 調查報告》投資風險度由六個構面及 46 個指標所構成，其分別為：（1）社會風險有三項指標；（2）法制風險有十項指標；（3）經濟風險有八項指標；（4）經營風險有 17 項指標；（5）轉型風險有四項指標；（6）道德風險有四項指標。

一、2018 TEEMA 中國大陸投資風險度評估指標分析

根據 2018《TEEMA 調查報告》針對投資風險度六大構面之評估，各細項指標評分結果如表 15-1 顯示，而表 15-2 將能看出各構面平均觀點評分與排名結果。此外，為詳細分析台商在中國大陸投資布局之投資風險度評估指標結果，茲針對投資風險度六大評估構面、46 項細項指標，剖析如下：

1. 就社會風險構面而言：2018《TEEMA 調查報告》表 15-2 所示，社會風險構面評價為 2.587 分，相較於 2017 年的評分 2.583 分上升 0.004 分，排名由 2017 年的第三名提升至 2018 年第一名，顯示台商普遍認為中國大陸社會風險升高。根據表 15-1 顯示，社會風險構面三個指標，其風險高低順序分別為：（1）「當地發生勞資或經貿糾紛不易排解的風險（2.675）」；（2）「當地發生員工抗議、抗爭事件頻繁的風險（2.564）」；（3）「當地人身財產安全受到威脅的風險（2.523）」，「當地發生勞資或經貿糾紛不易排解的風險」之細項指標風險仍為社會風險構面中最大之風險，在整體構面排第 39 名。顯示台商在中國大陸儘管擁有一些優惠措施，然在勞資或經貿糾紛方面仍無法輕易的解決。

2. 就法制風險構面而言：2018《TEEMA 調查報告》可知法制風險構面評價觀點為 2.598 分，較於 2017 年的 2.593 分高 0.005 分，其排名維持第四名，然綜觀歷年《TEEMA 調查報告》有上升趨勢，顯示台商認為中國大陸法制風險逐步提升。從表 15-1 顯示，在此構面十項指標中，風險最高的三項指標依序為：

（1）「當地政府積極查稅增加經營成本之風險（2.716）」；（2）「當地政府行政命令經常變動的風險（2.680）」；（3）「與當地政府協商過程難以掌控的風險（2.600）」。而法制風險的指標中風險最低的前三項為：（1）「政府調解、仲裁糾紛對台商不公平程度風險（2.513）」；（2）「當地常以刑事方式處理經濟案件的風險（2.542）」；（3）「當地政府以不當方式要求台商回饋的風險（2.564）」。綜觀上述，在兩岸關係越趨緊張，中國大陸考慮透過反避稅等，積極查稅，加之行政命令時常更動及與當地政府協商過程難以掌控的兩岸政治關係風險產生，使得法制風險提升。

3. 就經濟風險構面而言：表 15-2 顯示經濟風險構面評價觀點為 2.643 分，較 2017 年 2.613 分上升 0.030 分，可發現台商認為在中國大陸之經濟風險不斷提升。而從表 15-1 可知，經濟風險構面的八項細項指標中，其風險最高的前三項為：（1）「台商企業在當地發生經貿糾紛頻繁的風險（2.786）」；（2）「當地政府刪減優惠政策導致喪失投資優勢的風險（2.727）」；（3）「當地政府對台商優惠政策無法兌現的風險（2.666）」。相反地，在其指標中風險最低的前三項分別為：（1）「當地的地方稅賦政策變動頻繁的風險（2.586）」；（2）「當地政府保護主義濃厚影響企業獲利的風險（2.591）」；（3）「台商藉由當地銀行體系籌措與取得資金困難（2.592）」，顯示經貿糾紛與投資優惠喪失仍為台商在中國大陸堪憂之最大風險。

4. 就經營風險構面而言：由表 15-2 得知經營風險構面評價觀點為 2.613 分，較 2017 年的 2.599 分高 0.014 分，而從近六年《TEEMA 調查報告》數據顯示，會發現經營風險仍為台商十分擔憂之風險，同時其風險評分亦逐年升高。如表 15-1 顯示，其中以（1）「當地適任人才及員工招募不易的風險（2.804）」、（2）「員工缺乏忠誠度造成人員流動率頻繁的風險（2.753）」及（3）「環保要求日益嚴峻造成經營成本增加風險（2.749）」等三項風險最為嚴重，可發現台商在中國大陸越來越難吸引到當地優秀人才，同時人才流失率也高居不下，且由於中國大陸對環保意識抬頭，對台商的經營造成不小的經營成本及風險。而在經營風險構面之細項分數較低者，為「當地政府干預台商企業經營運作的風險（2.491）」、「當地台商因經貿、稅務糾紛被羈押的風險（2.526）」及「當地物流、運輸、通路狀況不易掌握的風險（2.530）」，此一結果與 2017《TEEMA 調查報告》相同，顯示儘管在兩岸關係越趨緊張的局勢下，然在企業之基本運作與保障，中國大陸仍處於安全的狀態。

5. 就轉型風險構面而言：由 15-2 得知，轉型風險構面評價觀點為 2.589 分，較於 2017 年的 2.567 分上升 0.022 分，然其排名由 2017 年的第一名下降至

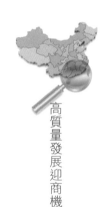
2018 年第三名,然綜觀歷年《TEEMA 調查報告》有上升趨勢,顯示台商仍認為轉型風險為台商堪憂之風險。而由表 15-1 中可知,其四項構面細項風險評價由高至低排序為:(1)「政府協助台商轉型升級政策落實不到位(2.628)」;(2)「台商進行轉型升級過程當地政府政策阻礙或限制(2.595)」;(3)「當地投資結束營運所造成的退出障礙風險(2.580)」;(4)「台商因轉型升級造成企業供應鏈整合不到位(2.551)」。由此可見,台商仍普遍認為政府沒有對企業進行轉型輔導,同時中國大陸當地政策之限制亦會影響企業之轉型升級。

    6. 就道德風險構面而言:道德風險構面評價觀點為 2.588 分,較 2017 年的 2.570 分高出 0.018 分,顯示道德風險的逐年上升為台商堪憂風險之一。而由表 15-1 中可知,其四項構面細項風險評價由高至低排序為:(1)「當地企業未盡企業社會責任之風險(2.617)」;(2)「當地人民違反善良風俗的道德風險(2.591)」;(3)「當地企業員工違反工作紀律之倫理風險(2.580)」;(4)「當地政府違反中央政策規定之風險(2.567)」,顯示企業內部仍需加強在社會責任方面的規範,而對於違反善良風俗之當地人民,應加之處理及懲處。

    7. 就整體投資風險度而言:由 2018《TEEMA 調查報告》表 15-2 得知整體投資風險度綜合五項構面的評價為 2.603 分,其較 2017 年的 2.587 分提升 0.016 分,綜觀歷年《TEEMA 調查報告》投資風險度,可發現平均值逐年提高,顯示中國大陸整體投資環境風險日益增加。此外,在綜合細項顯示,投資風險度最差評比為「經濟風險(2.643)」,顯示中國大陸在經濟放緩的情況下出現許多相關風險。而在 46 項細項構面風險最高的前三名分別為「當地政府干預台商企業經營運作的風險」、「政府調解、仲裁糾紛對台商不公平程度風險」及「當地人身財產安全受到威脅的風險」,綜上所述,在兩岸政治緊張局勢變化的情況下,中國大陸政府開始追查台商之各項稅捐及干預台商經營運作,同時中國大陸在台商於政府調解及仲裁糾紛,呈較不平等態勢,且易導致台商於當地人身財產安全受到威脅,此均為台商最擔憂之風險。

    8. 就投資風險度歷年排名變化而言:2018《TEEMA 調查報告》表 15-1 顯示,在 2013 年至 2017 年投資風險度評估指標進行排名比較分析,在高風險前十名當中,經營風險評估構面占有四個,其分別為「當地政府干預台商企業經營運作的風險」、「當地台商因經貿、稅務糾紛被羈押的風險」、「當地物流、運輸、通路狀況不易掌握的風險」及「當地配套廠商供應不穩定的風險」,可以發現在中國大陸當地政府干預台商企業經營運作及當地台商因經貿、稅務糾紛被羈押的風險下,台商過去於中國大陸布局之優勢已大幅降低,同時需要承擔各項風險。因此各台商須積極考慮轉型升級之策略,藉此尋找企業的核心競爭力以因應兩岸局勢變化。

表 15-1　2013-2018 TEEMA 中國大陸投資風險度指標評分與排名分析

投資風險度評估構面與指標	2013 評分	2013 排名	2014 評分	2014 排名	2015 評分	2015 排名	2016 評分	2016 排名	2017 評分	2017 排名	2018 評分	2018 排名
社會-01）當地發生員工抗議、抗爭事件頻繁的風險	2.364	22	2.525	25	2.550	18	2.557	21	2.559	18	2.564	10
社會-02）當地發生勞資或經貿糾紛不易排解的風險	2.384	27	2.572	35	2.627	39	2.632	41	2.681	40	2.675	39
社會-03）當地人身財產安全受到威脅的風險	2.270	5	2.476	11	2.513	5	2.509	5	2.509	4	2.523	3
法制-01）當地政府行政命令經常變動的風險	2.311	12	2.522	24	2.577	29	2.576	28	2.672	39	2.630	40
法制-02）違反對台商合法取得土地使用權承諾風險	2.290	6	2.481	12	2.534	12	2.543	11	2.555	16	2.590	21
法制-03）官員對法令、合同、規範執行不一致的風險	2.301	10	2.463	7	2.529	9	2.547	15	2.554	15	2.584	18
法制-04）與當地政府協商過程難以掌控的風險	2.336	16	2.507	20	2.567	25	2.584	33	2.589	29	2.608	31
法制-05）政府調解、仲裁對台商不公平程度風險	2.291	7	2.459	5	2.527	8	2.534	9	2.536	8	2.513	2
法制-06）機構無法有效執行司法及仲裁結果的風險	2.306	11	2.484	14	2.552	19	2.538	10	2.539	9	2.567	11
法制-07）當地政府以不當方式要求台商回饋的風險	2.246	2	2.412	2	2.477	2	2.477	2	2.484	3	2.564	9
法制-08）當地常以刑事方式處理經濟案件的風險	2.250	3	2.402	1	2.487	4	2.498	4	2.515	6	2.542	7
法制-09）當地政府在兩岸新政治關係下政策轉變之風險	-	-	-	-	-	-	2.516	6	2.622	36	2.603	29
法制-10）當地政府積極查稅增加經營成本之風險	-	-	-	-	-	-	-	-	2.862	46	2.716	41
經濟-01）當地外匯嚴格管制及利潤匯出不易的風險	2.366	23	2.511	21	2.578	30	2.573	26	2.585	26	2.599	28
經濟-02）當地的地方稅賦政策變動頻繁的風險	2.348	18	2.492	16	2.547	17	2.550	17	2.552	12	2.586	19
經濟-03）台商藉由當地銀行取得資金與籌措取得資金困難	2.414	32	2.551	32	2.588	35	2.597	39	2.580	25	2.592	24
經濟-04）當地政府對台商優惠政策無法兌現的風險	2.299	9	2.471	9	2.532	10	2.549	16	2.658	38	2.666	38
經濟-05）台商企業在當地發生經貿糾紛頻繁的風險	2.323	14	2.471	10	2.538	15	2.592	38	2.695	42	2.786	45
經濟-06）當地政府保護主義濃厚影響企業獲利的風險	2.341	17	2.482	13	2.557	20	2.573	25	2.554	14	2.591	22
經濟-07）當地政府收費、攤派、罰款項目繁多的風險	2.363	21	2.489	15	2.564	23	2.582	30	2.587	28	2.594	25
經濟-08）當地政府刪減優惠政策導致喪失投資優勢風險	2.354	19	2.512	22	2.574	27	2.585	34	2.593	41	2.727	42
經營-01）當地水電、燃氣、能源供應不穩定的風險	2.333	15	2.504	19	2.563	22	2.589	36	2.504	34	2.614	33
經營-02）當地物流、運輸、通路狀況不易掌握的風險	2.293	8	2.460	6	2.519	6	2.521	7	2.512	5	2.530	5

表 15-1 2013-2018 TEEMA 中國大陸投資風險度指標評分與排名分析（續）

投資風險度評估構面與指標	2013 評分	2013 排名	2014 評分	2014 排名	2015 評分	2015 排名	2016 評分	2016 排名	2017 評分	2017 排名	2018 評分	2018 排名
經營 -03) 當地配套廠商供應不穩定的風險	2.315	13	2.463	8	2.535	14	2.543	12	2.542	10	2.539	6
經營 -04) 當地企業信用不佳又債信不易的風險	2.412	31	2.536	27	2.579	31	2.590	37	2.594	30	2.617	35
經營 -05) 員工道德操守造成商企業營運損失的風險	2.417	33	2.547	31	2.593	37	2.586	35	2.586	27	2.589	20
經營 -06) 當地適任人才及員工招募不易的風險	2.448	36	2.593	36	2.648	42	2.696	45	2.759	44	2.804	46
經營 -07) 員工缺乏忠誠度造成人員流動率頻繁的風險	2.443	35	2.598	37	2.648	41	2.693	44	2.784	45	2.753	44
經營 -08) 當地經營企業維持人際網絡成本過高的風險	2.374	24	2.539	30	2.576	28	2.584	31	2.599	33	2.610	32
經營 -09) 當地政府干預台商企業經營運作的風險	2.241	1	2.414	3	2.453	1	2.441	1	2.462	1	2.491	1
經營 -10) 當地台商因經貿、稅務糾紛被羈押的風險	2.268	4	2.421	4	2.483	3	2.482	3	2.477	2	2.526	4
經營 -11) 貨物通關時，受當地海關行政阻擾的風險	2.362	20	2.503	18	2.567	26	2.551	19	2.552	13	2.597	27
經營 -12) 政府對內資與台資企業不公平待遇	2.378	25	2.521	23	2.581	32	2.556	20	2.563	19	2.577	13
經營 -13) 勞工成本上升幅度與速度高於企業可負擔風險	2.477	37	2.606	38	2.640	40	2.682	43	2.748	43	2.653	37
經營 -14) 原物料成本上升幅度過高造成企業虧損風險	2.402	30	2.537	28	2.588	36	2.612	40	2.596	32	2.604	30
經營 -15) 環保要求日益嚴峻造成經營成本增加風險	-	-	2.533	26	2.593	38	2.634	42	2.655	37	2.749	43
經營 -16) 當地政府不定時安檢時安抽查檢查導致企業延緩交貨	-	-	-	-	-	-	2.544	13	2.573	22	2.584	16
經營 -17) 當地靈害對企業經營造成負面影響的風險	-	-	-	-	-	-	2.566	23	2.576	23	2.584	17
轉型 -01) 當地投資結束營運所造成的退出障礙風險	2.398	28	2.538	29	2.565	24	2.571	24	2.569	21	2.580	15
轉型 -02) 台商進行轉型升級過程當地政府政策阻礙或限制	2.399	29	2.552	34	2.581	33	2.579	29	2.579	24	2.595	26
轉型 -03) 政府協助台商轉型升級政策落實不到位	2.430	34	2.551	33	2.583	34	2.584	32	2.594	31	2.628	36
轉型 -04) 台商因轉型升級造成企業供應鏈整合不到位	2.383	26	2.494	17	2.525	7	2.530	8	2.525	7	2.551	8
道德 -01) 當地政府違反中央改策規定之風險	-	-	-	-	2.535	13	2.545	14	2.556	17	2.567	12
道德 -02) 當地人民違反善良風俗的道德風險	-	-	-	-	2.547	16	2.565	22	2.567	20	2.591	23
道德 -03) 當地企業未盡企業社會責任之風險	-	-	-	-	2.560	21	2.575	27	2.610	35	2.617	34
道德 -04) 當地企業員工達反工作紀律之倫理風險	-	-	-	-	2.534	11	2.550	18	2.546	11	2.580	14

資料來源：本研究整理

表 15-2　2018 TEEMA 中國大陸投資風險度構面平均觀點評分與排名

投資風險度評估構面	2013		2014		2015		2016		2017		2018	
	評分	排名	評分	排名	評分	排名	評分	排名	評分	排名	評分	排名
❶社會風險	2.340	2	2.525	4	2.564	5	2.566	3	2.583	3	2.587	1
❷法制風險	2.291	1	2.466	1	2.531	1	2.535	1	2.593	4	2.598	4
❸經濟風險	2.351	3	2.497	2	2.560	3	2.575	5	2.613	6	2.643	6
❹經營風險	2.369	4	2.518	3	2.571	6	2.581	6	2.599	5	2.613	5
❺轉型風險	2.403	5	2.534	5	2.564	4	2.566	3	2.567	1	2.589	3
❻道德風險	-	-	-	-	2.544	2	2.559	2	2.570	2	2.588	2
平均值	2.351		2.508		2.556		2.564		2.587		2.603	

資料來源：本研究整理

二、2017-2018 TEEMA 中國大陸投資風險度比較分析

2018《TEEMA 調查報告》之 2017-2018 中國大陸投資風險度差異與排名變化分析如表 15-3 所示，茲將重要結果與排名變化分述如下：

1. 就 46 項評估指標而言：在 2018《TEEMA 調查報告》表 15-3 中，其投資風險度的 46 項評估之細項指標排名中，有 39 項呈現上升的趨勢，顯示中國大陸之投資風險逐漸攀升，各台商投資仍須謹慎小心。

2. 就 46 項評估指標差異分析而言：從表 15-4 顯示，評估指標與 2017 年進行差異分析，而分數增加最多的構面為「經濟風險」及「轉型風險」，其中以「台商企業在當地發生經貿糾紛頻繁的風險」為分數增加最多的指標，共上升0.091 分；再者為「道德風險」構面，其以「當地企業員工違反工作紀律之倫理風險」為最高，增加 0.034 分，顯示在兩岸關係緊張的情況下，當地企業員工違反工作紀律之情事，恐成台商經營面臨極大風險。

3. 就十項最優指標排名變化分析而言：根據 2018《TEEMA 調查報告》表15-3，顯示其指標變化分析以經營風險構面之「當地政府干預台商企業經營運作的風險（2.491）」的分數最佳，再者為法治風險構面之「政府調解、仲裁糾紛對台商不公平程度風險（2.513）」，與社會風險構面的「當地人身財產安全受到威脅的風險（2.523）」分別為二、三名分數較優之細項指標。

4. 就十項最劣指標排名變化分析而言：在 2018《TEEMA 調查報告》表15-3 中，投資風險度排名最劣前三名，以經營風險構面之「當地適任人才及員工招募不易的風險（2.804）」的分數最劣，再者為經濟風險構面之「台商企業在當地發生經貿糾紛頻繁的風險（2.786）」及經營風險構面之「員工缺乏忠誠

度造成人員流動率頻繁的風險（2.753）」，分別為二、三名分數較劣之細項指標。由此可知，台商在中國大陸於經營及經濟方面面臨重大風險。

　　5. 就六項評估構面而言：就 2018《TEEMA 調查報告》表 15-4 顯示，在其六項投資風險評估構面中，其分數由低到高排名為：（1）社會風險；（2）道德風險；（3）轉型風險；（4）法治風險（5）經營風險（6）經濟風險。可以發現 2018 年台商至中國大陸最大的風險，已由經濟風險轉至社會風險。

表 15-3　2017-2018 TEEMA 投資風險度差異與排名變化分析

投資風險度評估構面與指標	2017 評分	2018 評分	2017-2018 差異分析	排名 ▲	排名 ▼	排名 -
社會 -01）當地發生員工抗議、抗爭事件頻繁的風險	2.559	2.564	0.005	38	-	-
社會 -02）當地發生勞資或經貿糾紛不易排解的風險	2.681	2.675	-0.006	-	6	-
社會 -03）當地人身財產安全受到威脅的風險	2.509	2.523	0.014	24	-	-
法制 -01）當地政府行政命令經常變動的風險	2.672	2.680	0.008	35	-	-
法制 -02）違反對台商合法取得土地使用權承諾風險	2.555	2.590	0.035	8	-	-
法制 -03）官員對法令、合同、規範執行不一致的風險	2.554	2.584	0.030	13	-	-
法制 -04）與當地政府協商過程難以掌控的風險	2.589	2.608	0.019	20	-	-
法制 -05）政府調解、仲裁糾紛對台商不公平程度風險	2.536	2.513	-0.023	-	4	-
法制 -06）機構無法有效執行司法及仲裁結果的風險	2.539	2.567	0.028	15	-	-
法制 -07）當地政府以不當方式要求台商回饋的風險	2.484	2.564	0.080	3	-	-
法制 -08）當地常以刑事方式處理經濟案件的風險	2.515	2.542	0.027	16	-	-
法制 -09）當地政府在兩岸新政治關係下政策轉變之風險	2.622	2.603	-0.019	-	5	-
法制 -10）當地政府積極查稅增加經營成本之風險	2.862	2.716	-0.146	-	1	-
經濟 -01）當地外匯嚴格管制及利潤匯出不易的風險	2.585	2.599	0.014	23	-	-
經濟 -02）當地的地方稅賦政策變動頻繁的風險	2.552	2.586	0.034	12	-	-

表 15-3　2017-2018 TEEMA 投資風險度差異與排名變化分析（續）

表 15-3　2017-2018 TEEMA 投資風險度差異與排名變化分析（續）

投資風險度評估構面與指標	2017 評分	2018 評分	2017-2018 差異分析	排名 ▲	▼	-
經濟 -03）台商藉由當地銀行體系籌措與取得資金困難	2.580	2.592	0.012	26	-	-
經濟 -04）當地政府對台商優惠政策無法兌現的風險	2.658	2.666	0.008	34	-	-
經濟 -05）台商企業在當地發生經貿糾紛頻繁的風險	2.695	2.786	0.091	2	-	-
經濟 -06）當地政府保護主義濃厚影響企業獲利的風險	2.554	2.591	0.037	7	-	-
經濟 -07）當地政府收費、攤派、罰款項目繁多的風險	2.587	2.594	0.007	37	-	-
經濟 -08）當地政府刪減優惠政策導致喪失投資優勢的風險	2.693	2.727	0.034	11	-	-
經營 -01）當地水電、燃氣、能源供應不穩定的風險	2.604	2.614	0.010	31	-	-
經營 -02）當地物流、運輸、通路狀況不易掌握的風險	2.512	2.530	0.018	21	-	-
經營 -03）當地配套廠商供應不穩定的風險	2.542	2.539	-0.003	-	7	-
經營 -04）當地企業信用不佳欠債追索不易的風險	2.594	2.617	0.023	19	-	-
經營 -05）員工道德操守造成台商企業營運損失的風險	2.586	2.589	0.003	39	-	-
經營 -06）當地適任人才及員工招募不易的風險	2.759	2.804	0.045	6	-	-
經營 -07）員工缺乏忠誠度造成人員流動率頻繁的風險	2.784	2.753	-0.031	-	3	-
經營 -08）當地經營企業維持人際網絡成本過高的風險	2.599	2.610	0.011	30	-	-
經營 -09）當地政府干預台商企業經營運作的風險	2.462	2.491	0.029	14	-	-
經營 -10）當地台商因經貿、稅務糾紛被羈押的風險	2.477	2.526	0.049	4	-	-
經營 -11）貨物通關時，受當地海關行政阻擾的風險	2.552	2.597	0.045	5	-	-
經營 -12）政府對內資與台資企業不公平待遇	2.563	2.577	0.014	25	-	-
經營 -13）勞工成本上升幅度與速度高於企業可負擔風險	2.748	2.653	-0.095	-	2	-
經營 -14）原物料成本上升幅度過高造成企業虧損風險	2.596	2.604	0.008	33	-	-

表 15-3　2017-2018 TEEMA 投資風險度差異與排名變化分析（續）

投資風險度評估構面與指標	2017 評分	2018 評分	2017-2018 差異分析	排名 ▲	排名 ▼	排名 -
經營 -15）環保要求日益嚴峻造成經營成本增加風險	2.655	2.749	0.094	1	-	-
經營 -16）當地政府不定時安檢及抽查導致企業延緩交貨	2.573	2.584	0.011	29	-	-
經營 -17）當地霾害對企業經營造成負面影響的風險	2.576	2.584	0.008	32	-	-
轉型 -01）當地投資結束營運所造成的退出障礙風險	2.569	2.580	0.011	28	-	-
轉型 -02）台商進行轉型升級過程當地政府政策阻礙或限制	2.579	2.595	0.016	22	-	-
轉型 -03）政府協助台商轉型升級政策落實不到位	2.594	2.628	0.034	10	-	-
轉型 -04）台商因轉型升級造成企業供應鏈整合不到位	2.525	2.551	0.026	17	-	-
道德 -01）當地政府違反中央政策規定之風險	2.556	2.567	0.011	27	-	-
道德 -02）當地人民違反善良風俗的道德風險	2.567	2.591	0.024	18	-	-
道德 -03）當地企業未盡企業社會責任之風險	2.610	2.617	0.007	36	-	-
道德 -04）當地企業員工違反工作紀律之倫理風險	2.546	2.580	0.034	9	-	-

資料來源：本研究整理

表 15-4　2017-2018 TEEMA 投資風險度細項指標變化排名分析

投資風險度構面	2017 評分	2018 評分	2017-2018 差異分析	名次	細項指標 指標數	細項指標 ▲	細項指標 ▼	細項指標 持平
❶社會風險	2.583	2.587	+0.004	6	3	2	1	0
❷法制風險	2.593	2.598	+0.005	5	10	7	3	0
❸經濟風險	2.613	2.643	+0.030	1	8	8	0	0
❹經營風險	2.599	2.613	+0.014	4	17	14	3	0
❺轉型風險	2.567	2.589	+0.022	2	4	4	0	0
❻道德風險	2.570	2.588	+0.018	3	4	4	0	0
投資風險度平均	2.587	2.603	+0.016	-	46	39	7	0
百分比					100.00%	84.78%	15.22%	0.00%

資料來源：本研究整理

從表15-5可看出2018《TEEMA調查報告》的投資風險度排名十大最優指標，其前十名分別為「當地政府干預台商企業經營運作的風險」、「政府調解、仲裁糾紛對台商不公平程度風險」、「當地人身財產安全受到威脅的風險」、「當地台商因經貿、稅務糾紛被羈押的風險」、「當地物流、運輸、通路狀況不易掌握的風險」、「當地配套廠商供應不穩定的風險」、「當地常以刑事方式處理經濟案件的風險」、「台商因轉型升級造成企業供應鏈整合不到位」、「當地發生員工抗議、抗爭事件頻繁的風險」及「當地政府以不當方式要求台商回饋的風險」。其中，「當地發生員工抗議、抗爭事件頻繁的風險」由2017年的18名提升至2018年的第九名，顯示中國大陸當地發生之員工抗議、抗爭事件已呈現逐漸緩和態勢。

表 15-5　2018 TEEMA 投資風險度排名十大最優指標

投資風險度排名十大最優指標	2017		2018	
	評分	排名	評分	排名
經營 -09）當地政府干預台商企業經營運作的風險	2.462	1	2.491	1
法制 -05）政府調解、仲裁糾紛對台商不公平程度風險	2.536	8	2.513	2
社會 -03）當地人身財產安全受到威脅的風險	2.509	4	2.523	3
經營 -10）當地台商因經貿、稅務糾紛被羈押的風險	2.477	2	2.526	4
經營 -02）當地物流、運輸、通路狀況不易掌握的風險	2.512	5	2.53	5
經營 -03）當地配套廠商供應不穩定的風險	2.542	10	2.539	6
法制 -08）當地常以刑事方式處理經濟案件的風險	2.515	6	2.542	7
轉型 -04）台商因轉型升級造成企業供應鏈整合不到位	2.525	7	2.551	8
社會 -01）當地發生員工抗議、抗爭事件頻繁的風險	2.559	18	2.564	9
法制 -07）當地政府以不當方式要求台商回饋的風險	2.484	3	2.564	9

資料來源：本研究整理

從表15-6可看出2018《TEEMA調查報告》之投資風險度排名十大劣勢指標，其為「當地適任人才及員工招募不易的風險」、「台商企業在當地發生經貿糾紛頻繁的風險」、「員工缺乏忠誠度造成人員流動率頻繁的風險」、「環保要求日益嚴峻造成經營成本增加風險」、「當地政府刪減優惠政策導致喪失投資優勢的風險」、「當地政府積極查稅增加經營成本之風險」、「當地政府行政命令經常變動的風險」、「當地發生勞資或經貿糾紛不易排解的風險」、「當地政府

對台商優惠政策無法兌現的風險」及「勞工成本上升幅度與速度高於企業可負擔風險」。其中，經營風險構面中的「環保要求日益嚴峻造成經營成本增加風險」，從 2017 年的第十名升至 2018 年的第四名，顯示於十九大後，中國大陸環保意識及方針已明確建成，其對台商經營方面可能衍生貿易障礙或增加經營成本，台商應高度關注。此外，「勞工成本上升幅度與速度高於企業可負擔風險」從 2017 年的第四名下降至 2018 年的第十名，顯示，中國大陸勞工成本上升幅度高於可負擔之問題，已逐漸獲得改善。

表 15-6　2018 TEEMA 投資風險度排名十大劣勢指標

投資風險度排名十大劣勢指標	2017		2018	
	評分	排名	評分	排名
經營 -06）當地適任人才及員工招募不易的風險	2.759	3	2.804	1
經濟 -05）台商企業在當地發生經貿糾紛頻繁的風險	2.695	5	2.786	2
經營 -07）員工缺乏忠誠度造成人員流動率頻繁的風險	2.784	2	2.753	3
經營 -15）環保要求日益嚴峻造成經營成本增加風險	2.655	10	2.749	4
經濟 -08）當地政府刪減優惠政策導致喪失投資優勢的風險	2.693	6	2.727	5
法制 -10）當地政府積極查稅增加經營成本之風險	2.862	1	2.716	6
法制 -01）當地政府行政命令經常變動的風險	2.672	8	2.680	7
社會 -02）當地發生勞資或經貿糾紛不易排解的風險	2.681	7	2.675	8
經濟 -04）當地政府對台商優惠政策無法兌現的風險	2.658	9	2.666	9
經營 -13）勞工成本上升幅度與速度高於企業可負擔風險	2.748	4	2.653	10

資料來源：本研究整理

　　從表 15-7 可看出 2018《TEEMA 調查報告》針對 2018 年整體投資風險調查細項指標與 2017 年進行比較分析，風險上升前十名依序為：（1）環保要求日益嚴峻造成經營成本增加風險（上升 0.094 分）；（2）台商企業在當地發生經貿糾紛頻繁的風險（上升 0.091 分）；（3）當地政府以不當方式要求台商回饋的風險（上升 0.080 分）；（4）當地台商因經貿、稅務糾紛被羈押的風險（上升 0.049 分）；（5）當地適任人才及員工招募不易的風險及貨物通關時，受當地海關行政阻擾的風險（上升 0.045 分）；（7）當地政府保護主義濃厚影響企業獲利的風險（上升 0.037 分）；（8）違反對台商合法取得土地使用權承諾風險（上升 0.035 分）；（9）政府協助台商轉型升級政策落實不到位及當地企業員工違反工作紀律之倫理風險（上升 0.034 分）。

表 15-7 2017-2018 TEEMA 投資風險度指標變化排名

投資風險度細項指標	2017-2018 差異分數	風險上升
經營 -15）環保要求日益嚴峻造成經營成本增加風險	+0.094	1
經濟 -05）台商企業在當地發生經貿糾紛頻繁的風險	+0.091	2
法制 -07）當地政府以不當方式要求台商回饋的風險	+0.080	3
經營 -10）當地台商因經貿、稅務糾紛被羈押的風險	+0.049	4
經營 -06）當地適任人才及員工招募不易的風險	+0.045	5
經營 -11）貨物通關時，受當地海關行政阻擾的風險	+0.045	5
經濟 -06）當地政府保護主義濃厚影響企業獲利的風險	+0.037	7
法制 -02）違反對台商合法取得土地使用權承諾風險	+0.035	8
轉型 -03）政府協助台商轉型升級政策落實不到位	+0.034	9
道德 -04）當地企業員工違反工作紀律之倫理風險	+0.034	9

資料來源：本研究整理

三、2018 TEEMA 中國大陸城市投資風險度分析

表 15-8 為 2018《TEEMA 調查報告》列入評估的 112 個城市投資風險度調查排名，茲將重點分述如下：

1. 就投資風險度十佳城市而言：2018《TEEMA 調查報告》投資風險度排名前十名的城市分別為：（1）蘇州工業區；（2）蘇州昆山；（3）杭州市區；（4）北京市區；（5）廈門島外；（6）成都；（7）上海市區；（8）蘇州新區；（9）西安；（10）上海浦東。其中，與 2017 年同時被列入前十名的城市分別為：蘇州工業區、蘇州昆山、杭州市區、廈門島外、成都、上海浦東及杭州市區，顯示這幾個城市投資環境相對穩定，此外，北京市區、蘇州新區與西安於 2017 年尚未進入前十名，而於 2018《TEEMA 調查報告》挺進前十名，顯示其地方政府致力於改善當地投資環境，使當地投資環境更加穩固。

2. 就投資風險度十劣城市而言：投資風險度排名後十名城市分別為：（1）北海；（2）贛州；（3）東莞厚街；（4）東莞石碣；（5）九江；（6）太原；（7）吉安；（8）東莞長安；（9）東莞清溪；（10）汕頭。其中，與 2017 年同時列為投資風險度十劣城市為：北海、贛州、東莞厚街、東莞石碣、九江、太原、東莞長安、東莞清溪及吉安，上述城市其在六大評價構面當中，表現均不亮眼，投資環境風險高，因此持續蟬聯倒數評價十劣城市。

表 15-8 2018 TEEMA 中國大陸城市投資風險度排名分析

排名	地區	城市	❶社會風險 評分	排名	❷法制風險 評分	排名	❸經濟風險 評分	排名	❹經營風險 評分	排名	❺轉型風險 評分	排名	❻道德風險 評分	排名	投資風險度 評分	加權分數
1	華東	蘇州工業區	1.720	2	1.835	1	1.665	1	1.946	2	1.730	1	1.910	4	1.813	99.277
2	華東	蘇州昆山	2.022	10	2.138	10	1.982	2	1.942	1	1.742	2	1.782	2	1.933	97.538
3	華東	杭州市區	1.718	1	1.977	2	2.010	4	2.029	4	1.942	6	1.942	5	1.960	97.448
4	華北	北京市區	1.938	6	2.124	9	2.144	14	2.179	13	1.917	5	1.907	3	2.059	92.677
5	華南	廈門島外	1.950	7	1.982	3	2.050	8	2.121	9	2.013	9	2.313	27	2.081	91.607
6	西南	成都	2.276	25	2.365	31	2.061	9	2.000	3	1.950	7	1.707	1	2.043	91.161
7	華東	上海市區	1.933	5	2.215	15	2.120	12	2.134	10	2.300	26	2.220	12	2.161	88.976
8	華東	蘇州新區	1.900	4	2.022	4	2.188	19	2.135	11	2.392	37	2.058	8	2.132	88.129
9	西北	西安	2.125	14	2.217	16	2.010	5	2.100	7	2.375	33	2.323	30	2.177	86.613
10	華東	上海浦東	2.019	9	2.212	14	2.333	28	2.239	17	2.111	12	2.153	10	2.200	86.479
11	華東	南京市區	2.250	22	2.028	5	2.070	10	2.313	26	2.219	15	2.266	18	2.194	86.256
12	華東	無錫市區	2.400	46	2.345	28	2.156	16	2.118	8	2.113	13	2.138	9	2.190	85.454
13	華東	上海閔行	2.263	24	2.292	23	2.039	7	2.031	5	1.974	8	2.500	54	2.157	85.008
14	華東	無錫江陰	2.148	15	2.479	46	2.410	37	2.049	6	1.750	3	2.014	7	2.146	84.116
15	華南	深圳市區	2.097	12	2.139	11	2.234	22	2.264	21	2.258	21	2.282	22	2.224	83.982
16	華東	杭州蕭山	2.115	13	2.099	7	2.194	20	2.195	14	2.293	24	2.517	57	2.235	81.262
17	西南	重慶	2.313	33	2.484	48	2.301	25	2.222	16	2.117	14	1.984	6	2.235	80.816
18	華東	淮安	1.864	3	2.049	6	2.023	6	2.297	22	2.591	62	2.443	43	2.228	79.791
19	華中	馬鞍山	2.351	38	2.191	13	2.178	17	2.257	19	2.368	32	2.395	36	2.278	79.389

表 15-8 2018 TEEMA 中國大陸城市投資風險度排名分析（續）

排名	地區	城市	❶社會風險 評分	❶社會風險 排名	❷法制風險 評分	❷法制風險 排名	❸經濟風險 評分	❸經濟風險 排名	❹經營風險 評分	❹經營風險 排名	❺轉型風險 評分	❺轉型風險 排名	❻道德風險 評分	❻道德風險 排名	投資風險度 評分	投資風險度 加權分數
20	華東	南京江寧	2.392	45	2.300	24	2.132	13	2.318	27	2.294	25	2.279	21	2.276	79.166
21	華東	宿遷	2.188	17	2.265	21	2.242	23	2.353	33	2.250	19	2.297	26	2.277	79.077
22	華南	東莞松山湖	2.283	26	2.245	19	2.331	27	2.247	18	2.375	33	2.438	41	2.315	77.294
23	華東	徐州	2.083	11	2.321	25	2.206	21	2.335	31	2.250	19	2.463	47	2.288	77.071
24	華中	合肥	2.185	16	2.410	40	2.417	38	2.307	24	2.375	33	2.222	13	2.330	75.822
25	華南	廈門島內	2.367	41	2.263	20	2.406	36	2.338	32	2.225	17	2.288	24	2.319	75.510
26	華東	蘇州市區	2.308	32	2.174	12	2.188	18	2.333	29	2.500	47	2.442	42	2.319	74.841
27	華東	南通	2.386	44	2.230	18	2.441	40	2.307	23	1.855	4	2.487	52	2.289	74.797
28	華東	寧波市區	2.352	39	2.122	8	2.007	3	2.454	45	2.417	40	2.500	54	2.306	73.191
29	華南	東莞市區	2.556	58	2.392	37	2.429	39	2.174	12	2.429	42	2.274	19	2.349	72.968
30	華東	連雲港	2.521	56	2.488	50	2.242	23	2.452	44	2.094	11	2.250	15	2.338	71.809
31	華東	上海松江	1.958	8	2.225	17	2.539	49	2.662	65	2.047	10	2.234	14	2.345	71.452
32	華東	紹興	2.294	28	2.486	49	2.676	66	2.325	28	2.279	22	2.265	17	2.401	58.599
33	西南	遂寧	2.417	49	2.478	45	2.484	45	2.221	15	2.344	29	2.484	51	2.390	68.420
34	華中	武漢武昌	2.333	36	2.456	44	2.347	29	2.310	25	2.514	51	2.458	44	2.395	68.331
35	西南	綿陽	2.458	52	2.437	42	2.375	32	2.375	34	2.438	43	2.313	27	2.393	67.974
36	華北	北京亦庄	2.303	31	2.372	33	2.153	15	2.471	52	2.466	44	2.500	54	2.379	66.324
37	華東	上海嘉定	2.596	62	2.646	65	2.454	43	2.412	35	2.237	18	2.276	20	2.427	66.102
38	華南	珠海	2.813	84	2.398	38	2.313	26	2.335	30	2.375	33	2.469	49	2.414	66.012
39	西南	德陽	2.200	18	2.356	30	2.383	33	2.439	41	2.417	41	2.583	68	2.410	65.656

表 15-8　2018 TEEMA 中國大陸城市投資風險度排名分析（續）

排名	地區	城市	❶社會風險 評分	排名	❷法制風險 評分	排名	❸經濟風險 評分	排名	❹經營風險 評分	排名	❺轉型風險 評分	排名	❻道德風險 評分	排名	投資風險度 評分	加權分數
40	華北	青島	2.381	43	2.521	53	2.351	30	2.429	38	2.560	56	2.286	23	2.420	65.566
41	東北	大連	2.246	21	2.367	32	2.402	35	2.524	54	2.543	54	2.337	32	2.423	64.942
42	華北	石家莊	2.509	55	2.481	47	2.526	47	2.529	55	2.289	23	2.263	16	2.443	63.827
43	華北	天津濱海	2.288	27	2.372	34	2.080	11	2.537	56	2.580	59	2.602	70	2.412	62.222
44	華東	寧波北侖	2.241	20	2.350	29	2.556	53	2.431	39	2.722	78	2.403	37	2.464	61.687
45	華中	長沙	2.316	35	2.756	76	2.783	75	2.458	48	2.224	16	2.171	11	2.475	59.904
46	華北	保定	2.438	51	2.272	22	2.367	31	2.456	46	2.625	71	2.563	64	2.450	59.547
47	華東	揚州	2.296	29	2.493	51	2.563	54	2.503	53	2.514	51	2.333	31	2.469	59.056
48	華東	嘉興市區	2.208	19	2.377	35	2.398	34	2.471	51	2.563	57	2.766	80	2.474	58.744
49	西南	貴陽	2.296	29	2.421	41	2.625	61	2.451	43	2.583	60	2.528	58	2.497	56.559
50	華南	中山	2.646	66	2.797	83	2.625	61	2.419	37	2.328	27	2.406	40	2.524	55.801
51	華中	鄭州	2.762	79	3.064	96	2.446	42	2.258	20	2.595	63	2.405	39	2.540	55.400
52	華東	寧波慈溪	2.622	65	2.513	52	2.442	41	2.412	35	2.783	82	2.483	50	2.520	55.355
53	華中	蕪湖	2.314	34	2.922	90	2.912	86	2.433	40	2.353	30	2.294	25	2.557	54.196
54	華北	廊坊	2.352	39	2.543	55	2.951	90	2.458	47	2.403	38	2.347	33	2.534	54.018
55	華南	福州市區	2.574	59	2.408	39	2.611	59	2.585	60	2.556	55	2.458	44	2.539	53.260
56	華南	江門	2.479	53	2.331	27	2.539	49	2.706	69	2.469	45	2.688	73	2.555	52.635
57	華東	嘉興嘉善	2.373	42	2.566	57	2.618	60	2.443	42	2.515	53	2.706	75	2.540	52.323
58	華北	濟南	2.759	77	2.618	61	2.549	51	2.464	50	2.597	65	2.403	37	2.544	51.966
59	華東	無錫宜興	2.611	64	2.715	72	2.590	57	2.464	49	2.361	31	2.597	69	2.546	51.075

表 15-8　2018 TEEMA 中國大陸城市投資風險度排名分析（續）

排名	地區	城市	❶社會風險 評分	❶社會風險 排名	❷法制風險 評分	❷法制風險 排名	❸經濟風險 評分	❸經濟風險 排名	❹經營風險 評分	❹經營風險 排名	❺轉型風險 評分	❺轉型風險 排名	❻道德風險 評分	❻道德風險 排名	投資風險度 評分	投資風險度 加權分數
60	華東	寧波奉化	2.255	23	2.327	26	2.529	48	2.640	64	2.618	68	3.044	98	2.590	50.317
61	華北	天津市區	2.429	50	2.441	43	2.554	52	2.633	63	2.595	63	2.821	85	2.591	47.552
62	華南	泉州	2.409	48	2.614	59	2.608	58	2.556	58	2.761	81	2.557	63	2.591	46.170
63	華南	廣州天河	2.604	63	2.378	36	2.461	44	2.893	90	2.891	91	2.391	35	2.625	45.679
64	華東	蘇州吳江	2.747	76	2.662	68	2.715	69	2.628	61	2.510	50	2.490	53	2.624	45.323
65	華東	寧波餘姚	2.759	77	2.546	56	2.667	65	2.778	78	2.583	61	2.389	34	2.631	44.832
66	華南	廣州市區	2.789	81	2.658	67	2.717	70	2.548	57	2.487	46	2.566	66	2.616	44.520
67	華東	蘇州太倉	2.587	61	2.788	81	2.845	79	2.751	76	2.405	39	2.321	29	2.643	44.475
68	華中	南昌	2.549	57	2.787	80	2.574	56	2.571	59	2.676	75	2.529	59	2.611	44.029
69	華東	蘇州常熟	2.708	69	2.542	54	2.820	77	2.838	85	2.328	27	2.531	60	2.655	43.182
70	華北	唐山	2.729	72	2.744	75	2.719	71	2.629	62	2.656	74	2.531	60	2.664	40.016
71	華中	武漢漢口	2.804	83	2.617	60	2.699	68	2.720	71	2.618	68	2.765	79	2.700	37.831
72	華東	鎮江	2.733	73	2.690	71	2.842	78	2.690	67	2.600	66	2.717	76	2.715	37.029
73	華北	泰安	2.333	36	3.044	95	2.500	46	2.750	75	2.813	85	2.938	92	2.740	36.360
74	華東	蘇州張家港	3.000	94	2.914	89	2.697	67	2.681	66	2.500	47	2.882	87	2.754	36.003
75	華東	湖州	2.578	60	2.636	63	2.567	55	2.859	86	2.650	73	2.950	93	2.721	35.914
76	西南	南寧	2.667	67	2.976	94	2.808	76	2.733	72	2.733	80	2.467	48	2.738	35.602
77	華東	常州	2.400	46	2.757	77	2.775	74	2.690	68	2.983	97	2.783	81	2.746	34.309
78	華東	泰州	2.867	88	2.729	74	2.758	73	2.824	81	2.600	66	2.567	67	2.729	34.264
79	華南	福州馬尾	2.741	74	2.620	62	2.632	63	2.739	73	2.833	88	3.042	97	2.759	33.729

表 15-8　2018 TEEMA 中國大陸城市投資風險度排名分析（續）

排名	地區	城市	❶社會風險 評分	❶社會風險 排名	❷法制風險 評分	❷法制風險 排名	❸經濟風險 評分	❸經濟風險 排名	❹經營風險 評分	❹經營風險 排名	❺轉型風險 評分	❺轉型風險 排名	❻道德風險 評分	❻道德風險 排名	投資風險度 評分	投資風險度 加權分數
80	西南	昆明	2.500	54	2.649	66	2.898	85	2.739	74	3.047	98	2.609	71	2.760	32.971
81	華中	武漢漢陽	2.796	82	2.968	92	2.896	84	2.886	89	2.569	58	2.458	46	2.780	32.525
82	西北	蘭州	2.813	84	2.819	85	2.938	88	2.860	87	2.500	47	2.547	62	2.764	32.347
83	華南	深圳龍崗	3.250	101	2.726	73	2.656	64	2.765	77	2.802	83	2.802	83	2.797	31.321
84	華南	惠州	3.059	96	2.689	70	2.721	72	2.830	82	2.882	90	2.735	77	2.804	29.493
85	華東	鹽城	2.771	80	2.590	58	2.891	83	2.930	93	2.922	95	2.688	73	2.818	27.977
86	華南	深圳寶安	2.833	86	2.823	86	3.025	93	2.835	84	2.725	79	2.563	64	2.814	27.264
87	華北	威海	2.745	75	2.638	64	3.007	92	2.789	79	2.912	94	2.926	90	2.845	26.996
88	華南	三亞	2.854	87	2.668	69	2.914	87	2.798	80	2.828	87	2.953	94	2.835	26.327
89	華北	煙台	3.188	99	2.975	93	3.094	97	2.713	70	2.719	77	2.750	78	2.882	25.970
90	華南	漳州	2.725	71	2.778	79	2.853	80	2.927	92	2.809	84	3.074	99	2.874	24.722
91	西南	桂林	2.980	93	3.078	99	2.890	82	2.834	83	2.676	75	2.853	86	2.876	24.677
92	華南	佛山	3.078	97	2.790	82	3.074	96	3.149	98	2.647	72	2.926	90	2.964	20.620
93	華中	襄陽	2.686	68	2.804	84	3.279	102	3.007	95	2.897	92	2.882	88	2.964	20.129
94	華北	日照	3.444	107	2.833	87	2.883	81	2.871	88	2.833	88	3.233	104	2.974	19.951
95	華南	海口	2.961	91	2.959	91	3.294	105	2.900	91	2.971	96	2.632	72	2.964	19.104
96	東北	長春	3.298	104	3.218	106	3.066	95	2.957	94	2.618	70	2.803	84	2.978	18.925
97	華東	溫州	2.711	70	3.140	102	2.942	89	3.075	97	2.817	86	3.283	105	3.014	17.944
98	華中	宜昌	2.941	90	3.108	101	2.993	91	3.173	100	3.074	99	2.912	89	3.050	15.670
99	華南	東莞虎門	3.125	98	2.770	78	3.031	94	3.173	99	3.266	104	3.078	100	3.079	15.581

表 15-8　2018 TEEMA 中國大陸城市投資風險度排名分析（續）

排名	地區	城市	❶社會風險 評分	❶社會風險 排名	❷法制風險 評分	❷法制風險 排名	❸經濟風險 評分	❸經濟風險 排名	❹經營風險 評分	❹經營風險 排名	❺轉型風險 評分	❺轉型風險 排名	❻道德風險 評分	❻道德風險 排名	投資風險度 評分	投資風險度 加權分數
100	東北	瀋陽	2.889	89	3.180	105	3.173	99	3.179	101	2.905	93	2.798	82	3.051	15.313
101	東北	哈爾濱	3.000	94	3.141	103	3.258	101	3.007	96	3.125	101	3.000	95	3.093	13.084
102	華南	莆田	3.271	103	3.066	97	3.156	98	3.184	102	3.234	103	3.109	101	3.166	11.211
103	華南	汕頭	3.688	112	3.167	104	3.281	103	3.202	105	3.078	100	3.016	96	3.215	8.982
104	華南	東莞清溪	3.583	111	2.844	88	3.500	108	3.555	110	3.141	102	3.156	102	3.318	8.134
105	華南	東莞長安	3.542	109	3.084	100	3.250	100	3.191	104	3.625	110	3.469	109	3.329	7.466
106	華中	吉安	3.244	100	3.473	111	3.483	107	3.188	103	3.433	108	3.167	103	3.329	6.841
107	華北	太原	3.333	105	3.266	107	3.375	106	3.260	107	3.368	105	3.324	106	3.317	6.217
108	華中	九江	3.521	108	3.405	110	3.281	103	3.232	106	3.406	106	3.328	107	3.337	6.039
109	華南	東莞石碣	3.356	106	3.069	98	3.558	110	3.396	108	3.433	107	3.500	110	3.397	5.593
110	華南	東莞厚街	2.979	92	3.354	108	3.695	111	3.559	111	3.688	111	3.719	112	3.541	3.854
111	華中	贛州	3.267	102	3.393	109	3.533	109	3.529	109	3.767	112	3.583	111	3.527	3.631
112	西南	北海	3.549	110	3.549	112	3.750	112	3.727	112	3.529	109	3.397	108	3.608	2.115

資料來源：本研究整理

四、2018TEEMA 中國大陸區域投資風險度分析

2018《TEEMA 調查報告》中,從表 15-9 可知中國大陸區域投資風險度分析排名,其 2017 年投資風險度評估綜合排名依序為:(1)華東地區;(2)西北地區;(3)西南地區;(4)華北地區;(5)華中地區;(6)華南地區;(7)東北地區。

表 15-9　2018 TEEMA 中國大陸區域投資風險度排名分析

風險度構面	華南	華東	華北	華中	東北	西南	西北
❶社會風險	2.837	2.347	2.611	2.719	2.858	2.566	2.469
❷法制風險	2.667	2.407	2.616	2.883	2.977	2.679	2.518
❸經濟風險	2.813	2.413	2.617	2.844	2.975	2.658	2.474
❹經營風險	2.792	2.437	2.611	2.738	2.917	2.574	2.480
❺轉型風險	2.782	2.359	2.622	2.776	2.798	2.583	2.438
❻道德風險	2.774	2.434	2.626	2.684	2.734	2.493	2.435
風險度評分	2.778	2.400	2.617	2.774	2.876	2.592	2.469
風險度排名	❻	❶	❹	❺	❼	❸	❷

資料來源:本研究整理

2018《TEEMA 調查報告》整合近五年中國大陸七大經濟區域排名,從表 15-10 可知華東地區於 2018 年投資風險度排名持續佔領第一名的寶座,顯示中國大陸沿海經濟帶之投資潛力回溫,其主因在中國大陸推出自貿區、國家級新區、灣區經濟等國家戰略,使沿海地帶投資風險下降,投資潛力上升。

表 15-10　2014-2018 TEEMA 中國大陸區域投資風險度排名變化分析

地區	2014		2015		2016		2017		2018		2014-2018	
	評分	排名	評分	排名	評分	排名	評分	排名	評分	排名	總分	排名
❶華東地區	2.275	1	2.331	1	2.340	2	2.363	1	2.400	1	2.342	1
❷西北地區	2.560	5	2.352	2	2.321	1	2.503	2	2.469	2	2.441	2
❸西南地區	2.498	3	2.508	3	2.509	3	2.588	3	2.592	3	2.539	3
❹華北地區	2.491	2	2.556	4	2.661	4	2.594	4	2.617	4	2.584	4
❺東北地區	2.539	4	2.764	6	2.678	5	2.712	5	2.876	7	2.714	5
❻華南地區	2.712	6	2.763	5	2.774	6	2.803	7	2.778	6	2.766	6
❼華中地區	2.770	7	2.771	7	2.797	7	2.780	6	2.774	5	2.778	7

資料來源:本研究整理

第16章

2018 TEEMA 中國大陸台商推薦度

2018《TEEMA 調查報告》延續既有之「兩力兩度」研究評估模式，針對城市競爭力、投資環境力、投資風險度及台商推薦度進行分析，藉由調查台商對於中國大陸各地 112 個城市之觀點，進行城市綜合實力評估。其針對「台商推薦度」的部分，衡量標準係針對前往中國大陸的企業作為研究調查之母體，透過台商對該城市投資的相關經驗做為評選基準，藉以提供企業未來前赴中國大陸投資之參考依據。其細項衡量指標除依據 2018《TEEMA 調查報告》十項衡量指標外，本年度新增「創新發展平台」、「轉型升級力度」兩項指標，換言之，2018《TEEMA 調查報告》之台商推薦度有 12 項評估指標，即：（1）城市競爭力；（2）投資環境力；（3）投資風險度；（4）城市發展潛力；（5）城市投資效益；（6）國際接軌程度；（7）台商權益保護；（8）政府行政效率；（9）內銷市場前景；（10）整體生活品質；（11）創新發展平台」；（12）轉型升級力度。

一、2018TEEMA 中國大陸台商推薦度分析

2018《TEEMA 調查報告》對已在中國大陸投資台商企業調查分析，2018 年台商推薦度與細項指標排名如表 16-1 所示，茲將調查重要內涵分述如下：

1. 就推薦度前十佳城市而言：依 2018《TEEMA 調查報告》顯示，台商推薦度前十佳的城市依序為：（1）成都；（2）蘇州昆山；（3）杭州市區；（4）蘇州工業區；（5）上海市區；（6）北京市區；（7）廈門島外；（8）蘇州市區；（9）淮安；（10）杭州蕭山。成都 2018 年再次登上冠軍寶座，根據中國大陸四川省統計局於 2018 年 1 月 29 日表示：「2017 年成都實現地區生產總值 13889.39 億元，比上年成長 8.1％，以高於全中國大陸的 1.2％，在出口貿易部分，實現進出口總額 3941.8 億元，成長 45.4％，其增速比 2017 年提高 34.4％。」此外，2018 年 2 月 7 日，成都市公布《成都市關於推進流量經濟發展的實施方案》指出：「為

融入國家一帶一路戰略，全面提升成都市與一帶一路沿線國家經貿合作水平，成都市將圍繞『五中心一樞紐』建設，分別對七個細分領域 17 個行業、四個方面 14 個場景的深度應用，推進流量經濟發展，藉此強化區域輻射影響。」綜上顯示，成都為西部最具投資吸引力地區，同時配合「一帶一路」戰略，而「一帶一路」戰略已與 200 多個國家地區建立經濟貿易關係，具備區位優勢、政策優勢、群聚優勢，獲得台商高度肯定。

2. 就推薦度前十劣城市而言：2018《TEEMA 調查報告》台商推薦結果顯示，最不推薦的十大城市依序為：（1）太原；（2）東莞厚街；（3）九江；（4）贛州；（5）吉安；（6）汕頭；（7）東莞長安；（8）莆田；（9）北海；（10）宜昌。2018 年 2 月 21 日，東莞台商協會會長蔡俊宏表示：「過去傳統型的製造業台商受到成本、環保和二代不願接班等多重因素影響，使在東莞的台商數量逐漸減少，但近期有不少服務業和青創的台商加入，使近年東莞台商的數量不減反增，目前超過三千家，仍是中國大陸台商最多的地方。」另外，東莞市長梁維東於 2018 年 4 月 18 日表示：「東莞土地開發度已達 46.8％，正面臨無土地可用的困境，對此東莞朝轉向以高質量發展，將帶領東莞造創新型經濟。」顯示過去被譽為「工業重鎮龍頭」的東莞，因土地開發程度相當高，正面臨土地不足的困境，使工廠無法進駐與東莞的產業有逐漸轉型的現象正在發生，因此從最不推薦十大城市中東莞地區的推薦度排名有些許的變化，東莞地區在 2017 年有四個城市進榜，分別為東莞虎門、東莞厚街、東莞長安及東莞石碣，而在 2018 年，有僅兩座城市進榜，分別為第二名的東莞厚街及第七名的東莞長安。此外，東莞市市政府於 2018 年 4 月 18 日發布《東莞市藍天保衛戰行動方案》指出：「將於 2018 年開始推動消除東莞 50％高汙染高排放的產業和企業任務，並透過七大方面推動 32 項具體行動任務實現，目標在 2019 年 6 月底前完成全部淘汰任務。」綜上可知，東莞正在執行淘汰高汙染企業的任務，而諸多台商正屬於超汙染製造業，對此嚴峻的局面成為台商最不推薦城市的因素之一。

3. 台商推薦度十項指標分析而言：透過 2018《TEEMA 調查報告》台商推薦度的十項指標顯示，成都在台商推薦度中整體推薦加權分數為 95.888 分（平均分數為 3.921）保持榜首，成都配合國家「一帶一路」發展戰略並積極打造具特色的內陸自貿區，其經濟社會取得快速發展，同時為自貿區奠定堅實基礎，展現出內陸自貿區建設中的區位戰略優勢。根據成都市於 2018 年 5 月 28 日提及：「為積極融入中國大陸國家級「一帶一路」戰略，加快推動企業「走出去」，全面提升成都市與「一帶一路」沿線國家經貿合作水平，並透過構建三大經濟走

廊、聚焦五大重點區域、突出 30 個重點國家三大構面，加上實施「產能合作」行動，來推動新興產業的布局，加以實現全球布局計畫。」另外，工信部賽迪研究院城市經濟研究中心主任王高翔（2017）表示：「根據賽迪城市經濟競爭力百強榜分析，成都排名為中西部城市第一名，是中國大陸最適合發展新經濟的城市之一，因其具有發展城市新經濟的區位條件、創新資源、產業基礎和政策環境。」綜上所知，成都具有龐大投資吸引力，亦是「一帶一路」的重要發展戰略節點，未來將成為中國大陸西部的物流中心及交通樞紐中心，吸引更多投資者的目光。

表 16-1 2018 TEEMA 中國大陸城市台商推薦度細項指標排名分析

排名	城市	競爭力	環境力	風險度	發展潛力	投資效益	國際接軌	權益保護	行政效率	內銷市場	生活品質	創新平台	轉型力度	台商推薦度
1	成 都	4.000	4.000	3.771	3.943	4.029	3.971	4.057	3.886	3.857	3.771	3.943	3.714	3.921	95.888
2	蘇 州 昆 山	3.855	3.758	3.548	3.887	3.935	4.113	4.032	4.323	4.226	4.274	4.194	3.887	3.997	95.442
3	杭 州 市 區	4.115	3.769	4.115	3.846	3.692	3.577	4.154	3.808	3.885	3.846	3.962	4.000	3.902	94.907
4	蘇州工業區	3.840	4.000	4.240	4.120	3.760	3.840	4.040	3.920	3.840	4.120	3.360	3.880	3.918	94.818
5	上 海 市 區	3.920	3.840	3.680	3.680	3.920	4.600	4.280	4.320	3.600	3.800	3.840	3.600	3.912	93.123
6	北 京 市 區	3.963	4.000	3.926	3.704	4.037	4.037	3.704	3.630	4.074	3.741	4.111	3.185	3.820	90.136
7	廈 門 島 外	3.950	3.600	3.750	4.350	3.950	3.950	4.100	3.700	3.650	3.750	3.150	3.350	3.795	89.601
8	蘇 州 市 區	4.154	4.077	3.846	3.808	3.808	3.577	3.808	3.654	3.846	3.654	3.038	3.423	3.763	89.288
9	淮 安	3.727	3.727	3.773	3.409	3.682	3.545	3.864	3.909	3.727	3.818	3.773	3.727	3.723	88.218
10	杭 州 蕭 山	3.759	3.828	3.517	3.690	3.586	3.759	3.793	3.621	3.586	3.483	3.517	3.759	3.676	86.435
11	南 京 市 區	3.438	3.750	3.688	3.875	4.000	3.813	3.688	3.813	3.438	3.563	3.750	3.750	3.716	86.345
12	蘇 州 新 區	3.500	3.767	3.567	3.933	3.400	3.567	3.567	3.733	3.500	3.733	3.733	3.733	3.643	84.294
13	西 安	3.375	3.500	3.583	3.958	3.667	3.625	3.583	3.542	4.250	3.750	3.375	3.792	3.683	84.250
14	重 慶	3.781	3.469	3.281	3.563	3.719	3.563	3.625	3.688	3.594	3.625	3.375	3.750	3.611	84.161
15	廈 門 島 內	3.450	3.700	3.450	3.550	3.650	3.900	3.750	3.850	3.650	3.500	3.600	3.650	3.648	84.116
16	上 海 閔 行	3.842	3.947	3.474	3.316	3.947	4.105	3.579	3.474	3.737	3.421	3.947	3.263	3.658	83.492
17	無 錫 江 陰	3.611	3.611	3.333	3.556	3.611	3.389	3.667	3.722	3.722	3.889	2.944	3.333	3.561	80.950
18	寧 波 市 區	3.556	3.556	3.611	3.556	3.444	3.333	3.389	3.556	3.778	3.556	3.333	3.500	3.525	79.345
19	南 京 江 寧	3.412	3.412	3.235	3.353	3.588	3.471	3.765	3.824	3.706	4.059	3.529	3.353	3.556	78.230
20	無 錫 市 區	3.500	3.350	3.650	3.550	3.700	3.150	3.900	3.700	3.400	3.800	3.400	3.200	3.530	77.740
21	馬 鞍 山	3.579	3.421	3.211	3.842	3.579	3.421	3.579	3.368	3.421	3.158	3.947	3.579	3.524	77.561
22	北 京 亦 庄	3.818	3.409	3.500	3.545	3.636	3.545	3.409	3.318	3.364	3.409	3.273	3.818	3.518	77.115
23	南 通	3.421	3.789	3.421	3.632	3.211	3.316	3.737	3.579	3.263	3.579	3.316	3.316	3.476	74.707

表 16-1　2018 TEEMA 中國大陸城市台商推薦度細項指標排名分析（續）

排名	城市	競爭力	環境力	風險度	發展潛力	投資效益	國際接軌	權益保護	行政效率	內銷市場	生活品質	創新平台	轉型力度	台商推薦度
24	綿陽	3.688	3.375	3.438	3.500	3.125	3.438	3.750	4.000	3.563	3.313	3.188	3.125	3.481	74.529
25	上海浦東	3.333	3.500	3.222	3.889	3.500	3.889	3.500	3.722	3.333	3.444	3.111	3.167	3.478	73.726
26	武漢武昌	3.778	3.500	3.500	4.056	3.278	3.167	3.111	3.389	3.389	3.500	3.056	3.222	3.433	73.503
27	宿遷	3.688	3.813	3.625	3.750	3.563	3.063	3.063	3.250	3.500	3.188	3.313	3.313	3.453	73.459
28	合肥	3.556	3.389	3.111	3.278	3.611	3.056	3.556	3.500	3.333	3.389	3.778	3.500	3.439	72.612
29	揚州	3.667	3.444	3.556	3.389	3.389	3.278	3.167	3.389	3.444	3.667	3.667	3.167	3.414	72.255
30	連雲港	3.688	3.625	3.750	3.500	3.125	3.063	3.500	3.313	3.375	3.313	3.063	3.313	3.403	71.096
31	上海嘉定	3.158	3.211	3.105	3.579	3.684	4.211	3.211	3.263	3.474	3.947	3.474	3.316	3.426	70.248
32	深圳市區	3.419	3.226	3.419	3.129	3.355	3.065	3.484	3.677	3.839	3.935	4.032	3.032	3.439	69.713
33	徐州	3.550	3.450	3.250	3.500	3.350	3.250	3.300	3.350	3.250	3.300	3.200	3.300	3.355	68.599
34	東莞松山湖	3.450	3.150	3.350	3.150	3.050	3.150	3.450	3.300	3.750	3.450	3.650	4.100	3.420	68.331
35	天津濱海	3.455	3.500	3.591	3.727	3.136	3.091	3.591	3.318	3.045	3.182	3.136	3.455	3.373	68.153
36	長沙	3.789	3.263	3.105	3.421	3.211	2.737	3.263	3.263	3.368	3.263	3.526	3.737	3.363	67.662
37	德陽	3.933	3.467	3.067	3.200	3.000	3.067	3.333	3.333	3.267	3.467	3.333	3.333	3.333	67.395
38	寧波北侖	3.500	3.444	3.389	3.000	3.222	3.222	3.389	3.389	3.500	3.167	3.444	3.222	3.328	67.083
39	大連	3.913	3.130	3.478	3.522	3.609	3.478	3.348	3.174	3.174	3.000	2.957	3.217	3.354	66.280
40	上海松江	3.688	3.375	3.063	3.375	3.375	3.875	3.438	3.188	3.250	3.688	2.750	2.813	3.319	64.719
41	寧波慈溪	3.533	3.467	3.200	3.000	3.267	3.267	3.200	3.267	3.400	3.333	3.533	3.067	3.287	64.585
42	珠海	3.500	3.438	3.313	4.063	3.563	2.938	3.000	2.938	3.063	3.375	3.125	3.063	3.300	60.795
43	廊坊	3.722	3.333	3.056	3.278	3.444	3.278	3.278	3.056	3.111	3.278	3.000	2.944	3.247	60.126
44	嘉興市區	3.563	3.438	3.063	3.375	3.375	2.938	3.063	3.563	3.000	2.813	3.500	2.938	3.247	59.413
45	青島	3.571	3.048	3.048	3.190	2.952	3.286	3.571	3.190	3.381	3.429	3.000	2.952	3.224	58.878
46	東莞市區	3.095	3.095	3.048	3.429	2.952	3.143	3.048	3.095	3.381	3.762	3.333	3.476	3.221	56.782

表 16-1 2018 TEEMA 中國大陸城市台商推薦度細項指標排名分析（續）

排名	城市	競爭力	環境力	風險度	發展潛力	投資效益	國際接軌	權益保護	行政效率	內銷市場	生活品質	創新平台	轉型力度	台商推薦度	
47	江門	3.438	3.375	2.813	3.188	3.125	3.250	3.000	3.188	3.188	3.250	3.063	3.313	3.200	56.738
48	蕪湖	3.353	2.824	2.941	3.235	3.118	2.941	3.118	3.235	3.588	2.941	3.353	3.529	3.209	56.381
49	嘉興嘉善	3.471	3.471	3.412	3.000	3.000	2.941	3.471	3.294	3.294	2.824	3.471	2.647	3.197	55.890
50	貴陽	3.222	2.944	2.944	3.667	3.222	3.111	3.056	3.111	3.222	3.056	3.111	3.222	3.178	54.553
51	中山	3.313	3.188	3.125	3.375	3.188	3.313	3.000	2.875	2.813	3.125	3.625	3.375	3.172	54.241
52	常州	3.267	3.533	3.600	3.600	3.200	3.067	3.200	3.333	2.600	3.067	2.800	2.533	3.153	53.750
53	保定	3.250	2.750	3.063	3.188	3.125	3.125	3.063	3.375	3.125	3.188	3.500	3.000	3.131	52.189
54	無錫宜興	3.333	3.167	3.167	3.500	3.222	3.222	3.056	3.111	3.111	3.333	3.000	2.389	3.125	52.145
55	武漢漢口	3.765	2.647	2.765	2.824	3.059	2.941	3.706	3.706	3.235	3.059	2.647	2.706	3.135	51.877
56	南昌	3.294	3.235	3.294	3.000	2.824	2.941	3.176	3.235	3.471	2.765	3.294	3.000	3.138	51.075
57	遂寧	3.500	3.125	3.063	3.375	3.000	3.125	3.250	3.313	3.125	2.938	2.563	2.563	3.109	50.673
58	鄭州	3.524	3.000	2.952	3.095	3.095	2.714	3.286	2.905	3.048	3.000	3.333	3.190	3.114	49.380
59	紹興	3.235	2.941	3.059	2.941	3.294	3.176	2.882	2.941	2.824	3.235	3.353	3.529	3.100	48.979
60	泉州	3.045	3.091	3.045	3.091	3.000	3.227	3.318	3.500	3.227	3.273	2.591	2.591	3.093	48.934
61	寧波餘姚	3.889	3.167	2.944	2.889	3.167	2.944	3.111	3.111	2.833	2.833	2.833	2.833	3.078	48.355
62	鎮江	3.133	3.200	3.267	3.533	2.933	2.867	3.000	3.200	3.067	3.200	2.467	3.000	3.097	48.043
63	蘇州張家港	2.789	3.158	2.737	3.000	3.263	3.368	3.526	3.105	3.053	3.000	3.000	2.789	3.074	47.775
64	天津市區	2.857	2.762	3.048	2.762	3.095	3.095	3.000	3.381	3.238	3.190	3.381	3.048	3.050	46.928
65	石家莊	3.421	3.053	3.105	3.105	3.316	3.000	3.421	2.421	3.053	3.000	3.053	2.579	3.045	46.437
66	唐山	3.688	3.000	3.063	3.188	2.813	3.063	2.875	3.000	2.875	3.000	2.563	2.750	3.003	44.119
67	蘇州太倉	3.048	3.381	2.810	3.095	2.952	3.095	2.857	3.095	3.095	3.048	2.952	2.952	3.043	43.851
68	桂林	3.353	3.059	2.706	3.059	3.059	3.235	3.176	2.941	3.059	3.118	2.353	2.765	3.018	43.227
69	武漢漢陽	3.611	2.944	2.778	2.833	2.667	2.778	3.222	2.944	3.167	3.111	2.500	2.944	2.992	42.959

表 16-1　2018 TEEMA 中國大陸城市台商推薦度細項指標排名分析（續）

排名	城市	競爭力	環境力	風險度	發展潛力	投資效益	國際接軌	權益保護	行政效率	內銷市場	生活品質	創新平台	轉型力度	台商推薦度	
70	南寧	3.000	2.800	2.667	2.933	3.267	2.800	3.000	2.867	3.200	3.067	2.400	3.600	3.013	42.781
71	蘇州吳江	2.840	3.000	2.800	3.040	3.080	3.200	3.200	3.160	3.000	2.920	2.960	2.760	3.002	42.112
72	福州市區	2.778	2.667	3.000	3.278	3.056	2.833	3.056	2.944	2.722	3.056	2.778	2.778	2.911	37.296
73	廣州市區	2.526	2.421	2.895	3.105	3.263	3.211	3.158	2.947	3.105	2.947	2.632	2.421	2.879	37.029
74	廈門	3.438	2.438	2.563	3.125	2.875	2.813	2.875	3.000	3.188	2.750	2.500	2.813	2.906	36.806
75	福州馬尾	2.944	2.944	2.833	2.944	3.056	3.000	2.889	3.278	2.722	3.111	2.389	2.667	2.911	36.761
76	深圳寶安	3.400	3.250	2.750	2.950	2.600	2.850	2.700	2.450	2.700	2.700	3.400	3.150	2.905	36.672
77	深圳龍崗	3.333	2.750	2.958	2.708	2.875	2.667	2.708	3.083	3.167	3.208	2.458	2.875	2.915	36.271
78	寧波奉化	2.824	2.941	2.706	3.118	3.118	3.176	2.882	2.882	3.059	2.765	2.471	2.588	2.897	35.334
79	濟南	3.278	2.833	2.611	2.944	2.778	2.778	2.833	2.944	2.722	3.056	3.000	2.778	2.883	34.130
80	泰安	3.313	2.563	2.750	2.875	2.938	3.000	2.938	3.000	2.938	2.813	2.625	2.750	2.891	34.041
81	廣州天河	3.000	2.813	3.000	2.688	3.250	2.500	2.688	2.438	2.875	2.750	2.875	3.063	2.838	33.105
82	鹽城	3.188	2.813	2.688	2.875	2.750	2.688	3.000	2.688	2.688	2.813	2.813	3.063	2.856	32.347
83	泰州	2.800	2.933	3.000	3.067	2.600	2.867	2.600	3.000	2.800	3.000	2.933	2.733	2.843	32.035
84	惠州	3.059	2.765	2.882	3.176	2.647	2.882	2.647	2.471	2.647	2.824	2.765	2.941	2.803	30.385
85	蘇州常熟	3.313	2.938	2.750	2.688	2.750	2.813	2.688	2.563	2.750	2.938	3.000	2.625	2.806	30.028
86	威海	3.529	2.824	2.647	2.941	2.765	3.353	2.588	2.471	2.588	2.765	2.235	2.353	2.756	29.136
87	漳州	2.412	2.471	2.471	2.412	2.647	2.647	2.471	2.647	3.000	3.000	3.118	3.471	2.715	28.378
88	佛山	2.824	2.941	2.882	3.059	2.412	3.000	2.176	2.471	2.412	2.176	2.647	3.235	2.688	27.709
89	海口	2.706	2.765	2.941	2.824	2.588	2.647	2.647	2.765	2.765	2.765	2.647	3.059	2.762	27.264
90	湖州	2.733	2.667	2.600	2.733	2.667	2.600	2.800	2.933	2.600	2.800	3.200	2.733	2.747	25.525
91	昆明	3.313	2.938	3.000	2.813	2.750	2.563	2.750	2.438	2.500	2.563	2.375	2.500	2.725	25.034
92	煙台	2.688	2.625	2.625	2.625	2.563	3.063	2.750	2.563	2.750	2.938	2.625	2.750	2.694	24.499

表16-1 2018 TEEMA 中國大陸城市台商推薦度細項指標排名分析（續）

排名	城市	競爭力	環境力	風險度	發展潛力	投資效益	國際接軌	權益保護	行政效率	內銷市場	生活品質	創新平台	轉型力度	台商推薦度
93	潘 陽	3.143	2.619	2.524	2.476	2.762	2.476	2.238	2.238	3.238	3.000	2.762	2.381	2.648	24.321
94	襄 陽	3.000	2.529	2.353	2.529	2.353	2.706	2.647	2.824	2.824	2.882	2.706	2.765	2.679	23.696
95	日 照	2.867	2.467	2.333	2.400	2.267	2.533	2.600	3.000	2.667	2.867	2.600	3.067	2.650	23.607
96	東莞虎門	2.563	2.500	2.688	2.375	2.563	2.750	2.313	2.750	2.688	2.375	2.625	3.188	2.616	22.136
97	三 亞	2.813	2.625	2.438	2.688	2.750	2.750	2.563	2.563	2.313	2.563	1.688	2.000	2.503	16.874
98	長 春	3.368	2.263	2.158	2.579	2.368	2.158	2.211	2.211	2.474	2.316	3.211	2.211	2.461	16.651
99	東莞石碣	2.667	2.467	2.333	2.267	2.133	2.600	2.333	2.933	2.333	2.600	2.533	2.667	2.483	15.224
100	東莞清溪	2.313	2.188	2.375	2.375	2.125	2.500	2.938	2.125	2.500	2.438	2.500	2.563	2.403	13.039
101	溫 州	2.333	2.333	2.400	2.267	2.333	2.000	2.333	2.000	2.400	2.200	3.733	2.133	2.330	11.969
102	哈爾濱	2.938	2.438	2.438	2.375	2.438	2.125	2.063	2.500	2.188	2.250	2.500	2.125	2.372	11.925
103	宜 昌	2.941	2.235	2.294	2.471	2.353	1.882	2.412	2.059	2.529	2.235	2.412	2.235	2.365	11.434
104	北 海	2.706	2.294	2.118	2.118	2.706	2.529	2.176	2.529	2.647	2.529	1.294	1.941	2.335	11.211
105	莆 田	2.375	2.500	2.125	2.375	2.375	2.688	2.313	2.438	2.250	2.250	2.250	2.188	2.347	10.854
106	東莞長安	2.563	2.375	2.125	2.313	2.250	2.313	2.500	2.625	2.375	2.438	2.188	2.125	2.366	10.542
107	汕 頭	2.375	2.375	2.563	2.563	2.375	2.313	2.188	2.313	2.000	2.375	2.125	2.438	2.331	10.453
108	吉 安	2.267	2.200	2.133	2.267	2.533	2.200	2.200	2.000	2.333	2.133	3.333	2.200	2.290	10.230
108	贛 州	3.600	2.000	1.733	2.133	2.133	2.133	1.800	2.000	2.000	1.733	2.133	1.600	2.113	10.230
110	九 江	2.313	2.063	1.813	1.813	1.938	1.938	1.875	2.063	2.063	2.188	2.750	2.563	2.103	6.529
111	東莞厚街	2.250	1.625	2.125	2.250	2.063	2.438	1.875	2.063	2.000	2.563	2.625	2.250	2.125	6.395
112	大 原	2.176	2.059	1.882	2.059	2.000	1.529	1.529	1.353	1.706	1.529	2.412	2.235	1.879	2.873

註：[1] 問卷評分轉換：「非常同意＝5分」、「同意＝4分」、「沒意見＝3分」、「不同意＝2分」、「非常不同意＝1分」。
[2] 台商推薦度評分越高，代表台商對該城市願意推薦給下一個來投資的台商之意願強度越高，換言之，也代表這個城市的台商推薦程度越高。

表 16-2　2018 TEEMA 中國大陸台商推薦度構面平均觀點評分與排名

台商推薦度評估構面	2013		2014		2015		2016		2017		2018	
	評分	排名	評分	排名	評分	排名	評分	排名	評分	排名	評分	排名
城市競爭力	3.506	9	3.392	4	3.268	5	3.292	1	3.250	1	3.280	1
投資環境力	3.552	4	3.398	2	3.251	8	3.103	5	3.030	9	3.073	8
投資風險度	3.529	5	3.356	8	3.235	9	3.057	10	3.012	10	3.014	11
發展潛力	3.616	1	3.445	1	3.319	1	3.186	2	3.087	3	3.135	2
投資效益	3.553	3	3.393	3	3.261	7	3.109	3	3.033	7	3.076	7
國際接軌	3.495	10	3.327	10	3.228	10	3.083	9	3.032	8	3.064	9
權益保護	3.563	2	3.371	5	3.263	6	3.099	6	3.057	6	3.086	6
行政效率	3.527	6	3.359	6	3.276	4	3.083	8	3.064	5	3.087	5
內銷市場	3.509	8	3.347	9	3.302	3	3.085	7	3.097	2	3.090	4
生活品質	3.521	7	3.357	7	3.303	2	3.107	4	3.079	4	3.100	3
創新平台	-	-	-	-	-	-	-	-	-	-	3.041	10
轉型力度	-	-	-	-	-	-	-	-	-	-	3.010	12
平均值	3.537		3.374		3.271		3.120		3.074		3.088	

資料來源：本研究整理

二、2017-2018 TEEMA 中國大陸台商推薦度差異分析

2018《TEEMA 調查報告》延續 2017《TEEMA 調查報告》對台商推薦度評分加以探討，2017 年城市評比為 112 個，與 2017 年城市評比數相同。針對 2017 年列入調查的 112 個城市進行台商推薦度差異分析，結果顯示 2018 年較 2017 相比，有 48 個城市之台商推薦度呈上升趨勢，占 112 個城市的 42.85％，而下滑的城市總共有 64 個，占整體 57.14％。在台商推薦度評分上升最多前十個城市依序為：（1）武漢武昌；（2）江門；（3）中山；（4）東莞市區；（5）惠州；（6）深圳寶安；（7）東莞虎門；（8）徐州；（9）石家莊；（10）貴陽。

表 16-3　2017-2018 TEEMA 中國大陸城市台商推薦度評分差異

城市	2017 評分	2018 評分	2017-2018 評分差異	城市	2017 評分	2018 評分	2017-2018 評分差異
三　　亞	3.028	2.503	-0.525	贛州	2.219	2.113	-0.106
蘇 州 吳 江	3.500	3.002	-0.498	瀋陽	2.744	2.648	-0.096
威　　海	3.239	2.756	-0.483	蕪湖	3.289	3.209	-0.080
莆　　田	2.787	2.347	-0.440	泰安	2.963	2.891	-0.072
廣 州 市 區	3.305	2.879	-0.426	重慶	3.683	3.611	-0.072
濟　　南	3.291	2.883	-0.408	汕頭	2.400	2.331	-0.069
青　　島	3.580	3.224	-0.356	深圳市區	3.507	3.439	-0.068
哈 爾 濱	2.711	2.372	-0.339	杭州蕭山	3.743	3.676	-0.067
大　　連	3.693	3.354	-0.339	綿陽	3.544	3.481	-0.063
寧 波 奉 化	3.215	2.897	-0.318	武漢漢陽	3.037	2.992	-0.045
上 海 浦 東	3.795	3.478	-0.317	煙台	2.729	2.694	-0.035
遂　　寧	3.406	3.109	-0.297	溫州	2.363	2.330	-0.033
廈 門 島 內	3.940	3.648	-0.293	蘇州新區	3.676	3.643	-0.033
廊　　坊	3.526	3.247	-0.279	蘭州	2.938	2.906	-0.032
成　　都	4.183	3.921	-0.262	東莞厚街	2.156	2.125	-0.031
上 海 松 江	3.571	3.319	-0.252	揚州	3.443	3.414	-0.029
福 州 市 區	3.156	2.911	-0.245	德陽	3.358	3.333	-0.025
唐　　山	3.244	3.003	-0.241	桂林	3.041	3.018	-0.023
連 雲 港	3.635	3.403	-0.232	鎮江	3.118	3.097	-0.021
昆　　明	2.953	2.725	-0.228	無錫市區	3.550	3.530	-0.020
無 錫 江 陰	3.786	3.561	-0.225	常州	3.169	3.153	-0.016
蘇 州 張 家 港	3.294	3.074	-0.220	寧波慈溪	3.295	3.287	-0.008
泉　　州	3.281	3.093	-0.188	南通	3.479	3.476	-0.003
無 錫 宜 興	3.270	3.125	-0.145	上海閔行	3.659	3.658	-0.001
蘇 州 工 業 區	4.054	3.918	-0.136	蘇州太倉	3.043	3.043	0.000
蘇 州 市 區	3.896	3.763	-0.133	寧波市區	3.524	3.525	0.001
廈 門 島 外	3.927	3.795	-0.132	鄭州	3.112	3.114	0.002
泰　　州	2.969	2.843	-0.126	長春	2.458	2.461	0.003
福 州 馬 尾	3.032	2.911	-0.121	南昌	3.135	3.138	0.003
北　　海	2.453	2.335	-0.118	寧波北侖	3.318	3.328	0.010

表 16-3　2017-2018 TEEMA 中國大陸城市台商推薦度評分差異（續）

城市	2017評分	2018評分	2017-2018評分差異	城市	2017評分	2018評分	2017-2018評分差異
宜　　　昌	2.481	2.365	-0.116	東莞松山湖	3.410	3.420	0.010
蘇 州 常 熟	2.918	2.806	-0.112	宿遷	3.441	3.453	0.012
太　　　原	1.865	1.879	0.014	東莞石碣	2.353	2.483	0.130
東 莞 清 溪	2.388	2.403	0.015	珠海	3.165	3.300	0.135
鹽　　　城	2.841	2.856	0.015	保定	2.988	3.131	0.143
北 京 亦 庄	3.500	3.518	0.018	海口	2.613	2.762	0.149
淮　　　安	3.704	3.723	0.019	上海市區	3.754	3.912	0.158
寧 波 餘 姚	3.055	3.078	0.023	襄陽	2.519	2.679	0.160
西　　　安	3.659	3.683	0.024	南寧	2.829	3.013	0.184
天 津 濱 海	3.348	3.373	0.025	杭州市區	3.711	3.902	0.191
佛　　　山	2.660	2.688	0.028	紹興	2.890	3.100	0.210
武 漢 漢 口	3.106	3.135	0.029	南京市區	3.483	3.716	0.233
馬 鞍 山	3.492	3.524	0.032	上海嘉定	3.158	3.426	0.268
東 莞 長 安	2.333	2.366	0.033	合肥	3.156	3.439	0.283
南 京 江 寧	3.506	3.556	0.050	北京市區	3.533	3.820	0.287
日　　　照	2.600	2.650	0.050	長沙	3.075	3.363	0.288
漳　　　州	2.656	2.715	0.059	貴陽	2.861	3.178	0.317
吉　　　安	2.231	2.290	0.059	石家莊	2.711	3.045	0.334
嘉 興 嘉 善	3.137	3.197	0.060	徐州	2.955	3.355	0.400
深 圳 龍 崗	2.850	2.915	0.065	東莞虎門	2.150	2.616	0.466
廣 州 天 河	2.765	2.838	0.072	深圳寶安	2.415	2.905	0.490
嘉 興 市 區	3.169	3.247	0.078	惠州	2.282	2.803	0.521
湖　　　州	2.641	2.747	0.106	東莞市區	2.668	3.221	0.553
天 津 市 區	2.933	3.050	0.117	中山	2.613	3.172	0.559
蘇 州 昆 山	3.869	3.997	0.128	江門	2.619	3.200	0.581
九　　　江	1.974	2.103	0.129	武漢武昌	2.846	3.433	0.587

資料來源：本研究整理

第 17 章

2018 TEEMA 中國大陸城市綜合實力

2018《TEEMA 調查報告》城市綜合實力計算方式延續過去《TEEMA 調查報告》所評估之「兩力兩度」模式，構面如下：（1）城市競爭力；（2）投資環境力；（3）投資風險度；（4）台商推薦度等四個構面，於此四個構面所獲得之原始分數，將原始分數的高低經過排列順序，透過百分位數轉換後計算其加權分數，除城市競爭力以 20.00 到 99.99 為百分位數加權計算外，其餘三個構面則以 1.00 到 99.99 為百分位數加權計算，再各別乘上構面權重後，將四個構面之加總分數並予以排名，最後將獲得每一個城市之「城市綜合實力」評分與排名。

一、2018TEEMA 中國大陸城市綜合實力排名

有關 2018《TEEMA 調查報告》城市綜合實力呈現方式進行微調，排名以級距方式排名，每級距內之城市數使用常態分布方式，且級距內不再排名。而「城市推薦等級」亦由過去的【A】極力推薦、【B】值得推薦、【C】可予推薦、【D】暫不推薦四項改為【AAA】、【AA】、【A】極力推薦；【BBB】、【BB】、【B】值得推薦；【CCC】、【CC】、【C】可予推薦九個等級。

2018《TEEMA 調查報告》列入極力推薦【AAA】等級的城市有六個，即蘇州昆山、成都、蘇州工業區、杭州市區、上海市區、北京市區。根據中國銀行協會首席經濟學家巴曙松（2017）提出：「未來中國大陸最具發展潛力的「3+6」城市，即環北京、環上海、環深圳三大都市圈，加上南京、武漢、合肥、長沙、重慶、成都」，與 2018《TEEMA 調查報告》城市排名不謀而合。

此外，由表 17-2 可發現 2018 年列入【AAA】、【AA】、【A】極力推薦城市共有 24 個，占總受評城市數比例的 21.42%；列入【BBB】、【BB】、【B】值得推薦城市有 56 個，其占總受評城市數比例為 50.00%，列入【CCC】、【CC】、【C】可予推薦有 32 個，占總受評城市數比例為 28.58%。

2018《TEEMA 調查報告》亦以調查城市所在區域進行區隔，將其城市綜合實力推薦等級與該城市所屬之七大經濟區域分布進行比較，如表 17-3 所示，可發現中國大陸七大經濟區域內，2018 年列入「極力推薦」城市排名依序為：（1）華東地區 14 個（13％）；（2）華南地區 3 個（3％）；（3）華中、西南地區各兩個（2％）；（4）西北及華北地區各一個（1％）。由此可知，華東地區依然是台商較喜愛之主要投資環境區域，其在 2018 年「極力推薦」之城市數量與2017 年結果相比呈持平，顯示華東地區的投資環境仍具有較大吸引力與競爭優勢。

表 17-1 2018 TEEMA 中國大陸城市綜合實力排名分析

推薦等級		城市數	城市
極力推薦【24】	AAA	6	蘇州昆山、成都、蘇州工業區、杭州市區、上海市區、北京市區
	AA	8	杭州蕭山、蘇州新區、上海閔行、南京市區、廈門島外、重慶、淮安、西安
	A	10	蘇州市區、無錫江陰、寧波市區、無錫市區、南京江寧、廈門島內、上海浦東、深圳市區、馬鞍山、武漢武昌
值得推薦【56】	BBB	12	天津濱海、寧波北侖、北京亦庄、南通、連雲港、上海嘉定、合肥、東莞市區、東莞松山湖、長沙、上海松江、宿遷
	BB	20	大連、青島、揚州、濟南、寧波慈溪、天津市區、徐州、嘉興嘉善、嘉興市區、石家莊、中山、貴陽、紹興、蕪湖、江門、保定、珠海、遂寧、綿陽、德陽
	B	24	南昌、蘇州張家港、無錫宜興、蘇州吳江、蘇州太倉、廊坊、寧波餘姚、寧波奉化、廣州天河、深圳寶安、泉州、深圳龍崗、鄭州、廣州市區、武漢漢陽、福州市區、福州馬尾、佛山、武漢漢口、惠州、漳州、唐山、蘇州常熟、南寧
可予推薦【32】	CCC	16	威海、煙台、鎮江、桂林、襄陽、昆明、東莞虎門、東莞清溪、泰安、蘭州、鹽城、日照、泰州、常州、湖州、溫州
	CC	14	汕頭、瀋陽、長春、太原、宜昌、海口、九江、三亞、東莞長安、東莞厚街、哈爾濱、莆田、吉安、東莞石碣
	C	2	北海、贛州

資料來源：本研究整理

表 17-2　2014-2018 TEEMA 中國大陸城市綜合實力推薦等級彙總表

年度	2014	2015	2016	2017	2018
極力推薦	蘇州工業區、蘇州新區、南京江寧、成都、無錫江陰、廈門島內、上海浦東、南京市區、寧波市區、天津濱海、無錫市區、重慶、南京市區、杭州市區、上海閔行、淮安、寧波慈溪、北京市區、寧波市區、蘇州辰家港、合肥	蘇州工業區、成都、杭州蕭山、杭州市區、上海浦東、上海閔行、南京市區、天津濱海、無錫市區、南京市區、寧波市區、寧波市區、淮安、寧波慈溪、北京市區	蘇州工業區、蘇州昆山、蘇州新區、杭州蕭山、上海市區、上海市區、青島、廈門、無錫、南京、南京江寧、大連、寧波、淮安	蘇州工業區、蘇州昆山、廈門島外、蘇州新區、上海閔行、上海青、大連、淮安、西安、南京市區、北京市區	成都、杭州市區、北京市區、蘇州新區、南京市區、重慶、西安、無錫市區、無錫、廈門島、深圳市區、武漢武昌
比率	28/115（24.35%）	27/118（22.88%）	23/112（20.54%）	24/112（21.42%）	24/112（21.42%）
值得推薦	揚州、北京亦庄、無錫市區、上海松江、連雲港、馬鞍山、綿陽、常州、宿遷、蘇州吳江、上海嘉、濟南、成都、鎮江、蘇州大倉、廣州市區、南昌、杭州余杭、東莞松山湖、唐山	蘇州辰家港、寧波北侖、上海松江、宿遷、蘇州吳江、無錫宜興、上海嘉、泉州、廊坊、寧波餘姚、珠海、南京市區、蘇州常熟、濟南、煙台、蘇州大倉、福州市區、鹽城、鎮江、洛陽	連雲港、合肥、寧波慈溪、廊坊、天津濱海、馬鞍、鞍山、無錫宜興、綿陽、蘇州常熟、德、無、南昌、廣州市區、長、嘉興市區、蘇州大倉、寧波餘姚、廣州、珠海、寧波市區	連雲港、宿遷、揚州、天津濱海、寧波北侖、綿陽、寧波慈溪、合肥、東莞吳江、無錫宜興、上海嘉、湖、南、濟、鄭、泉、福州、蘇州餘姚、廣州、珠海、寧波市區、福州	天津濱海、北京亦庄、連雲港、合肥、東莞松山湖、上海松江、大連、揚州、寧波慈溪、徐州、嘉興市區、中山、紹興、江、珠、綿、南昌、無錫宜興、蘇州常熟、寧波餘姚、廣州、鄭州、武漢、福州、武漢、漳州、蘇州常熟
比率	37/115（32.17%）	37/118（31.36%）	38/112（33.92%）	37/112（33.04%）	56/112（50.00%）

表 17-2　2014-2018 TEEMA 中國大陸城市綜合實力推薦等級彙總表（續）

年度	2014	2015	2016	2017	2018
[C] 勉予推薦	保定、嘉興市區、福州馬尾、廣州天河、三亞、桂林、長春、哈爾濱、東莞市區、武漢漢口、中山、蘭州。	嘉興市區、天津市區、泰州、南通、莆田、蘭州、潘陽、海口、日照、寧波、貴陽、咸陽、東莞市區、紹興、漳州、武漢漢口、石家莊、嘉興嘉善、貴興、汕頭。	唐山、徐州、鹽城、煙台、蘭州、鎮江、湖州、武漢武昌、海口、武漢漢陽、三亞、昆明、保定、中山、長春、漳州、石家莊、溫州。	唐山、嘉興嘉善、鎮江、保定、東莞市區、徐州、鹽城、南寧、煙台、泰州、湖州、佛山、海口、哈爾濱、日照、深圳寶安、桂林、長春。	煙台、桂林、昆明、東莞虎門、蘭州、日照、常州、溫州、潘陽、大連、三亞、東莞長安、莆田、東莞石碣、贛州。
比率	31/115（26.96%）	35/118（29.66%）	35/112（31.26%）	36/112（32.14%）	32/112（28.58%）
[D] 暫不推薦	佛山、東莞虎門、東莞長安、宜昌、襄陽、東莞清溪、大原、東莞厚街、吉安、贛州。	汕頭、哈爾濱、哈爾濱、東莞石碣、深圳寶安、深圳龍崗、襄陽、岳陽、江門、太原、九江、贛州。	東莞莞城、深圳石碣、襄陽、汕頭清溪、東莞虎門、東莞長安、東莞厚街、九江、贛州。	襄陽、宜昌、東莞清溪、汕頭、東莞虎門、東莞長安、吉安、太原、北海。	汕頭、長春、宜昌、九江、東莞長安、東莞哈爾濱、吉安、北海。
比率	19/115（16.52%）	19/118（16.10%）	16/112（14.28%）	15/112（13.40%）	0/112（00.00%）

資料來源：本研究整理

表 17-3　2009-2018 TEEMA 中國大陸七大經濟區域之城市推薦等級百分比彙總表

地區	❶華南地區				❷華東地區				❸華中地區				❹華北地區				❺西南地區				❻西北地區				❼東北地區			
推薦等級 / 年度	A 極力推薦	B 值得推薦	C 勉予推薦	D 暫不推薦	A 極力推薦	B 值得推薦	C 勉予推薦	D 暫不推薦	A 極力推薦	B 值得推薦	C 勉予推薦	D 暫不推薦	A 極力推薦	B 值得推薦	C 勉予推薦	D 暫不推薦	A 極力推薦	B 值得推薦	C 勉予推薦	D 暫不推薦	A 極力推薦	B 值得推薦	C 勉予推薦	D 暫不推薦	A 極力推薦	B 值得推薦	C 勉予推薦	D 暫不推薦
2009	2	2	11	8	14	18	4	0	1	1	7	1	3	5	3	1	1	1	3	1	0	0	1	1	1	0	1	2
2009	2%	2%	12%	9%	15%	19%	4%	0%	1%	1%	8%	1%	3%	5%	3%	1%	1%	1%	3%	1%	0%	0%	1%	1%	1%	0%	1%	2%
2010	2	1	16	4	14	20	4	0	1	5	4	2	4	8	1	1	2	0	3	2	0	0	1	1	1	0	1	2
2010	2%	1%	16%	4%	14%	20%	4%	0%	1%	5%	4%	2%	4%	8%	1%	1%	2%	0%	3%	2%	0%	0%	1%	1%	1%	0%	1%	2%
2011	1	5	14	6	12	21	6	0	1	2	5	4	3	8	5	1	2	0	3	2	0	1	0	1	1	0	1	2
2011	1%	5%	13%	6%	12%	20%	6%	0%	1%	2%	5%	4%	3%	8%	5%	1%	2%	0%	3%	2%	0%	1%	0%	1%	1%	0%	1%	2%
2012	2	1	15	7	20	14	7	0	1	6	3	4	2	6	5	1	2	4	1	2	0	1	0	1	1	0	1	2
2012	2%	1%	14%	6%	18%	13%	6%	0%	1%	6%	3%	4%	2%	6%	5%	1%	2%	4%	1%	2%	0%	1%	0%	1%	1%	0%	1%	2%
2013	2	4	12	8	19	18	4	0	0	5	6	4	3	5	6	1	2	2	3	2	1	0	1	0	1	0	3	0
2013	2%	4%	11%	7%	17%	16%	4%	0%	0%	4%	5%	4%	3%	4%	5%	1%	2%	2%	3%	2%	1%	0%	1%	0%	1%	0%	3%	0%
2014	2	4	11	10	19	17	4	1	1	5	4	6	2	7	5	1	2	3	4	1	1	0	1	0	1	0	2	0
2014	2%	3%	10%	9%	17%	15%	3%	1%	1%	4%	3%	5%	2%	6%	4%	1%	2%	3%	3%	1%	1%	0%	1%	0%	1%	0%	2%	0%
2015	2	6	9	10	18	17	7	0	3	5	6	1	0	6	5	6	2	3	4	1	1	0	1	0	1	0	3	1
2015	2%	5%	8%	8%	15%	14%	6%	0%	3%	4%	5%	1%	0%	5%	4%	5%	2%	3%	3%	1%	1%	0%	1%	0%	1%	0%	3%	1%
2016	2	8	7	10	16	16	8	0	0	5	4	5	1	6	7	1	2	3	5	0	1	1	1	0	1	0	3	0
2016	2%	7%	6%	9%	14%	14%	7%	0%	0%	4%	4%	4%	1%	5%	6%	1%	2%	3%	4%	0%	1%	0%	1%	0%	1%	0%	3%	0%
2017	2	8	9	8	16	15	9	0	0	6	3	5	2	5	6	1	2	3	4	1	1	0	1	0	1	0	3	0
2017	2%	7%	8%	7%	14%	13%	8%	0%	0%	5%	3%	4%	2%	4%	6%	1%	2%	3%	4%	1%	1%	0%	1%	0%	1%	0%	3%	0%
2018	3	15	9	0	14	19	6	0	2	7	5	0	1	9	4	0	2	5	3	0	1	1	1	1	0	1	3	0
2018	3%	13%	8%	0%	13%	17%	5%	0%	2%	6%	4%	0%	1%	8%	4%	0%	2%	4%	3%	0%	1%	1%	1%	1%	0%	1%	3%	0%

資料來源：本研究整理

表 17-4 2000-2017 TEEMA 中國大陸推薦城市排名變化

城 市	省 市	區域	2000	2001	2002	2003	2004	2005	2006	2007	2008	2009	2010	2011	2012	2013	2014	2015	2016	2017	2018
蘇州昆山	江蘇省	華東	--	A02	A04	B14	A08	A03	A03	A02	A02	A01	A01	A01	A01	A01	A01	A06	A03	A03	AAA
成 都	四川省	西南	B05	B13	B07	A08	A03	A04	A16	A09	A09	A11	A12	A09	A06	A04	A07	A03	A02	A02	AAA
蘇州工業區	江蘇省	華東	A01	A01	--	--	B01	A18	A01	A01	A01	A03	A06	A02	A04	A02	A02	A01	A01	A01	AAA
杭州市區	浙江省	華東	B10	B16	A05	A09	C02	B10	A04	A16	A23	A13	A23	A20	A19	A17	A19	A14	A07	A06	AAA
上海市區	上海市	華東	B13	B14	B06	A04	B16	B01	B21	B26	B17	B10	A16	B05	A22	A20	A13	A11	A09	A10	AAA
北京市區	北京市	華北	B06	B20	C02	B19	B17	B02	B18	C06	C04	C13	B17	B30	B17	B05	B02	A27	B02	A23	AAA
杭州蕭山	浙江省	華東	A07	B21	A07	A01	A01	A02	A18	A03	A06	A07	A07	A12	A05	A03	A08	A05	A05	A04	AA
蘇州新區	江蘇省	華東	A01	A01	--	--	B01	A18	A11	A07	A04	A19	A22	A11	A09	A08	A04	A07	A10	A09	AA
上海閔行	上海市	華東	B13	B14	B06	B08	A01	A01	A12	A08	A12	A06	A05	A10	A14	A11	A21	A13	A12	A11	AA
南京市區	江蘇省	華東	B14	B17	B15	B23	B02	A15	A08	B02	A13	B14	A15	A16	A15	A14	A14	A19	A18	A21	AA
廈門島外	福建省	華南	B07	B10	B10	B03	B19	A16	A13	B06	B06	A12	A10	B02	A07	A06	A03	A02	A06	A05	AA
重 慶	重慶市	西南	--	B19	C17	B16	B14	B11	C03	B25	C13	B01	A08	A06	A18	A10	A22	A20	A16	A14	AA
淮 安	江蘇省	華東	--	--	--	--	--	--	--	--	B12	B08	B04	B01	A27	A26	A23	A18	A23	A19	AA
西 安	陝西省	西北	CC3	B32	D04	--	--	B08	C21	D10	D11	C29	C22	B10	B01	A27	A18	A16	A14	A13	AA
蘇州市區	江蘇省	華東	AC1	A01	A01	A07	B01	A18	A06	A14	A19	A14	A11	A03	A10	A07	A06	A04	A02	A07	A
無錫江陰	江蘇省	華東	B17	A06	A02	A03	A06	A05	A05	A04	A05	A10	A13	A07	A11	A12	A09	A17	A15	A16	A
寧波市區	浙江省	華東	A03	A05	A03	A05	B04	A13	B08	A21	B13	A15	A14	A17	A12	A19	A15	A23	A21	A22	A
無錫市區	江蘇省	華東	B17	A06	A02	A03	C01	B05	C07	B07	A11	A21	B05	B06	A26	A21	A20	A24	A22	A20	A
南京江寧	江蘇省	華東	B14	B17	B15	B23	B02	B04	B16	A10	A07	A02	A03	A04	A02	A05	A05	A21	A20	A18	A
廈門島內	福建省	華南	B07	B10	B10	B03	B19	A16	B12	B08	B11	A20	A24	A18	A17	A16	A11	A10	A13	A12	A
上海浦東	上海市	華東	B13	B14	B05	B07	B12	A08	A14	A24	B24	B11	B10	B14	B07	A23	A12	A09	A08	A08	A
深圳市區	廣東省	華南	B20	B23	C14	C01	C20	C09	D01	C21	C18	D01	C26	D06	C24	C08	C02	B18	B18	B07	A

表 17-4　2000-2017 TEEMA 中國大陸推薦城市排名變化（續）

城市	省市	區域	2000	2001	2002	2003	2004	2005	2006	2007	2008	2009	2010	2011	2012	2013	2014	2015	2016	2017	2018
馬鞍山	安徽省	華中	--	--	--	--	--	--	--	--	--	--	--	--	--	B19	B09	B08	B11	B09	A
武漢武昌	湖北省	華中	B12	B09	C01	B21	B23	B13	B20	C10	C07	C25	B31	C09	C02	C14	C19	C16	C15	C02	A
天津濱海	天津市	華北	B21	B05	B08	B24	A07	A07	A07	A05	A03	A04	A02	A05	A03	A09	A16	A15	B09	B08	BBB
寧波北侖	浙江省	華東	--	--	--	--	B04	A13	A02	A06	A15	A05	A19	B08	A16	A18	A27	B03	B06	B10	BBB
北京亦庄	北京市	華北	B06	B20	C02	B19	C04	B20	A10	A19	A17	A09	A20	B07	B14	A24	B03	B02	B04	B03	BBB
南通	江蘇省	華東	--	--	--	--	B13	B19	D03	C23	C06	B16	B08	B09	A24	A22	A17	A12	A17	A24	BBB
連雲港	江蘇省	華東	--	--	--	--	--	--	--	--	--	B07	B18	B03	A28	B10	B08	A26	B01	B02	BBB
上海嘉定	上海市	華東	A02	B14	B06	B18	C07	B25	C02	B23	B25	C17	B26	B26	B22	B12	B17	B13	B16	B13	BBB
合肥	安徽省	華中	--	--	--	--	--	B09	C12	C22	C02	B19	B15	B11	B03	B02	A28	B06	B03	B16	BBB
東莞市區	廣東省	華南	B18	C03	D04	D05	D02	D05	D05	D05	D02	C30	C14	C15	C26	C25	C25	C21	C12	C09	BBB
東莞松山湖	廣東省	華南	--	--	--	--	--	--	--	--	--	--	--	--	--	--	B35	C02	B30	B18	BBB
長沙	湖南省	華中	--	B33	B13	--	C15	B21	C13	C01	C19	C26	C23	C23	B26	B28	C17	C14	C02	B27	BBB
上海松江	上海市	華東	B13	B14	B06	B05	B09	B03	B28	B22	B08	C08	B23	C06	B28	B03	B07	B05	B12	B01	BBB
宿遷	江蘇省	華東	--	--	--	--	--	--	--	--	--	--	--	--	B25	B24	B14	B07	B10	B04	BBB
大連	遼寧省	東北	B04	B22	B09	A06	A10	A14	A19	A15	A14	A16	A21	A14	A13	A13	A24	A22	A19	A17	BB
青島	山東省	華北	B09	B12	A08	A02	A14	A12	B01	A11	A22	A18	A09	A08	A08	A15	A10	A08	A11	A15	BB
揚州	江蘇省	華東	B03	B07	A06	A10	A04	A09	A09	A20	A08	A17	A18	A15	A21	A28	B01	B04	B14	B06	BB
濟南	山東省	華北	--	B25	C04	B15	A13	A11	A15	B04	B07	B09	A17	A19	B02	B20	B19	B29	B28	B24	BB
寧波慈溪	浙江省	華東	--	--	--	--	A07	A07	A15	B03	B19	B22	B14	B18	A25	B04	A25	A25	B05	B14	BB
天津市區	天津市	華北	B21	B05	B08	B24	A09	A06	B09	B09	B04	C03	C11	C01	C13	C23	C11	C03	B37	B22	BB
徐州	江蘇省	華東	--	--	--	--	A05	A06	C08	B09	B04	B13	B03	B04	C14	B11	B22	B30	C03	C11	BB
嘉興嘉善	浙江省	華東	--	--	--	--	A09	B07	B10	B12	B18	B17	B32	C17	C14	C21	C24	C20	C08	C03	BB
嘉興市區	浙江省	華東	--	--	--	--	A09	B07	B10	B12	B18	B17	B25	B33	C10	C15	C03	C01	B32	B29	BB

表17-4 2000-2017 TEEMA 中國大陸推薦城市排名變化（續）

城市	省市	區域	2000	2001	2002	2003	2004	2005	2006	2007	2008	2009	2010	2011	2012	2013	2014	2015	2016	2017	2018
石家莊	河北省	華北	--	B35	B17	--	--	--	C11	C07	C23	C28	B28	C02	C23	C26	C22	C29	C33	C26	BB
中山	廣東省	華南	B23	B08	B02	B01	B18	B18	B26	B16	B16	C06	C17	C27	C20	C19	C29	D02	C27	C28	BB
貴陽	貴州省	西南	--	--	--	--	--	--	--	--	--	--	D08	D10	D16	D15	C26	C17	C16	C24	BB
紹興	浙江省	華東	--	--	--	--	B06	--	--	B17	B23	B27	C03	C08	C19	C27	C28	C23	C18	C08	BB
無湖	安徽省	華中	--	--	--	--	--	--	--	--	--	--	--	--	--	--	--	--	--	--	BB
江門	廣東省	華南	--	--	--	--	B15	B15	C01	C08	C08	D05	D05	D09	D11	D06	D14	D13	D06	D01	BB
保定	河北省	華北	--	--	--	--	--	--	--	--	--	--	B21	B36	C07	C06	C01	C08	C25	C07	BB
珠海	廣東省	華南	B15	B24	B20	B06	B07	B29	B15	C05	B22	C05	C10	C14	C22	B30	B24	B23	B36	B37	BB
遂寧	四川省	西南	--	--	--	--	--	--	--	--	--	--	--	--	--	--	B18	B16	B22	B15	BB
錦陽	四川省	西南	--	--	--	--	--	--	--	--	--	--	--	--	B08	B08	B11	B10	B15	B12	BB
德陽	四川省	西南	--	--	--	--	--	--	--	--	--	--	--	--	B12	B09	B15	B14	B19	B17	BB
南昌	江西省	華中	--	B31	D05	--	A11	A10	A17	A12	A10	A08	A04	A13	A20	B06	B31	B25	B23	B23	B
蘇州張家港	江蘇省	華東	A01	A01	--	--	--	C04	B24	B11	B05	B02	B12	B15	A23	A25	A26	B01	BC8	B19	B
無錫宜興	江蘇省	華東	B17	A06	A02	A03	--	--	B13	A18	A18	B05	B27	C04	B10	B01	B04	B11	B13	B20	B
蘇州吳江	江蘇省	華東	A05	A03	B03	B25	B22	C03	C09	C03	B09	B25	B06	B23	B09	B07	B16	B09	B17	B11	B
蘇州太倉	江蘇省	華東	A01	A01	--	--	B03	C05	B25	B21	B01	B18	B11	B29	C11	B23	B23	B33	B25	B31	B
廊坊	河北省	華北	--	--	--	--	--	--	B05	A13	A16	B04	B16	B19	B11	B22	B10	B19	B07	B05	B
寧波餘姚	浙江省	華東	A04	A04	C07	C09	B08	B23	B19	B05	B15	C04	C02	B24	B06	B18	B12	B21	B33	B32	B
寧波奉化	浙江省	華東	A06	B26	B01	B01	B20	B14	B22	B20	B02	B12	B20	B22	B15	B16	B06	B12	B31	B33	B
廣州天河	廣東省	華南	B11	B28	C12	--	C11	C10	A20	B01	C03	B23	B19	B31	C06	B31	C09	C04	B35	B35	B
深圳寶安	廣東省	華南	B20	B23	--	C05	C06	D03	C18	C17	C16	D02	D03	D07	D09	C30	D04	D05	D02	C31	B
泉州	福建省	華南	--	--	D03	D02	D05	B06	B04	B19	C17	C11	C05	B27	B23	B32	B28	B17	B20	B28	B
深圳龍崗	廣東省	華南	B20	B23	C13	B27	C05	D02	C16	D06	D01	D04	D04	D04	D05	D02	D06	D07	D03	C32	B

表 17-4 2000-2017 TEEMA 中國大陸推薦城市排名變化（續）

城市	省市	區域	2000	2001	2002	2003	2004	2005	2006	2007	2008	2009	2010	2011	2012	2013	2014	2015	2016	2017	2018
鄭州	河南省	華中	--	B04	B11	B12	--	--	--	C24	--	--	B34	C19	B24	C01	B30	B28	B27	B26	B
廣州市區	廣東省	華南	B11	B28	C12	B26	C11	C10	B17	C20	C20	C20	C21	C30	C17	B34	B29	B22	B24	B25	B
武漢漢陽	湖北省	華中	B12	B09	C01	--	B23	B27	C14	C11	C11	C22	B30	C03	B30	C04	C20	C18	C19	C10	B
福州市區	福建省	華南	C01	B01	C06	B09	C16	C07	C06	C16	C14	B26	C01	B17	C03	C20	C04	B24	B25	B30	B
福州馬尾	福建省	華南	C01	B01	B01	B09	--	B24	C04	C13	C15	C15	C12	B20	C08	C09	C07	B35	B33	B36	B
佛山	廣東省	華南	B02	--	C03	D01	C14	--	--	C04	C01	C12	C16	C18	C30	C28	D01	C30	C20	C23	B
武漢漢口	湖北省	華中	B12	B09	C01	--	B23	B22	B27	C09	C21	C27	B29	B37	B31	C12	C27	C27	C22	C06	B
惠州	廣東省	華南	B19	B03	B12	B20	D01	D01	D04	D12	D10	D03	D02	D08	D06	D01	D08	D10	D04	D05	B
漳州	福建省	華南	--	--	B14	B13	B05	--	C10	C02	D08	C23	C13	C12	C05	C11	C08	C25	C31	C30	B
唐山	河北省	華北	--	--	--	--	--	--	--	--	--	--	--	--	--	C02	B37	C12	C01	C01	B
蘇州常熟	江蘇省	華東	--	--	--	--	--	B30	B02	B27	B14	B24	C04	C10	C12	B15	B25	B34	B29	B34	B
南寧	廣西	西南	--	B30	D01	C03	C08	--	--	D09	C22	C07	C09	C07	C25	C33	C16	C07	C06	C15	B
威海	山東省	華北	--	--	--	--	--	--	B06	A17	A21	B20	B01	B12	B13	B21	B21	B32	C04	C12	CCC
煙台	山東省	華東	B18	C03	D04	--	D03	C14	B11	B10	A20	B06	B02	B21	B19	B26	B20	B31	C07	C17	CCC
鎮江	江蘇省	華東	--	B18	C05	C04	--	C12	--	C18	B03	A22	B07	B13	B04	B15	B25	B34	C11	C05	CCC
桂林	廣西	西南	--	B29	B16	--	C03	C12	C17	B13	D05	C19	C06	C11	B32	C05	C15	C28	C34	C33	CCC
襄陽	湖北省	華中	--	--	--	--	--	--	--	--	--	--	C28	C29	C25	C33	D09	D09	D05	D02	CCC
昆明	雲南省	西南	--	B27	C09	C03	C10	C16	C05	B14	C10	C10	C19	C31	C21	C22	C14	C26	C23	C14	CCC
東莞虎門	廣東省	華南	B18	C03	D04	C06	D03	D04	C19	C12	D04	D06	C07	C20	C31	D05	D03	D08	D11	D06	CCC
東莞清溪	廣東省	華南	--	--	--	--	--	--	--	--	--	--	--	C21	D07	D12	D11	D16	D09	D03	CCC
泰安	山東省	華北	--	B11	--	--	--	--	--	--	--	B21	B13	B34	C09	C16	C12	C22	C14	C20	CCC
蘭州	甘肅省	西北	--	--	--	--	--	--	--	D13	D15	D14	D12	D15	D17	C35	C31	C10	C09	C18	CCC
鹽城	江蘇省	華東	--	--	--	--	--	--	--	--	--	--	--	B25	B16	B14	B26	B37	C05	C13	CCC

表 17-4 2000-2017 TEEMA 中國大陸推薦城市排名變化（續）

城市	省市	區域	2000	2001	2002	2003	2004	2005	2006	2007	2008	2009	2010	2011	2012	2013	2014	2015	2016	2017	2018
日照	山東省	華北	--	--	--	--	--	--	--	--	--	--	B09	B28	C04	C10	C05	C15	C30	C29	CCC
泰州	江蘇省	華東	--	--	--	D08	D07	C06	B23	C19	D13	B15	B33	B35	C01	B29	B32	C05	C10	C19	CCC
常州	江蘇省	華東	B22	B06	C08	B11	B10	B17	B07	B15	B21	B03	B22	B16	B21	B17	B13	B20	B34	C04	CCC
湖州	浙江省	華東	--	--	--	--	--	--	--	--	--	--	--	--	B20	B25	C06	C06	C13	C21	CCC
溫州	浙江省	華東	--	B15	C10	D04	--	--	--	C15	B20	C16	C15	C16	C18	C34	D10	C35	C35	C34	CCC
汕頭	廣東省	華南	C01	C01	B18	B02	A12	A17	B03	C26	D03	C14	C18	D01	C16	C17	C30	C32	D07	D07	CC
瀋陽	遼寧省	東北	B16	--	B19	B17	--	C01	C15	D03	C05	C09	C25	C22	C27	C03	B36	C11	C28	C16	CC
長春	吉林省	東北	--	--	--	--	--	--	--	C14	D09	D12	D07	D13	D14	C31	C21	C33	C29	C35	CC
太原	山西省	華北	--	--	--	--	--	--	--	--	C24	D09	D06	D11	D04	D04	D13	D15	D08	D13	CC
宜昌	湖北省	華中	--	--	--	--	--	--	--	D04	D16	D11	D11	D16	D08	D03	D07	D06	D10	D04	CC
海口	海南省	華南	--	--	--	C07	--	--	--	--	--	--	--	--	C29	C32	C18	C13	C17	C25	CC
九江	江西省	華中	--	--	--	--	--	--	--	--	C12	C02	C24	D02	D01	D07	D16	D17	D16	D12	CC
三亞	海南省	華南	--	--	--	--	--	--	--	--	--	--	--	--	--	C24	C13	C24	C21	C22	CC
東莞長安	廣東省	華南	B18	C03	D04	--	C18	C17	D06	D11	D12	C24	C08	C13	D03	D09	D05	D12	D13	D09	CC
東莞厚街	廣東省	華南	B18	C03	D04	--	B21	B28	D07	D01	D06	D08	D28	D05	C32	D10	D15	D14	D14	D10	CC
哈爾濱	黑龍江	東北	D02	--	--	C12	--	--	C20	D08	D14	D13	D10	D14	D12	C29	C23	D01	C26	C27	CC
莆田	福建省	華南	--	--	D06	C07	B11	B12	--	B18	C25	C01	C30	C05	C28	C13	C10	C09	C24	C36	CC
吉安	江西省	華中	--	--	--	--	--	--	--	--	C09	C21	D01	C25	D10	D11	D17	D18	D12	D11	CC
東莞石碣	廣東省	華南	B18	C03	D04	D03	C09	C15	D02	D02	D07	D07	C20	C24	D02	D08	D02	D03	D01	D08	CC
北海	廣西	西南	--	--	--	--	--	D08	--	D14	D17	D10	D09	D12	D15	D14	D18	D04	C32	D15	C
贛州	江西省	華中	--	--	--	--	--	--	--	--	--	C18	C27	D03	D13	D13	D19	D19	D15	D14	C

表17-4 2000-2017 TEEMA 中國大陸推薦城市排名變化（續）

城市	省市	區域	2000	2001	2002	2003	2004	2005	2006	2007	2008	2009	2010	2011	2012	2013	2014	2015	2016	2017	2018
台州	浙江省	華東	--	--	--	--	--	--	--	--	--	--	--	--	--	--	--	C31	--	--	--
岳陽	湖南省	華中	--	--	--	--	--	--	--	--	--	--	--	--	C15	C18	D12	D11	--	--	--
杭州余杭	浙江省	華東	--	--	--	--	--	--	--	--	--	--	B24	B32	B27	B33	B33	B26	--	--	--
咸寧	湖北省	華中	--	--	--	--	--	--	--	--	--	--	--	--	--	--	--	C19	--	--	--
洛陽	河南省	華中	--	--	--	--	--	--	--	--	--	--	--	--	--	--	B34	B36	--	--	--
鞍山	遼寧省	東北	--	--	--	--	--	--	--	--	--	--	--	--	--	--	--	C34	--	--	--

資料來源：本研究整理

註：
[1] 由於2005年「廣州市區」於2006、2007、2008、2009、2010年細分為「廣州天河」與「廣州市區」，因此2006、2007、2008、2009、2010「廣州天河」與「廣州市區」對比的城市是2005的「廣州市區」。

[2] 由於2005年「北京其他」於2006重新命名為「北京亦莊」，因此2006、2007、2008、2009、2010「北京亦莊」對比的城市是2005的「北京其他」。

[3] 由於2005年「天津」於2006、2007、2008、2009、2010年細分為「天津市區」與「天津濱海區」，因此2006、2007、2008、2009、2010「天津市區」與「天津濱海區」對比的城市是2005的「天津」。

[4] 由於2005年「廈門」於2006細分為「廈門島內」與「廈門島外」，因此2006、2007、2008、2009、2010年「廈門島內」與「廈門島外」對比的城市是2005的「廈門」。

[5] 由於2005年「蘇州市區」於2006年細分為「蘇州新區」與「蘇州工業區」，因此2006、2007、2008、2009、2010「蘇州新區」與「蘇州工業區」對比的城市是2005的「蘇州市區」。

[6] 由於2005年「寧波市區」於2006年細分為「寧波市區」與「寧波北侖區」，因此2006、2007、2008、2009、2010「寧波市區」與「寧波北侖區」對比的城市是2005的「寧波市區」。

[7] 由於2003年「南京」於2004細分為「南京市區」與「南京江寧」，因此2004、2005、2006、2007、2008、2009、2010「南京市區」與「南京江寧」對比的城市是2003的「南京」。

[8] 由於2003年「無錫」於2004年細分為「無錫市區」、「無錫宜興」、「無錫江陰」，因此2004、2005、2006、2007、2008、2009、2010「無錫市區」、「無錫宜興」、「無錫江陰」對比的城市是2003的「無錫」。

[9] 由於2009年「嘉興」於2010年細分為「嘉興市區」與「嘉興嘉善」，因此2010「嘉興市區」與「嘉興嘉善」對比城市是2009的「嘉興」。

二、2018 TEEMA 中國大陸最適布局產業分析

　　2018《TEEMA 調查報告》為因應中國大陸地區產業發展趨勢，將重點著重於未來產業，特將原先的《中國大陸投資環境與風險調查報告》調整為《中國大陸地區投資環境與產業發展調查》，報告特別針對列入極力推薦城市進行最適布局產業分析，希冀作為台商未來布局參考與借鑒，根據台北市商業公會理事長王應傑（2017）指出：「台商未來若想要壯大、想永續經營、成就百年企業，就必須緊跟著中國大陸政策發展方向，諸如：十三五規劃、一帶一路戰略、三大自貿區等」，此外，2018 年中國大陸經濟工作定調為「穩中求進」，主要圍繞「高品質、高質量」發展制定經濟政策，然台商在高端製造業、半導體產業、現代服務業、「互聯網＋」產業都具有強大優勢，可知中國大陸宏觀經濟政策的背後，都是驅動台商創新變革、轉型升級的動力，表 17-5 為彙整歸納中國大陸國家政策最具發展前景之產業，前五大產業依序為：新一代信息產業、高端裝備製造業、節能環保產業、生物科技產業、新材料與新能源汽車產業。

表 17-5　中國大陸國家政策最具發展前景產業

十九大報告九領域產業	七大戰略性新興產業	十三五規劃12大新興產業	十三五國家戰略性新興產業發展規劃	中國製造2025重點十領域	獨角獸四大新興行業
大數據	新一代信息產業	先進半導體	新一代信息產業	新一代信息產業	生物科技
雲計算	高端裝備製造	機器人	高端裝備製造	海洋工程、船舶技術	雲計算
人工智慧	新能源	增材製造	生物科技	航空航太裝備	人工智慧
智慧環保	新能源汽車	智能系統	綠色低碳	新材料	高端裝備製造
健康醫療	生物科技	新一代航空裝備	數位創意	節能與新能源汽車	
養老產業	節能環保	智能交通		機器人	
新材料	新材料	精準醫療		先進軌道交通設備	
積體電路		節能環保		電力裝備	
5G 通訊		互動影視		生物科技	
		智能材料		農業機械設備	
		虛擬現實			
		空間技術綜合服務系統			
		高效儲能與分布式能源系統			

資料來源：本研究整理

2018《TEEMA 調查報告》除根據「國家政策紅利」，亦列入「地方政府扶持」、「城市屬性定位」、「優勢支柱產業」、「人力資源群聚」、「台商企業布局」等指標作為台商最適布局產業評選準則，如表 17-6 所示。

表 17-6　2018《TEEMA 調查報告》最適布局產業衡量構面

序號	構面	內涵	
❶	國家政策紅利	❶十九大報告九領域產業 ❷七大戰略性新興產業 ❸十三五規劃 12 大新興產業	❹十三五國家戰略性新興產業發展規劃 ❺中國製造 2025 重點十領域 ❻獨角獸四大新興行業
❷	地方政府扶持	❶地方政府未來重點扶持產業	
❸	城市屬性定位	❶智慧製造試點 ❷跨境電商試點 ❸文化消費試點	❹服務貿易創新試點 ❺5G 通訊試點
❹	優勢支柱產業	❶城市支柱產業	❷產業群聚優勢
❺	人力資源群聚	❶吸引人才力度	❷產業人才充沛度
❻	台商企業布局	❶台商會長觀點	❷當地布局台商企業

資料來源：本研究整理

茲將 2018《TEEMA 調查報告》列入極力推薦等級城市最適發展五大產業重要內涵分述如下：

1. 蘇州昆山：

產業一：【高端裝備製造】

蘇州昆山因具備地理優勢及開放創新創業之環境，當地高端裝備製造產業基地已成立多年，根據昆山市市長杜小剛（2018）指出：「昆山未來發展三大重點即創建新型製造體制，加速進展製造業質量變革；強化體制改革，加速打造製造業效率變革；增強科技研發，加速創造製造業動力變革。」顯示昆山正持續發展高端裝備製造，企圖透過轉型升級打造高質量、高效率及高動力的變革。昆山市副市長金銘（2017）更指出：「昆山重點培育發展新型平板顯示、積體電路、高端裝備製造等先進產業集群，使昆山產業朝全球價值鏈中高端轉移。」2018年 5 月 28 日，兩岸產業合作論壇於昆山舉行，蘇大維格董事長陳林森表示：「蘇州昆山從古至今皆以高端製造業作為產業支柱，將來智慧製造與高端製造業為發展核心，而台灣在此方面具豐沛產業和人才資源。」由此可知，台商可憑藉高端裝備製造業持續於昆山深耕，藉此連結當地的新興產業。

產業二：【新一代電子信息】

隨著「中國製造 2025」持續推動，中國大陸朝「製造強國」邁進過程中，台商在不少領域中仍有明顯優勢，特別是電子信息產業中的半導體、光電、網絡通訊、裝備製造、精密機械等，都可充分結合中國大陸製造業升級發展。2018年 3 月 25 日，中國大陸中科院安全可控資訊技術產業化基地於昆山高新區正式啟動，此基地將是實現中國大陸「網路強國」及「中國製造 2025」之重要設施，根據中科曙光總裁歷軍（2018）指出：「昆山近年打造良好政策環境，對電子資訊企業產生聚集效應，藉由項目建設，加速提升蘇州及昆山於新一代電子資訊產業中之競爭優勢。」顯示昆山在新一代電子資訊產業正進行新一輪的布局，為台商切入之大好時機。此外，環旭電子副總經理林大毅（2018）表示：「海峽兩岸於電子資訊產業中互補高於競爭，雙方應增大產業連結，並於高端產業進行融合與重組，一同打造聯合艦隊。」顯示台商在中國大陸電子資訊產業方面具布局優勢，可思索與當地企業資源整合、優勢互補、強強聯合，融入中國大陸的產業鏈、供應鏈，藉此共同挖掘新一輪商機。

產業三：【積體電路】

2017 年 11 月 25 日，昆山市舉辦以「昆山芯：新時代、芯創想」為主軸之昆山半導體產業發展高峰論壇，昆山市副市長金健宏表示：「為成功塑造芯屏雙強，昆山市不但全力構建光電產業區域，並基本完成由上游芯片研發設計、芯片製造至下游測試與封裝之產業鏈。」顯示昆山積體電路產業正在逐漸形成生態圈，將吸引價值鏈各階段的廠商前往布局。2018 年 5 月 6 日，昆山市政府推出「昆山市半導體產業發展扶持政策意見」之半導體政策，除卻於各方向協助半導體產業進展之外，對達成要求之積體電路相關業者，將推出高達 1,000 萬人民幣之補助。由此可知，在當地政府的大力支持下，提供台商前往布局的良好機會，應趁勢憑藉政策的補助站穩腳步。

產業四：【生物醫藥】

昆山市高新區於 2008 年成立中國大陸首個小核酸產業基地，而 2015 年 10 月昆山生物醫藥產業園正式掛牌。在昆山生物醫藥產業歷經十年發展後，已逐漸發展為昆山市產業創新之代表。創源 InnoSpring 總經理荀標（2018）指出：「昆山市生物醫藥產業園仍於初期發展階段，新品種藥物研發、建構整體產業鏈、規模化生產等，仍有最後一公里需要努力。」顯示昆山生物醫藥產業當前處於成長

時期,將提供許多布局的切入點。此外,其亦表示:「應持續支援製造業朝生物醫藥、醫療器具及高端醫療機械轉型,使生物醫藥產業形成群聚。」由此可知,昆山將協助製造業往生物醫藥轉型,提供台商產業升級的新契機。

產業五:【機器人】

中國大陸新經濟型態發展快速,諸多新技術、新產業、新業態與新產品不斷湧現,台商可利用中國大陸高速發展的信息技術,並融入「互聯網+」基因進而推動產業轉型升級。昆山藉由豐厚的電子資訊及精密製造底蘊,近年正大力推進機器人與智慧產業發展。根據昆山市統計局(2018)數據顯示:「2017年昆山市機器人孵化器及加速器全面運行,2017年達成機器人及精密智慧產業產值達331億人民幣。」顯示昆山正全速發展機器人產業,而其日漸發展成當地的重點產業。祥儀董事長蔡逢春(2017)表示:「計劃於昆山市設立機器人觀光工廠,將機器人融合教育、文創、觀光等元素,藉此達成轉型升級。」可知曉昆山機器人產業迅速發展的情形下,已有台商藉此熱潮進行轉型升級,也替其他企業帶來新布局思維,值得相關企業作為參考借鑒。

2. 成都:

產業一:【電子信息】

2018年3月13日,成都於高新西區投入268億人民幣,建設15個電子信息產業項目,其項目涉及電子信息全產業鏈及關鍵環節,將進一步完善成都的電子信息產業生態圈。2016年,成都電子信息產業規模高達4,800億人民幣相較2015年成長3.5%,其中軟件業務收入2,300億人民幣,成長12%。成都市政府(2018)指出:「到2020年,成都將建設一個萬級的電子信息產業集群,成就國際知名電子信息產業基地。其中,電子信息製造業實現產值5,700億元,年均增速20%;軟件和信息服務業實現產值4,300億元,年均增速16%,未來培育軟體和資訊服務業、資訊安全產業、積體電路產業、新型顯示產業、智慧型終端產業和未來數字經濟六大千億高端產業。」由此可知,成都市政府積極建設為國家先進電子製造基地和世界軟件名城,在全球產業格局中的影響力日益提升。

產業二:【人工智能】

2018年5月31日,成都印發《關於推動新一代人工智能發展的實施意見》,加快推進新一代人工智能發展,目標到2030年,力爭人工智慧總體發展水準進入國內領先行列,初步建成中西部人工智慧創新研發與產業化高地。此外,成都

於市委第十三次黨代會亦明確提出將人工智能視為成都積極發展的五大產業之一，並提出《成都市戰略性新興產業發展十三五規劃（2016-2020）》將人工智慧和智慧硬體的發展作為成都戰略性新興產業新的成長點布局，進而發展可穿戴設備、智慧醫療、智慧汽車等新興智慧產品。此外，更成立「成都星點海峽兩岸新經濟創業園」以協助台商解決中國大陸辦公場地、土地廠房、專利申請、商標保護、人力資本及資金等對接問題，讓台灣高科技新創或中大型企業能在成都深耕發展。

產業三：【跨境電商】

跨境電商被稱為「網上絲綢之路」，根據中國電子商務研究中心（2018）發布《2017 年度中國出口跨境電商發展報告》顯示：「預計到 2020 年，中國大陸的跨境電商將可望服務全球 20 億消費者，實現『買全球、賣全球』的目標」。2018 年 4 月 20 日，2018 全球跨境電商成都大會於成都舉行，會議指出：「2017年成都跨境電商交易規模超過 50 億人民幣，與 2016 年同期相比成長約 117％，預計 2018 年將達 100 億人民幣交易規模。」成都於 2018 年 6 月 2 日發布《關於加快構建國際門戶樞紐全面服務一帶一路建設的意見》指出：「實施新外貿發展計畫和實施服務貿易創新發展計畫，其中新外貿發展計劃欲將成都打造成跨境電商全球服務資源中心，可望集聚跨境電商企業 10,000 家以上、跨境電商服務企業 5,000 家以上，吸引創新創業人才 100,000 人以上。」此外，成都更將推出一系列支持跨境電商發展的政策舉措，加快引進國內外知名跨境電商交易平台、綜合供應鏈、第三方服務商企業，顯示成都正積極培育跨境電商企業，引導全國跨境電商服務資源落地成都服務全球。

產業四：【節能環保】

節能環保產業近年來於成都發展迅速，2016 年成都節能環保規模以上企業313 家，實現主營業務收入 693.7 億人民幣，同比成長 7.6％，實現利潤 38 億人民幣，同比成長 9.3％。2018 年 3 月 27 日，成都公布《成都市推進綠色經濟發展實施方案》指出：「預計到 2022 年，成都綠色低碳制造業實現主營業務收入達 3,000 億元以上，著力發展新能源、節能環保、新能源汽車、綠色建築、綠色物流、綠色低碳第三方服務、綠色金融、城市靜脈、森林康養等九大型態產業」。此外，根據《四川省十三五戰略性新興產業發展規劃》，成都將重點發展節能環保裝備製造、節能環保產品生產、資源循環利用、節能環保服務業等產業集群，

建設國家重要的節能環保產業基地。由此可知，成都節能環保產業成長迅猛且潛能龐大，且在政策推動下有利於企業前往投資。

產業五：【新材料】

近年來，成都新材料產業加速發展已快速崛起，成為除深圳、廣州等之外重要的中國大陸新材料技術產業基地，形成涵蓋研發、設計、製造、測試等較完整的新材料產業鏈，擁有紮實的產業基礎和廣闊發展空間。此外，根據《成都工業1313發展戰略（2014-2017）實施計畫》提及，新材料與航空航天、生物醫藥、新能源、節能環保產業被明確定位為加快發展的產業。為此，成都市制定新材料產業推進方案，明確以高性能纖維及復合材料等為重點發展方向。然面對全球新材料領域愈發激烈的競爭和中國大陸諸多城市於新材料領域的快速崛起，成都積極吸納各類資源，以較強的科研實力、較好的新材料產業基礎、較為適宜的創業環境，厚積薄發，在高性能纖維和復合材料、電子信息材料、軌道交通材料等重點領域關鍵環節加速突破，帶動全產業鏈跨越發展，推動工業轉型升級。

3. 蘇州工業園：

產業一：【生物醫藥】

2018年5月25日，蘇州工業園區管委會與中國科學院生物物理研究所簽署合作協議，加快生物醫藥產業的創新發展。而蘇州工業園區以政策為引導搶占風口，將投入四億多人民幣扶植培養獨角獸企業，且目標至2020年形成一至二個以生物醫藥獨角獸企業群為代表，作為中國大陸知名地標產業。2017年10月12日，蘇州國際科技園指出：「蘇州工業園區生物醫藥產業發展已在中國大陸及全球形成品牌效應，形成充滿創新活力的生物醫藥產業生態圈，而未來五年，園區還將在生物醫藥產業方面投入超過100億元人民幣。」此外，2018年3月20日，蘇州工業園區生物產業發展有限公司總經理龐俊勇表示：「經過多年的培育扶植，蘇州工業園區已有許多生物醫藥企業成長到臨床和生產階段，生產階段是接下來很關鍵的一步。」而蘇州工業園區生物醫藥產業發展，目前以年均約30％之速度成長。綜上所述，蘇州工業園區將建設成為中國大陸及全球之生物醫藥產業創新研發和高端製造的重要基地。

產業二：【節能環保】

2018年5月8日，根據蘇州工業園區管委會發布之《蘇州工業園區低碳社區試點建設工作實施方案》內容指出：「通過蘇州工業園區之低碳社區試點建設，

形成以低碳化發展布局為基礎；以低碳化基礎設施為支撐；以低碳化運營管理為手段；以低碳文化宣傳為先導，且以政策綜合集成和體制創新為保障的低碳化發展局勢。」並且目標至 2018 年底，蘇州工業園區展開節能環保低碳社區試點達到八至十個，並建成中國大陸低碳示範社區。此外，2017 年 10 月 1 日，根據中國大陸環保總局發布之《蘇州工業園區年度評價報告表》中顯示：「蘇州工業園區正加快建設中國大陸低碳試點園區，對重點能耗企業實施節能環保改造，推行合約能源管理，目標到 2020 年，蘇州工業園區之二氧化碳排放量降至 0.45 噸 / 萬元人民幣、新建建築中綠色建築比例達到 100％之目標。」由此可知，蘇州工業園區於節能環保產業之目標明確，且在政策推動下有利於企業前往投資綠能生態。

產業三：【動漫遊戲】

蘇州工業園區近年以創意為首要內容的文化產業為新經濟發展之一大動力。2018 年 1 月 30 日，《新華每日電訊》刊發專題報導指出：「蘇州工業園區已成為動漫遊戲、創意設計、演藝娛樂等新興文化產業蓬勃發展之區域，至 2017 年中國大陸文化產業占 GDP 比重達 7.9％，預計 2020 年比重將達 10％。」此外，2017 年 12 月，根據《2017 年度蘇州市優秀新興業態文創企業》名單揭曉，13 家優秀創意動漫文創企業中，有九家企業屬蘇州工業園區，占比近七成。另外，至 2017 年底，蘇州工業園區海外市場文創產品銷售累計營收達 28.5 億元人民幣。此外，蘇州工業園區動漫遊戲公共技術服務平臺總監陳嘉棟於 2017 年 11 月 26 日表示：「文化發展需投入大量的資金，通過對接會點對點的交流，並在最短時間與最佳合作夥伴間進行對接與現有產業基礎相適應的道路是蘇州工業園區文化產業發展的路徑之一。」顯示園區立足本土優勢，推動文化產業與城市新定位等發展，動漫遊戲產業將為蘇州工業園區之最適布局產業之一。

產業四：【新能源汽車】

中國大陸主席習近平（2017）提出：「中國大陸將新能源汽車作為七大戰略性產業之一。發展新能源汽車是中國大陸從汽車大國走向汽車強國的必經之路。」在政策之鼓勵下，中國大陸新能源汽車市場需求攀升，2016 年 50 萬輛，2017 年約 80 萬輛，同比成長 58.7％，預計 2018 年將超 100 萬輛以上，目標 2020 年為 200 萬輛。此外，蘇州市經信委副主任李忠（2017）表示：「以新能源、生物技術和新醫藥、高端裝備製造為代表的高新技術產業，正成為引領蘇州經濟

發展和產業升級的主力。」另外，2017 年 7 月 13 日，成都高新區與蘇州工業園區共同推產業合作與發展，和順電氣股份有限公司副總經理徐書傑表示：「成都擁有廣闊的汽車消費市場，希望能與蘇州工業園區進行新能源汽車產業鏈的布局合作。」而蘇州工業園區及成都高新區處長江經濟地帶東西兩大頭，加　兩地優質企業合作，將大幅推進兩地經濟的成長。由此可見，蘇州工業園區在新能源汽車市場不遺餘力，積極布局新能源產業。

產業五：【金融科技】

2018 年 3 月 29 日，蘇州金融科技聚合發展論壇舉行，近年蘇州工業園區積極布局金融科技產業，推動金融和科技之融合發展，共集聚 156 家金融機構和 746 家金融服務企業，為蘇州工業園區之金融科技產業發展提供廣闊的應用前景。此外，蘇州金融科技聚合發展論壇更表示：「未來，蘇州工業園區將以金雞湖中央商務區金融機構為依託；以創建南北兩翼金融科技產業集聚區為抓手，打造一體兩翼之科技金融發展體系。」同時，蘇州工業園區黨工委委員劉小玫表示：「蘇州工業園區將以金融需求為導向，經由產業鏈合作，培育更多有潛力的金融科技企業及人才，推動金融創新領域及新科技之應用，提升區域金融科技品牌之影響力。」綜上所述，蘇州工業區已逐步打造為金融科技產業高地，構築高品質、高效能的現代金融服務體系。

4. 杭州市區：

產業一：【文化創意】

杭州市早於 2007 年，提出以打造全國文化創意產業中心的策略目標作為文創產業發展的開端，2013 年 3 月，杭州市更被國台辦選為「兩岸文創產業合作實驗區」，成為中國大陸唯一以推進兩岸文創產業交流合作為主題的實驗區城市，協助台灣文創企業推廣品牌，布局中國大陸文創市場，進而促進兩岸文創產業交流與合作。根據杭州市統計局（2018）表示：「2017 年杭州市文創產業產值以增加 3,041 億元人民幣，同比成長 19.0％，占 GDP 比重 24.2％，過去十年裡，文創產業產值已成長 6 倍之多。」未來杭州更致力於加快數位內容、動漫遊戲、影視、創意設計等優勢行業，建構產業平台，培育新興業態。此外，杭州台協會長劉光榮（2018）表示：「杭州為舉辦 2022 年亞運會，下達城市建設開工令，以每年 2-3 條地鐵新開通和至少新建 33 個場館和亞運村的速度，進行全面性大改造，迫使許多製造商紛紛撤出杭州市區。」杭州市文創產業正逐步成長，加上

杭州市大改造，台商能藉此搬遷潮進行轉型或升級，打造文創新事業。

產業二：【旅遊休閒】

2006 年，時任杭州市委書記王國平提出 2020 年杭州成為「東方休閒之都」的策略目標，杭州市更於近五年被《紐約時報》等媒體評選為年度最佳旅遊地點，2016 年 9 月杭州舉辦 G20 高峰會後，就成了中國大陸最熱門的會議城市之一，杭州市亦為中國大陸首位實施全域旅遊戰略的城市，進入 21 世紀後，旅遊藝文與經濟發展完美融合。2018 年 3 月 6 日，杭州市政府指出：「未來將進一步優化旅遊產業結構，加快轉型升級，推進形成旅遊觀光，休閒保健，文化體驗，商務會展四位一體的杭州旅遊休閒產業發展模式。」根據杭州市旅遊管理委員會（2018）《2017 年杭州旅遊業數據統計》指出：「2017 年全年旅遊總收入高達 3,041.34 億元人民幣，其成長 18.3%，其中旅遊外匯收入 35.43 億美元，成長 12.5%。」珠海豪門國際董事長簡廷（2018）表示：「20 多年來中國大陸旅遊市場迅速發展，每年都有雙位數成長，放眼未來，兩岸旅遊將有更多合作空間。」綜上可知，杭州旅遊業極具發展潛力，且在政府政策推動下，有利企業前往一同建構新旅遊結構。

產業三：【金融服務】

2017 年 12 月 16 日，杭州指出將打造成為「國際金融科技中心」目標，推動城市國際化發展，加之有錢塘江金融港灣、杭州灣大灣區、「鳳凰行動」計畫政策支持，杭州在金融改革充滿亮點，加快推動「新金融」快速迭代發展。根據杭州市金融辦（2018）數據顯示：「金融產業有望在 2018 年內邁入千億元俱樂部，以目前來看，金融業增加值占全市 GDP 比重 9.1%，顯示金融業已成為現代服務業第一大產業。」此外，杭州市發改委服務處處長周建兵（2018）指出：「杭州市致力打造以數位經濟為核心的現代化經濟體系，從杭州市進入獨角獸榜單的 26 家企業分布來看，主要集中在互聯網＋、電子商務、企業服務、金融科技、醫療健康、人工智慧等領域。」綜上所知，杭州市金融服務業已是重點產業，在建構數位經濟體系的生態下有利於企業前往投資。

產業四：【跨境電商】

2015 年 3 月 7 日，中國大陸國務院同意設立中國（杭州）跨境電子商務綜合試驗區，短短三年內，杭州共引進跨境電商產業鏈企業 1,421 家，此外，2017 年全年杭州跨境電商進出口總額達 99.36 億美元，同比成長 22.49%。新晉獨角

獸企業的雲集共享科技有限公司董事長蕭尚略（2018）指出：「杭州已經形成雨林式的創業創新生態系統，其生態中包括人居環境、電商之都的創新氛圍及開放包容的創業文化。」杭州不僅擁有阿里巴巴、亞馬遜、谷歌、全球速賣通、天貓國際、wish、Paytm 等全球知名電商平台落戶，更有一達通、Ping Pong、百世國際、連連支付等專業服務供應商進駐，這些平台集聚進而帶動杭州整個跨境電商產業發展。2018 年 7 月 27 日，電子商務研究中心發布《2017 年度中國城市跨境電商發展報告》，杭州依託地理區位、產業群聚、試點先發優勢，於中國大陸 13 個跨境電商綜合試驗區排名奪下第三名，未來成長潛力不容小覷。

產業五：【高端裝備製造】

自 2017 年開始，中國大陸高端裝備製造業發展日益強勁，在工業生產比重不斷上升，根據前瞻經濟研究院（2017）指出：「裝備製造業是國家的戰略性產業和工業崛起的標誌，因此，為實現中國製造到中國智造的轉變，早於 2010 年《國務院關於加快培育和發展戰略性新興產業的決定》，將高端裝備製造業作為七大戰略新興產業之一，助力中國製造提高技術含量。」近年來，杭州在「八八戰略」指導下，加快培育高端裝備製造基地，鼓勵企業技術革新、裝備升級，持續推動互聯網、大數據、人工智慧和實體經濟深度融合，致力實現杭州製造朝智慧化、高端化轉變，除持續深化「鳳凰工程」、「雛鷹計畫」，更實施「鯤鵬計畫」、「大雁計畫」及「獨角獸計畫」，以實現人產城、數產城深度整合。為此，杭州根據自身優勢，聚焦高端裝備製造、資訊技術、新能源、新材料等重點產業，帶動全產業鏈跨越發展，推動工業升級。

5. 上海市區：

產業一：【文化創意】

上海為落實文創 50 條，並為影視、出版、動漫遊戲等產業發展扶持政策，根據上海市市長應勇於 2018 年 1 月 24 日表示：「2018 年上海將全面實施文化創意產業創新發展 50 條，加快建設演藝、藝術品等產業集聚區和文化裝備產業基地，推動創意設計與實體經濟深度融合。深化國際文化交流，進一步擴大國際電影電視節、國際藝術節、上海書展等重大節展活動的影響力。」顯示上海市積極落實文創產業發展。此外，上海台協會長李政宏（2018）表示：「文創是一個重要的行業，亦是台灣優勢產業之一，現今中國大陸經濟產業發展和崛起，若能再整合中華民族五千年的歷史文化底蘊，能為兩岸文創產業發展添上濃墨重彩

的一筆。」由此可知，若結合兩岸的文創能量共同發展，必能將台灣文創力量發揚光大。

產業二：【金融服務】

根據英國獨立智庫 Z/Yen 集團（2018）發布第 22 期《全球金融中心指數》（Global Financial Centres Index，GFCI）指出：「上海全球金融中心排名首次進入前十，位居全球第六位，較上期上升七位，體現上海國際金融中心地位的不斷確立與提升。」此外，2018 年博鰲論壇中，中國大陸領導人習近平指出中國大陸將擴大金融業開放，對此上海市政府於 2018 年 4 月 13 日表示：「上海將爭取金融業在六方面對外開放並進行面試，其內容包括擴大銀行業、證券業對外開放及拓展 FT 帳戶功能和使用範圍等內容。」綜上顯示，上海金融業對外開放方面一直走在前列，金融地位受到國際肯定。此外，隨著傳統金融加快向金融科技、智慧金融轉型發展，上海市亦打造金融科技生態圈，運用大數據、人工智慧等新技術優化產業鏈發展，此一發展契機台商不容忽視。

產業三：【旅遊休閒】

近年旅遊業興起，中國大陸旅遊業進入發展黃金階段，2018 年 1 月 31 日，上海市副市長陳群指出：「《上海市城市總體規劃（2017-2035 年）》企圖將上海建設成為世界著名旅遊城市、世界一流的旅遊目的地城市，營造更加友好、有序且優質的旅遊環境。」而 2017 年上海實現旅遊總收入 4,485 億元，同比成長 15.7％，且 2013-2017 五年來，上海旅遊總收入年均成長 7.1％，旅遊產業增加值占全市 GDP 比重保持在 6.2％以上的水準，顯示將上海建設成為世界著名旅遊城市已取得階段性成果。隨著世界一流的觀光景點、會展活動、體育賽事在上海不斷湧現，亦使得上海觀光休閒旅遊、會展商務旅行、體育旅遊、健康養生旅遊快速成長，台商除掌握旅遊觀光新形態，亦可結合文化創意發展，再創成長第二曲線。

產業四：【生物醫藥】

伴隨著現代醫療技術迅猛發展，醫療設備作為高科技、高集成裝備，成為醫療技術的重要組成部分，上海市政府（2017）表示：「透過的合理規劃、土地置換等方式，進一步拓展生物醫藥 業發展空間，鼓勵 業基地建設滿足生物醫藥研發和生 企業需求的標準化廠房或加速器，提高土地集約利用率，合理規劃布局原料藥生 基地，完善全 業鏈體系。加速器或標準廠房建設項目，由所在區

給予貼息等支持。」此外，根據中國大陸國家統計局（2018）指出：「2017年上海浦東新區生物醫藥產業規模約為585億元，成為上海市三大三新工業格局的重要組成部分，生物醫藥工業總產值占全市生物醫藥工業總產值的44%。」由上顯示，上海生物醫療產業極具發展潛力，並透過結合醫療機械，打造生物醫藥產業高端產品研發中心，可提供台商產業新契機。

產業五：【跨境電商】

跨境電子商務的新興業態蓬勃興起正在改變全球貿易方式和格局，根據蘇寧金融研究院宏觀經濟研究中心主任黃志龍（2018）表示：「上海自貿區跨境電商具有三大優勢：（1）自貿區為跨境電商業務發展提供一系列低關稅稅率等優惠政策；（2）在2013年已成立上海跨境通國際貿易有限公司，並構建較成熟平台，為跨境電商企業統一辦理通關服務；（3）跨境通平台已吸引數十家大型的跨境電商企業並取得快速發展。」由上所知，上海伴隨科技進步，在電商經營方面已有深固基礎，更使跨境電商近年迅速崛起。另外，中國大陸海關總署署長于廣洲（2018）提及：「跨境電商新興業態正在中國大陸蓬勃興起，2017年透過海關跨境電商管理平台零售進出口總額達人民幣902.4億元，年成長為80.6%。」此外，上海市商務委員會（2018）指出：「跨境電商使中小企業能夠容易且快速有效的進入全球市場，並接觸更廣泛的買家，其消費者也能受益於更廣泛的供應商選擇以及更具競爭力的價格。」綜上所知，上海市跨境電商優勢對經濟成長和創新起交互作用，且藉由地理優勢帶動物流業成長。

6. 北京市區：

產業一：【文化創意】

自2012年北京文化創意產業總營收突破兆元人民幣大關後，文創產業延續強勁的成長動力，連續五年都有超過10%的成長佳績，使北京市近年來陸續推動文創轉型發展政策，2017年9月11日，北京大學文化產業研究院表示：「北京市具有醞釀文化創意產業滋長的眾多優勢，像是跨領域人才資源豐碩、歷史淵久的文化資產、穩固的文化傳媒發展平台及相關互補產業集中，這些要素使得北京在發展文化創意產業能有事半功倍的豐碩成果。」此外，2018年6月21日北京市社會科學院於《北京藍皮書：北京文化發展報告》表示：「北京於文化創意產業發展為中國大陸國內各地區之冠，預計到2020年產業總產值將占比全市GDP收入達15%，成為北京市的產業主體。」亦指出：「北京市於文化創意產

業發展上存有區域發展規模不均呈現產業擴張不力、產業數量多但卻缺乏國際競爭力及產業政策過於落後不能充分完善產業中長期發展環境等狀況。」

產業二：【金融服務】

2018 年 5 月 28 日，金融街論壇於北京市召開，北京市長陳吉寧表示：「2017年金融產業佔比北京整體經濟達 17%，說明金融產業成為北京重要支柱，此外，金融產業具有強烈聚集效益，為使北京成為最佳金融服務發展環境，未來將推行三大金服務改革政策分別為，深化金融產業改革開放、強化金融風險防範機制及推行優化金融服務。」根據中海航資本董事長湯亮（2018）亦表示：「北京陸續推動金融體系創新，將有助於中長期金融產業發展提供一個更穩健的環境。」此外，北京陸續推動金融信貸新服務，為中型以下企業提供寬鬆融資機會，提供更為有效的金融服務升級，為北京成為最適金融產業發展產業城市邁出一大步。

產業三：【旅遊休閒】

近年來北京不斷推動旅遊業轉型以優化旅遊環境等政策，並一同規劃實現綠化與機能便利的改善，形成以主城市為綠化中心，副城市為遊憩中心的全面旅遊機能圈的建立。2018 年，北京市政府表示：「2017 年北京市於遊憩休閒相關產業同比前年成長近 9%，說明近年來於旅遊機能環境的推動具明顯成效。」根據世界旅遊業理事會（WTTC）（2017）發布《城市旅遊業影響》報告指出：「北京擁有六座世界文化遺產，具備豐沛文化資源、積澱悠久歷史底蘊，2017 年旅遊業增速達 12.0%。」綜上所述，北京市積極推動全面項的旅遊業轉型政策，建議結合雙方民間旅遊市場所需，深度開發旅遊產業相關合作以發揮商機綜效。

產業四：【節能環保】

為達成於 2020 年於城市節能環保產業整體創新提升的願景，北京市展開系列相關鋪成，諸如：促進能源、淨化、回收、抗噪及綠化等產業補助發展政策，自 2016 年起，透過補貼政策北京市於節能產品整體銷售成長超過兩成。此外，2018 年 2 月 20 日，北京社會科學院表示：「北京於環保及綠化產業作為中國大陸引導者積極發展，其綠色商機龐大，呼籲在陸台商應配合中國大陸國家政策，進行產業轉型，朝向低汙染產業發展，台灣於節能環保產業領先中國大陸數十年，在綠化意識抬頭的現在做為先進者搶攻節能市場發展商機，才能為北京與台商間創造最佳經濟效果。」綜上可知，受國家環保政策支持，節能環保產業於北京發展具有穩健基礎，建議台商應掌握綠色經濟經驗上的優勢積極開拓市場。

產業五：【醫療照護】

根據醫學權威期刊《劉刀葉》（The Lancet）公布 2016 年全球醫療資源可及性及品質排行榜，中國大陸躍居全球排名 48 名成為醫療品質進步最為顯著國家，其中於非絕症疾病死亡率、醫療服務進步幅度的評估上，北京市獲得各省級第一名，對此，著名科學期刊《科學人》（Scientific American）表示：「中國大陸近年來於醫學品質上的進步能以飛躍作為形容，為世界成長幅度最大之國家，其中北京市的評分甚至領先許多國際大城市的醫療品質，以惡性腫瘤醫療生存率較十年前就成長超過 10％進步。」此外，看好北京醫療產業商機新光中投及匯盈國際投資協同蓋德科技計劃於北京市打照健康產業園區，鎖定北京養老商機，2018 年 6 月 13 日，蓋德科技董事長許賓鄉表示：「中國大陸在高齡市場目前於護理人口上有龐大缺口，預計於 2030 年整體養老醫療市場將有 13 兆人民幣的龐大商機，結合台灣豐碩護理資源，能為其缺口提供供給。」

7. 杭州蕭山

產業一：【新能源】

2018 年 6 月 25 日，杭州市經濟和信息化委員會發布《關於加快汽車產業創新發展的實施意見》內容指出：「預計新能源汽車產業至 2020 年將實現營業收入 300 億元人民幣，占汽車產業比重達 30％；智能網聯汽車產業規模，新車占比達到 30％。」此外，在空間布局方面，其指出：「發展『兩翼』，即分為蕭山、濱江等東南區塊和餘杭、下沙等東北區塊。其中東南區塊以蕭山經濟技術開發區、高新技術開發區為重點，積極建構總部基地、新能源客車、動力電池、汽車核心零組件、新能源汽車研發等基地。」另外，2017 年 11 月 11 日，杭州蕭山區區長王敏表示：「作為中國大陸汽車及零組件產業基地的蕭山，智能網聯汽車產業是杭州蕭山重點發展的戰略性新興產業。目前，蕭山正加速智能汽車生態圈布局，推動新能源汽車全產業鏈的發展。」綜上所述，杭州在新能源汽車的發展中提供強大的互聯網基因，積極建構智能網聯汽車，打造一條龍新能源汽車產業鏈，實現「蕭山製造」向「蕭山智造」。

產業二：【金融科技】

2017 年 12 月 15 日，以「新金融、新科技、新業態、大灣區」為主題的首屆錢塘江論壇主論壇於杭州舉行，論壇中杭州政府指出：「未來將以打造國際金融科技中心為最新發展目標。」同時，蕭山宣布一項在金融科技領域極具張力的

事件，即在美國、歐洲等地成功舉辦的 Money20/20 金融科技創新大會中國會址永久落戶於杭州蕭山，主要原因為蕭山擁有其得天獨厚的區位與資源等優勢，用金融科技思維打造全國經濟強區，本身極具世界意義。2017 年 10 月，杭州蕭山區發布《蕭山金融集聚區建設三年行動計畫（2017-2019 年）》提出：「壯大金融產業，促進經濟轉型升級，是蕭山主要發展目標之一。預計到 2019 年末，蕭山力爭集聚各類金融企業 1,500 家以上，管理資金規模將超過 1.8 兆人民幣。」由此可知，杭州蕭山積極把「新金融」培育和發展成自身高品質發展的新動能，且在政策推動下有利於企業前往投資其金融科技生態。

產業三：【跨境電商】

2017 年 12 月 15 日，杭州舉行 2017 浙江蕭山跨境電子商務峰會提及：「蕭山跨境電子商務發展速度是杭州最快，且業務模式最全、電商平台最多及產業鏈和生態圈最為完善的地區之一。」更表示：「截至 2017 年底，蕭山已引進跨境電商企業 400 餘家。更在 2017 年 1 月到 10 月，蕭山可納入跨境電商統計的出口額為 72,135 萬美元，進口額為 16,858 萬美元，實現高速發展。」此外，2017 年 12 月，根據杭州蕭山制定《蕭山區跨境電商三年行動計畫》顯示：「杭州蕭山將加速園區等產業載體建設、跨境電商行業應用及生態圈的培育，促進跨境電商企業集聚發展。力爭到 2019 年，蕭山區跨境電子商務年均成長率將保持在 20％以上。」顯示跨境電商是蕭山重點發展的新興產業之一，在此完善的成長及發展下，值得相關產業藉此優勢搶占先機。

產業四：【文化創意】

2018 年 7 月 21 日，杭州蕭山區發布《杭州市蕭山區加快文化創意產業發展扶持政策（試行）》，從 2018 年 8 月 9 日起試行，試行期限兩年，該政策指出：「蕭山文化創意產業鼓勵企業做大做強做優，其中對年實繳稅收首次突破 500 萬元、1,000 萬元、3,000 萬元人民幣的企業，分別給予 10 萬元、30 萬元、50 萬元人民幣獎勵。」此外，蕭山區文化創意辦（2018）表示：「做大做強做優文創產業，將成為蕭山區文化創意產業扶持政策的方向與目標。」此外，2018 年 1 月，蕭山區獲批創建國家音樂基地，其主要創建目標為：「彌補杭州音樂產業的發展短處，優化中國大陸音樂產業布局，讓音樂產業成為杭州文化創意產業的新特色和新商機。」由此可見，杭州蕭山在文化創意產業上的付出不遺餘力，致力發展文化創意產業，而台灣在文化創意產業上的底蘊及經驗極其豐富，值得

企業投資並關注。

產業五：【機器人】

早於 2016 年，杭州蕭山打造集機器人研發設計、生產製造、系統集成、終端應用、休閒娛樂等諸多功能於一體的機器人全產業鏈特色小鎮。2016 年 5 月 22 日，中國大陸機器人西湖論壇指出：「浙江是中國大陸機器人應用之重鎮，蕭山是全浙江省智能應用及製造之典範，而蕭山經濟技術開發區，率先在全省建設機器人小鎮，建構機器人產業生態圈，加快蕭山製造從『規模紅利』走向『生產率紅利』。」此外，2018 年 7 月 19 日，根據蕭山經濟技術開發區指出表示：「西門子智能製造創新中心、錢江機器人研發銷售及工程應用中心、韓國機器人中心、精工智慧能源總部、深酷運動機器人等七個機器人項目的負責人，總投資近八億元人民幣，入駐蕭山機器人小鎮。其七大機器人項目，涉及機器人研發、人才培養、技術交流、機器人總部等。」綜上所述，杭州蕭山為中國大陸機器人產業帶來深遠之影響，亦代表機器人產業集群正在蕭山快速興起，未來發展無可限量。

8. 蘇州新區

產業一：【新一代電子信息】

蘇州新區作為中國大陸電子製造企業的集中地，更吸引眾多世界一流的製造品牌企業落戶，亦是台灣製造類企業在中國大陸的重要布局地，以電子基礎材料、電腦及周邊產品、消費電子產品和通訊產品為特色，知名代表企業有佳能、羅技、康碩、達方、華碩、國巨、維信電子等。蘇州新區具備良好產業基礎，其中新一代電子資訊產業成為支柱型產業，其與光伏太陽能等新能源產業一起，已達千億級產業規模，蘇州高新區更鼓勵裝備製造企業向價值鏈兩端延伸，促進生產型企業向「生產＋服務型」企業轉變，支持以大資料、雲計算、物聯網為代表的新一代電子技術產業發展。

產業二：【高端裝備製造】

自開發建設以來，蘇州新區始終秉承「高」和「新」發展理念。 近年來，蘇州新區積極引導企業朝「智造」價值鏈轉型升級，蘇州高新區每年完成規模以上工業總產值 2,600 億人民幣中，高端裝備製造業產值達 900 億人民幣，成為新區經濟成長重要引擎。2017 年蘇州新區為加快智慧製造產業發展，發布《加快發展智慧製造促進轉型升級的若干意見》，除給予政策補貼外，對年服務營業收

入首度超過 3,000 萬人民幣的智慧裝備製造企業，更給予 100 萬元的一次性獎勵機制。更於新區「十三五」規劃中，提出「打造江蘇智能製造產業集聚區」目標，此外，2018 年 3 月 31 日，蘇州市政府於《聚力高科技創新引領高質量發展推薦會》表示：「未來總體規畫將致力於營造適合高科技研發產業的創新生態環境，以成為長三角地區的東方矽谷為目標邁進。」

產業三：【新能源】

相較於傳統能源，新能源普遍具有低汙染、儲量大的特色，搶佔新能源開發利用的先機，已成為蘇州新區新產業熱點，目前蘇州新區以阿特斯、協鑫光伏、力神電池、星恒電源、前途汽車作為新能源產業的代表，新能源產業已形成新能源汽車、動力電池產業、太陽能光伏產業、智慧電網產業四大集群，蘇州新區 2017 年新能源產業產值達 200 億規模，估計至 2020 年新能源產業產值將達 600 億人民幣，產業發展前景廣闊。面對轉型升級壓力，蘇州新區特提出要集全區之力，在招商、科技、人才、資金等方面給重點項目給予支持，大力建構優良的新能源產業基礎與發展環境，推進太陽能、風能等能源產業做大做強。

產業四：【醫療器械】

伴隨著創新資源不斷整合，蘇州新區產業呈現「乘法效應」，該區已於新一代信息技術、新能源、醫療器械等新興產業確立先發優勢，醫療器械產業是蘇州新區的新興業態，2016 年產值達 64 億元人民幣，年出口額約 10 億元，未來蘇州新區致力打造成為華東地區最具影響力的醫療器械產業技術創新中心，目前已有醫療器械企業 200 多家，工業產值保持 30％的成長速度，2018 年投資 18 億元進行醫療器械加速器項目建設，力爭至 2020 年打造成為全國最集中的醫療器械研究、創新基地，醫療器械成果轉化最集中，醫療器械產業配套服務最齊全的地區，聚集成長性高的醫療器械企業數超 300 家，醫療器械產業產值達 120 億元，打造完整醫療器業產業鏈。

產業五：【金融科技】

蘇州市推行結合科技的產業驅動戰略，致力發展將大數據、雲計算、區塊鏈、人工智能等科技與金融產業相互融合的新金融策略，2018 年 7 月 6 日，蘇州市政府指出：「未來將加大台企與台資進入金融產業的開放力度及財政金融政策的支持，藉以帶動更多創新合作的空間。」對此，蘇州新區相繼頒布《高新區關於打造新三板特色金融小鎮的若干意見》、《高新區促進金融機構集聚發展的

若干政策》等扶持政策，將蘇州金融小鎮建設成為「生產、生活、生態」高度整合、「產業、文化、旅遊、社區」系統統一的「金融綠谷、創智雲城」，推助各類金融業態在小鎮集聚發展。綜上可知，長年下來透過金融內需穩定支持，蘇州新區透過科技與金融的結合，吸引台灣企業前往發展金融產業。

9. 上海閔行

產業一：【人工智能】

2018 年 5 月 22 日，上海閔行區與聯東集團簽署戰略合作框架協議，主要為打造人工智能產業基地，並表示：「通過新工業用地或合作開發工業用地的方式，建設高水準的人工智能產業基地，積極將優質企業引進，創建區域經濟發展的新高地。」然為對照全上海市經濟發展的變化及要求，上海閔行區同時提出「一區兩帶」，即通過創建國家產城融合示範區，打造「大虹橋國際商貿帶」和「南上海高新智造帶」，推動區域經濟轉型升級。此外，2018 年 6 月 12 日，上海市政府發布《上海市建設閔行國家科技成果轉移轉化示範區行動方案（2018－2020 年）》指出：「中國大陸國家科技成果轉移轉化示範區，目前已批了七個，上海閔行區將成為其中之一，源於其深厚的工業基礎、豐富的科創資源及優良的創新生態。」而閔行示範區將在「技術網絡全球化」、「科技資源共享化」、「創新主體多元化」、「科技服務專業化」、「軍民融合產業化」五大方面著力。由此可知，上海閔行區將乘勢而行，通過多方合作，不斷推進人工智能產業集聚、創新及升級，為「上海製造」貢獻閔行力量，打造人工智能小鎮。

產業二：【文化創意】

為提升上海地區文化創意產業的競爭力及影響力，上海市閔行區人民政府於 2018 年 7 月發布《閔行區加快推進文化創意產業發展若干意見》和《閔行區文化創意產業發展三年行動計畫（2018-2020 年）》。其中，在《三年行動計畫》表示：「2018 至 2020 年三年內，閔行區重點實施主體倍增、園區集聚、平台賦能、項目激勵、資源盤活、融合互動、廣納優才、環境營造八大計畫，共 27 項任務，14 個重點項目，以帶動文化創意產業。」此外，在《若干意見》中，預計 2020 年上海閔行區文化創意產業增加值增加 80 億人民幣左右，占地區生產總值比重達 13% 左右。至 2035 年，文化創意產業增加值占比達到 18%。其更表示：「為貫徹及落實此發展目標，上海閔行區將建立完整的文化創意產業及市場體系，完善推進各類政府扶持政策。」顯示政府正積極推動上海閔行區文化創意產業，未

來文化創意產業將逐步成為上海閩行區重要的主導產業。

產業三：【金融服務】

2018 年 4 月 17 日，上海閩行區人民政府辦公室發布《閩行區促進金融產業發展三年行動計畫（2018-2020 年）》，並表示：「為全面貫徹黨的十九大及第五次全國金融工作會議精神，緊握上海建設成國際金融中心及具有全球影響力科創中心的契機，貫徹上海閩行區　軸　帶二大功能區總體布局，連結上海金融市場之建設，以金融體系建設為核心，吸引各類金融資源在閩行區聚集，形成金融資本與產業實體相結合、金融與科技創新相並行，推動上海閩行區成為功能完善、服務高效、布局合理及風險可控的金融服務產業。」另外，早於 2016 年即發布《閩行區國民經濟和社會發展第十三個五年規劃》其綱要提及：「為建設創新創業人才高地，閩行區推動科技與金融緊密結合。不斷放大區創新創業投資引導基金效應。運用天使投資引導基金，扶持中小微企業、創業團隊在上海閩行區發展。加大對企業市場化融資信貸的支援力度，鼓勵中小科技企業通過中小企業融資擔保基金獲得市場融資。」然上海作為金融中心，固然金融服務產業是上海的看家本領及本土優勢，且在政策推動下有利於企業前往投資。

產業四：【生物醫藥】

2018 年 4 月 13 日，上海閩行區人民政府發布《閩行區關於加快推進生物醫藥產業發展的專項政策意見》，以支持生物醫藥企業科技創新、支持公共技術服務平台發展等為主要發展目標，推進閩行區生物醫藥企業規模化發展，且吸引社會資本支持生物醫藥產業發展。此外，2018 年 3 月 12 日，於上海閩行區紫竹國際教育園區舉行 2018 年中英項目（上海）對接會─智能醫療專場，其中提及未來三年，上海閩行區將對接牛津大學，在生物醫藥領域有大幅作為。更指出：「近年閩行區推進生物醫藥產業，加快新藥研發生產，壯大醫用器材和生物製藥設備製造產業，培育高端醫療服務業及生物醫藥企業，推進生物醫藥、醫療器械、國際醫療三大領域。」綜上所述，未來上海閩行區將建設創新集群，推動高端醫療健康服務集聚區建設，持續搭建產學研一體的高效服務平台。

產業五：【跨境電商】

2018 年 2 月 11 日，上海閩行區經濟委員會發布《閩行區經委 2017 年工作總結及 2018 年工作要點》指出：「近年推動外貿加速轉型，預計全年全區外貿進出口總額將約達 1,903.1 億元人民幣，同比成長 4.9%，且持續推動跨境電商

業務試點，舉辦上海閔行區 2017 跨境電商峰會，以阿里巴巴跨境電商閔行服務中心網絡技術有限公司落戶閔行區為擊破點，尋求新外貿模式之轉變途徑，形成閔行區外貿發展新動力。」此外，2018 年 5 月 21 日，位於閔行區浦江鎮的上海漕河涇出口加工區正式整合優化為漕河涇綜合保稅區，主要為：（1）拓展跨境電商、保稅展示等功能；（2）按狀態分類監管、倉儲企業聯網監管模式，開發海關特殊監管區域倉儲貨物；（3）提高口岸通關效率，以「多方採信」大幅縮短進出口商品的通關通檢時長；（4）壯大市場主體「走出去」服務體系，積極做好首屆中國大陸國際進口博覽會涉及閔行區的保障工作，顯示上海閔行區在跨境電商產業發展不遺餘力。

10. 南京市區

產業一：【文化創意】

中國大陸由經濟高速成長向高質量增長，在轉換過程，使中國大陸產生新契機。根據，中國大陸文化創意產業網（2018）《2017 年中國大陸文化創意產業十大創意城市》指出：「在政策引領下，南京市發展一核、兩帶、一極、一圈、多芯的融合發展空間格局，建設 12 個創意文化產業功能區，推動產業結構轉型優化，在 2016 年南京全市文化企業營業收入達到 2,754.89 億元人民幣，同比成長超過 15%，文化產業增加值超過 630 億元人民幣，其 GDP 比重首次突破 6%」。另外，南京建設全國重要文化創意中心城市高端峰會暨《南京建設全國重要文化創意中心城市研究報告》（2018）指出：「南京發展新定位，將探索強富美高和創意名城二者之間彼此嵌入和融會貫通，並促進南京的發展。」綜上所述，南京市區因地理優勢，加速文化產業創新融合，同時推動產業轉型升級，值得文創相關企業趁勢布局。

產業二：【智能產業】

2018 年 1 月，南京市政府指出：「到 2020 年，南京市人工智慧核心產業產值突破 100 億元，智慧城市建設初步形成，到 2025 年，把南京市打造成為全球有影響力的人工智慧創新應用示範城市」。根據中國大陸交通運輸部黨組書記楊傳堂於 2018 年 7 月 18 日表示：「南京在智慧交通建設方面起步早，已建立良好基礎，同時擁有豐富人才資源，要加快基礎設施智能化，生產組織及運輸服務智能化與決策監管智能化的步伐，來提升交通運輸數位化、網絡化、智能化水平，未來將有責任領導智慧城市與智慧交通建設發展。」由上顯示，南京市在智

能產業已有先進水準，未來將成為智慧城市建設的調度中心和展示中心。此外，南京市統計局副局長仲玉琪（2018）表示：「2018 年第一季統計顯示，企業創新步伐持續加快，工業機器人、智能手機、新能源汽車等新產品生產持續加速，在第一季度全市完成新產品產值成長 18.7％。」綜上所述，南京市為促進產業邁向全球價值鏈中高端，正穩步發展智能產業，台商應與當地企業資源整合、優勢互補、強強聯合，藉此共同挖掘新一輪商機。

產業三：【遊戲及電競產業】

根據國際電競與互聯網調研機構 Newzoo（2018）指出：「中國大陸無疑仍是遊戲市場消費力最強的地區，全球有四分之一以上遊戲收入都是源自於中國大陸，這種情況在手遊領域又更明顯。此外，中國大陸目前已有 60％手遊市場規模，未來 2021 年將會成長至 70％，與排在後方的歐美市場的差距會更拉大。」根據南京市政府（2017）指出：「南京市建鄴區目前集聚包括三大運營商遊戲基地、原力動畫、河馬動畫等龍頭型領軍企業在內的各類遊戲、動漫及相關產業企業 230 餘家，遊戲動漫企業主營業務收入超過 80 億元人民幣，從業人員達 10,000 人以上，已成為全國範圍內特色鮮明、優勢突出的遊戲創新創意高地和遊戲創業產業基地。」綜上所知，中國大陸具有龐大電競市場，而南京未來將把電競產業作為遊戲動漫產業的重點培育領域，讓電競產業成為重要組成部分，顯示出南京市區具產業發展潛力，台商可藉此優勢一同參與，創造新成長亮點。

產業四：【生物醫藥】

南京政府發布《加快推進全市主導產業優化升級的意見》（2017）指出：「生物醫藥與節能環保新材料是南京極具成長性的產業，其中生物醫藥瞄準抗腫瘤藥物，細胞因子，基因治療的生物藥物和創新藥研發。」由此可知，南京將大力往生物醫藥轉型發展，並朝向癌症相關藥品發展，提供台商醫藥產業發展新契機。另外，南京市政府（2018）表示：「進一步優化醫療資源布局及提升基本公共衛生均等化水平，未來南京將深化醫療聯合體、家庭醫生、智慧醫療建設，為民眾提供更加便捷醫療服務。」綜上所述，顯示南京市將深化醫療發展，值得台灣生物醫療企業搶占先機。

產業五：【半導體產業】

根據台灣區電機電子工業同業公會副秘書長徐興（2018）表示：「現在產業發展趨勢是物聯網與人工智慧整合，更注重 AI 和 IoT 應用，透過軟硬體整合

提升附加價值，台商在技術和硬體製造等領域具有優勢，但台灣市場太小，未來台商可運用自身技術優勢與陸商合作，借重陸商掌握當地市場脈動打入市場。」南京市政府頒布《關於打造積體電路產業地標的實施方案》（2018）指出：「預計到 2025 年，南京市的半導體產業綜合銷售收入力爭達到 1,500 億元人民幣。此外，在 5G 通信及射頻晶片、先進晶圓製造、物聯網和汽車電子等高端晶片設計等細分領域，要實現江蘇省第一、全國前三、國際知名等目標。」由上可知，完整產業鏈南京市已明確半導體產業發展目標，未來南京將會聚集越來越多的IC 設計公司、晶片設計、晶圓製造、終端製造等相關產業，建議台商半導體相關產業可積極前往布局。

11. 廈門島外

產業一：【文化創意】

隨著中國大陸推行《惠台31條政策》積極拉攏台灣人才前往中國大陸發展，2018 年 4 月 10 日，廈門率先推出《對台 60 條措施》，此次政策推行不同於過往著重於技術產業，於音樂、體育、教育及藝術等文化產業領域亦推出諸多發展優惠，展現廈門欲拉攏台灣文創人才之企圖，對此，中華青年發展會理事長王正（2018）表示：「透過藝文領域產業的開放，台灣人才赴廈門地區發展能積極展現在台灣醞釀已久的文創能量，有更多的可能性。」此外，台灣紅點創意設計團隊黃維昱表示：「中國大陸文創產業版圖廣大，台灣具備優秀文創設計人才，結合中國大陸文化資源與廈門新創園區資源的加持，能以廈門作為前進中國大陸市場的最佳跳板。」此外，根據法藍瓷陳立恆總裁（2018）亦表示：「兩岸都在發展文創產業時，廈門透過文博會成為搭起兩岸文化產業鏈的最佳接點。」綜上可知，可以廈門作為進入中國大陸文化創意市場極佳的切入口。

產業二：【半導體】

自 2016 年廈門推行《積體電路產業發展規劃綱要》政策，陸續建造友善電子半導體產業發展環境，使廈門逐步成為中國大陸積體電路相關產業聚集重鎮，更陸續吸引台灣電子產業進駐。中國大陸半導體行業協會副理事長徐小田（2016）表示：「在全世界半導體產業陸續傳出衰退情勢下，廈門地區透過國家戰略政策、完善基礎建設、學術資源匯集及發展配套完善之優勢，達成每年20％以上的成長，成為聚焦國際半導體產業搶灘發展的要地。」世界半導體理事會（WSC）宣布第 23 屆世界半導體理事會年會將在 2019 年 5 月 23 日於廈門

舉辦，此外，2018 年 6 月 12 日，聯電財務長劉啟東表示：「透過與廈門官方合作建廠與當地政府給予諸多投資獎勵政策與協助，將加速布局中國大陸半導體市場，為公司中長期發展持續提供競爭優勢。」受到政策紅利與完善的規模經濟發展動力，逐步為廈門在半導體產業累積強勁發展動能，對此廈門政府於《積體電路產業發展規劃綱要》訂定戰略目標將半導體產業產值於 2025 年提升到 1,500 億人民幣，成為中國大陸前五大半導體重鎮。

產業三：【資訊服務】

2018 年 5 月 31 日，廈門市政府頒布《廈門市軟件和信息技術服務產業發展白皮書》表示：「廈門將致力於推行雲端技術基礎建設，推動企業於雲端服務升級，未來企業於資訊服務轉型將大大受益，其中包含大數據、電競、電子商務等眾多智慧化服務。」此外，近年來廈門於資訊服務業成長快速，隨著內需市場上升，收益已達到 127 億元人民幣，且保持近 40％ 的高成長率，對此中國機電產品進出口商會主任李榮民（2017）表示：「智慧經濟在中國大陸商機龐大，當前台商前進發展應優先選擇成長力強勁之落腳處。」綜上可知，廈門地區於現代化服務業發展具有內需強勁且政策支持優勢成為台商前往發展資訊服務業之高成長優勢地區。

產業四：【新興創新】

隨著國家政策推行，廈門正處於新舊交替的產業轉型階段，各式新型產業與商業合作模式陸續在廈門生根，中國大陸國家領導人習近平（2017）表示：「隨著產業匯集，廈門地區未來將建立最試創新產業生態，發展為創新創業之城。」此外，2018 年 4 月 10 日，廈門頒布《60 條惠台措施》積極推行台灣青年創業優惠政策，中華青年發展聯合會理事長王正（2018）表示：「透過政策優惠全面加持，台灣人赴廈門創業發展少了限制且多了無限的可能性。」近年來廈門地區扶植新興產業有成，跨足信息、生醫、能源、新工業等各領域，新興產業發展皆展現亮眼成績。

產業五：【生物醫藥】

根據《廈門市「十三五」生物醫藥與健康產業發展規劃》指出：「未來五年，廈門將力爭生物醫藥與健康產業維持年均 25％ 以上的成長率，且到 2020 年產業規模突破 1,000 億元」，明確朝生物醫藥、生物製造、生物服務等發展方向。2017 年 11 月，廈門更推出《廈門市加快生物醫藥與健康產業發展措施》表示：

「生物醫藥與健康產業將為廈門市未來加速轉型的重點新興產業，未來將加大扶持力道。」對此，該政策推行五大發展重點，分別為：研發獎勵、輔導產業規模化、推行仿製藥技術發展、推行國際化及補助政策。對此，麗寶生醫總經理唐建翔（2018）表示：「台灣具備領先國際之醫療技術，結合廈門地區產業政策扶持及廈門地區相關電子產業合作，未來於醫療產業及醫療與電子產業合作結合，廈門是極佳的產業發展城市。」

12. 重慶

產業一：【車聯網產業】

隨著 5G 商用與物聯網高速發展，不斷滲透融入車聯網領域，2018 年 4 月 18 日，中國大陸信息通訊研究院黨委記記李勇表示：「重慶重視 5G 應用和 5G 發展，更在車聯網方面，能以重慶作為重要的汽車產業與中國大陸物聯網產業示範基地。重慶擁有特殊的山地、橋隧與複雜環境可作為示範的測試基地，提供車聯網研究及應用的基礎和優越條件。」而台積電車用暨微控制器業務開發處處長林振銘（2018）於《兩岸攜手打造智慧車輛、共創車聯網生態圈》指出：「中國大陸是世界最大的汽車製造區和消費市場，而台灣則是晶片供應商和半導體代工廠。隨著智慧汽車廣泛走向市場，各種車用電子元件更加受到產業界重視，如感測器及各種無線通訊等需求將明顯增溫。兩岸攜手打造智慧車輛、共創車聯網生態圈，將搶下更大的智慧汽車市場版圖。」綜上所知，重慶未來將是中國大陸未來車聯網產業中重要發展區域，加上台灣相關產業可積極投入發展，透過優勢互補共創產業版圖。

產業二：【智能產業】

現今中國大陸環境已被智能化及大數據包圍，位處於中國大陸中心的重慶，正積極重塑產業新優勢，根據重慶市經信委（2018）表示：「2017 年重慶智能化產業實現銷售收入超過 3,500 億元人民幣，同比成長 30％。目前重慶智能產業綜合實力已躍升進全中國大陸前十，其中電子資訊產業已進入前八名，軟體服務行業排名則是第 13 位，在全中國大陸處於中上水平。」另外，2018 年 4 月 10 日，重慶市政府提出《智慧兩江建設實施方案》指出：「2018 年推動重慶數位經濟產業園建設，將以智慧城市示範地標，創建數位經濟產業園的新概念。」綜上所述，重慶市憑藉自身優勢及政策牽引，大力發展智能產業，台商能藉此發展機遇及風口，搶攻產業先機。

產業三：【節能環保】

中國大陸提出十九大政策後，內含許多龐大商機，其中創新、協調、綠色、開放共享就是重要商機之一。重慶市常委會於 2018 年 5 月 4 日指出：「重慶市將以綠色＋推進長江經濟帶高質量發展，以生態優先、綠色發展作為新時代推動長江經濟帶高質量發展的行動指南，將生態建設和環境保護的同時融入於重慶市。」另外，中國社科院台研所（2018）表示：「十九大報告提到加快生態文明體制改革，建設美麗中國的重要主張，台商必須調整早期到中國大陸投資發展思維，不可能再將帶有汙染、有害、非環保的產業轉移中國大陸，另外中國大陸發展綠色、環保、節能、廢物再利用等「循環經濟」，蘊藏巨大商機，期待台商參與和開拓，台灣有一定優勢與制度，值得向中國大陸推廣。」由上所知，在政策與地理優勢下，市場潛力龐大，綠色經濟、再生能源、新能源汽車、健康經濟等相關產業皆值得台商多加關注。

產業四：【高端精密製造】

重慶過去有重工業的基礎，在發展高端裝備製造上，成為重慶產業優勢。根據重慶市台商協會會長李文勳（2018）表示：「台商將經營重心從沿海逐漸轉移到中西部的數量漸漸變多。以重慶為例，就具備優異的重工業基礎，帶動如精密加工、汽車配件廠、IT 配料廠等製造業台商來到重慶扎根。」另外，根據重慶市政府於 2018 年 5 月 4 日發布《重慶市裝備工業調結構促轉型增效益實施方案》指出：「高端交通裝備產業涵蓋飛機、航空發動機、高技術船舶、軌道交通裝備等類型及飛機及航空發動機。無人機、市域快軌車、高技術船舶等是未來重慶發展重點產品，未來 2020 年，重慶高端交通裝備產業要實現產值 1,000 億人民幣。」綜上所述，重慶早已布局製造業領域相關產業，在某些領域還具有領先技術，台商應藉自身優勢，前往扎根創造新商機。

產業五：【金融科技】

隨著中國大陸經濟轉變與台商轉型升級需求下，使台商更深入中國大陸中西部省分布局，重慶具貿易優勢與一帶一路商機，為金融業帶來無比發展潛力。根據 2018 年 5 月 4 日，中國人民銀行重慶營業管理部發布《一季度金融運行簡況》顯示：「2018 年第一季，重慶社會融資規模成長平穩，新增銀行貸款 1,152.46 億元人民幣、新增存款 1,123.1 億元人民幣，對重點領域和薄弱領域的金融支持力度較大，為重慶市供給側結構性改革和高質量發展營造適宜的貨幣金融環境。

值得注意的是，跨境人民幣結算量同比增加 1.45 倍，重慶企業境外融資同比大幅增長 15.6 倍。」另外，商務部國際貿易經濟合作研究院區域經濟合作研究中心主任張建平（2018）指出：「重慶近兩年的經濟成長領先全中國大陸，其基建大為改善，新一輪產業聚集速度飛快，服務實業的資本集聚程度高，將來也有可能朝著區域金融中心的方向發展。」此外，金融大數據風控平台、譽存科技創始人兼 CEO 劉德彬（2018）表示：「大數據對金融風控帶來的不是衝擊而是融合，智能風險控制能力是業務持續創新之本，人工智能將引領金融業風控體系升級。」綜上所述，顯示重慶金融業有良好發展潛力，台商可朝向金融相關產業布局。

13. 淮安

產業一：【製造產業】

2017 年，江蘇省淮安市代市長蔡麗新表示：「淮安正朝新能源產業發展，很多配套都需要來考察台灣經驗，希冀能為淮安企業發展找出相關配套。」另外，根據淮安市政府（2018）表示：「截至 2017 年底，淮安累計設立台資項目 1,275 個，總投資 181.5 億美元，到帳台資 58.4 億美元，實際利用台資占全市利用外資的 50% 以上，已是江蘇長江以北台企進駐最多的地級市之一。」由上所知，淮安有諸多台商進入布局，顯示台資企業對淮安的信賴。淮安市台辦（2018）表示：「在中國大陸政府鼓勵江蘇台商由蘇南往蘇北投資、轉移的過程中，淮安成為台商投資的聚集地，某些行業已形成產業鏈的雛型，淮安政府正積極朝著打造南有昆山、北有淮安的目標前進。」綜上所述，淮安正抓住台商企業產業轉移機遇，並積極發展及優化製造業，使台灣製造業成為淮安市工業經濟的重要一部分，台商可乘勢積極布局，進行轉型升級，共創良好產業發展契機。

產業二：【電子資訊產業】

淮安高度重視台資企業經濟發展，過去祭出諸多有利台商投資的政策，淮安市政府副市長李光雲（2017）表示：「淮安市委、市政府將電子資訊產業作為全市重點打造的 4 ＋ 2 優勢特色產業之一，希望能學習借鑑台灣發展電子資訊產業的先進經驗，積極尋求與台資企業的深度合作。」另外，淮安經濟技術開發區管委會副主任劉曉錄（2018）表示：「未來到 2020 年，淮安經濟技術開發區全區電子資訊產業銷售規模將達到 1,300 億元人民幣，預計將培育兩個年銷售額超過百億企業、五個超 50 億元企業、15 個超十億元企業。」綜上所述，淮安電

子資訊產業發展態勢良好，而電子資訊產業技術發展有賴於台資企業，未來台資企業將成為淮安產業體系升級的重要支撐，顯示出台商相關產業未來具龐大發展空間，建議台商可借自身優勢多點布局，強強聯合共創產業未來。

產業三：【智能醫療產業】

2018 年 3 月 5 日，淮安市台辦表示：「近年來，淮安圍繞健康中國的戰略穩步發展，持續深化與台商在大健康產業領域的交流合作，健康產業呈現出良好發展態勢，為台資建設培育新的成長點。」由上顯示，台灣的健康醫療產業基礎發展被受肯定，同時與淮安政策發展與台灣醫療產業優勢相互吻合，具有發展潛力。另外，台灣電機電子工業同業公會副秘書長徐興（2017）表示：「看好未來人工智慧＋物聯網的軟硬體結合運用。目前台灣正研發智慧服飾，將與中國大陸攜手共同制定產業標準，進而贏得全球市場，希望將智慧服飾結合大健康養老產業，通過淮台合作，在淮安落地台灣方案，先行打造智能福利、典範養老的淮安試點。」綜上所述，淮安在健康產業已以多點方式突破加快醫療產業新格局，台商可依托產業優勢加速布局。

產業四：【電動汽車】

中國大陸前瞻產業研究院（2018）《中國新能源汽車行業市場前瞻與投資分析報告》指出：「2016 年中國大陸新能源汽車的銷量超過 50 萬輛，整個累計保有量超過 100 萬輛，根據中國大陸頒布新能源汽車規劃要求，到 2020 年新能源汽車比例要佔全部汽車的 1/2，約為 6,500 萬輛，其市場空間增量十分龐大。」顯示出中國大陸積極開發新能源汽車產業。根據淮安市委常委唐道倫（2017）表示：「淮安堅持把新能源汽車及零部件產業作為淮安市的兩大戰略新興產業之一，全力推動產業集聚發展，提升核心競爭力。」由上所知，淮安以新能源汽車為培育重點，台灣企業可藉各類產業政策舉措，帶動企業轉型，同時注入產業新動能。

產業五：【食品產業】

過去淮安市素有「淮揚菜發源地之一」美譽，食品產業成為淮安優勢產業。淮安市副市長顧坤（2018）表示：「淮安市食品產業產值已突破千億元人民幣，在 2017 年同比成長 10.7％，目前有規模超過億元等級以上的食品企業有 321 戶，擁有農產品地理標誌證明商標 120 件，居全中國大陸第一。」由上顯示，淮安市以資源優勢創造出一條具「差別化與特色化」產業之路。淮安市代市長蔡麗

新（2018）於《中國大陸（淮安）國際食品博覽會》表示：「淮安將淮台合作視為推進食品產業發展的重要路徑，加強政策扶持及平台打造，強化人才支撐，進一步做大做強台資食品產業，推動淮台食品產業向高層，縱深發展。」旺旺集團董事長蔡衍明於 2018 年 4 月 19 日表示：「旺旺集團是較早投資淮安的台企，從一條生產線到現在 50 條生產線規模，員工也從數百人發展到數千人，產業由食品本業擴展到飯店、房地產等。」綜上所述，淮安的食品產業具有龐大的產業商機，台商在面臨產業轉型危機，可藉交流增加智慧，透過合作促共贏。

14. 西安

產業一：【大數據】

2017 年 8 月 8 日，西安市政府發布《西安市大數據產業發展實施方案（2017-2021 年）》指出：「至 2021 年，西安市大數據產業規模將達 1,000 億人民幣，相關產品和服務收入超過 3,000 億人民幣。」並表示透過「設立一個機構、梳理一個目錄、成立一個公司、搭建一個平台、形成一套標準」，打破「訊息孤島」、拆除「數據煙囪」，推動產業發展，形成健全的大數據產業發展機制。此外，2017 年 8 月 16 日，根據中國大陸中央網絡安全和信息化委員會辦公室表示：「近年來西安市逐步形成高新區雲計算和大數據技術創新及服務示範園區、國際港務區『一帶一路』物流訊息基地、西咸新區灃西新城新型工業化（大數據）產業基地等核心區，為西安市大數據產業集聚發展奠定良好基礎。」顯示西安市正積極打造大數據與雲計算全生態產業鏈，而未來是大數據的時代，企業可積極搭乘新科技之順風車前往布局。

產業二：【半導體】

2018 年 3 月 28 日，三星（中國大陸）半導體有限公司存儲芯片二期項目開工奠基儀式在西安高新區舉行，此為繼 2012 年入駐西安高新區以來的再次投資，並指出：「近年隨著一帶一路發展戰略，陝西省成為一帶一路重要一環，東西雙向開放的重點地區，為陝西省及西安市發展帶來先機。」而此次開工，為西安高新區打造千億級半導體產業集群。此外，眼見西安半導體產業的壯大，韓國駐華大使盧英敏（2018）表示：「若想看中國大陸的未來，就要到西安來。」此外，2017 年 12 月 9 日，北京奕斯偉科技有限公司、北京芯動能投資管理有限公司及西安高新區管委會共同簽署合作意向書，宣布規模達百億人民幣的矽產業基地項目，將落戶西安高新技術產業開發區，積極打造完整半導體產業鏈。由此可知，

西安不斷推展產業發展力度，壯大半導體產業規模，提升創新力和國際競爭力，鞏固半導體產業基地地位。

產業三：【金融服務】

2018 年 1 月 4 日，陝西省委常委、西安市委書記王永康召開全市領導幹部大會，提出：「深化金融平台建設加快發展金融產業」，更表示：「加速明確西安金融核心的地位，以高新區為核心，加上經開區和滻灞生態區，打造金融『金三角』，形成西安金融中心的核心區塊。」另外，為加速實現 2017 年提出的「聚焦三六九，振興大西安」的目標，助力品質西安建設，加快國際化大都市建設步伐，推動西安經濟社會持續穩定健康發展，西安市人民政府辦公廳於 2018 年 4 月 4 日發布《西安市支持總部企業發展若干政策》指出：「西安將以九大類獎項鼓勵企業總部落戶於西安，且新落戶西安市的金融業總部之企業，最高一次性獎勵高達 6,000 萬元人民幣。」綜上所述，西安欲建設國際化大都市，必須加速發展金融服務產業，建設區域性金融中心，這已是大勢所趨。

產業四：【生物醫藥】

早於 2016 年 7 月 15 日，陝西省人民政府發布《〈中國製造 2025〉陝西實施意見》後，促使陝西省形成以西安為核心區，咸陽、楊凌為拓展區，對應全省生物醫藥產業研發、生產、原料供應體系，於西安高新區建設生物醫藥研發基地。此外，陝西省政府（2016）發布《西安「十三五」規劃綱要》指出：「至 2020 年，西安生物醫藥產業產值將達到 1,000 億元人民幣。」另外，2018 年 4 月 16 日，阿里巴巴旗下的阿里健康科技與西安本地國際醫學投資公司簽署戰略協議，共同打造「新醫療」五大實施項目，探索「互聯網＋醫療健康」其中，阿里健康董事長吳泳銘表示：「雙方將緊抓國家對『互聯網＋醫療健康』和醫療訊息化建設高度重視的先機，共同推動『互聯網＋』及三級甲等綜合醫院的深度結合，發揮資源互補優勢。」綜上可知，未來西安生物醫藥產業將與高新科技相結合，整合中國大陸國內優質的醫療資源，提供惠民的互聯網醫療健康服務。

產業五：【新能源】

近年新能源汽車發展正全面加速，2018 年 2 月 25 日，陝西省西安市政府發布《關於支持西安經開區千億級汽車產業集群發展的若干意見》指出：「利用五年時間，從壯大整車生產製造、增強汽車零組件生產能力、提升核心技術競爭力及加快新能源汽車產業化發展四大重點領域出發打造千億級汽車產業集群。」

此外，更表示：「西安市至 2021 年前，每年將安排不低於 15 億元人民幣專項資金扶持經開區千億級汽車產業集群發展，等完整建成汽車產業集群，整車生產基地每年將擁有超過百萬輛車的產能，以及超過 1,000 億元人民幣的產值。」顯示西安在新能源產業上不遺餘力，將為西安之最適布局產業之一。

　　此外，表 17-7 為全球知名研究機構與媒體針對中國大陸未來最具發展前景產業之歸納，可發現高端裝備製造、人工智慧、節能環保、雲計算、健康醫療、新能源汽車、文化創意等產業最受矚目，與 2018《TEEMA 調查報告》極力推薦城市布局最適產業不謀而合，未來成長潛力不容忽視。

表 17-7　研究機構論述中國大陸未來最具發展前景產業

研究機構	論述主題	日期	產業
中央電視台	未來十年最賺錢產業	2017/10/15	雲計算、大數據、虛擬實境、人工智慧、3D技術、無人機、機器人、新能源、生物醫藥、醫療器械、養老照護、體育產業、文化娛樂、教育產業
高盛集團	中國未來潛力產業	2017/11/07	高端裝備製造、清潔能源、電動汽車、互聯網金融、健康醫療
富蘭克林	四大創新商機	2018/05/31	雲計算、電子商務、醫療創新、人工智慧
資誠聯合會計師事務所	AI 五大產業商機	2018/02/01	健康照護、金融服務、運輸物流、新能源汽車、信息通訊
摩根大通	中國四大成長產業	2017/11/02	人工智慧、節能環保、文化創意、健康醫療
中國社科院	中國經濟轉型商機	2018/02/23	節能環保、新能源、新能源汽車、旅遊休閒、健康醫療、人工智慧
第一財經研究院	七大新興潛力產業	2017/12/08	節能環保、新一代電子信息、生物醫藥、高端裝備製造、新能源、新材料、新能源汽車
荷寶基金	中國結構調整商機	2018/03/18	人工智慧、雲計算、觀光旅遊、教育產業、文化創意、醫療保健、金融科技
資策會產業情報中心	十九大產業商機	2017/10/26	節能環保、健康醫療、教育產業、養老照護、機器人
中華民國全國商業總會	中國消費升級商機	2018/04/09	高端裝備製造、電子信息、文化創意、運動休閒、觀光旅遊、教育產業
全國台灣同胞投資企業聯誼會	未來新興產業	2018/06/12	精緻農業、生物醫藥、旅遊文化創意、養老與大健康、現代商貿物流、電子信息
勤業眾信	中國未來發展產業	2017/09/18	人工智慧、金融服務、養老照護、觀光休閒
阿里研究院	未來四大發展商機	2018/02/13	雲計算、大數據、人工智慧、電子商務
中華民國工業總會	中國轉型型四大商機	2018/02/01	高端裝備製造、人工智慧、節能環保、基礎建設
工研院	未來中國大陸發展商機	2017/11/13	精緻農業、健康照護、數位發展、節能環保
前瞻產業研究院	未來三大發展商機	2018/05/14	生物醫藥、節能環保、養老照護
商業週刊	未來新興產業	2017/11/19	人工智慧、大數據、機器人、新能源汽車

資料來源：本研究整理

第 18 章

2018 TEEMA 單項指標
十佳城市排行

2018《TEEMA 調查報告》除透過「兩力兩度」評估模式分析出「城市競爭力」、「投資環境力」、「投資風險度」與「台商推薦度」,並得出最終「城市綜合實力」等五項排行外,亦特別針對台商關切主題進行單項評估排名,茲將2018《TEEMA 調查報告》之 21 個單項指標排列如下:

（1）當地**政府行政透明度**城市排行

（2）當地對**台商投資承諾實現度**城市排行

（3）當地**政府解決台商經貿糾紛滿意度**最優城市排行

（4）當地**台商人身安全程度**最優城市排行

（5）當地**台商企業獲利程度**最優城市排行

（6）當地**金融環境自由化**最優城市排行

（7）當地政府**歡迎台商投資的熱情度**排行

（8）**最具誠信道德與價值觀**的城市排行

（9）最適宜**內銷內貿**城市排行

（10）最**重視自主創新**城市排行

（11）當地**政府對台商智慧財產權保護**最優城市排行

（12）當地**政府鼓勵台商自創品牌**最優城市排行

（13）當地**政府支持台商企業轉型升級力度**最優城市排行

（14）當地**政府支持兩岸企業策略聯盟**最優城市排行

（15）當地**政府獎勵戰略性新興產業**最優城市排行

（16）當地**政府鼓勵節能減排降耗力度**最優城市排行

（17）最具**生產基地移轉優勢**城市排行

（18）最適發展**文化創意產業**之城市排行

（19）最具**智慧型發展城市**排行

（20）最具**解決台商經營困境**之城市排行

（21）最具**跨境電商經營發展**之城市排行

　　有關 2018《TEEMA 調查報告》21 項單項指標前十城市排名，如表 18-1 所示，作為台商未來布局參考，除瞭解當地投資環境與風險外，亦應結合企業自身發展特性，進而找出最適布局城市。回顧歷年《TEEMA 調查報告》單項指標前十城市排名，蘇州城市多名列前茅，2018 年亦不例外，蘇州工業區於 21 個單項指標中，有 16 個單項指標皆位於前十之列，並於七個單項指標名列第一；蘇州昆山在 21 個單項指標中，有 16 個單項指標排名前十位，更於四個單項指標排名第一；蘇州新區在 21 個單項指標中，有 11 個單項指標排名前十位；而蘇州市區亦在21 個單項指標中，有 12 個單項指標排名居前十位。

　　此外，西三角的成都、西安、重慶三城市表現亦不容小覷，成都在 21 個單項指標中，有 11 個單項指標排名前十位，更奪下「當地政府歡迎台商投資」、「政府鼓勵台商自創品牌」、「支持台商轉型升級力度」以及「最具生產基地移轉優勢」等四個單項指標第一名；至於重慶在 21 個單項指標中，有九個單項指標排名前十位，西安則有兩個單項指標排名前十位。西三角囊括西南、西北最具經濟發展潛力、科研技術支撐之地區，匯聚經濟、人口和要素資源，成為推進西部大開發的重要基礎，在土地成本、勞動力取得、消費需求市場以及產業配套具發展優勢，加之，受益於中國大陸提出「一帶一路」戰略，使得成都、重慶及西安等西部重鎮戰略地位明確，紛紛吸引跨國企業搶灘布局，台商亦將重慶、成都、西安與武漢視為「四大內需之城」。

　　值得注意的是，2018《TEEMA 調查報告》單項指標十佳城市排名可發現，除上述提及的蘇州四城市及西三角城市外，臨海的上海市區與廈門的排名亦相當優異。其中，上海市區在 21 個單項指標中，雖只有九個單項指標排名前十位，但在「最適合發展文化創意」、「最具智慧型發展城市」、「最具跨境電商經營發展」等三個單項指標拿下第一；上海浦東則有六個單項指標排名前十位；此外，廈門島外有 13 個單項指標進入前十名；而廈門島內僅有四個單項指標進入前十名。綜合 21 個單項指標排名可發現，中部地區城市亦有逐漸增加之態勢，諸如：長沙、馬鞍山、合肥、武漢、鄭州等，另外，華南地區的東莞松山湖亦有六項指標排名列入前十之列，顯示中國大陸區域發展持續邁向平衡發展。

表 18-1　2018 TEEMA 中國大陸單項主題十大城市排名

單項主題排名		❶	❷	❸	❹	❺	❻	❼	❽	❾	❿
01 當地政府行政透明程度	城市	蘇州工業區	蘇州昆山	成都	杭州蕭山	廈門島內	蘇州新區	蘇州市區	淮安	廈門島外	南通
	評分	4.281	4.133	4.104	4.063	4.021	3.984	3.864	3.823	3.732	3.713
02 對台商投資承諾實現度	城市	蘇州工業區	蘇州昆山	杭州市區	成都	杭州蕭山	蘇州市區	南京市區	西安	重慶	馬鞍山
	評分	4.220	4.125	4.112	4.082	4.012	3.984	3.956	3.925	3.864	3.762
03 解決台商經貿糾紛程度	城市	蘇州昆山	蘇州工業區	杭州蕭山	蘇州新區	廈門島外	上海市區	淮安	成都	南京江寧	北京市區
	評分	4.170	4.142	4.107	4.065	4.024	3.996	3.874	3.823	3.778	3.710
04 當地台商人身安全程度	城市	蘇州工業區	蘇州昆山	成都	上海浦東	杭州蕭山	杭州市區	廈門島內	蘇州新區	上海市區	重慶
	評分	4.207	4.119	4.054	4.032	4.011	3.985	3.952	3.921	3.882	3.854
05 當地台商企業獲利程度	城市	蘇州工業區	成都	蘇州昆山	杭州市區	蘇州市區	南京市區	蘇州新區	廈門島外	淮安	長沙
	評分	4.162	4.044	4.001	3.962	3.893	3.881	3.765	3.712	3.682	3.648
06 當地金融環境之自由化	城市	上海浦東	蘇州工業區	蘇州昆山	蘇州新區	廈門島外	成都	上海市區	杭州市區	重慶	杭州蕭山
	評分	4.325	4.150	4.124	4.086	4.052	4.014	3.992	3.914	3.860	3.814
07 當地政府歡迎台商投資	城市	成都	蘇州工業區	蘇州昆山	重慶	杭州市區	淮安	馬鞍山	長沙	武漢漢口	東莞松山湖
	評分	4.154	4.115	4.086	4.024	4.011	3.924	3.826	3.801	3.774	3.758
08 最具誠信道德與價值觀	城市	蘇州昆山	蘇州工業區	杭州蕭山	成都	廈門島外	上海市區	蘇州市區	南京市區	南京江寧	蘇州新區
	評分	4.114	4.068	4.023	3.994	3.932	3.926	3.873	3.832	3.765	3.747
09 適宜內銷內貿城市	城市	北京市區	成都	重慶	上海市區	廣州市區	蘇州市區	深圳市區	杭州市區	長沙	合肥
	評分	4.215	4.152	4.109	4.064	4.032	4.015	3.933	3.904	3.868	3.796
10 最重視自主創新的城市	城市	蘇州工業區	蘇州昆山	成都	重慶	深圳市區	東莞松山湖	杭州蕭山	南京市區	北京市區	蘇州新區
	評分	4.328	4.256	4.106	4.011	3.962	3.915	3.854	3.832	3.752	3.726

表 18-1　2018 TEEMA 中國大陸單項主題十大城市排名（續）

	單項主題排名		❶	❷	❸	❹	❺	❻	❼	❽	❾	❿
11	對台商智慧財產權保護	城市	蘇州昆山	蘇州工業區	蘇州市區	成都	東莞松山湖	上海浦東	蘇州新區	廈門島外	深圳市區	無錫江陰
		評分	4.012	3.987	3.915	3.832	3.802	3.786	3.774	3.734	3.706	3.682
12	政府鼓勵台商自創品牌	城市	成都	蘇州昆山	蘇州工業區	重慶	蘇州新區	廈門島外	西安	深圳市區	上海浦東	鞍山
		評分	4.256	4.167	4.121	4.086	4.064	4.002	3.954	3.913	3.894	3.815
13	支持台商轉型升級力度	城市	成都	蘇州昆山	蘇州工業區	上海浦東	杭州蕭山	東莞松山湖	廈門島外	西安	蘇州新區	鞍山
		評分	4.171	4.125	4.089	4.011	3.997	3.893	3.865	3.844	3.732	3.715
14	支持兩岸企業策略聯盟	城市	蘇州工業區	蘇州昆山	成都	重慶	蘇州新區	淮安	廈門島外	鞍山	長沙	深圳市區
		評分	4.144	4.128	4.092	3.984	3.915	3.875	3.814	3.758	3.736	3.720
15	獎勵戰略性新興產業	城市	蘇州昆山	蘇州工業區	成都	深圳市區	蘇州新區	廈門島外	重慶	東莞松山湖	西安	上海浦東
		評分	4.056	4.021	4.001	3.962	3.920	3.892	3.815	3.754	3.715	3.663
16	鼓勵節能減排降耗力度	城市	蘇州市區	蘇州昆山	蘇州工業區	蘇州新區	杭州蕭山	上海市區	北京市區	成都	淮安	武漢漢口
		評分	4.012	3.974	3.925	3.868	3.802	3.744	3.712	3.656	3.628	3.602
17	最具生產基地移轉優勢	城市	成都	西安	重慶	長沙	鞍山	武漢漢口	合肥	鄭州	保定	綿陽
		評分	4.058	4.025	3.974	3.952	3.864	3.812	3.763	3.725	3.702	3.625
18	最適合發展文化創意	城市	上海市區	北京市區	杭州市區	深圳市區	成都	蘇州市區	廣州市區	南京市區	寧波市區	廈門島內
		評分	4.256	4.214	4.196	4.146	4.108	4.085	4.032	3.974	3.862	3.840
19	最具智慧型發展城市	城市	上海市區	北京市區	杭州市區	深圳市區	南京市區	成都	廈門島外	廣州市區	重慶	南京市區
		評分	4.120	4.104	4.040	4.010	3.988	3.962	3.845	3.814	3.802	3.742
20	最具解決台商經營困境	城市	蘇州工業區	成都	蘇州昆山	杭州蕭山	廈門島外	淮安	蘇州市區	廈門島內	鞍山	深圳市區
		評分	4.008	3.926	3.903	3.814	3.802	3.774	3.763	3.732	3.684	3.656
21	最具跨境電商經營發展	城市	上海市區	杭州市區	深圳市區	廣州市區	重慶	蘇州市區	東莞松山湖	南京市區	廈門島外	寧波市區
		評分	3.986	3.942	3.927	3.881	3.842	3.756	3.705	3.694	3.663	3.647

資料來源：本研究整理

第 19 章

2018 TEEMA 中國大陸區域發展力

一、2018《TEEMA 調查報告》區域發展力兩力兩度模式

　　2018《TEEMA 調查報告》延續 2017《TEEMA 調查報告》針對 11 大經濟區域進行「區域發展力」排名。有關區域發展力之「兩力兩度」評估模式乃是指：（1）區域政策力：包括中央支持力度、區域定位層級、城市間連結力、國家級活動度與政府行政效率等五項指標；（2）區域環境力：包括內需市場潛力、區位投資吸引力、基礎建設完備度、人力資本匹配度、區域國際化程度及區域治安良善度六項細項指標；（3）區域整合度：有產業群聚整合度、區域資源共享度、技術人才完備度、生活素質均衡度、供應鏈整合度五項指標；（4）區域永續度：包括自主創新能力、科技研發實力、可持續發展度、環境保護度與資源聚集能力五項指標。有關 2018《TEEMA 調查報告》區域發展力之「兩力兩度」評估構面與指標如圖 19-1 所示。

二、2018 TEEMA 中國大陸區域發展力排名

　　2018《TEEMA 調查報告》針對中國大陸主要台商密集城市所屬之經濟區域，相關領域專家進行調查匯整出「11 大區域發展力調查評估（TEEMA Area11）」，區域發展力的專家評估對象主要是以：（1）中國大陸台商會會長及重要經營幹部；（2）在中國大陸投資主要企業高管及負責人；（3）對中國大陸具有深入研究的學者專家，共計 62 人，並透過結構式問卷方式，請每位專家針對其所熟知的經濟區域填寫該區的樣本評估，共回收有效樣本 354 份進行第一輪平均值計算，得出 TEEMA Area11 排名，再經由德爾菲法（Delphi method）進行第二輪的匿名調查，經初步微調後，將第二輪調查收斂結果說明如下：

　　「中國大陸 11 大經濟區區域發展力排名」前五名依序為：（1）長三角經濟區；（2）西三角經濟區；（3）環渤海經濟區；（4）海西經濟區；（5）中

圖 19-1　　2018 TEEMA 區域發展力「兩力兩度」評估模式構面與指標

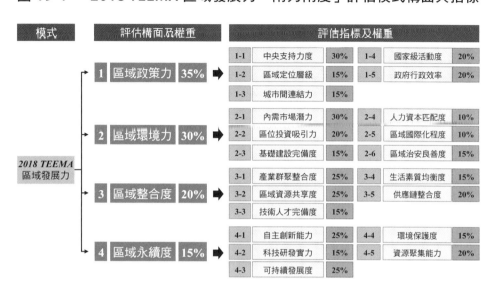

三角經濟區。長三角以上海為中心，南京、杭州、合肥為副中心，包括江蘇、浙江、安徽省等 30 多個城市，致力發展綜合性產業基地，根據長三角合作與發展聯席會議（2017）指出：「長三角未來將針對強化一體化發展、加強生態聯治與提升長三角城市群新能 三大方向進行更緊密的戰略發展，並在戰略計畫中主動融入一帶一路建設與長江經濟帶發展等國家政策，深化開放合作，建立更加完善健全地的合作機制。」亦指出：「長三角地區於未來計畫推動多元化及創新化的合作的五大建議合力構建區域創新網絡科技城市、深化環杭州灣大灣區港航開放合作、強化長江流域的江海轉運體系、推動生態資源發展世界級旅遊經濟、結合國家發展政策加速跨杭鐵路等重大建設實行。」多年來，長三角城市群一直是中國大陸經濟最具活力、創新能力最強、開放程度最高、吸引外來人口最多的區域之一，2017 年長三角地區貨物進出口總額及實際利用外資總額各占全國的 32% 和 55%，經濟實力不容小覷。台商仍看好長三角投資環境優勢，諸如：健全政策法制、高效行政效率、高開放包容度、產業群聚優勢、社會治安優良、高國際化水準、區位一體化發展等。加之，長三角為「一帶一路」戰略與「長江經濟帶」的重要匯集地，具舉足輕重的戰略地位，未來成長前景備受看好。

　　2018「中國大陸 11 大經濟區區域發展力排名」第六名至第 11 名分別為黃三角經濟區、中部地區、珠三角經濟區、東北地區、泛北部灣、西部地區。根據 2018《TEEMA 調查報告》區域發展力之兩力兩度四構面詳細結果與排名分別如

表 19-1、表 19-2、表 19-3、表 19-4 與表 19-5 所示，茲論述如下：

❶區域政策力排名：根據表 19-1 所示，排名前五名的經濟區域依序為：（1）長三角經濟區；（2）西三角經濟區；（3）環渤海經濟區；（4）海西經濟帶；（5）中三角經濟區。

❷區域環境力排名：由表 19-2 所示，可知排名在前五名的經濟區域依序為：（1）長三角經濟區；（2）西三角經濟區；（3）環渤海經濟區；（4）海西經濟帶；（5）中三角經濟區。

❸區域整合度排名：根據表 19-3 所示，可知排名在前五名的經濟區域依序為：（1）長三角經濟區；（2）西三角經濟區；（3）環渤海經濟區；（4）海西經濟區；（5）中三角經濟區。

❹區域永續度排名：由表 19-4 所示，可知排名在前五名的經濟區域依序為：（1）長三角經濟區；（2）西三角經濟區；（3）環渤海經濟區；（4）中三角經濟區；（5）海西經濟區。

「區域發展力」係藉由上述之區域政策力、區域環境力、區域整合度與區域永續度的「兩力兩度」評估模式，分別乘以其之權重，計算「區域發展力」之評價。四項評估構面權重如下：（1）區域政策力占 35％；（2）區域環境力占 30％；（3）區域整合度占 20％；（4）區域永續度占 15％。由表 19-5 可知「區域發展力」經權重排名依序是，長三角經濟區排名第一，其次為西三角經濟區、環渤海及海西經濟區，而第五名則是中三角經濟區。此外，表 19-5 中亦列入 2013-2018 年中國大陸 11 大經濟區區域發展力之分數變化以供參照。

表 19-1　2018 TEEMA 中國大陸 11 大經濟區 區域政策力排名

排名	經濟區	❶ 政策支持力度	❷ 區域定位層級	❸ 城市間連結力	❹ 國家級活動度	❺ 政府行政效率	區域政策力 加權評分	區域政策力 百分位
1	長三角經濟區	4.125	4.014	3.984	3.886	3.912	3.984	99.000
2	西三角經濟區	4.098	3.933	3.865	3.914	3.807	3.923	96.746
3	環渤海經濟區	3.825	3.913	3.567	3.621	3.542	3.694	88.227
4	海西經濟帶	3.352	3.317	3.408	3.352	3.607	3.407	77.610
5	中三角經濟帶	3.517	3.425	3.418	3.330	3.245	3.387	76.861
6	黃三角經濟帶	3.205	3.428	3.235	3.148	3.225	3.248	71.716
7	中 部 地 區	3.508	3.313	3.124	3.265	3.004	3.243	71.516
8	東 北 地 區	3.112	3.148	3.001	2.563	2.515	2.862	57.614
9	珠三角經濟區	2.983	2.712	2.776	2.802	2.916	2.838	56.502
10	泛 北 部 灣	2.921	2.887	2.714	2.754	2.813	2.818	55.751
11	西 部 地 區	2.712	2.548	2.656	2.614	2.782	2.662	50.000

資料來源：本研究整理

註：區域政策力＝［政策支持力度 ×30%］＋［區域定位層級 ×15%］＋［城市間連結力 ×15%］＋［國家級活動度 ×20%］＋［政府行政效率 ×20%］

表 19-2　2018 TEEMA 中國大陸 11 大經濟區 區域環境力排名

排名	經濟區	❶ 內需市場潛力	❷ 區位投資吸引力	❸ 基礎建設完備度	❹ 人力資本匹配度	❺ 區域國際化程度	❻ 區域治安良善度	區域環境力 加權評分	區域環境力 百分位
1	長三角經濟區	3.821	3.901	3.886	3.456	3.815	3.956	3.830	99.000
2	西三角經濟區	3.915	3.947	3.612	3.414	3.710	3.526	3.747	95.838
3	環渤海經濟區	3.412	3.517	3.598	3.145	3.123	3.448	3.411	83.013
4	海西經濟帶	3.214	3.333	3.414	3.521	3.428	3.408	3.349	80.660
5	中三角經濟帶	3.214	3.334	3.116	3.158	3.326	3.214	3.229	76.080
6	中 部 地 區	3.304	3.256	3.142	3.058	3.001	3.221	3.203	75.083
7	黃三角經濟帶	3.111	3.003	3.145	3.301	3.218	3.204	3.138	72.619
8	泛 北 部 灣	3.015	3.256	3.224	3.015	2.923	3.214	3.115	71.744
9	珠三角經濟區	2.845	2.612	3.604	2.912	3.086	3.313	3.013	67.856
10	東 北 地 區	2.716	2.896	3.001	2.912	2.946	3.411	2.942	65.123
11	西 部 地 區	2.498	2.531	2.604	2.445	2.513	2.687	2.545	50.000

資料來源：本研究整理

註：區域環境力＝［內需市場潛力 ×30%］＋［區位投資吸引力 ×20%］＋［基礎建設完備度 ×15%］＋［人力資本匹配度 ×15%］＋［區域國際化程度 ×10%］＋［區域治安良善度 ×15%］

表 19-3　2018 TEEMA 中國大陸 11 大經濟區區域整合度排名

排名	經濟區	❶ 產業群聚整合度	❷ 區域資源共享度	❸ 技術人才完備度	❹ 生活素質均衡度	❺ 供應鏈整合度	區域整合度 加權評分	區域整合度 百分位
1	長三角經濟區	4.132	3.956	3.933	3.845	3.752	3.939	99.000
2	西三角經濟區	3.904	3.624	3.557	3.333	3.504	3.616	88.083
3	環渤海經濟區	3.204	3.117	3.056	3.587	3.334	3.244	75.476
4	海西經濟帶	3.245	3.333	3.124	3.201	3.142	3.222	74.737
5	中三角經濟帶	3.334	3.204	3.157	3.015	3.056	3.172	73.041
6	珠三角經濟區	3.114	3.217	2.687	3.114	3.305	3.114	71.093
7	黃三角經濟帶	3.265	3.124	2.904	3.026	3.001	3.087	70.181
8	東北地區	2.954	3.056	2.945	3.015	2.861	2.969	66.182
9	中部地區	2.786	2.721	2.830	2.812	2.865	2.796	60.343
10	泛北部灣	3.015	2.653	2.715	2.837	2.724	2.795	60.294
11	西部地區	2.304	2.465	2.689	2.604	2.520	2.490	50.000

資料來源：本研究整理

註：區域整合度＝【產業群聚整合度×25%】＋【區域資源共享度×25%】＋【技術人才完備度×15%】＋【生活素質均衡度×15%】＋【供應鏈整合度×20%】

表 19-4　2018 TEEMA 中國大陸 11 大經濟區區域永續排名

排名	經濟區	❶ 自主創新能力	❷ 科技研發實力	❸ 產業可持續發展度	❹ 環境保護度	❺ 資源聚集能力	區域永續度 加權評分	區域永續度 百分位
1	長三角經濟區	4.012	3.925	3.456	3.558	3.854	3.760	99.000
2	西三角經濟區	3.805	3.856	3.604	3.568	3.782	3.722	97.286
3	環渤海經濟區	3.115	3.333	3.265	3.401	3.214	3.248	75.891
4	中三角經濟帶	3.215	3.157	3.333	3.011	3.005	3.163	72.071
5	海西經濟帶	3.026	3.345	3.145	3.144	3.151	3.146	71.309
6	東北地區	3.054	3.115	2.984	2.968	2.881	2.998	64.627
7	珠三角經濟區	2.832	3.004	2.985	3.056	2.986	2.960	62.927
8	黃三角經濟帶	2.986	2.856	2.771	2.869	3.056	2.909	60.615
9	中部地區	2.915	2.804	2.775	2.841	2.705	2.810	56.152
10	泛北部灣	2.714	2.804	2.736	2.765	2.805	2.759	53.834
11	西部地區	2.652	2.594	2.725	2.718	2.664	2.674	50.000

資料來源：本研究整理

註：區域永續度＝【自主創新能力×25%】＋【科技研發實力×15%】＋【產業可持續發展度×25%】＋【環境保護度×15%】＋【資源聚集能力×20%】

表 19-5　2018 TEEMA 中國大陸 11 大經濟區區域發展力排名

排名	經濟區	❶ 區域政策力			❷ 區域環境力			❸ 區域整合度			❹ 區域永續度			區域發展力					
		平均	加權	排名	平均	加權	排名	平均	加權	排名	平均	加權	排名	2018	2017	2016	2015	2014	2013
1	長三角經濟區	3.984	99.000	1	3.830	99.000	1	3.939	99.000	1	3.760	99.000	1	99.000	99.000	99.000	99.000	99.000	99.000
2	西三角經濟區	3.923	96.746	2	3.747	95.838	2	3.616	88.083	2	3.722	97.286	2	94.822	92.263	91.412	87.714	87.535	85.872
3	環渤海經濟區	3.694	88.227	3	3.411	83.013	3	3.244	75.476	3	3.248	75.891	3	82.262	80.279	78.501	79.909	81.444	80.638
4	海西經濟帶	3.407	77.610	4	3.349	80.660	4	3.222	74.737	4	3.146	71.309	5	77.005	75.452	75.001	74.934	74.703	71.703
5	中三角經濟帶	3.387	76.861	5	3.229	76.080	5	3.172	73.041	5	3.163	72.071	4	75.144	75.099	70.717	69.919	72.201	70.514
6	黃三角經濟帶	3.248	71.716	6	3.138	72.619	6	3.087	70.181	7	2.909	60.615	8	70.015	68.444	67.346	68.705	73.150	71.348
7	中部地區	3.243	71.516	7	3.203	75.083	7	2.796	60.343	9	2.810	56.152	9	68.047	66.958	61.619	61.379	63.085	61.513
8	珠三角經濟區	2.838	56.502	9	3.013	67.856	9	3.114	71.093	6	2.960	62.927	7	63.790	57.525	58.056	57.473	56.637	57.129
9	東北地區	2.868	57.614	8	2.942	65.123	8	2.969	66.182	8	2.998	64.627	6	62.632	62.774	58.900	59.668	60.374	60.207
10	泛北部灣	2.818	55.761	10	3.115	71.744	10	2.795	60.294	10	2.759	53.834	10	61.173	58.934	58.881	57.033	58.434	59.594
11	西部地區	2.662	50.000	11	2.545	50.000	11	2.490	50.000	11	2.674	50.000	11	50.000	50.249	50.000	50.000	50.417	50.097

資料來源：本研究整理

註：區域發展力＝【區域政策力 ×35%】＋【區域環境力 ×30%】＋【區域整合度 ×20%】＋【區域永續度 ×15%】

電電調查報告
新建言

第 20 章

2018 TEEMA 調查報告
結論發現

2018《TEEMA 調查報告》延續 2000-2017《TEEMA 調查報告》多年研究方法及研究架構，以城市競爭力、投資環境力之「兩力」及投資風險度、台商推薦度之「兩度」為研究構面，茲將 2018《TEEMA 調查報告》研究發現分述如下：

一、就「中國大陸台商樣本結構經營管理現況」分析

2018《TEEMA 調查報告》針對中國大陸台商樣本結構經營管理現況分析，歸納台商對中國大陸經營五大發現，茲分述如下：

發現一：台商增加對中國大陸布局意願下滑

根據 2018《TEEMA 調查報告》針對「企業未來布局規劃」可發現「擴大對大陸投資生產」比例從 2011 年 50.95％逐年下滑至 2018 年的 42.15％。隨著中國大陸經濟逐漸放緩，加之投資成本持續上漲，進而壓縮經營利潤，使得台商於中國大陸投資布局日益困難，諸多台商紛紛思索退出中國大陸市場。根據經濟部投資審議委員會（2018）表示：「受到中國大陸投資環境惡化的推力及新南向國家龐大發展紅利拉力的影響，使 2017 年台商赴中國大陸投資案件數與金額連續三年呈現負成長，而新南向國家投資金額於 2017 年提升 12.82％。」顯示中國大陸投資環境每況愈下，台商不斷縮減對中國大陸投資，並隨著政府新南向政策擴大對東南亞國家布局，由「中國唯一」轉向「中國加一」，藉由轉移重心以分散投資風險。此外，中華經濟研究院（2018）表示：「中國大陸環境已由要素驅動轉型為創新驅動，企業欲重新立足市場優勢，就必須於發展戰略上結合政府新規、分散投資風險以、打造資源整合平台。」綜上所述，隨著中國大陸快速發展投資環境發生轉變，台商不能固守過去競爭優勢，應重新尋找新利基。

發現二：台商與中國大陸企業合資意願上升

全球經貿環境快速變化，使中國大陸經濟亦受到衝擊，不僅在中國大陸的

台商經營空間受到壓縮，中國大陸本土企業亦面臨經濟放緩的困境。根據 2018
《TEEMA 調查報告》受訪企業「與陸資企業合資經營」2011-2018 年比例逐年
上升，由 2011 年為 5.37%提升至 2018 年為 14.06%，連續八年呈上升趨勢。根
據工商建設研究會理事長洪堯昆（2017）指出：「中國大陸經濟進入新常態，
台商轉型升級刻不容緩，近年來中國大陸政府力推『一帶一路』及『中國製造
2025』，台商可藉由與陸資企業強化合作的方式，共同追求龐大的商機。」而
台灣海基會前董事長江丙坤（2017）表示：「面對兩岸新形勢挑戰，希望台商
能抓住前所未有的新機遇、建立新台商的品牌，鼓勵兩岸新世代多交流，同時也
要勇於承擔新責任，為兩岸和平發展和中華民族的偉大復興盡一份心力。」顯示
在時局變化下，台商應拋棄過往競爭廝殺的「紅海策略」，以「競合思維」攜手
陸資企業建構合作平台，共同追求「一帶一路」等龐大商機。

發現三：台商希望回台上市融資意願下滑

面對全球經濟詭譎多變，台商常需要擴大資金以提升成長動能，根據 2018
《TEEMA 調查報告》受訪企業「希望回台上市融資」2010-2017 年比例逐年上
升，2010 年為 1.41%；2011 年為 2.54%；2012 年為 2.92%；2013 年為 4.08%；
2014 年為 6.29%；2015 年為 6.85%；2016 年為 6.97%；2017 年為 7.45%，連
續八年呈上升趨勢，然 2018 年卻下滑至 6.68%。2018 年 1 月，國台辦主任張志
軍指出：「將鼓勵台資企業到中國大陸上市，希冀未來可比照中國大陸企業在香
港或新加坡上市的 H 股及 S 股族群，以形成另類的台資企業類股，發揮群聚效
應，讓後續台商上市籌資更加便利」，而 2018 年鴻海 FII 迅速上市 A 股，恐將
引發台灣企業出走潮，進而淘空台灣資本市場，2018 年 3 月 19 日金管會表示：
「受到中國大陸綠色通道政策影響，台商取得 A 股掛牌的快速通道，2017 年台
股 IPO 家數創近 5 年新低。」綜上所知，面對台商回台融資意願下滑現象首次出
現，政府應當做初期警訊，加速完善台商回台上市融資之相關法規，才能有效降
低中國大陸對台商上市融資之吸引力。

發現四：台商希望回台投資意願下滑

根據 2018《TEEMA 調查報告》受訪企業「希望回台投資意願」由 2017 年
的 7.01%下滑至 2018 年的 6.42%，過去在台商其在外投資已久，近年來隨著台
灣面臨產業經濟型態轉型，政府亦積極欲吸引台商回台投資，2018 年 3 月 29 日，
行政院表示：「現今國際經貿局勢不穩定，為提供更加安全良好的投資環境，政
府會提供相關協助，協助供應鏈轉型，以期吸引更多台商回流投資。」海基會
（2018）指出：「為吸引台商回台投資，政府應從中國大陸事業退場機制建立、

環保與消防安檢支持，經貿政策留才與青年創業方面完善整體投資環境。」此外，台灣商業總會理事長賴正鎰（2018）表示：「台商並非不想回台投資，相對而言是沒有較好的投資標的，建議政府應該協助尋找與建立好的投資標的。」綜上可知，欲挽回台商回台投資意願，政府須建立較為完善的投資環境，以確保回台投資台商對台灣環境有較高的投資信心。

發現五：台商對未來中國大陸經營預期呈悲觀態勢

過往中國大陸在快速成長的同時，亦帶來許多問題，諸如產能過剩及環境惡化等，有鑑於此，中國大陸於十三五規劃中下調GDP目標值，試圖放緩經濟快速成長的節奏，以維持其國內穩定並長久的發展，而中國大陸經濟逐漸放緩亦壓縮台商經營成長空間。從2018《TEEMA調查報告》中，可知台商在「台商在中國大陸經營績效分布」調查中，台商認為在中國大陸事業淨利將呈現負成長部分（包含-1％至-50％以上之占比），自2013年比例為59.02％；2014年比例為60.1％；2015年比例為62.62％；2016年比例為66.06％；2017年比例為69.75％，2018年比例則為62.61％。根據中華徵信所（2017）指出：「在中國大陸的台商企業獲利逐年衰退，其原因包含中國大陸經濟轉型衝擊、製造成本上揚及兩岸政府溝通中斷等因素。」顯示台商在中國大陸經營面臨風險與困境，進而壓縮台商企業的獲利使經營績效呈現負成長的態勢。在面對中國大陸事業經營預期呈現悲觀下，如何有效銜接進入中國大陸市場並掌握新形態的優勢成為赴中國大陸台商須優先努力的重要課題。

二、就「兩力兩度」分析

2018《TEEMA調查報告》經兩力兩度模式與推薦等級排名變化歸納出十大結論，茲分述如下：

結論一：中國大陸城市投資環境力台商評價呈下降趨勢

根據2018《TEEMA調查報告》可知，2018年投資環境力平均值為3.151，連續多年呈下降態勢，然與2017《TEEMA調查報告》十大構面進行對比可得知，2018《TEEMA調查報告》除新增兩大投資環境力構面「人文環境」及「永續環境」外，在其餘投資環境力十大構面中，唯有「生態環境」及「網通環境」兩大構面呈上升趨勢，而「基建環境」、「社會環境」、「法制環境」、「經濟環境」及「內需環境」五大構面則呈下滑趨勢，其餘構面皆呈現持平狀態。其中，在所有細項指標中下降幅度最大前三名，依序為：（1）永續環境：當地政府獎勵企業進行綠色製程生產；（2）內需環境：政府採購過程對台資內資外資一視同仁；（3）

永續環境：當地政府執行對節能、檢排、降耗。近年來中國大陸加快工業綠色發展，發展完整綠色製造體系。2018 年 2 月 28 日，中國大陸國台辦宣布共 31 項惠台政策的《關於促進兩岸經濟文化交流合作的若干措施》中表示：「支持台商來中國大陸投資設立高端製造、智能製造、綠色製造等企業並設立區域總部和研發設計中心。」加上十九大後，中國大陸將推進綠色發展，建立綠色生產和消費的法制和政策，建立健全綠色低碳循環發展的體系。顯示中國大陸已開始由早年拚經濟，改為現今拚綠色發展。台商若要進一步投資中國大陸基礎建設之相關產業，可思索著重布局綠色化設施領域，應思考如何落實環境及大氣之綠色治理，突破現有嚴肅的經濟及經營問題。

結論二：中國大陸城市投資風險度台商評價呈上升趨勢

根據 2018《TEEMA 調查報告》投資風險度平均值為 2.603 分，已連續六年呈上升趨勢，而與 2017《TEEMA 調查報告》投資風險度六大構面進行對比可得知，其六大構面分數皆持續提高，顯示中國大陸整體投資風險依舊不斷攀升。而在所有投資風險細項指標中，上升幅度前三名依序為：（1）經營風險：環保要求日益嚴峻造成經營成本增加風險；（2）經濟風險：台商企業在當地發生經貿糾紛頻繁的風險；（3）法制風險：當地政府以不當方式要求台商回饋的風險。2018 年環境保護稅法於中國大陸開始實施，意味環境保護稅將開徵，中國大陸環保部（2017）宣示：「環安零容忍，將加重處罰對環境產生汙染之企業。」顯示中國大陸環保要求日益嚴峻，台商如以綠色標準與產業管理為動向，進而有可能衍生新的貿易障礙或增加企業經營成本。根據海峽交流基金會（2018）統計數據顯示：「海基會協助台商經貿糾紛案件平均每年約五、六百件，2009 年更高達 796 件，不過 2017 年已銳減至 292 件，2018 年一月至七月更是僅 140 件，估計 2018 年全年的數字恐將再創新低。」由此可知，受到兩岸政治緊張局勢影響，台商普遍認為官方行政協處「較無力」，因此不願透過兩岸投保協議下的行政平台求助，此為台商及政府須多加協調及面對的課題。

結論三：中國大陸城市台商推薦度台商評價呈上升趨勢

2018 年台商推薦度平均值為 3.088，相較 2013 至 2017 年有小幅上升態勢，2018《TEEMA 調查報告》十項衡量指標外，本年度新增「創新發展平台」、「轉型升級力度」兩項指標，而與 2017《TEEMA 調查報告》十大構面進行對比可得知，在原來台商推薦度十大構面中，除「內銷市場」構面有些微下降其餘九大構面皆呈現上升趨勢。其中，在所有構面中呈上升態勢的為「投資環境力」、「發展潛力」及「生活品質」，分別從原先的第九名、第三名及第四名上升至第八名、

第二名及第三名。建大工業董事長楊銀明（2018）表示：「過去中國大陸工廠多為外銷，如今重新調整，做外銷的工廠將遷移到越南、印尼，中國大陸廠則全力拚內銷。」此外，2018 年 1 月 4 日，根據《遠見雜誌》指出：「中國大陸正進行新一輪消費升級，隨著人均收入提升，追求更高品質產品，多數企業內銷中國大陸市場的產值能趕上外銷，跟不上新消費趨勢的台灣品牌將陸續被淘汰。」可知中國大陸已開始轉往內銷市場，台商應積極進行組織重整、轉型升級以應變中國大陸發展新趨勢。

結論四：受益於新經濟效應城市綜合實力排名上升

新經濟時代來臨，催生中國大陸新業態的蓬勃發展，隨著政策紅利相繼發布，疊加獨角獸回歸中國大陸市場的進程提速，新經濟正走向新時代中國經濟的舞臺中心。根據戴德梁行（2018）發布《中國新經濟：智能‧共享‧綠色》報告指出：「中國大陸經濟已進入了一個以技術為導向，以創新為動力的新時代，企業未來應具備智能、共享、綠色三要素」，且科技不斷創新演進，讓獨角獸企業蓬勃發展，未來大數據、雲計算、物聯網、人工智慧、區塊鏈等新技術將成為中國經濟高質量發展的重要推動引擎。2018《TEEMA 調查報告》可發現，受益於新經濟發展，以獨角獸企業聚集重鎮的北京市區、上海市區、深圳市區與著力發展大數據產業的貴陽、成都、南京市區等城市綜合實力均有所提升。

結論五：受益於創新驅動效應城市綜合實力排名上升

中國大陸國務院總理李克強於《2015 年政府工作報告》提出「大眾創業、萬眾創新」概念，鼓勵創客與企業勇於創業、創新，加之「中國製造 2025」明確指出 2025 年達成從「製造大國」變身為「製造強國」的目標，預示著中國大陸創新驅動時代來臨。近年來，深圳創新實力有目共睹，根據經濟學人（The Economist）（2017）指出：「深圳是全球 4,300 個經濟特區中最突出的成功典範，從山寨走到創客模式，以引以為傲的創新驅動發展，創造深圳奇蹟。」而東莞市則跟隨中國大陸推動「中國製造 2025」戰略相繼提出多項企業轉型政策，試圖幫助企業轉型智能製造，以降低企業生產成本並提升企業產品價值，顯示深圳市區、深圳龍崗、深圳寶安、東莞松山湖、東莞市區等城市充分發揮創新引領和驅動作用，有效地支撐中國大陸經濟結構調整與產業的轉型升級，成為創新創業者的重要陣地，城市綜合實力大幅提升。

結論六：受益於國家級雄安新區效應城市綜合實力排名上升

2018 年 4 月 20 日，中國大陸國務院批覆同意《河北雄安新區規劃綱要》，致力打造全球數位領先城市，積極朝高端、高新產業布局，著力發展高端製造、

節能環保、生物科技、數字金融等產業，預計至 2035 年，雄安新區將建成綠色低碳、資訊智慧、宜居宜業的現代化城市。根據瑞銀證券（2017）發布《關於雄安新區—京津冀協同發展的突破口》研究報告指出：「雄安新區處於河北省腹地，與北京、天津形成 120 公里的金三角，且擁有白洋澱的天然水系等資源，未來推動京津冀協同發展具區位與資源優勢」；北京台協副會長林旺龍（2018）亦指出：「雄安新區可塑性高，未來在商業、醫療、學校等非首都功能轉移方面都極具發展潛力」，隨著雄安新區崛起，使得保定、石家莊城市綜合實力提升，台商可以思索朝智慧城市、高科技產業、電子商務新型態、智慧物流領域進行合作。

結論七：受益於環杭州大灣區效應城市綜合實力排名上升

中國大陸主席習近平最早於 2003 年在浙江主政時就提出《浙江省環杭州灣產業發展規劃》，將杭州市區、寧波、紹興、嘉興等城市進行合作發展，當時已經建立基本發展雛形。浙江省委書記車俊（2017）提出：「應儘快建設杭州大灣區，將杭州大灣區作為浙江省的發展戰略。」2018 年省兩會上，省長袁家軍畫出杭州大灣區藍圖並提出：「到 2035 年，要把杭州灣大灣區建設成為世界級的大灣區。」此外，2018 年 3 月 5 日，浙江省武義縣青坑村村主任俞學文表示：「長三角在中國大陸經濟發展重心中占有舉足輕重的作用，借助杭州大灣區，將浙江乃至長三角原有優勢的商貿、物流、金融、製造全面推進到大數據和人工智能時代，讓杭州大灣區成為全球新零售商貿中心、智慧物流中心、科技金融中心及智能製造中心，發揮杭州大灣區的經濟優勢，帶動周邊經濟和產業升級。」隨著杭州大灣區的崛起，憑藉先天優勢及各大高科技企業聚集效應，杭州大灣區完全具備成為以數位經濟為代表的世界第四大灣區潛質，台商可積極布局新商機。

結論八：受益於粵港澳大灣區效應城市綜合實力排名上升

2017 年 3 月，中國大陸提出粵港澳大灣區新的國家戰略，目標是到 2020 年，經濟總量與東京灣區旗鼓相當；到 2030 年成為世界 GDP 總量第一的灣區，成為全球先進製造業中心、重要創新中心、國際金融航運和貿易中心等。根據普華永道（PwC）（2017）發布《粵港澳大灣區發展建設新機遇》指出：「廣東省加上香港、澳門三地 GDP 總計約為 10.49 兆元人民幣，相當於中國大陸經濟總量的14%，媲美世界第十大經濟體加拿大」；德勤管理諮詢公司（Deloitte）（2018）亦指出：「粵港澳大灣區極有可能成為下一個世界級頂級灣區」，粵港澳大灣區的經濟規模背後是豐富的人才資源和雄厚的物質基礎、發達的交通網絡，這為大灣區建設提供良好發展契機。從 2018《TEEMA 調查報告》可發現處於粵港澳大

灣區的深圳市區、東莞市區、中山、珠海、惠州、佛山城市綜合實力明顯提升，這些城市迄今仍是台商在聚集規模的重鎮，台商應積極搭乘粵港澳大灣區的順風車，掌握未來發展新商機與新趨勢，共同布局發展。

結論九：受益於城市再造效應城市綜合實力排名上升

從 2018《TEEMA 調查報告》可發現，深圳市區、貴陽、紹興均藉由城市再造提升城市綜合實力。2018 年 5 月 12 日，中國建設銀行科技金融創新中心發布《2017 珠三角企業創新報告》指出：「製造業發達的珠三角，創新驅動發展正成為引領高質量發展的強大支撐力。」近年來深圳持續朝科技創新轉型，強大的研發能力、創新技術、創客經濟，使其被稱為亞洲矽谷，由「代工生產」轉向「隱形冠軍」；由「深圳製造」轉向「深圳智造」；由「世界工廠」轉型「創客之都」。貴陽則因水電供應充足、經營成本便宜及地質結構穩定等發展優勢，具備建設數據中心的絕佳條件，成為中國大陸第一個大數據綜合試驗區，企圖打造成為中國數谷，吸引穀歌、微軟、英特爾、IBM、惠普等世界 500 強企業紛紛落戶，阿里巴巴、騰訊等互聯網企業亦選擇於貴陽生根，由過去能源大省轉型數位之都。而紹興於杭州灣大灣區定位先進製造基地，亦發布《紹興市傳統產業改造提升試點實施方案》與《紹興市培育發展新興產業三年行動計畫》，除推動傳統產業轉型升級，更積極發展高端裝備、新材料、現代醫藥、電子資訊等新興產業。

結論十：受益於產業移轉效應城市綜合實力排名上升

隨著中國大陸結構調整、產業轉型步伐加快，沿海產業移轉促使中部核心二線城市的崛起，逐漸形成以新興製造為核心的產業鏈，諸如：合肥的中科系；武漢的光谷系；鄭州的富士康系等。2018《TEEMA 調查報告》發現合肥、蕪湖、武漢武昌因承接沿海產業轉移，使得城市綜合實力上升，近年來長三角產業西進與珠三角產業內移趨勢明顯，合肥喊出「工業立市」口號，不斷深化科技體制改革，目前已形成新型顯示、新能源汽車、積體電路、生物醫藥、文化創意六大產業群聚，2017 年產值平均成長近 20%，具有一批創新能力的企業。蕪湖為皖江城市帶承接產業轉移示範區，近年來致力發展機器人基地，朝工業智慧化生產轉型，創新實力逐漸提升，根據中國社科院（2018）發布《經濟發展最成功 40 大城市》，合肥和蕪湖榜上有名，未來成長潛力無限。而武漢則因處於中部樞紐中心、人才資源豐沛、國家政策扶持、科研創新力度大等因素快速崛起，根據普華永道（2018）發布《機遇之城 2018》報告指出：「武漢、南京、成都等城市崛起成為中國城市化發展新動力，其中武漢憑藉著智力資本與創新、技術成熟度、經濟影響力優異表現排名第六位。」

2018 TEEMA 調查報告建議建言

2018《TEEMA 調查報告》經由 112 個城市之「城市競爭力」、「投資環境力」、「投資風險度」、「台商推薦度」、「城市綜合實力」以及「推薦等級」等六項分析排行，特針對台商企業、台灣政府及中國大陸政府提出建議與建言。

一、2018《TEEMA 調查報告》對台商企業建議

依據 2018《TEEMA 調查報告》總體分析與台商意見之彙總，針對台商企業提出六大建議，茲分述如後：

建議一：掌握中國大陸經濟從「高速增長」向「高質量發展」轉型新商機

隨著中國大陸於 2015 年推動「供給側改革」，除積極解決過去「重量不重質」形成的「無效供給」和衍伸的經濟問題外，亦致力改善全要素投入生產效能、積極建設實體經濟和鼓勵科技創新，從而提高「有效供給」，而中國大陸國務院發展研究中心副主任隆國強（2018）指出：「中國大陸的『高質量發展』即是要從『要素投入』轉變為『效能提升』，並將帶動『技術產業革命迸發』、『消費結構升級』、『綠色經濟發展』、『對外開放新格局』和『深化高品質改革』五項機遇。」突顯出隨著中國大陸政策轉向，將為各方企業帶來經濟轉型的商機，而中國大陸南開大學台灣經濟研究所教授朱磊（2018）亦認為：「若台商企業能掌握『中國製造 2025』契機，將能搭上中國大陸邁入已開發經濟體前的最後一波成長動能。」因此，建請台商企業把握機遇，結合惠台政策、調整高效供應鏈網絡和彈性的經營模式，在中國大陸政策和經濟結構調整之際，積極搶占因經濟轉型而衍生的中國大陸新內需市場，以及其所需的技術和應用領域。

建議二：掌握中國大陸產業結構從「中國製造」向「中國智造」轉升新商機

隨著工業自動化、雲端計算、大數據、人工智慧等技術快速發展，以及諸多生產要素成本節節攀升，中國大陸致力推動產業從「中國製造」轉為「中國智

造」，以期降低成產成本、提高生產效率、增加產品生產穩定性，達成工業製造業升級。面對中國大陸企響應「中國智造」積極投資、研發，建大工業董事長楊銀明（2018）表示：「因應『工業4.0』和『中國智造』的趨勢，以及中國大陸投資環境改變，台商企業應捨得投資，推動產業升級，同時關注市場的變化。」顯示台商企業「中國智造」的趨勢下，應增加投資的以面對漸趨激烈的市場競爭，而前經濟部長陳瑞隆（2018）亦表示：「兩岸製造業合作模式，應從過去單純的『代工生　』向互利雙贏的高附加值『新興　業』轉型，以務實的做法融合共漸供應鏈、產業鏈、服務鏈，加強雙方研發創新、標準制定和品牌的合作。」凸顯出隨著「中國智造」快速發展，搶進布局的企業數量迅速增加，台商企業除積極自主發展外，亦抱持開放競合的態度建構策略聯盟，透過截長補短、互補互惠，加速開發高附加價值的新興產業。此外，部分產業尚未建構產業標準和規範，因此，建請台商企業趁此機會積極布局，除深化技術研發和產品應用兩端，亦有機會爭取參與產業標準和規範制定成員之一。

建議三：掌握中國大陸發展路徑從「製造中國」向「數字中國」轉變新商機

隨著多元化的聯網裝置價格持續下降，數位技術的發展和滲透，中國大陸過去因空間限制而無法有效開發的廣袤市場，迅速的借由網際網路串聯而火速成長，諸多以網路為基礎的交易平台、內容商品和程式應用市場亦應運而生，根據中國信息研究院於2017年發布《中國數字經濟發展白皮書2017》指出：「2016年中國大陸廣義的數位經濟規模超過22.6兆人民幣，占整體GDP30%，年成長率達19%，預計到2020年將成長到GDP35%。」顯示中國大陸已然進入數位經濟時代，且中國大陸國家互聯網資訊辦公司副主任楊小偉（2018）指出：「『數位中國』將朝『加快資訊領域核心技術突破』、『加快資訊基礎設施優化升級』、『推進數位經濟發展』、『著力解決資訊資源分享開放難題』、『資訊化發展造福人民』、『強化基礎提升網路安全保障能力和『完善資訊化發展環境和深化開放格局』七大方向建設。」突顯出中國大陸將不僅止步於民間經濟、數位應用和改善生活型態，亦持續投入資訊領域基礎通用技術的發展。因此，建請台商企業相應調整布局，參與數位生態建設，結合數位應用和服務，積極切入供應鏈和應用端產品，以順勢搶占市場。

建議四：掌握中國大陸區域布局從「東部沿海」向「西部內陸」轉移新商機

中國大陸政府為改善東西部區域經濟發展不均，以及產業結構調整，其積極鼓勵企業向西部內陸轉移，中國大陸國家主席習近平（2017）於「中國共產黨第十九次全國代表大會」指出：「將加強推動革命老區、民族地區、邊疆地區、

貧困地區發展，積極推動西部大開發新格局。」一語道出中國大陸政府推動「西部大開發」的決心。此外，中國大陸商務部台港澳司司長孫彤（2017）亦表示：「『一帶一路』政策不僅牽動沿線國家和地區共同發展的契機，也將為兩岸企業帶來商機。台商可憑藉技術優勢和市場洞察力搶占商機外，更可結合『惠台政策』和『西部大開發』政策，在中國大陸中西部地區形成新的產業聚落。」突顯出中國大陸除持續改善中西部地區投資環境外，更連結其對外發展政策，為企業投資奠定良好的經營基礎和發展空間。相對於中國大陸東部沿海地區節節攀升的要素成本，建請台商企業可考慮西進布局中國大陸中西部，透過當地政策輔導、產業合作區、產業聚落、交通和成本優勢，創造互利共贏的新態勢。

建議五：掌握中國大陸增長模式從「鐵公機」向「核高基」轉進新商機

自 2006 年起，中國大陸國務院將「核心電子器件、高端通用晶片及基礎軟件產品」列為《國家中長期科學和技術發展規劃綱要（2006-2020 年）》首要的科技重大專項，期望藉由技術和資本密集的投入，發展出自身獨有創新的技術，以降低對於外在技術的依賴性和侷限性，中國大陸工信部電子信息司司長刁石京(2017) 指出：「『核高基』專項將繼續圍繞『滿足國家戰略需求』和『支撐產業發展』兩條主線，把握雲端計算、大數據、『互聯網＋』引發的發展機遇，並與相關政策緊密銜接，促進整體產業鏈創新發展。」顯示中國大陸已在部分領域取得長足進步，逐步串聯起產業界的應用鏈和生態系統，並滲透到民用領域，間接帶動相關產業規模和競爭力的成長，台商企業應積極切入搶占。然而，「核高基」相關核心產業常屬於「墊腳尖」的競爭狀態，投入資本高昂、獲利能力具高度不確定性，且 2018 年 4 月 16 日的「中興事件」突顯出中國大陸仍缺乏「核高基」核心技術，以及突顯出「核高基」產業的敏感性。因此，考量到地緣政治、和全球貿易局勢不明，以及知識和技術的外溢性，台商企業可考量切入「核高基中較不敏感的應用端項目，以期在追求成長的同時，降低企業的經營風險。

建議六：掌握中國大陸增長動力從「引進來」向「走出去」轉念新商機

隨著全球貿易形勢重塑、貿易保護主義湧現、台灣加入區域貿易進程延滯，以及全球分工體系呈現裂解、重整態勢，台商企業在全球市場面臨嚴峻考驗。於此同時，中國大陸亦面臨經濟轉型、產能過剩等壓力，其政府除推動「一帶一路」政策積極輸出基礎建設項目、改善國際貿易環境外，亦以「走出去」戰略鼓勵民間企業向外拓展國際市場，擴大中國大陸企業的市場版圖和國際影響力。誠如政治大學特聘教授莊奕琦（2017）表示：「兩岸若能互補合作，搭配『一帶一路』發展契機與路徑，台灣企業將可獲得更大效益。」建請台商企業掌握「走出去」

戰略的商機，與具備互補性的中國大陸企業策略結盟，結合互相核心優勢、產能、資本和多元的管理經驗，合作布局國際市場，除有助於台商企業觸及更多元的陌生市場、提高參與國際性投資的機會，亦可在中國大陸企業重要性漸增的今日，即時掌握中國大陸的產業規格、規範和認證機制，維持企業對中國大陸相關供應鏈的互補性，降低台商企業的經營風險。

二、2018《TEEMA 調查報告》對台灣政府之建言

依據 2018《TEEMA 調查報告》總體分析與台商意見之彙總，針對台灣政府提四項建言，茲分述如下：

建言一：建請政府完善「人力資本」機制解決人才外流困境

在全球化的浪潮下，各國政府積極爭取可跨國流動的優秀人才，而台灣卻因為薪資僵固、勞資關係不對等、生活教育環境下滑、產業經濟前景混沌等各項因素，面臨人才嚴重流失的現象。根據洛桑管理學院（IMD）（2017）發布《2017年 IMD 世界人才報告》（IMD World Talent Report 2017）指出：「台灣於 63 個國家及地區中排行第 23 名，然在『人才外流』排名第 47 名、『吸引外籍人才』排名第 44 名，明顯較為低落。」而根據國家政策研究基金會（2018）發布〈從供需面看台灣人才外流問題〉一文提到：「台灣人才流失的主因有中國大陸磁吸效應、教育和市場脫節、產業大量外移、國內投資不振、外籍專業人才招聘困難及低階外勞排擠國人就業機會等。」綜上可知，在總體環境不佳情形下，台灣面臨嚴重的人才外流問題，而西班牙智庫 FocusEconomics 台灣經濟學家 Thomas（2018）認為：「雖然台灣仍有不錯的購買力，惟以出口導向為主的台灣產業，正面臨國際的高度替代性競爭，經營者只好設法削減包含薪資在內的各項成本，致使台灣實質薪資成長處於『亞洲四小龍』之末。」一語道出隨著台灣產業轉型升級遲滯，以及替代性競爭加劇的態勢下，經營者為降低成本以提高競爭優勢，卻犧牲對人力資源的投資力度。因此，建請政府完善人力資本機制，改善人才外流和專業性國際人才招募困境，確保台灣的產業競爭力。

建言二：建請政府完善「創新資本」機制解決技術外溢困境

隨著全球產業競爭激烈、資訊科技日新月異，企業無不積極爭取獲得領先技術以搶占優勢，然而，隨著上企業全球化布局，以及供應鏈分工合作緊密，致使企業對於技術外溢的管控愈漸困難。自 2015 年起，台灣即有超過十件因違反營業秘密法而被起訴的案件，受害廠商不乏有聯發科、聯穎、台積電、美光、南亞科、華亞科、群創和聯詠等知名台灣科技大廠，突顯出台灣高科技產業核心技

術正面臨外流風險，不但影響企業獲利能力和智慧財產權外，亦嚴重弱化企業對於後進者設下的進入障礙，以及壓縮企業領先優勢的時間，更嚴重降低企業投入新技術研發的能力和意願，交通大學科技法律學院特聘教授林志潔（2018）表示：「台灣近年頻遭中國大陸竊取營業秘密，若不在法制面跟上腳步，恐怕難享受外商在台灣投資研發的利益。」面對此一現象，台灣政府 2018 年 5 月重新提出《敏感科技保護法》，希冀保護台灣敏感科技。然而，誠如偉詮電子董事長林錫銘（2018）提及：「敏感科技保護法可能達不成有效管制，更可能產生反效果，促使產業政策喪失法理根據，只要認定非敏感科技皆可能開放。」顯示出部分台灣企業對政府「舊案重提」的成效和影響仍抱持懷疑。建請政府完善創新資本機制，認真思考台灣企業需求，提出適宜的法案以解決技術外溢之困境。

建言三：建請政府完善「社會資本」機制解決政策模糊困境

根據歐洲在台商務協會（ECCT）（2017）表示：「由於台灣政府欠缺持續與延續性的政策推動，不但影響政府信譽，更降低台灣對於國際投資的吸引力。」突顯出政府近年政策推動的反覆不定和不一致性，已對企業的經營造成困擾，此外，國家政策研究基金會研究員陳金隆（2018）指出：「隨著政府對於『廢核』引發的電力供應問題、『一例一休』政策的決策反覆等因素，造成企業投資意願下滑。」而台綜院院長吳再益（2018）指出：「依『非核家園』政策之訂程，目前相關的配套措施興建速度堪憂。」此外，台灣勞工陣線秘書長孫友聯（2018）亦宣稱：「『一例一休』政策反覆不定，不但最終版本與初衷有所落差，亦無法於各行各業全面執行。」彰顯出因政府部分政策缺少全面、長期的思維，造成整體社會動盪，亦提高企業經營的不確定性。綜上可知，政府在推出政策前，未有縝密的規劃與全盤的考量，亦缺乏與民間團體溝通，致使政策與民意產生落差，並出現前後不一致的情形。因此建請政府完善社會資本，藉由與各方廣泛雙向溝通，提出全面性和階段性的規劃，解決政府當前政策模糊之困境。

建言四：建請政府完善「文化資本」機制解決共識困境

台灣由於過去被許多不同政權殖民，一直存在著國族認同之問題，即為對於國家的認同度及民族凝聚力。根據台灣競爭力論壇（2017）發布《2017 台灣民眾國族認同下半年調查》指出：「當前台灣有高達 68.1％之民眾認為中國大陸已超越台灣，同時 86.5％之民眾認定自身為中華民族一分子。」顯示在中國大陸不斷崛起情形下，台灣民眾正逐漸轉變其文化認同的方向。根據總統蔡英文（2017）就任中華文化總會會長表示：「在不斷增進與加廣台灣之文化實力、增強台灣文化與國際之交流的同時，也應持續推展兩岸之文化合作與交流。」此

外，2017 年 12 月 20 日，第三屆中華文化論壇於北京大學舉辦，中國大陸國台辦主任劉結一強調：「在邁進新時代下，兩岸之文化交流應具備新特色、新進展、新起點。一為應共同創新、共同發揚中華文化；二為共建共贏、一起開展兩岸文創產業之結合。」綜上可知，儘管台灣充斥者許多不同的文化認同，「中華文化」仍為台灣重要的文化根基，在中國大陸正在努力推廣及宣傳文創相關產業之情形下，提供台灣布局商機。建請政府應完善文化資本機制，改善台灣民眾文化認同之問題，讓文化創意回歸於歷史底蘊、以人為本的初衷。

三、2018《TEEMA 調查報告》對中國大陸政府之建言

依據 2018《TEEMA 調查報告》總體分析與台商意見之彙總，針對台灣政府提五項建言，茲分述如下：

建言一：建請中國大陸政府攜手台商參與「核高基」大戰略

「核高基」即是指核心電子器件、高端通用芯片及基礎軟件產品，長期以來，中國大陸「核高基」產品依賴進口，導致核心技術受制於人，信息安全面臨隱憂。有鑑於此，中國大陸政府早於 2008 年啟動「核高基」戰略，截至 2017 年，共有近 500 家單位參與此計畫，累計投入 50,000 萬名研發人員，申請專利 8,900 餘項，發布標準 700 餘項，新增產值逾 1,300 億人民幣，中國大陸國務院（2018）於「核高基重大專項」成果總結會指出：「核高基關鍵技術已取得重大突破，核心電子器件與國外差距已由 15 年以上縮短到五年，更使電子信息產業不再『缺芯少魂』」，然工業和信息化部電子信息司司長刁石京（2017）指出：「半導體行業投入大、週期長、產出少、失敗風險極大，且中國大陸企業多數想著超英趕美，想在短時間實現彎道超車，但 IT 基礎研究遵循是客觀科學規律，需要時間、資源及更寬容、允許失敗的環境。」而台灣在核高基領域發展居於領先優勢，中國大陸政府若能夠攜手台商參與「核高基」戰略，進行資源共享、優勢互補、技術培育，共同學習發展核高基領域，朝科技強國目標邁進指日可待。

建言二：建請中國大陸政府攜手台商布局「數字中國」計畫

中國大陸自 2015 年 12 月 16 日在第二屆世界互聯網大會開幕式上強調實施「互聯網＋行動計劃」以推進「數字中國」建設。此外，中國大陸將加強應用基礎研究，為建設科技強國、質量強國、航天強國、網絡強國、交通強國、數字中國、智慧社會提供有力支撐。綜上可看出「數字中國」建設把舵定向，不僅標定了前進路徑，更擘畫清晰未來。當前，全球信息化浪潮洶湧而至，世界各國都把推進經濟數字化作為實現創新發展的重要動能。在複雜多變的時代中，中國大

陸政府準確把握時代大勢，實施網絡強國、加快建設「數字中國」當成舉國發展的重大戰略，意義重大。然台灣在數位化之發展亦不落人後，瑞士洛桑管理學院（IMD）於 2018 年 5 月 23 日發布《2018 世界數位競爭力調查評比》指出：「全球 63 個主要經濟體中，台灣排名第 16 名，表現優於日本及中國大陸。」故此，建請中國大陸政府與台灣政府共同學習，攜手共建更為優良及完善的數位化環境。

建言三：建請中國大陸政府積極落實「惠台政策」相關細則

2018 年 2 月 28 日，中國大陸國務院台灣事務辦公室公布《關於促進兩岸經濟文化交流合作的若干措施》，共 31 項惠台政策，將大幅放寬台灣企業在中國大陸各種投資經營和工作的限制，提供台商「準國民待遇」。「31 項惠台政策」是中國大陸領導人習近平於 2017 年 10 月中共十九大政治報告中，「逐步為台灣同胞在大陸學習、創業、就業、生活，提供與大陸同胞同等待遇」之宣示，意在改變台灣民意，也是未來兩岸關係中，比軍事威脅更有效、台灣政府更應該思考如何因應的中共對台策略。中國大陸政府切實回應廣大台胞台企的訴求和期盼，秉持「兩岸一家親」的理念，率先同台灣同胞分享大陸發展的機遇，加快提供同等待遇，為台胞台企辦實事、辦好事的誠意。台灣民眾與企業對於國台辦所祭出的「惠台 31 條政策」釋出善意，不少企業以及剛畢業的年輕人選擇赴陸追求成功機會，故建請中國大陸政府積極落實「31 項惠台政策」，共建兩岸和諧發展。

建言四：建請中國大陸政府於「中美貿易爭端」保護台商利益

2018 年 4 月 4 日，美國貿易代表署（USTR）公告長達 45 頁的「301 制裁」清單，預計對約 1,300 多項中國大陸製造之產品課徵 25％的關稅，受影響產業涵蓋藥品、醫療器材、鋼鐵、鋁材、機械、重電、電視機、儀器、運輸工具及船舶，價值約 500 億美元的產品。對此，中國大陸也進一步提出報復措施，中國大陸國務院關稅稅則委員會決定，對原產於美國的大豆、飛機、汽車、化工品等 14 類 106 項商品加徵 25％的關稅。由於兩岸產業分工，台灣電子與零組件在大陸生產製造比重很高，外界關注美中貿易戰中，台廠在中國大陸製造產品會受到美國提高關稅報復波及，而此次美國所公布的 301 清單中，積體電路、筆記型電腦與手機等重要產品並未列入報復項目，但若中美貿易戰持續發燒，未來恐將衝擊台灣企業於中國大陸之投資產業。故此，建請中國大陸政府在與美國發生「中美貿易爭端」時，能保護台商在中國大陸之利益，以落實「兩岸一家親」的理念，共同捍衛兩岸經貿和諧。

建言五：建請中國大陸政府階段性執行「限汙令」相關政策

中國大陸近兩年開始針對環保出台許多相關政策，其中限汙令更是影響許多台商，若空氣品質不好時，中國大陸政府就會要求工廠停工，加之中國大陸四月開始首次徵收環保稅，估計全國將有 26 萬家企業要繳納環保稅，此前各地方政府已鋪天蓋地整治各種汙染，以達到環保要求，亦讓企業成本增加，讓不少傳統企業因此退出經營，其中對台商影響更是甚深。此外，2018 年初中國大陸進日進行環保稽察，在江蘇省昆山市、廣東省珠海市等台商聚集區域紛紛祭出限產令，常以不符空汙、汙水排放等標準強制工廠停工，諸多跨國企業及台商均受影響，東莞台商家具龍頭「台升家具」亦宣布停產，並且將旗下 500 名員工全數資遣。另一方面，中國大陸掀起的「限汙」風暴，以撼動昆山、珠海、天津等地的台商產業鏈，讓許多台商叫苦連天，僅京津冀地區關停的企業就高達 17.6 萬間企業，對此經濟部長沈榮津（2018）表示：「若台商因為中國大陸當地法規限制而被迫離開，將協助廠商回台。」故而建請中國大陸政府在執行限汙令之際，應考量台商在中國大陸企業經營難度，以階段性執行以緩解企業經營之困境。

第 22 章

2018 TEEMA 調查報告 參考文獻

一、中文研究報告

1. 中國大陸社科院（2017），中國經濟增長新源泉：人力資本、創新和技術變遷。

2. 中國社會科學院（2017），2018 年經濟藍皮書。

3. 中國社會科學院（2017），中國大陸人口與勞動綠皮書。

4. 中國科技部（2018），2017 中國獨角獸企業發展報告。

5. 中國科學院科技戰略諮詢研究院（2017），2017 研究前沿熱度指數。

6. 中國旅遊研究院（2018），2017 年中國出境旅遊大數據報告。

7. 中國能源經濟研究院（2018），中國生態環境報告。

8. 中國資訊通信研究院（2018），2017 年中國人工智慧產業資料報告。

9. 中國電子學會（2017），2017 中國大陸機器人產業發展報告。

10. 中華經濟研究院（2017），全球經濟情勢回顧與展望。

11. 中華徵信所（2015），台灣地區中型集團企業研究。

12. 北京大學文化產業研究院（2014），2014 中國文化產業年度發展報告。

13. 台北市進出口商業同業公會（2013），2013 全球重要暨新興市場貿易環境及風險調查報告。

14. 台北市進出口商業同業公會（2014），2014 全球重要暨新興市場貿易環境及風險調查報告。

15. 台北市進出口商業同業公會（2015），2015 全球重要暨新興市場貿易環境及風險調查報告。

16. 台北市進出口商業同業公會（2016），2016 全球重要暨新興市場貿易環境及風險調查報告。

17. 台北市進出口商業同業公會（2017），2017 全球重要暨新興市場貿易環境及風險調查報告。

18. 台北市進出口商業同業公會（2018），2018 全球重要暨新興市場貿易環境

及風險調查報告。

19. 台北市歐洲商務協會（2017），**2018 年度建議書。**

20. 台北美國商會（2017），**2017 年台灣白皮書。**

21. 台灣區電機電子工業同業公會（2003），**當商機遇上風險：2003 年中國大陸地區投資環境與風險調查，**商周編輯顧問股份有限公司。

22. 台灣區電機電子工業同業公會（2004），**兩力兩度見商機：2004 年中國大陸地區投資環境與風險調查，商周編輯顧問股份有限公司。**

23. 台灣區電機電子工業同業公會（2005），**內銷內貿領商機：2005 年中國大陸地區投資環境與風險調查，**商周編輯顧問股份有限公司。

24. 台灣區電機電子工業同業公會（2006），**自主創新興商機：2006 年中國大陸地區投資環境與風險調查，**商周編輯顧問股份有限公司。

25. 台灣區電機電子工業同業公會（2007），**自創品牌贏商機：2007 年中國大陸地區投資環境與風險調查，**商周編輯顧問股份有限公司。

26. 台灣區電機電子工業同業公會（2008），**蛻變升級謀商機：2008 年中國大陸地區投資環境與風險調查，**商周編輯顧問股份有限公司。

27. 台灣區電機電子工業同業公會（2009），**兩岸合贏創商機：2009 年中國大陸地區投資環境與風險調查，**商周編輯顧問股份有限公司。

28. 台灣區電機電子工業同業公會（2009），**東協布局新契機：2009 東南亞暨印度投資環境與風險調查。**

29. 台灣區電機電子工業同業公會（2010），**新興產業覓商機：2010 中國大陸地區投資環境與風險調查，**商業周刊出版社。

30. 台灣區電機電子工業同業公會（2011），**十二五規劃逐商機：2011 中國大陸地區投資環境與風險調查，**商業周刊出版社。

31. 台灣區電機電子工業同業公會（2011），**東協印度覓新機：2009 東南亞暨印度投資環境與風險調查。**

32. 台灣區電機電子工業同業公會（2012），**第二曲線繪商機：2012 中國大陸地區投資環境與風險調查，**商業周刊出版社。

33. 台灣區電機電子工業同業公會（2013），**大陸改革拓商機：2013 中國大陸地區投資環境與風險調查，商業周刊出版社。**

34. 台灣區電機電子工業同業公會（2014），**習李改革擘商機：2014 中國大陸地區投資環境與風險調查，商業周刊出版社。**

35. 台灣區電機電子工業同業公會（2015），**兩岸平台展商機：2015 中國大陸地區投資環境與風險調查，商業周刊出版社。**

36. 台灣區電機電子工業同業公會（2016），**十三五規劃躍商機：2016 中國大陸地區投資環境與風險調查，商業周刊出版社。**

37. 台灣區電機電子工業同業公會（2017），**國際變局啟商機：2017 中國大陸**

　　地區投資環境與風險調查，商業周刊出版社。

38. 安永（2018），**邁向高質量發展的智慧製造。**

39. 阿里研究院（2017），**解讀中國大陸互聯網特色。**

40. 胡潤研究院（2017），**2017 胡潤大中華區獨角獸指數。**

41. 麥肯錫（2017），**中國數位經濟如何引領全球新趨勢。**

42. 麥肯錫全球研究院（2017），**中國數字經濟如何引領全球新趨勢。**

43. 智研諮詢（2017），**2017 年中國環保行業現狀及未來發展趨勢分析。**

44. 戴德梁行（2018），**中國新經濟：智能 · 共享 · 綠色。**

二、中文書籍

1. 王輝耀、苗綠（2017），**人才戰爭 2.0**，東方出版社。

2. 吳敬璉（2016），**供給側改革：經濟轉型重塑中國布局**，中國文史出版社。

3. 吳敬璉、林毅夫（2016），**讀懂十三五**，中信出版社。

4. 時代編輯部（2013），**習近平改革的挑戰：我們能期待更好的中國？**，上奇時代。

5. 馬化騰（2013），**互聯網＋：中國經濟成長新引擎**，天下文化。

6. 商業周刊（2016），**未來七國關鍵報告。**

7. 陳威如、余卓軒（2013），**平台革命：席捲全球社交、購物、遊戲、媒體的商業模式創新**，商周出版。

8. 馮並（2015），**一帶一路：全球發展的中國邏輯**，高寶。

三、中文期刊、報章雜誌

1. 《今週刊》（2016），**兩岸三地 1000 大企業關鍵報告。**

2. 《天下雜誌》（2015），**一帶一路，商機與威脅**，第 571 期，4 月號。

3. 《天下雜誌》（2015），**習近平經濟學來了**，第 573 期，5 月號。

4. 《天下雜誌》（2016），**互聯網 + 顛覆世界**，第 598 期，5 月號。

5. 《天下雜誌》（2017），**兩千大 CEO 2018 年景氣預測與戰略調查。**

6. 《遠見雜誌》（2016），**跟上十三五錢潮**，第 356 期，2 月號。

四、翻譯書籍

1. Backaler J.（2014），***China Goes West：Everything You Need to Know about Chinese Companies Going Global***，中國走向西方：中國企業走向全球面面觀。

2. Chevalier M.（2010），***Luxury China：market opportunities and potential***，徐邵敏譯，**搶攻 3 億中國富豪**，台北市：時報文化。

3. Collins J.（2013），***Great by Choice：Uncertainty, Chaos, and Luck-Why Some***

Thrive Despite Them All，齊若蘭譯，十倍勝，絕不單靠運氣：如何在不確定、動盪不安環境中，依舊表現卓越？，遠流出版社。

4. Das S.（2016），***The Age of Stagnation：Why Perpetual Growth Is Unattainable and the Global Economy Is in Peril***，許瑞宋譯，停滯的年代：全球經濟陷入困境的原因，天下文化。

5. Evans D.（2013），***Risk Intelligence：How to Live with Uncertainty***，石曉燕譯，風險思維，北京：中信出版社。

6. Fukuyama F.（2015），***The Origins of Political Order & Political Order and Political Decay***，黃中憲譯，政治秩序的起源，時報出版。

7. Kotler P.（2017），***Marketing 4.0：Moving from Traditional to Digital***，劉盈君譯，行銷 4.0：新虛實融合時代贏得顧客的全思維，天下雜誌。

8. Mahbubani K.（2008），***The New Asian Hemisphere：The Irresistible Shift of Global Power to the East***，羅耀宗譯，亞半球大國崛起：亞洲強權再起的衝突與挑戰，天下雜誌出版。

9. McGrath R.（2015），***The End of Competitive Advantage：How to Keep Your Strategy Moving as Fast as Your Business***，洪慧芳譯，瞬時競爭策略：快經濟時代的新常態，天下雜誌。

10. O'Neill J.（2012），***The Growth Map:Economic Opportunity in the BRICs and Beyond***，齊若蘭、洪慧芳譯，高成長八國：金磚四國與其他經濟體的新機會，天下文化。

11. Olson M. and Derek B.（2010），***Stall Points***，粟志敏譯，為什麼雪球滾不大，中國人民大學出版社。

12. Rifkin J.（2015），***The Zero Marginal Cost Society：The Internet of Things, the Collaborative Commons, and the Eclipse of Capitalism***，陳儀譯，物聯網革命：共享經濟與零邊際成本社會的崛起，商周出版。

13. Simon M.（2013），***Hidden Champions of the 21st Century: The Success Strategies of Unknown World Market Leaders***，張非冰譯，隱形冠軍：21 世紀最被低估的競爭優勢，天下雜誌。

14. Sull D.（2009），***The Upside of Turbulence：Seizing Opportunity in an Uncertain World***，洪慧芳譯，哪些企業不會倒？：在變局中維持不敗、再創優勢的關鍵，天下雜誌。

15. Taleb N.（2007），***The Black Swan***，林茂昌譯，黑天鵝效應，大塊文化。

16. Wucker M.（2017），***The Gray Rhino: How to Recognize and Act on the Obvious Dangers We Ignore***，廖月娟譯，灰犀牛：危機就在眼前，為何我們選擇視而不見，天下文化。

五、英文出版刊物、專書、研究報告

1. A.T. Kearney（2017），*2017 FDI Confidence Index*。

2. A.T. Kearney（2017），*2017 Global Retail Development Index*。

3. A.T. Kearney（2017），*Future Manufacturing Technology and Innovation*。

4. Asian Development Bank（2017），*Asian Development Outlook*。

5. Asian Development Bank（2017），*World Trade Outlook Indicator*。

6. BCG（2014），*Global Manufacturing Cost-Competitiveness Index*。

7. BlackRock（2017），*2017 Global Investment Outlook*。

8. Brand Finance（2018），*Brand Finance Global 500 2018*。

9. CB Insight（2017），*The AI 100: Artificial Intelligence Startups That You Better Know*。

10. China Beige Book International（2017），*China Beige Book*。

11. CitiBank（2018），*Market Outlook*。

12. Coface（2016），*European Economies in 2017*。

13. Compass Intelligence（2018），*Top AI Chipset Companies*。

14. Control Risks（2017），*2017 Risk Map*。

15. Credit Suisse（2017），*Investment Outlook 2018*。

16. DBS Bank（2018），*2018 Investment Prospects*。

17. Deloitte（2016），*Global Manufacturing Competitiveness Index*。

18. Deutsche Bank（2018），*Global Markets Outlook*。

19. Economist Intelligence Unit（2017），*EIU Global Forecast*。

20. Economist Intelligence Unit（2018），*The Economic Outlook for China in 2018*。

21. Edelman（2017），*2017 Edelman Trust Barometer*。

22. Eurasia Group（2018），*Top Risks 2018*。

23. EuroMonitor International（2018），*Global Economic Forecasts*。

24. Fast Company（2017），*The Most Innovative Companies of 2017*。

25. Fitch Ratings（2018），*Global Economic Outlook*。

26. FocusEconomics（2018），*China Economy Forecast & Outlook*。

27. Global Insight（2017），*Consumer Augmented & Virtual Reality Report*。

28. Global Insight（2017），*Monthly Global Economic Overview*。

29. Global Insight（2017），*TOP 10 Economic Predictions for 2018*。

30. Global Insight（2018），*China Next：Evolution to Revolution*。

31. Global Public Policy Institute（2018），*Authoritarian Advance: Responding to China's Growing Political Influence in Europe*。

高質量發展迎商機——2018年中國大陸地區投資環境與產業發展調查

32. Goldman Sachs（2017），*2018 Investment Outlook*。

33. Heritage Foundation（2017），*2017 Index of Economic Freedom*。

34. HSBC（2017），*Investment Outlook 2017*。

35. International Institute for Management Development（2017），*2017 World Competitiveness Yearbook*。

36. International Institute for Management Development（2017），*World Talent Report 2017*。

37. International Labor Organization（2018），*World Employment and Social Outlook*。

38. International Monetary Fund（2017），*Financial System Stability Assessment*。

39. International Monetary Fund（2018），*World Economic Outlook*。

40. KPMG（2018），*China Economic Monitor*。

41. Legatum Institute（2017），*The 2017 Legatum Prosperity Index*。

42. Marsh & McLennan（2017），*The Political Risk Map of 2017*。

43. McKinsey Global Institute（2017），*China's Role in the Next Phase of Globalization*。

44. Moody's（2017），*Global Credit Research*。

45. Morgan Stanley（2017），*Global Outlook 2018*。

46. Morgan Stanley（2018），*Global Economics Analyst*。

47. Motion Picture Association of America（2017），*MPAA THEME Report 2017*。

48. National Intelligence Council（2017），*Global Trends：Paradox of Progress*。

49. Nielsen（2017），*2017 Global Consumer Confidence*。

50. Pacific Investment Management Company（2018），*2018 Cyclical Outlook：Peak Growth*。

51. Portland communications（2017），*The Soft Power 30*。

52. PwC（2017），*World in 2050*。

53. Standard & Poor's（2016），*China's Real Estate Industry*。

54. The Conference Board（2017），*Global Economic Outlook*。

55. The Economist（2016），*Globalisation backlash 2.0*。

56. The Economist（2017），*Global Risk 2017*。

57. The Economist（2017），*The Global Economy Enjoys a Synchronised Upswing*。

58. The Organization for Economic Co-operation and Development（2018），*Main Economic Outlook*。

59. The Organization for Economic Co-operation and Development（2018），*China - Economic Forecast Summary*。

60. The Stockholm International Peace Research Institute（2017），***Trends in World Military Expenditure***。

61. The White House （2017），***Artificial Intelligence, Automation, and the Economy***。

62. The Word Bank（2018），***Commodity Markets Outlook***。

63. The Word Bank（2018），***Global Economic Prospects***。

64. The World Bank（2017），***Doing Business 2018***。

65. The Atlantic Council（2018），***Power and Influence in a Globalized World***。

66. The United Nations（2018），***World Economic Situation and Prospects***。

67. The World Economic Forum（2017），***The Global Competitiveness Report 2017-2018***。

68. The World Economic Forum（2018），***The Global Risks Report 2018***。

69. Transparency International（2017），***Corruption Perceptions Index***。

70. UBS（2017），***How artificial intelligence will transform Asia***。

71. UBS（2017），***Tiger Sparks：Is Asia's innovation boom creating a new world order***？

72. World Economic Forum（2018），***Global Risks Report 2018***。

73. World Intellectual Property Organization （2017），***Global Innovation Index***。

74. World Meteorological Organization（2018），***The Global Climate***。

75. World Trade Organization（2017），***World Trade Report***。

高質量發展迎商機
──2018年中國大陸地區投資環境與產業發展調查

作　　　者◎台灣區電機電子工業同業公會
理　事　長◎郭台強
副理事長◎李詩欽‧歐正明‧鄭富雄
秘　書　長◎林以專
副秘書長◎毛恩洸
地　　　址◎台北市內湖區民權東路六段109號6樓
電　　　話◎（02）8792-6666
傳　　　真◎（02）8792-6140
總　編　輯◎李國榮
文字編輯◎蔡松慧‧田美雲‧林彥文‧王佩瑩
　　　　　黃瑛奇‧盧嫻汝‧謝馥全
美術編輯◎王麗鈴
出　　　版◎商周編輯顧問股份有限公司
地　　　址◎台北市中山區民生東路二段141號6樓
電　　　話◎（02）2505-6789
傳　　　真◎（02）2505-6773
劃　　　撥◎台灣區電機電子工業同業公會（帳號：50000105）
總　經　銷◎農學股份有限公司
印　　　刷◎采富創意印刷有限公司

ISBN　978-986-7877-42-0
出版日期◎2018年8月初版1刷
定　　　價◎600元